教育部高等学校旅游管理类专业教学指导委员会规划教材

酒店前厅管理

JIUDIAN QIANTING GUANLI

◎刘 伟 著

重庆大学出版社

内 容 提 要

《酒店前厅管理》是一本全面介绍酒店前厅运营与管理的教材,内容涉及前厅部人力资源管理、预订管理、礼宾服务管理、酒店总机与商务中心管理、总台接待管理、总台销售管理、收银业务管理、总台信息沟通、宾客关系管理、房价管理、收益管理以及酒店前厅经营管理的发展趋势等。

本书内容全面系统,管理理念和管理方法先进科学,理论和实践紧密结合,案例丰富新颖,体例创新,编写形式生动活泼。针对酒店前厅管理中的热点问题,每章设有"经理的困惑",并针对这些困惑向国内外酒店及酒店集团总经理等职业经理人征集答案,将这些业界经理们的答复以文字、视频的形式,通过二维码呈现给读者,使读者可以零距离地与业界经理们接触,聆听他们在管理中的困惑以及对这些困惑的解答,从而使本书通过"互联网+"变得更加生动,实现立体化教材的编写目标,以顺应时代潮流,增强教学效果。

图书在版编目(CIP)数据

酒店前厅管理/刘伟著.--重庆:重庆大学出
版社,2018.1(2022.4 重印)
教育部高等学校旅游管理类专业教学指导委员会规划
教材
ISBN 978-7-5689-0812-2

Ⅰ.①酒… Ⅱ.①刘… Ⅲ.①饭店—商业管理—高等
学校—教材 Ⅳ.①F719.2

中国版本图书馆 CIP 数据核字(2017)第 234772 号

教育部高等学校旅游管理类专业教学指导委员会规划教材
酒店前厅管理
刘 伟 著

策划编辑:范 莹

责任编辑:陈 力 薛婧媛 版式设计:范 莹
责任校对:贾 梅 责任印制:张 策

*

重庆大学出版社出版发行
出版人:饶帮华
社址:重庆市沙坪坝区大学城西路 21 号
邮编:401331
电话:(023)88617190 88617185(中小学)
传真:(023)88617186 88617166
网址:http://www.cqup.com.cn
邮箱:fxk@cqup.com.cn(营销中心)
全国新华书店经销
重庆升光电力印务有限公司印刷

*

开本:787mm×1092mm 1/16 印张:27.25 字数:627千
2018 年 1 月第 1 版 2022 年 4 月第 3 次印刷
印数:6 001—9 000
ISBN 978-7-5689-0812-2 定价:59.50 元

编委会

总序

一、出版背景

教材出版肩负着吸纳时代精神、传承知识体系、展望发展趋势的重任。本套旅游教材出版依托当今发展的时代背景。

一是坚持立德树人,着力培养德智体美全面发展的中国特色社会主义事业合格建设者和可靠接班人。深入贯彻落实习近平新时代中国特色社会主义思想,以理想信念教育为核心,以社会主义核心价值观为引领,以全面提高学生综合能力为关键,努力提升教材思想性、科学性、时代性,让教材体现国家意志。

二是世界旅游产业发展强劲。旅游业已经发展成为全球经济中产业规模最大、发展势头最强劲的产业,其产业的关联带动作用受到全球众多国家或地区的高度重视,促使众多国家或地区将旅游业作为当地经济的支柱产业、先导产业、龙头产业,展示出充满活力的发展前景。

三是我国旅游教育日趋成熟。2012 年教育部将旅游管理类本科专业列为独立一级专业目录,下设旅游管理、酒店管理、会展经济与管理、旅游管理与服务教育 4 个二级专业。截至2016 年年底,全国开设旅游管理类本科的院校已达 604 所,其中,旅游管理专业 526 所,酒店管理专业 229 所,会展经济与管理专业 106 所,旅游管理与服务教育 31 所。旅游管理类教育的蓬勃发展,对旅游教材提出了新要求。

四是创新创业成为时代的主旋律。创新创业成为当今社会经济发展的新动力,以思想观念更新、制度体制优化、技术方法创新、管理模式变革、资源重组整合、内外兼收并蓄等为特征的时代发展,需要旅游教材不断体现社会经济发展的轨迹,不断吸纳时代进步的智慧精华。

二、知识体系

本套旅游教材作为教育部高等学校旅游管理类专业教学指导委员会(以下简称"教指委")的规划教材,体现并反映了本届"教指委"的责任和使命。

一是反映旅游管理知识体系渐趋独立的趋势。经过近 30 年来的发展积累,旅游管理学科在依托地理学、经济学、管理学、历史学、文化学等学科发展基础上,其知识的宽度与厚度在不断增加,旅游管理知识逐渐摆脱早期依附其他学科而不断显示其知识体系成长的独立性。

二是构筑旅游管理核心知识体系。旅游活动无论其作为空间上的运行体系，还是经济上的产业体系，抑或是社会生活的组成部分，其本质都是旅游者、旅游目的地、旅游接待业三者的交互活动，旅游知识体系应该而且必须反映这种活动的性质与特征，这是建立旅游知识体系的根基。

三是构建旅游管理类专业核心课程。作为高等院校的一个专业类别，旅游管理类专业需要有自身的核心课程，以旅游学概论、旅游目的地管理、旅游消费者行为、旅游接待业作为旅游管理大类专业核心课程，旅游管理、酒店管理、会展经济与管理、旅游管理与服务教育 4 个专业再确立 3 门核心课程，由此构成旅游管理类"4+3"的核心课程体系。确定专业核心课程，既是其他管理类专业成功且可行的做法，也是旅游管理类专业走向成熟的标志。

三、教材特点

本套教材由教育部高等学校旅游管理类专业教学指导委员会组织策划和编写出版，自 2015 年启动至今历时 3 年，汇聚了全国一批知名旅游院校的专家教授。本套教材体现出以下特点：

一是准确反映国家教学质量标准的要求。《旅游管理类本科专业教学质量国家标准》既是旅游管理类本科专业的设置标准，也是旅游管理类本科专业的建设标准，还是旅游管理类本科专业的评估标准，其重点内容是确立了旅游管理类专业"4+3"核心课程体系。"4"即旅游学概论、旅游目的地管理、旅游消费者行为、旅游接待业；"3"即旅游管理专业（旅游经济学、旅游规划与开发、旅游法）、酒店管理专业（酒店管理概论、酒店运营管理、酒店客户管理）、会展经济与管理专业（会展概论、会展策划与管理、会展营销）的核心课程。

二是汇聚全国知名旅游院校的专家教授。本套教材作者由"教指委"近 20 名委员牵头，全国旅游教育界知名专家和教授，以及旅游业界专业人士合力编写。作者队伍专业背景深厚，教学经验丰富，研究成果丰硕，教材编写质量可靠，通过邀请优秀知名专家和教授担纲编写，以保证教材的水平和质量。

三是"互联网+"的技术支撑。本套教材依托"互联网+"，采用线上线下两个层面，在内容中广泛应用二维码技术关联扩展教学资源，如导入知识拓展、听力音频、视频、案例等内容，以弥补教材固化的缺陷。同时也启动了将各门课程搬到数字资源教学平台的工作，实现网上备课与教学、在线即测即评，以及配套老师上课所需的教学计划书、教学 PPT、案例、试题、实训实践题，以及教学串讲视频等，以增强教材的生动性和立体性。

本套教材在组织策划和编写出版过程中，得到了教育部高等学校旅游管理类专业教学指导委员会各位委员、业内专家、业界精英以及重庆大学出版社的广泛支持与积极参与，在此一并表示衷心的感谢！希望本套教材能够满足旅游管理教育发展新形势下的新要求，能够为中国旅游教育及教材建设开拓创新贡献力量。

教育部高等学校旅游管理类专业教学指导委员会

2017 年 11 月

一、酒店前厅管理与酒店客房管理：酒店管理专业的核心课程

《酒店前厅管理》和《酒店客房管理》两本教材是应教育部高等学校旅游管理类专业教学指导委员会的委托而编写的。在此首先感谢教指委主任委员田里教授、副主任委员马勇教授等领导的信任。

笔者一直认为，酒店前厅管理与酒店客房管理是酒店管理专业的核心课程。根据经营的需要，酒店可以不设餐饮部，但不可以没有前厅部和客房部。前厅和客房，一个被誉为酒店的"大脑"，一个被称为酒店的"身躯"，前厅是整个酒店的指挥中心，而客房则是酒店的利润中心，是满足客人核心需求的部门。

2012年，旅游管理类专业与工商管理类专业并列进入一级专业目录，酒店管理随之也从旅游管理专业的一个方向升级为专业。在这种背景下，原有的旅游管理课程体系需要作重大的调整，酒店管理专业需要有自己独立的、能够适应教学改革和人才培养目标的课程体系，因此，本人建议将原有的很多院校开设的酒店前厅与客房管理课程细化为酒店前厅管理及酒店客房管理两门课程，以适应专业化人才培养的需要。

二、本书写作的"指导思想"和"特色"

多年来，本人一直从事旅游与酒店管理的教学和科研工作，先后在高等教育出版社、中国旅游出版社、中国人民大学出版社以及商务印书馆等出版专著、教材40余部，发行量50多万册，受到业界和旅游院校的好评，其间也去五星级酒店担任副总经理，积累了酒店管理的实践经验，这些都为编写本教材打下了良好基础。

新版《酒店前厅管理》写作的指导思想是：坚持立德树人，定位国内旅游院校酒店管理专业精品教材，着眼于旅游与酒店管理专业人才培养目标，扎根行业，以先进的理念、实用的方法、丰富的内容、创新的形式、精美的印刷，力争成为本专业的精品教材。

总体而言，《酒店前厅管理》具有下述特点。

图文并茂：为了增强内容的丰富性、可读性以及拉近读者与现代化酒店的距离，书中每章都有开章导读。书中部分图片也由本人拍摄,以期为读者提供更多身临其境之感。

理念先进:把握国内外未来酒店管理的发展趋势,引入先进的酒店管理理念。先进的酒店房务管理理念和方法,决定了本套书将成为酒店经营管理潮流的引导者。

内容科学:本书增加了很多计算机管理的内容,以充分体现内容的先进性和科学性。

形式鲜活:在每章"经理的困惑"板块,师生们不仅可以以文字的形式读到酒店行业的经理人对当前酒店行业经营管理的热点问题的看法和答复,还可以通过扫描二维码,以视频的形式观看这些经理的风采,面对面聆听他们对酒店管理热点问题的观点和认识。这是本教材一大亮点。

方法实用:书中很多管理方法和理论为世界著名酒店管理集团所采用,对其他酒店具有较强的指导意义。

"困惑"导入:为了增强可读性,每章都以酒店前厅管理人员在实际工作中遇到的困惑,以"经理的困惑"的形式,引入本章内容。并在该章末尾附上国内其他酒店经理人对此困惑的答复。

案例搭桥:书中引入大量前厅管理的案例,以加深学生对教材内容的理解,通过案例,搭起理论与实践之间的桥梁。

信息丰富:除了书中正文丰富的内容以外,还在附录中为读者提供了管理表格、程序和标准(SOP)等大量实用的资料。

突出管理:本书既不同于一般只强调理论而忽视实践的空洞教科书,也不同于只有实操而没有理论的枯燥的培训资料,而是在两者之间找到了一个最佳平衡点,主要研究酒店房务的运营与管理问题,既有理论高度和前瞻性,又有很强的实操性。

突出中国特色:中国酒店业经过近40年的高速发展以及对于国际酒店业的学习、消化、吸收等几个阶段,现在已经进入创新发展和弯道超越阶段。在借鉴美国的制度化管理、欧洲酒店业的文化特色以外,逐步形成了自身以亲情化为特色、以广州从化碧水湾度假村为代表的"中国服务"和中国式管理理念和管理模式,并取得了巨大成功。

本书作者在浙江大学饭店管理研究所、浙江大学旅游学院、广州市旅游局以及广东省旅游局等单位的支持下,已连续成功举办9期"碧水湾现象研讨会",在国内酒店业界以及旅游院校受到广泛好评。本书突出了碧水湾温泉度假村以及众多国内成功的酒店和度假村企业的经验,选取了他们的大量服务和管理案例,并组织碧水湾度假村等先进旅游酒店和度假村企业拍摄了酒店管理视频,供旅游院校的师生们学习和研究。

在此,要特别感谢广州从化碧水湾温泉度假村、广州南沙大酒店、西安古都文化大酒店,它们专门组织力量,为这套教材拍摄了专业的二维码,同时,还要感谢来自洲际酒店集团、香格里拉酒店集团、恒大酒店集团、华美达酒店集团、凯莱酒店集团、美豪酒店集团等酒店及酒店集团的房务经理和总经理们,他们将自己的知识和经验无私地奉献给各位读者。

三、丰富的教学配套资源

本书配套有教学 PPT、教学案例、教学图片、知识拓展视频、测试卷等电子教学资源。选用本教材的老师如有需要,请向作者或出版社索取,也可以登录课程教学网站"刘伟酒店网"获取。

四、一点期望

借此机会,我还想对广大学习酒店管理专业的大学生们说几句话。

很多人认为,学酒店管理专业没有前途,工作辛苦、待遇低。是的,作为一线服务人员,薪酬也许不高,工作确实辛苦,但大学酒店管理专业的人才培养目标是酒店高级管理者。而酒店服务的经历和经验又是作为管理者必不可少的,是走向目标不可逾越的起点。当代中国酒店业急速发展,不仅需要服务人员,更需要大量既掌握现代酒店管理知识,又具有酒店实践经验的高水平管理人才,所以你们未来从事酒店管理工作,成为高级酒店职业经理人这一过程比在世界上任何国家、任何时候都要快、要短!就从事酒店工作的薪酬而言,到总监、总经理层次,年薪数十万,甚至上百万,是一般企业白领阶层难以企及的。有报告显示:酒店本科毕业 3 年薪酬增长 110%以上,高职高专毕业生薪酬增长 90%以上。

因此,作为酒店管理专业的学生,一定要沉得住气,要有长远的职业生涯规划,具有企业家精神和战略思维,目光往前看、往上看!

五、鸣谢

感谢广东金融学院葛朝蕾老师和温嘉颖同学,她们为本教材准备了电子教案、PPT 及配套试题。另外,以下人士参与了本书资料搜集工作:张谦、刘方际远、郭淑梅、陈浩、许雁醒、刘江、刘浩、梁峻峰、段晓、刘蓉娜、胡伟国、卢合洪、曾晓峰、冯郑凭、苏英、吴南、陈木丰、曹艳爱、石飞、章寇球、周成、宋健等。

最后,还要特别感谢深圳市捷信达电子有限公司,他们为本书的编写特别提供了行业领先的酒店管理信息系统(PMS):"捷信达 GSHIS-PMS 酒店管理软件",从而使本书更加先进、科学,实用性更强(如需要这套教学软件和教材配套教学资源,请发邮件至:1821942859@qq.com)。

刘伟

广东金融学院教授

2017 年 11 月 9 日于广州

目 录

第1章
前厅部概述

前厅部是酒店对客服务的"前台",既是酒店的接待部门,又是销售部门(销售以客房为主的酒店产品)。它与客房部一起构成酒店的房务部门(Rooms Division)。

通过本章的学习,读者应该:

- 了解前厅部的地位、作用及主要任务。
- 了解和掌握前厅部组织机构及其设置的原则。
- 了解前厅部各班组的基本职能。
- 对酒店大堂与总台有个基本的认识。

关键词:前厅部;组织机构;作用;任务;大堂;总台

Keywords:Front Office / F.O.;Organization Chart;Roles;Tasks;Lobby;General Service Desk

经理的困惑

——总台员工不微笑该怎么办？

谁都知道，酒店要提高效益必须提高服务质量，而要提高服务质量，员工在对客服务中需要提供微笑服务，但要做到这一点实在太难了，特别是在中国。你不能打他，也不能骂他，更不能惩罚他。提醒他，他会很快忘记；警告他，他不当回事；惩罚他，他一生气，更没有了笑脸！我真不知该怎么办？

1.1 前厅部的地位作用及主要任务

1.1.1 前厅部的地位和作用

前厅部（Front Office）是招徕并接待客人、推销客房及餐饮等酒店服务，同时为客人提供各种综合服务的部门。前厅部的工作对酒店市场形象、服务质量乃至管理水平和经济效益有至关重要的影响。

第一，前厅部是酒店的营业橱窗，反映酒店的整体服务质量。一家酒店服务质量和档次的高低，从前厅部就可以反映出来，有一位顾客曾经说道：“每当我们走进一家旅游酒店，不用看它的星级铜牌，也不用问它的业主是谁，凭我们‘四海为家’的经验，通常就可以轻而易举地‘嗅’出这家酒店是否合资酒店、是否外方管理以及大致星级水平……”正是从这个意义上讲，有人把前厅誉为酒店的“脸面”，这张脸是否“漂亮”，不仅取决于大堂的设计、布置、装饰、灯光等硬件设施的豪华程度，更取决于前厅部员工的精神面貌、办事效率、服务态度、服务技巧、礼貌礼节以及组织纪律性。

第二，前厅部是给客人留下第一印象和最后印象的地方。前厅部是客人抵店后首先接触的部门，是给客人留下第一印象的地方。从心理学上讲，第一印象非常重要，客人总是带着这种第一印象来评价一个酒店的服务质量。如果第一印象好，那么即使在住宿期间遇到不如意的地方，他也会认为这是偶尔发生的，可以原谅；反之，如果第一印象不好，那么，他就认为这家酒店出现这类服务质量差的事是必然的，酒店在他心目中的不良形象就很难改变，而且他还会对酒店服务横挑鼻子竖挑眼。此外，客人离开酒店时也是从前厅部离开的，因此，这里也是给客人留下最后印象的地方，而最后印象在客人脑海里停留的时间最长。最后印象的好坏，在很大程度上取决于前厅部服务员的礼貌礼节和服务质量，如果服务员态度不好，办事效率不高，就会给客人留下不良的最后印象，使其在客人住店期间为客人所提供的良好服务“前功尽弃”。

第三,前厅部具有一定的经济作用。前厅部员工的服务质量、工作效率和销售技巧,直接影响到酒店接待客人的数量和客人的回头率。

第四,前厅部的协调作用。前厅部犹如酒店的大脑,在很大程度上控制和协调着整个酒店的经营活动。由这里发出的每一项指令、每一条信息,都将直接影响酒店其他部门对客人的服务质量。因此,前厅部员工,尤其是接待员工作必须认真负责,一丝不苟,并经常联络和协调其他部门的工作,以保证酒店这部机器正常运转,提高酒店对客人的整体服务质量。

第五,前厅部的工作有利于提高酒店决策的科学性。前厅部是酒店的信息中心,它所收集、加工和传递的信息是酒店管理者进行科学决策的依据,很多酒店管理者就是根据前厅部所提供的客人的预订信息来决定未来一个时期内房价的高低。

第六,前厅部是建立良好宾客关系的重要环节。酒店服务质量好坏最终是由客人作出评价的,评价的标准就是客人的"满意程度",建立良好的宾客关系有利于提高客人的满足度,争取更多的回头客,从而提高酒店的经济效益,因此,世界各国的酒店都非常重视改善宾客关系。而前厅部是客人接触最多的部门,是建立良好宾客关系的重要环节。

1.1.2　前厅部的主要任务

1) 客房预订

接受客人预订是前厅部的主要任务之一。

2) 入住登记

总台不仅要接待住店客人,为他们办理住店手续、分配房间等,还要接待其他消费客人以及来访客人等。

3) 礼宾服务

礼宾服务包括在机场和车站接送客人、门口迎宾、为客人提供行李搬运、出租车服务、问讯服务等。

4) 房态控制

酒店客房的使用状况是由总台控制的。准确、有效的房态控制有利于提高客房利用率及对客人的服务质量。

5) 账务管理

财务管理包括建立客人账户、登账和结账等工作。

6) 信息管理

前厅部要负责收集、加工、处理和传递有关经营信息,包括酒店经营的外部市场信息和内部管理信息(如开房率、营业收入及客人的投诉、表扬、客人的住店、离店、预订以及在有关部门的消费情况等)。前厅部不仅要收集这类信息,而且要对其加工、整理,并将其传递到客房、餐饮等酒店经营部门和管理部门。

7）推销客房

除了酒店营销部以外，前厅部的预订处和总台接待也要负责推销客房的工作。受理客人预订，并随时向没有预订的零散客人（Walk-in Guests）推销客房等酒店产品和服务，如图1-1所示。

房 价 表

房间类别	人民币/元
海宇楼 — 行政楼宇	
商务房	1828
行政房	2488
豪华套房	3158
行政套房	3568
贵宾套房	3988
天丰楼	
豪华房	1498
高级套房	2988
豪华别墅	4818
贵宾楼	24900
贵宾楼总统别墅	99600

- ◆ 以上房价须另收15%服务费和4%政府税
- ◆ 办理入住时间为下午2点后，退房时间为中午12点前。
- ◆ 若无预付定金保证订房或告知明确航班时间，订房仅保留至当晚6点。
- ◆ 12岁以下与父母同住而不需要加床的儿童可免费住宿。
- ◆ 房价如有变动，恕不另行通知。

【重点推介】

- ◆ 厦门唯一花园别墅式顶级商务会议酒店
- ◆ 厦门都市绿洲——70000平方米私密的生态花园、空气质量最优
- ◆ 顶级行政楼宇　　◆ 500人国际会议厅、大型户外宴会活动场所
- ◆ 会议专家服务　　◆ 旅游及票务代理　　　◆ 钻石级金钥匙服务
- ◆ 经典悦华宴会菜、国宾菜系列　◆ 闽南第一名菜——悦华佛跳墙
- ◆ 室内恒温水疗游泳馆、网球场、1690米花园跑道

【订房】

请联系悦华酒店客房预订中心或各大旅行社

电话：0086-592-602 3333 传真：0086-592-602 1035

电子邮件：reservation@xmmandarin.com

网址http://www.xmmandarin.com

A member of

SUPRANATI NAL

H O T E L S

GDS Codes

Sabre SX 60454. Amadeus SX XMNMAN

Galileo /Apollo SX 13500. Worldspan SX XMNMN. Worldres SX 85856

Instant Internet online booking confinmation can be secured through our home page

厦门市物价局价格监督检查分局监制　投诉电话：12358

图 1-1　供总台销售用的房价表

1.2　前厅部的组织架构

　　某日下午,一重点团抵达某星级酒店,员工们穿梭于总台区域,各司其职,异常忙碌。他们的服务态度、操作流程、工作效率都无可挑剔。这能否算一次成功的接待呢? 领队排斥的目光和宾客烦躁的举止告诉我们:答案是否定的。通过调查,焦点集中于一个事实:宾客当日入住时间为 16:00 左右,正值酒店交接班当口,2 个班次的员工加上督导人员多达 7 人,总台人声鼎沸、熙熙攘攘,经过旅途的颠簸,宾客早已疲惫不堪,但并未在酒店得到应有的闲适与安逸。正是这个败笔,使这次 VIP 接待流于平庸。

　　进一步的分析则表明,这种状况是由前厅部"两部四岗"(即接待处、问讯处归属于房务部,结算处、外币兑换处归属于财务部)的管理体制与组织架构造成的,使得员工交接班的地点、时间、方式等,没有总体考虑,没有避开客流、酌情安排,人员、岗位之间不能相互协助、相互照应……

1.2.1　前厅部核心系统

前厅部核心系统如图 1-2 所示。

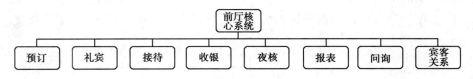

图 1-2　前厅部核心系统

1.2.2　前厅部组织机构设置

1) 前厅部组织机构设置的原则

(1) 从实际出发

前厅部机构设置应该从酒店的性质、规模、地理位置、经营特点及管理方式等酒店的实际出发,而不能生搬硬套。比如规模小的酒店以及以内部接待为主的酒店就可以将前厅部并入客房部,而不必独立设置。

(2) 机构精简

防止机构臃肿、人浮于事的现象,尤其要注意"因事设人",而不能"因人设事""因人设岗"。但另一方面也要注意"机构精简"并不意味着机构的过分简单化,出现职能空缺的现象。

（3）分工明确

应明确岗位人员的职责和任务，明确上下级隶属关系及信息传达的渠道和途径。防止出现管理职能的空缺、重叠或相互打架现象。

2）前厅部组织结构图

酒店规模大小不同，前厅部组织机构可以有很大有区别。这表现在以下3个方面。

（1）大酒店管理层次多，而小酒店层次少

如大酒店可能有前厅经理—主管—领班—服务员4个层次，而小酒店可能只有经理—领班—服务员3个层次。不过，21世纪饭店管理的发展趋势是组织机构的扁平化，包括前厅部和客房部在内的饭店各部门将尽可能地减少管理层次，以提高沟通和管理效率，降低管理费用。

（2）大酒店组织机构内容多，而小酒店内容少

如很多大酒店前厅部设有商务中心、车队等，而小酒店则没有。

（3）大酒店前厅部很多职能分开，由不同的岗位负责，而小酒店则可能将其合二为一，甚至合"三"为一、合"四"为一

考虑到酒店前厅部与客房部的联系甚为密切，大多数饭店都将其前厅部和客房部合二为一，称为"客务部"或"房务部"（Rooms Division）。也有的酒店考虑到前厅部的销售功能，将前厅部划归酒店的公关销售部，而将客房部设置为独立的部门。

大、中、小型酒店前厅部的组织机构可分别参照图1-3、图1-4和图1-5进行设置。

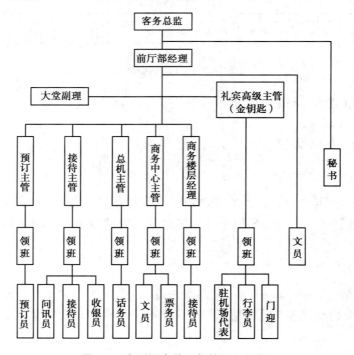

图1-3　大型酒店前厅部的组织机构

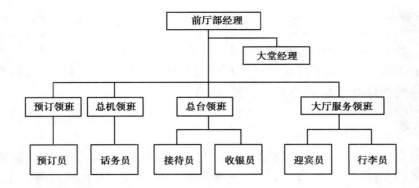

图 1-4　中型酒店前厅部的组织机构

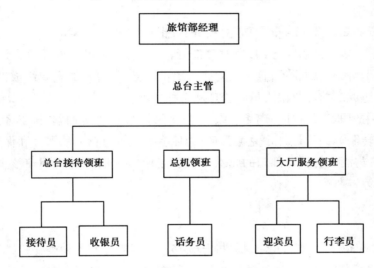

图 1-5　小型酒店前厅部的组织机构

前厅部组织机构的设置及定员会影响酒店的成本水平,在与酒店总经理协商后,前厅部经理要准备一份与酒店总体工资水平相一致的前厅部人工预算表。

1.2.3　前厅部各班组的职能

1) 预订处

预订处(Rooms Reservation)负责酒店的订房业务,接受客人以电话、互联网、传真、信函或口头等形式的预订;负责与有关公司、旅行社等提供客源的单位建立业务关系,尽力推销客房并了解委托单位接待要求;密切与总台接待处的联系,及时向前厅部经理及总台有关部门提供有关客房预订资料和数据,向上级提供 VIP 抵店信息;参与前厅部对外订房业务的谈判及合同的签订;制订预订报表(包括每月、半月、每周和明日客人抵达预报);参与制订全年客房预订计划。

2）接待处

接待处（Reception/ Check-in/ Registration）通常配备有主管、领班和接待员。主要职责是销售客房，为客人办理入住登记手续，分配房间；掌握住客动态及信息资料，控制房间状态；制订客房营业日报等表格；协调对客服务工作。

3）问讯处

问讯处（Information/ Inquiry）主要职责是回答客人问讯（包括介绍店内服务及有关信息、市内观光、交通情况、社团活动等），接待来访客人，处理客人邮件、留言等。

4）收银处

收银处（Cashier/ Check-out）一般由领班、收银员和外币兑换员组成。因其业务性质所定，收银处通常隶属于酒店财务部，由财务部管辖，但由于收银处位于总台，与总台接待处、问询处等有着不可分割的联系，直接面对客人提供服务，是总台的重要组成部分，因此，前厅部也应参与和协助对前厅收银人员的管理和考核。

收银处的主要职责是：办理离店客人的结账手续（收回客房钥匙、核实客人的信用卡、负责应收账款的转账等）；提供外币兑换服务；为住客提供贵重物品的寄存和保管服务；管理住店客人的账卡；与酒店各营业部门的收款员联系，催收、核实账单；夜间审核全酒店的营业收入及账务情况等。

5）礼宾部

礼宾部（Concierge）主要为客人提供迎送服务、行李服务和各种委托代办服务，故在一些酒店又称为"委托代办处""大厅服务处"或"行李处"。礼宾部主要由礼宾部主管（"金钥匙"）、领班、迎宾员、行李员、委托代办员等组成。其主要职责是：在门厅或机场、车站迎送宾客；负责客人的行李运送、寄存及安全；雨伞的寄存和出租；公共部位找人；陪同散客进房和介绍服务、分送客用报纸、分送客人信件和留言；代客召唤出租车；协助管理和指挥门厅入口处的车辆停靠，确保畅通和安全；回答客人问询，为客人指引方向；传递有关通知单；负责客人其他委托代办事项。

6）电话总机

电话总机（Switch Board）主要职责是：接转电话；为客人提供"请勿打扰"电话服务；叫醒服务；回答电话问询；接受电话投诉；电话找人；接受电话留言；广播或消除紧急通知或说明；播放背景音乐等。

7）商务中心

商务中心（Business Center）为客人提供打字、翻译、复印、装订、印名片、传真、订票、互联网以及小型会议室出租等商务服务,此外,还可根据需要为客人提供秘书服务。随着通信技术的发展,酒店商务中心的业务正在逐步萎缩,酒店商务中心也逐渐走向消亡。

1.3　大堂与总台

1.3.1　大堂

大堂(Lobby)是客人办理住宿登记手续、休息、会客和结账的地方,是客人进店后首先接触到的公共场所。大堂必须以其宽敞的空间、华丽的装潢、富有文化的氛围,创造出一种能有效感染宾客的气氛,以便给客人留下美好的第一印象和难忘的最后印象,如图1-6所示。

图 1-6　广州香格里拉酒店大堂

传统的酒店大堂大都追求一种宽敞、华丽、宁静、安逸、轻松的气氛,但现在越来越多的酒店开始注重充分利用酒店大堂宽敞的空间,开展各种经营活动,以求"在酒店的每一寸土地都要挖金"的经营理念。香港的半岛酒店大堂从酒店开业起就成为许多航空公司、旅行社的基地,也曾为机场出港登记处;现在,大堂是商务客人谈生意、新闻界收集消息以及名流进行社交、聚会、庆祝生日的活动场所。

大堂的设计要注意利用建筑或装饰的手段,创造一个亲切、宜人、欢悦、静谧、有文化气韵、有现代气息、空间流畅、主题突出、功能合理、流线组织高效、人群集散便捷的空间。从总体上讲,大堂的设计与装修要遵循下述 5 个原则。

1) 大堂的面积应与整个酒店的客房数成比例

大堂的设计不要盲目追求空间的气派、宏伟。酒店大堂是酒店的中枢性空间,首先应当满足酒店在接待休息、人流集散、商务服务等功能方面的需求。过分高大宽敞的空间及由此造成的大量功能意义不明确的空间,不仅浪费了许多建筑面积,还使夏日的制冷和冬季的采暖负荷过重,无形中造成大量的能源浪费,为酒店的经营带来很大负担。

2)大堂的装修风格应与酒店的定位及类型相吻合

如:度假型酒店应突出轻松、休闲的特征,而城市酒店的商务气氛应更浓一些,时尚酒店的艺术及个性化氛围则应更强烈一些。许多酒店往往忽视这一问题,片面认为越豪华越好,将度假型酒店装修成富丽堂皇的欧式风格,走入了误区。

3)流线要合理

酒店的通道分两种流线:一种是服务流线,指酒店员工的后场通道;另一种是客人流线,指进入酒店的客人到达各前台区域所经过的线路。设计中应严格区分两种流线,避免客人流线与服务流线的交叉。流线混乱不仅会增加管理难度,同时还会影响前台服务区域的氛围。

4)空间利用要科学

要把最佳的位置留给客人,把无采光、不规整、不能产生效益的位置留给酒店后场。

5)大堂要强调文化氛围

大堂的设计与装修,当然要选择较好的装饰材料,应当使空间内的每一个界面表现得或精美富丽,或华彩多姿,或潇洒雅致,这当然是无可争议的。但是,装饰的要义,是要使空间具有某种品质,某种韵味。因而,在大堂装修中,着重创造某种文化的氛围就显得十分重要了。如欧洲一些国家的酒店,在门厅或大堂中布置一些油画或点缀一辆中世纪的马车,尽管室内材料并不十分华贵,却透出一股浓烈的文化氛围。

大堂的文化氛围并不一定局限于哪一方面,可以是时代的,如某种强烈动感的现代气氛;也可以是民族的和地方的。

1.3.2　总台

总台,又称"总服务台"(General Service Counter),是为客人提供住宿登记、结账、问询、外币兑换等综合服务的场所。

1)总台的设计

为方便客人起见,总台一般都位于酒店一楼大厅,而且,总台各项业务通常应该集中在一起。根据大堂设计布局,总台最好正对大堂入口处,这样,可以使工作人员观察到整个前厅、出入口、电梯、商场等的活动情况,同时能清楚地观察到正门外宾客车辆的到达,从而做好接待准备工作,也有利于及时发现各种可疑的人或物,确保酒店的安全。

有些大型酒店,为了加快客人住宿登记和结账离店的速度,提高服务质量,将团体客人与散客的接待工作分开,分别在一楼和二楼进行,这样,总台也就被一分为二。

总台的设计,一般要考虑两个因素。

（1）总台的外观

总台的形状根据大堂的建筑结构有所不同,有的为直线形,有的则设计为半圆形或"L"形。总台的高度应以方便客人住宿登记和总台员工的接待服务工作为原则。通常理想高度为 120~130 cm,柜台内侧有工作台,其台面高度为 85 cm,宽 30 cm。

有的酒店为了方便客人,可以请客人坐下来办理入住登记手续,这时总台的高度只需要80 cm 左右即可。

（2）总台的大小

总台的大小是由总台服务项目和接待人数的多少以及科学技术,尤其是计算机的应用水平等决定的。酒店的规模越大,接待人数和服务项目越多,则总台的设计就应越大;反之,则越小。另外,从发展的趋势看,随着科学技术的不断进步和计算机的使用,总台将日益小型化。

2) 总台接待人员的注意事项

如前所述,前厅部是对客服务的集中地,是给客人留下第一印象的地方,直接影响酒店的形象,前厅接待人员在工作中应注意以下事项:

（1）礼貌待客

要求员工在酒店里与客人迎面相遇时要微笑问好、让客先行,必要时主动向客人提供帮助,对认识的客人要以姓氏或头衔称呼,对电话里的客人也同样对待。

广州从化碧水湾温泉度假村要求前台工作人员做到"五米微笑,三米问好,电话铃响三声内接,三分钟办好入住手续,五分钟办好退房手续,十分注意力放在客人身上",取得了良好的服务效果,受到客人的赞赏。

（2）贯彻"首问制"

在客人眼里,每个员工都代表着酒店。因此,遇到客人寻求帮助时,如果不是自己职责范围的事,可以请客人稍候,帮助客人打电话联系相关的部门。

（3）规范行为举止

遵守员工手册的礼貌规范,并按礼仪标准培训员工的站立、手势、点头等动作。

（4）使用标准的服务用语

要求员工接电话时一律按先英文后中文问好并报部门,接待时规范使用服务用语,以简洁明了的表达方法与客人进行沟通。

（5）做好交接班

要建立特殊事情记录本,把本班无法完成的事情交代给下个班继续完成,确保对客服务的延续性。

【经典案例】

总台,酒店温馨的窗口

  总台工作看上去都是些琐碎小事,但是,要做好也不容易。记得有位客人查询某次火车几点到平顶山,我马上从列车时刻表上查到并告诉了客人,可客人却说那是火车没提速前的时间。我向客人道了歉,马上又往火车站问询处打电话,可问询处一直无人接电话。我万分焦急,突然,看到玻璃板下面有张"雅兰订票处"的名片,心里暗暗高兴,便按照上面的号码打电话查询,并将准确的时间告诉了客人,使客人真切地感受到我们的真诚和耐心。

  为了营造温馨的氛围,使客人来到总台就像回到家一样温暖、亲切,我们还将亲情服务融入日常工作当中。客人来到总台时,我们尽可能多地和他们交谈,从中得到有益于我们服务的信息,例如客人的喜好、口味等。有一个很冷的晚上,一位南京来的客人登记住宿,无精打采,而且不停地擦鼻涕,我便问:"先生,您不太舒服吗?"那位客人无奈地说:"火车上冻得要死,车又晚点,药都没处买。"我于是给他安排了一间供暖好的房间,并告诉他要多喝些热水。把那位客人安排好后,我便打了免费送药的电话,半小时后药就送来了。当我把感冒药送到客人手中时,他激动地说:"你们的服务真是做到家了。就是我自己的亲人,也只能做到这份儿上了,太谢谢你了。"对客人的关心,还不仅仅限于总台工作的范围之内。今年大年初六晚上,1105房的客人因酒喝多了,走路摇摇晃晃,总台的工作人员看到后,马上过来把客人送到房间,并沏上一杯热茶,将客人扶到床上睡下才离开,并通知房务中心,密切注意该房间的情况。由于总台加大了亲情服务的力度,缩短了服务员与客人的距离,吸引了大批的散客和回头客。

  总台始终把细节当生命,因为只有用心做好每一件小事,才能给每位客人都留下美好的回忆。去年11月份,1307房的李先生将一块玉坠遗忘在房间里,当客人发现后忙打电话到总台询问,话语中透露出对玉坠的珍爱。可是他已经坐上了开往广州的火车,他很无奈地说:"算了吧!如果下次去平顶山再拿吧!"总台的杨丽丽马上热情地说:"不用等下次了,请您把通信地址留下,我帮您把它寄回去。"于是,丽丽便自费将玉坠寄给了客人。当李先生收到玉坠后,激动地打来电话:"你们的服务是一流的,我会永远记住你们平顶山宾馆。"

  俗话说:"没有做不到的,只有想不到的。"在我们的工作中,也常常会因为在某一环节上没有考虑周到,而使整个服务大打折扣,因此,延伸服务就成了满足客人个性化需求的又一重要手段。去年年底,市外事办安排一批韩国外宾来下榻,市领导要在南楼会议室会见外宾。细心的总台人员发现外宾在北楼住,可会议室却安排在南楼,这样太不方便了,而北楼也有一个容纳十多人的会议室,且设施豪华。因此,总台服务员马上与外事办的负责人取得联系,说明了情况。原来那位负责人对宾馆的设施不太了解,以为只有南楼的小会议室是最好的。最终客人接受了总台的建议,不但方便了外宾,也提高了接待档次。事隔多时,那位负责人仍对总台细心、灵活的服务大加赞许。

  正是凭着细心的观察和热情的服务,总台以"润物细无声"的方式,给客人营造了一个温馨的氛围,使客人在这个"窗口"前感受到了友情的珍贵、亲情的无价和家的温馨,留下了一段段美好的回忆。

本章小结

➤ 前厅部被喻为酒店的大脑,是酒店的中枢神经和对客服务的指挥中心,是酒店的营业橱窗,是给客人留下第一印象和最后印象的地方,因此,对于提高酒店服务质量和建立良好的宾客关系,具有重要意义。

➤ 前厅部的主要任务是:销售客房,接待客人,为客人办理住店和离店手续,并为客人提供问讯服务、预订服务等各种综合服务。

➤ 前厅部的工作目标是:为客人提供热情、高效的服务;控制好房态,提高客房利用率;建立良好的宾客关系。

➤ 前厅部的组织机构因规模、性质的不同而不同,但组织机构的设置要从实际出发,遵循机构精简、分工明确的原则。为了提高工作效率,减少部门之间的矛盾和摩擦,很多酒店将前厅部与客房部合二为一,通称为"房务部",设房务总监。还有不少酒店考虑到前厅部所具有的销售性质,将前厅部与销售部合二为一,统一划归销售部管理,这样可以统一客房分配、统一销售政策,减少部门摩擦,防止部门利益冲突和损害酒店利益以及客人利益的情况发生。

➤ 前厅部组织建设还有一个发展趋势,就是合并岗位,一专多能。传统的酒店都分设接待处、收银处、问讯处等岗位,但近年来,国内外很多酒店为了节省人力,压缩编制、精简员工,纷纷将上述岗位合二为一,甚至合三为一,一个服务员既负责接待,又负责问讯,还负责收银工作。

思考题

1. 前厅部的地位和作用表现在哪些方面?

2. 前厅部组织机构设置的原则有哪些?请画一张大型酒店的前厅部组织机构图。

3. 简述前厅部各班组的职能。

【案例分析】

"空中大堂"：会成为一种流行趋势吗？

酒店无论奢华与否，大堂一般都会放在酒店的下面，而朱美拉广州大酒店将大堂直接放到了 50 层高的顶层。根据初步设计方案，该酒店 3 个顶部楼层被贯通，周围使用透明的玻璃围墙，客人需要先到顶楼，在大堂办理入住手续，然后再乘坐电梯下去回到房间。位于广州同一地点的超五星级君悦大酒店也同样按此设计，客人到酒店后先坐电梯到达 20 多层高的空中大堂，居高临下，边欣赏美丽的珠江新城及广州城市景观，边办理入住登记手续。

位于酒店 27 层楼的广州珠江新城君悦大酒店大堂

问题："空中大堂"会成为一种流行趋势吗？

【补充与提高】

大堂的互动时代

当今越来越多的商旅人士不再严格区分工作和休闲的界限，基于这个思考，品牌经理们将被动的大堂电视机转换成交互媒体。

万怡酒店的 GoBoard 是位于大堂的 52 英寸（132 cm）液晶触摸式显示屏，客人们可以找到自己需要的信息，如实时航班情况、地图和天气预报，还有最新的来自《今日美国》的新闻。

万怡酒店的全球品牌经理布莱恩·金（Brian King）说："客人们可以掌握他们

当万豪旗下的万怡酒店开始思量大堂改造的多种选择时，资讯和娱乐技术成为了首选

想看什么，不用等待，他们手指轻触屏幕让体育比赛的结果一闪而过就可以了。"

GoBoard 的主要内容是可以由用户自定义的，允许酒店经理加载本地化资料。客人可以用触摸屏进行各类饭店、当地特色、旅游景点的导航。地图功能支持用户放大看周边或目的地周围情况。

酒店经理人对"经理的困惑"的答复

Re：总台员工不微笑该怎么办？

刘艳娇　广州从化碧水湾温泉度假村　房务总监

微笑是服务员最好的化妆品，在酒店日常管理工作中，遇到员工状态不好，在对客现场不对顾客微笑时，可以从如下几方面进行改进：

1.做好日常员工的微笑训练，让微笑成为一种习惯与能力；

2.加强企业文化的学习与渗透，让员工从内心认可企业并忠诚企业，员工才能更加自动自发地对客微笑服务；

3.在员工出现心情不悦，工作状态低迷之时，主动找员工进行沟通，帮助员工排忧解难，做好员工的思想工作；

4.定期组织员工活动，活跃班组与部门氛围，提升团队凝聚力，让员工微笑服务、快乐工作。

面对面观看广州从化碧水湾温泉度假村房务部刘艳娇总监及管理人员谈：员工不微笑该怎么办？

方式一　请登录：刘伟酒店网—院校服务—视频—员工不微笑该怎么办？

方式二　扫描二维码

二维码　碧水湾度假村：员工不微笑该怎么办？

第 2 章
前厅部人力资源管理

前厅部人力资源管理是提高前厅部对客服务质量的保障
（感谢西安古都文化大酒店提供照片）

　　前厅部的管理工作要靠高素质的管理人员去完成，要实现有效的管理，前厅部管理人员必须掌握现代化的管理理论、方法和技巧。本章主要介绍以前厅部经理为主的各级管理人员的岗位职责与素质要求，前厅部员工的招聘、培训和激励以及管理人员应该掌握的管理方法、管理艺术和管理技巧。

通过本章的学习，读者应该：
- 了解前厅部各级管理人员的岗位职责与素质要求。
- 对前厅部经理的日常工作有较为全面的认识。
- 掌握前厅部员工招聘、培训的程序和方法。
- 掌握前厅部管理人员的管理方法和技巧。

　　关键词：前厅部经理；前厅部主管；前厅部领班；岗位说明书；管理技巧；员工招聘；员工培训；员工激励

　　Keywords：F.O. Manager；F.O. Supervisor；Job Description；Management Skill；Recruiting；Orientation；Training，Motivation

经理的困惑
——如何让管理人员快速成长？

随着酒店业的迅速发展，给员工的提升提供了很大的空间。酒店有很多的机会和挑战，可却苦于找不到合适的人选，前台主管们也很努力地工作，作为部门管理者我们也尽最大所能去引领他们尽快提升和发展自己。却发现并不是所有人都可以做经理的，让我想起一句话：有些人带两个月就能看到一生，有些人你把毕生的精力投下去也注定无果。究竟如何才能让这些"慢热"的主管们快快成长并在职业生涯中找到自己的一席之地？

2.1　前厅部管理人员：岗位职责与素质要求

前厅部经理要将管理原理运用到工作中去，并通过前厅部员工的共同努力，使得来到酒店的每一位客人都能感受到热情、关爱、安全、高效的酒店服务。前厅部经理在工作中会遇到来自不同方面的各种挑战，如对前厅部员工进行有关计算机酒店管理系统的培训；在提供服务与追求利润之间保持一种微妙的平衡；在部门内部以及与其他部门之间保持良好的沟通等。

2.1.1　前厅部经理

1) 前厅部经理："工作分析"

某些日常工作是前厅部经理每天都要做的，工作分析（Job Analysis）是对前厅部经理每天要做的"典型的"工作进行详细的叙述，它为前厅部经理岗位进行工作描述（Job Description）打下了坚实的基础。工作分析之所以有用，是因为它使我们在准备工作描述时，能够确定某些日常工作程序。这些日常工作程序，加上主要的职责以及在工作当中所涉及的部门之间的关系，构成了对前厅部经理岗位进行工作描述的基础。未来的管理者将会发现这一管理工具对新员工的入职指导和员工的培训是很有帮助的。工作描述也为制订某一具体的工作规范奠定了基础，从而帮助酒店人力资源部确保每一位新的员工都有成功的机会。

以下是对前厅部经理工作的分析：

7:00　与夜核一起讨论昨天晚上的活动情况，并注意发现未平衡的账目。

7:30 向预订员了解当日预订抵店情况。

8:00 迎接早班总台工作人员,并向他们传达来自夜核和预订部门的信息。帮助前台收银人员为客人办理结账手续。

8:30 分别与客房管家及工程部经理进行沟通,确定前厅部员工应该注意的一些潜在的问题。

9:00 与市场营销总监沟通,讨论有关促销计划问题;与宴会部经理一起商讨有关即将在酒店举行宴会的单位和组织的问题。

9:30 与行政总厨沟通,了解当日酒店餐饮部各餐厅的特色菜,这些信息将被打印并分发给总机话务员等前厅部有关岗位和人员。

9:45 召集前厅部员工会议,讨论当日有关经营信息问题。处理客人账务的有关争议。

11:00 与总经理讨论下一年度的财政预算问题。

12:30 了解、预测下一周的预订情况。

1:00 与公司商务客户共进午餐。

2:15 与预订部员工一起确定为团队预订需要保留的客房。

2:30 与财务总监确定下个月的预算目标。了解上个月预算执行情况的反馈信息。

2:45 向工程部经理了解 18 楼水管维修工作的进展情况。

3:00 迎接中班员工上班,并向他们交代有关预订、客房分配以及待售客房等信息。

3:15 协助前台接待员接待刚刚抵达的某一旅游团队。

4:00 对两名应聘前台工作岗位者进行面试。

4:45 协助前台接待员为客人办理住宿登记手续。

5:15 协助预订员处理已经确认的预订、更新有关预订资料。

5:45 向夜核员打电话通报有关晚上夜核事宜的当前信息。

6:00 向保安部经理了解有关即将在舞厅举办的艺术展览的保安问题。

6:30 填写报修单,请工程部对前台有关机器进行预防性维修。

6:45 准备翌日"待完成工作"计划。

以上工作分析说明前厅部经理每天的工作是非常忙碌的,包括协助前厅部员工进行工作,并与酒店其他部门的经理进行沟通。前厅部经理应当有能力预算收入和支出、对应聘者进行面试以及与潜在的商务客户进行有效的沟通。

2) 前厅部经理:"岗位说明书"

在前厅部经理工作分析的基础上,我们可以得到一张类似表 2-1 所示的前厅部经理的岗位说明书。"岗位说明书"详细地列出了前厅部经理的主要任务、岗位职责和素质要求,是十分有效的管理工具。

表 2-1　前厅部经理:岗位说明书

（Job Description for a Front Office Manager）

岗位名称:前厅部经理

直接上级:房务总监/总经理

直接下属:前厅部副经理、各主管、大堂副理、文员

岗位职责

1.全面主持部门工作,提高部门工作效率和服务质量,力争最大限度地提高房间出租率。

2.贯彻执行总经理下达的营业及管理指示。

3.根据酒店计划,制订前厅部各项业务指标和规划。

4.按照有关要求,制作未来一个星期、一个月或其他时间段的客房销售预测表。

5.对各分部主管下达工作任务并指导、落实、检查、协调。

6.组织主持每日主管工作例会,传达酒店例会工作要点,听取汇报,布置工作,解决难题。

7.确保员工做好前厅部各项统计工作,掌握和预测房间出租情况、订房情况、客人到店和离店情况以及房间账目收入等。

8.参与制订并最终提交前厅部员工的预算草案。

9.负责前厅部员工的招聘和培训工作。

10.在前厅部员工之间建立和发展良好的沟通体系。

11.检查、指导前厅部所有员工及其工作表现(包括员工的仪容、仪表和制服的卫生情况),对前厅部的日常运作进行监管(包括预订、入住登记和结账离店等过程),保证酒店及部门规章制度和服务质量标准得到执行,确保前厅部各部门工作的正常运转。

12.每月审阅各部门主管提供的员工出勤情况。

13.对前厅部员工进行定期评估,并按照奖惩条例进行奖惩。

14.与酒店其他部门经理之间建立良好有效的沟通与协调制度,以便为客人提供优质的服务。

(1)与销售部的协调。每天与进、离店的团队协调配合,在团队到达前 7 天内及时了解该团队的具体要求,并通过销售部做好团队的善后工作。同时,参与对酒店客房及其他产品和服务的销售计划的制订。

(2)与客房部及工程部的协作。确保大厅及公共区域的卫生状况良好,设施设备运转正常。

(3)与计算机部经理紧密配合,熟悉计算机程序,确保计算机的安全使用。

(4)就顾客的账务纠纷与酒店财务总监及有关部门经理沟通。

15.协助总经理处理发生在大堂的特殊事件。

16.每日、每月批阅由大堂副理提交的客人投诉记录及汇总表,亲自处理贵宾的投诉和客人提出的疑难问题。

17.密切保持与客人的联系,经常向客人征求意见,了解情况,及时反馈,并定期提出有关接待服务工作的改进意见,供总经理等参考决策。

18.如总经理或其他管理部门要求,应履行其他义务。

19.检查 VIP 接待工作,包括亲自查房、迎送。

20.了解夜核情况。

21.与社区或商务公司领导人保持良好的业务关系。

任职条件

1.头脑灵活,反应快。

2.熟悉前厅部、客房部、销售部工作,略懂餐饮、工程、财务等知识。

3.高级英语水平,能用英语处理日常事务。

4.了解市场状况,掌握酒店经营及管理动态。

5.善于处理各类投诉。

6.善于交际,风度优雅、谈吐大方。

2.1.2 前厅部其他管理人员的岗位说明书

1）前厅部副经理

前厅部副经理岗位说明书见表 2-2。

表 2-2 前厅部副经理：岗位说明书
(Job Description for a Deputy Front Office Manager)

前厅部副经理

直接上级：前厅部经理
直接下属：前厅各组主管

岗位职责

1.协助前厅部经理管理前台的各项日常工作，当前厅部经理不在时，代行其职，保证前厅部各环节的正常运转。

2.检查前厅部各部门工作（包括仪表仪容、工作表现等），为前厅部经理写出报告。

3.及时处理客人投诉并及时反馈。

4.对 VIP 的接待工作予以关注。

• 根据报告，检查当天的到店情况，核实其特殊要求是否已准备好；

• 检查 VIP 房间及鲜花、水果、刀叉等是否准备好。如发现房间等有差错，应及时通知有关部门。

5.处理超额预订问题。

6.检查酒店的后台工作（夜班）、大厅和客人活动区域，包括门外停车区。确保检查过的每个区域没有问题（如发现有意外情况，及时与有关部门联系并记入交班本中）。

7.与保安部配合，对可疑客人加以控制。

8.报告并记录酒店内的一切异常情况。

• 事故报告必须在同一天内呈送前厅部经理及有关部门经理和酒店领导；

• 如有财产物品丢失或人员伤亡，写出报告及时通知客人并索要费用。

9.亲自培训员工。

10.与计算机部经理协调配合，保证计算机系统的正常运作。

11.执行前厅部经理或管理部门交给的其他任务。

素质要求

1.头脑灵活，反应快。前厅部随时可能出现各种复杂的情况和事件，要求前厅部经理灵活妥善地加以处理。

2.熟悉前厅部、客房部、销售部工作，略懂餐饮、工程、财务等知识。

3.高级英语水平，能用英语处理日常事务。

4.了解市场状况，掌握酒店经营及管理动态。

5.善于处理各类投诉。

6.善于交际，风度优雅、谈吐大方。

---

2) 前台主管

前台主管岗位说明书见表 2-3。

表 2-3 前台主管:岗位说明书

(Job Description for a Front Desk Supervisor)

直接上级:前厅部经理

直接下属:领班

岗位职责

1.协助前厅经理检查和控制前厅的工作程序,全面负责前厅的接待和问询等日常工作,督导员工为客人提供高效优质的服务。

2.主持前厅工作例会,上传下达,与相关部门做好沟通、合作与协调工作。

3.随时处理客人的投诉和各种要求。

4.每天检查员工外表及工作情况。

5.对员工进行培训并进行定期评估。

6.下班之前与预订部核对当日及次日的房态。

7.检查有特殊要求客人的房间并保证这些特殊要求得到关照。

8.及时申领物品,保证前台有足够办公用品。

9.协助大堂副理检查大厅卫生,陈列酒店介绍等宣传品,并在用餐时间,临时接替大堂副理的工作。

10.按要求每月制作有关报表并送至公安部门。

11.完成前厅经理或其他管理部门所交给的任务。

素质要求

1.思维敏捷,具有协作精神。

2.熟悉本部门的各项工作程序和标准。

3.具有一定的计算机软件知识,熟练打字。

4.五官端正,口齿清楚,气质高雅。

5.英语口语良好。

6.有 3 年以上国际酒店前台领班或以上工作经验。

7.能够适应长时间工作。

3) 前台领班

前台领班岗位说明书见表 2-4。

表 2-4　前台领班:岗位说明书

(Job Description for a Front Desk Captain)

直接上级:前台主管

直接下属:接待员

岗位职责

1.协助主管的日常工作。

2.检查、督导前台员工按照工作程序和标准为客人提供优质服务。

3.对客人的要求及投诉要尽最大努力答复并重视,遇不能解决的问题及时报告主管。

4.确保入住登记单详细、准确、清晰、符合有关部门的规定。

5.通知有关部门关于到店房、换房、VIP 房和特殊安排房等情况。

6. 每天检查和准确控制房态。

- 每天定时(9:00、16:00 和 23:00)根据客房部提供的房态表核对房态。
- 每天定时(12:00、17:00 和 22:00)认真检查已结账的房间是否已从计算机中消号;
- 如有换房或调价,应记录存档。

7.详细记录交班事项,如有重要事件或需下一班继续完成的事情都应详细记录,并在交班时签上自己的名字。

8.确保所有的信件、邮包和留言的发送、存放、记录存档无误。

- 每天 10:00、12:00、16:00、21:00,检查邮件、信件、留言;
- 若发现有未送出的,应及时通知或检查留言灯。

9.遇特殊情况,如客人不按期到达、延长住房日期、提前离店、客人投诉以及其他紧急事件,处理不了的要及时上报主管或大堂副理。

10.完成经理分派的其他工作。

素质要求

1.五官端正,气质高雅,口齿清楚。

2.了解旅游景点及娱乐等方面的知识和信息。

3.能够进行熟练的打字和计算机操作。

4.良好的英语口语水平。

5.2 年以上酒店前厅工作经验。

6.有一定的管理能力。

7.性格活泼,思维敏捷,理解能力和自控能力强,善于应变。

2.2　前厅部员工的招聘

2.2.1　招聘

员工招聘是一个寻找并筛选合格的申请人填补岗位空缺的过程。这一过程包括通过恰当的渠道宣布或为岗位空缺做广告,面谈和评价申请人,以确定最适岗的人选。人力资源部门常常协助前厅部经理寻找并聘用合格的人选。而前厅部经理也有责任阐明前厅工作岗位所需要的技能和品质,与人力资源部门交流这些信息,无论怎样,前厅部经理都应亲自与最适合前厅岗位的几位申请人面试。

员工招聘方式主要有 2 种,各有其优缺点。

1) 内部招聘

内部招聘涉及现有员工的调动或晋升。前厅部现有员工想在本部门有所发展,其他部门的员工则可能想调到前厅部工作。通过这种形式的招聘,经理们得以接触那些熟悉饭店,还可能熟悉前厅部的申请人,得以接触技能已得到证实的申请人。内部招聘还能提高员工的士气和生产力。对于能给予提高技能、知识、地位和收入机会的饭店,员工会表现出忠诚。表 2-5 总结了内部招聘的优缺点。

表 2-5 内部招聘:优点与缺点

优 点	缺 点
• 提高被晋升员工的士气。 • 其他员工看见自己将来有机会,士气也能提高。 • 经理能更好地了解内部招来的新手的能力,因为他们的工作表现已经经受了长期观察。 • 主管和管理岗位的内部招聘会带来一系列晋升(每个空出的岗位都需要一个人去补充),能强化"内部职业阶梯"。 • 内部招聘的成本低于外部招聘的成本。	• 内部招聘推动"近亲繁殖"。 • 内部招聘会在被晋升遗漏的员工中引起士气问题。 • 内部招聘会产生负面影响:有的员工会把内部晋升看成与经理、主管的友好关系。 • 通过内部招聘填补一个部门的空缺,也许会造成另一部门中更重大的空缺。

岗位空缺出现以后,前厅部经理应及时张贴公告,工作告示应张贴在员工休息或工作区域中显眼的位置。有的饭店还发现张贴在入口处很有用。员工们知道这些消息以后,常常会鼓励合格的朋友或熟人来申请。

公告的内容应是全面的,要充分说明工作内容,指出最低任职要求和需要的技能。公告还应该告诉申请人该项工作是日班、夜班,还是周末班。有的饭店还公告准确的工资额。在国外有些饭店里,员工在现岗不达一定期限不可申请。这种情况下,公告中应明确声明这项要求。

2) 外部招聘

前厅部经理也可以从饭店外招募人员来填补空缺岗位。新员工能贡献创新的思想、独到的观点,以及创造性的办事方法。外部招聘工作包括上网招聘、临时职业介绍机构,以及员工推荐介绍计划。表 2-6 总结了外部招聘的优点和缺点。

表2-6 外部招聘：优点和缺点

优　点	缺　点
• 外部招聘把新鲜血液和新的思想带进酒店。外部来的新成员常常不仅能提供新的想法，还能带来关于竞争对手在干什么、怎样干的信息。外来新手能提供对酒店的新看法，有时这些新看法能强化现有员工的工作满意度。外来新手可能会说到这样一类事情，如"你们的厨房比我以前工作的XYZ酒店的干净多了"，或者"这里员工的互助态度使我在这里比老地方工作愉快多了"，考虑一下这些话的价值吧。 • 外部招聘也是酒店广告的一种形式（报纸广告、招贴画、公告牌通知等，提醒公众关注你们的产品和服务）。	• 外部招聘时，找到一个好的、适合本酒店的文化和管理哲学的人会更困难些。 • 如果现有的员工感到他们在公司没有机会升迁了，就会产生内部士气问题。 • 外部新手比内部人员需要入职培训的时间更长。 • 外部招聘会在短期内降低生产率，因为外来新手不如内部人员工作快捷或有效。当员工认为他们能把那项工作干得与外部招聘的新手一样好时，就会产生人际矛盾。

2.2.2 遴选

为前厅部的岗位选择恰当的人，这项工作应有前厅部经理参加。根据饭店的不同政策，前厅部经理可能直接聘用申请人，也可能把建议聘用的人选递交最高管理层。

有实际技能、知识和领悟能力的申请人很可能成为有价值的前厅部员工。前厅部工作常需要的3项特殊技能是好的语言能力、数学计算能力及打字技能。员工的语言技能是与客人和其他员工交流所需要的；数学能力会帮助他理解前厅部的财务和交易过程；做档案记录和使用计算机时，打字技能就特别有用了。

由于前厅部的工作需要经常与客人接触，经理们常常倾向于有某些个人特性的申请人。这些性格包括善于与人相处、灵活、有专业态度、有上进心，以及注重外表。评价申请人的个人品质是很主观的。有效的前厅部选拔程序常关注多项技能、态度和个人品质。此外，由于前厅部员工与客人接触极多，在这些接触中他们要能体现出饭店的气质，无论是在电话、信函还是面对面接触中。客人通过与员工的接触产生对饭店的印象。一个饭店公司与有希望的预订员谈话是用电话问几个问题，这会使谈话人听到候选人的声音，了解他怎样通过电话来体现自己。适当选择员工会有助于确保在所有对客接触中保持饭店的形象和价值。

1) 遴选依据

"岗位说明书"（Job Description）和"岗位要求"（Job Specifications）是重要的挑选工具和选拔依据。一份岗位说明书列出了全部任务及与组成工作岗位相关的信息。岗位说明书还会列出汇报关系、职责、工作条件、将使用的设备和材料，以及该岗位的其他特别信息。由于岗位说明书清楚地阐明执行某项工作需要履行的职责，因而在招聘和挑选员工的工作中特别有用。岗位说明书还能解释一个工作岗位与部门其他工作岗位之间的相互关系。

虽然每项工作都是独特的,但前厅部的工作要求可以有一些总的说明。岗位要求一般会列出并说明成功执行岗位职责所需要的个人素质、技能、性格、教育状况及本人经验。

2)评价申请

一般说来,前厅部经理评价工作申请人是通过审阅完整的工作申请表、检查申请人的参考资料,以及有选择地与申请人交谈。有人力资源部门的酒店会按照前厅部的岗位说明书和岗位要求筛选申请人。没有人力资源部的酒店,前厅部经理应负责筛选和评价申请人等各方面的工作。工作申请表很容易填写,应要求申请人提供有助于证明他适合此工作的信息,比如:是否适应轮班工作? 是否适应循环班次? 是否适应超时工作和周末工作? 是否有工作经验,为什么离开或打算离开以前的酒店以及有哪些特殊技能等。

经理们应查阅参考资料,证实申请人的身份和他以前的工作经验及技能。经理们应该知道,除了申请人过去的职务、聘用时间和工资以外,以前的雇主一般不愿多提供信息。前雇主很少表明他们是否愿意再聘用此人。在美国,一些酒店还会要求检查所有工作申请人在警方的记录,对收银员等某些岗位来说,这也许是基本要求,有时警方会帮助揭发由于现金处理问题从另外的工作岗位被开除的记录。

2.2.3　面试

面试很重要,是对求职者产生第一印象的时候,在大型酒店里,一般由人力资源部门办理招聘和所有候选人的初级筛选。然后,由各部门经理进行主要的深入的面试,再决定录用谁。前厅部经理可以把面试和聘用的任务委托给一位助手。无论是由谁去做实际聘用工作,前厅部经理都要对聘用工作和保持合格的前厅部员工队伍负责。

1)面试的目标

面试过程至少有 5 项目标,如下所述。
- 建立基于工作关系层面的交流。
- 收集足够而准确的信息,以便做出明智的聘用决定。
- 提供足够的信息,以便申请人做决定。
- 向申请人推销公司和工作岗位。
- 在酒店和申请人之间营造友好关系。

2)面试时的注意事项

无论谁是面试人,都应熟知工作及其职责、福利、薪水幅度以及其他的重要因素。面试人应该是对人品和任职资格的公平的裁判,是积极向上的楷模,也是善于沟通的交流者。面试应在舒适、隐蔽的地方进行,如果不可避免,也只能有极少的干扰。注意力集中使申请人能表现出认真的态度。公事公办式的布置,申请人坐在桌前,面试人坐在桌子另一边,会让申请人感到紧张。就在靠近实际工作区域的地方进行面试,常常是行之有效的,会让申请人感到更加轻松愉快。如果工作区干扰太大,无法坐下来谈话,则应该另选地点。除非发生紧急情况,否则,面试期间不能允许有电话或其他干扰。

进行面试时,面试人应使用交谈的语调说话。面试者应该用对待客人一样的礼貌和尊敬对待申请人。

面试人应该让申请人确定谈话节奏,对紧张和害羞的人要有耐心,不应该把经理要求的标准确切告诉申请人,因为有的申请人会改变自己的反应以满足这些期望。

做好充分准备的面试人有一份提前准备好的问题单。面试人不一定要问所有的问题,在洽谈过程中可能会引出另一些问题。问题应该能让申请人充分展示自己,而不要让他们感到自己是在受审。用"是"和"否"的提问应该限制,只要能证实申请表上提供的信息或获取另外的事实即可。询问"你以前的工作愉快吗?"之类的问答题不能引发详细的答复。另外,这类问题还会引导申请人做出他们认为面试人想听的回答。要引出更全面的反应,经理应询问开放式问题,如"关于以前的工作,你最喜欢的是什么?"或"关于以前的工作,你最不喜欢的是什么?"

一般来说,面试人要用一段轻松的谈话(有时还可能是幽默的)来开始面试,让申请人感到放松些。随后,他可以问申请人的工作期望——一般是申请人寻求的工作种类和工作条件——而转入面试主题。面试人应在一个时间集中在一个主题上。

好的面试人会用适当的手势和言语鼓励申请人,他们还注意聆听,注意申请人的身体语言。姿势或语调的突然变化、目光移动,以及紧张的面部表情和行为说明申请人对谈论的话题感到不自在。申请人回答问题犹犹豫豫的时候,经理应跟上相关的问题,探求更进一步的信息。此外,当一位申请人的答复含糊其辞或转换话题时,可能就表示他想要回避这一主题。同样,面试人试图取消或回避主题时也会引起申请人的怀疑。当申请人问及工作岗位或前厅部运作问题时,面试人应尽量直接而诚实地做出回答。

给申请人一份岗位说明书作为面试的一部分不失为一个好主意。它会清楚地表明经理在寻找什么,工作有什么要求。前厅部经理可以和申请人一起阅读岗位说明书,指出重要的职责。这使得申请人能够形成一幅关于工作的更清晰的画面,形成他们是否喜欢这工作的全面观点。如果面试进展顺利,甚至还可以简单讨论如果被聘用后,候选人实际要接受的培训。

进行面试的人还应当确定在工作条件、排班时间、工资、工作种类和聘用福利方面,申请人的个人工作要求能否得到满足。如果出现工作似乎难以令各方满意的情况,面试即应终止。在不理想的情况下给予或接受工作都会导致较高的员工不满意率和流动率。

3)面试时的常见问题

表2-7总结了与面试有关的常见问题。当经理们知道哪些因素会毁掉面试时,他们就能更好地加以防范,增加面试成功的可能。

表 2-7　与面谈相关的常见问题

相似性错误	许多面谈人容易对于与自己相似(兴趣、个人背景甚至外表等方面)的候选人产生积极反应,而对与自己不同的候选人反应消极。
对比性错误	应该把候选人与岗位设定的标准相比较,而不是把他们互相对照。在 2 位较差的候选人之后来了一位平平之辈的时候,无论是有意识还是潜意识地对比候选人就会特别糟糕。因为在候选人之间对比,那个平平之辈看上去就会很突出,从而引起对比性错误。
过于看重负面信息	人类的本性就是对负面信息比正面信息注意得多。我们看自荐材料或申请的时候,会倾向于寻找负面的而不是正面的资料。在面谈中也会发生这样的情况。
第一印象错误	许多面谈人会对候选人产生强烈的第一印象,并且在面谈中自始至终保持这一印象。
光环效应	有时候,候选人某一方面——外表、背景等等——给面谈人的好印象会给他的总体印象增辉。在这种喜爱的光芒下,面谈人看候选人的一言一行时会产生光环效应。
魔鬼的号角	光环效应的对立面。这种情况常常会使面谈人用不喜欢的眼光看待候选人的一言一行。
错误的听和记忆	面谈人并不总能听出一句话想要表达的意思,他们也无法记住说过的每一件事。
近期错误	面谈人容易记住候选人最新的行为或反应,而记不住面谈中稍早些发生的行为和反应。
非言词因素	非言词因素如服装、微笑、说话方式和目光接触等,都会影响面谈人对候选人的印象。有的面谈人只根据候选人的服装和举止来下决心聘用谁。

4) 面试的技术

分两步提问是面试中最常用的技术,如下所述。

第一步,面试人问一些具体的问题,如谁、什么、何时或何地。

第二步,后续的问题要追寻更深层次的反应——或能告诉面试人为什么或怎么样。

例如,第一个问题可能是"在原来的饭店,你最喜欢的工作是什么?"申请人回答之后,面试人会问,"为什么那是你最喜欢的?"面试人可以使用的其他提问技术包括:

- 应了解申请人的各种反应,而不是单一的反应,那样更具有自发性。后续问题应该缩小范围。
- 使用直截了当的问题来证明事实并快速获得大量信息。直接问题有时又称为封闭型问题,常常得到很简短的回答,例如"是"或"不是"。
- 使用非直接式或开放型的问题,或要申请人进行比较。当面试人不单寻求标准答案时,这项技术很有用处。开放型问题是要申请人详细回答的问题,例如"在学校时你喜欢什么科目?"
- 当回答似乎不合理或不切实际的时候,往深处追踪这一题目。
- 申请人给出不完全的回答时,应探求更多的信息。这时候常常重述他的回答作为问题,例如,"那么,你认为部门太大了,是吗?"

- 用简短而肯定的反应鼓励申请人说下去,例如,"我懂了,"或"请继续说"时点头表示赞同也会有所帮助。
- 运用沉默来表示申请人应继续讲。
- 申请人不理解问题时,给出示范答案。
- 做出评论而不是一味提问,让申请人的回答多样化。

5) 面试的问题

（1）问什么

所有的问题都要有很强的专业背景。在面试中问及的问题应该与空缺的岗位相关。例如,对于总台接待员岗位的申请人和前厅部主管工作岗位的申请人,前厅部经理就不可问完全相同的问题。可以了解申请人执行专门工作任务的能力。表 2-8 给出了一套经理们进行面试时可以使用的问题样本。

表 2-8　面谈样题

与工作背景 有关的	• 你每周工作 40 小时吗？加班多少时间？ • 你的总额工资和到手工资各是多少？ • 有什么福利？你要为这些福利付多少钱？ • 你想要什么样的工资/薪金？你会接受的最低数额是多少？ • 你最希望把工作安排在一周中的哪几天？ • 以前周末工作过吗？在什么地方？有多久？ • 你最喜欢的工作班次是什么？你不能上什么班次？为什么？ • 你喜欢每周工作多少小时？ • 你怎么来上班？ • 对于可能要工作的班次来说,你的交通方法可行吗？ • 上一份工作是什么时候开始的？做到什么职位？你现在的职务或你离开时的职务是什么？ • 你现在工作或上一份工作的起始工资是多少？ • 在现在的工作或上一份工作中,多久增加一次工资？ • 在下一份工作中,你想要避开的 3 件事是什么？ • 你希望主管有什么样的素质？ • 你为什么选择这一行？ • 你为什么有兴趣在本饭店工作？ • 什么工作经历对你的职业决定影响最大？
教育和智力	• 在学校的时候,你最喜欢哪些学科？为什么？ • 在学校的时候,你最不喜欢哪些学科？为什么？ • 你认为你的成绩是整体能力的一个好的标志吗？ • 如果一定要你重做受教育的决策,你会做出同样的选择吗？为什么或为什么不？ • 过去 6 个月里,你学到的最重要的是什么？ • 你发现你最好的老师具有什么好品质？这些也可以应用在工作上吗？

个人性格	以下有些问题会更适宜问那些没有什么工作背景的人： • 业余时间你喜欢干什么？ • 在现在或前一份工作中，你缺勤或迟到了多少次？那是正常的吗？是什么原因？ • 你在本饭店工作，家里会怎么看？ • 在你前一份工作中，关于无故迟到或缺勤的政策给你解释清楚了吗？这些政策公平吗？ • 你的第一位主管是什么样的人？ • 你的第一份工作是怎样得到的？你最近的工作呢？ **根据面谈的需要，以下关于个人性格、工作职务的问题可以改变：** • 谁的责任更重大——总台接待员还是预订销售员？为什么？ • 你曾面对过一位对一切都不满的气愤的客人吗？如果有过这样的经历，那你是怎样与客人一起解决问题的呢？ • 你认为你所申请的岗位的人离开的主要原因是什么？你会怎样去改变它？ • 你认为一个好总台接待员的最主要责任是什么？ • 假设你的主管坚持要你以某种方式学习一项任务，而你知道另有更好的方式，你会怎样做？ • 你遇到过对某些员工表现出偏爱的主管吗？对这种情况，你是怎么认为的？ • 在你的工作经历中，你最不喜欢的是什么？为什么？ • 当你到商店去买东西的时候，希望看到销售人员什么样的素质？ • 在前一份工作中，你最大的成就是什么？ • 如果有机会，你会对前一份工作做哪些改变？ • 如果给了你这样的机会，你愿意回到前雇主那里吗？为什么或为什么不？ • 当你决定离开时，是提前多久通知前雇主的（或计划通知前雇主的）？ • 你的前主管和同事们会怎样描述你？ • 你带到这个新岗位的强项和弱项是什么？ • 工作上什么会让你感到灰心？你会怎么对待这些挫折？ • 在你的前一份工作评估中，你的前主管提到需要改进的是哪些方面？你认为为什么会有这样的意见？ • 你最愿意改进自己的 3 个方面是什么？ • 你干过的最值得骄傲的事情是什么？为什么？ • 你遇到的最有趣的是什么？ • 你申请的工作对你重要吗？为什么？ **针对候选管理人员的问题** • 对员工，你有过什么样的培训计划？谁制订、谁实施的？ • 在前一份工作中，你做了哪些努力去改进你所管理部门的工作？结果是怎样衡量的？ • 经理的最重要贡献是什么？ • 哪些饭店是你们的最大竞争者？他们的强项、弱项各是什么？ • 作为管理者，你的员工会怎样描述你？ • 在前一份工作中，你必须管理多少人？概述一下情况。对开除员工你是怎么看的？ • 你在激励你的员工方面做了哪些工作？

（2）不问什么

在面试中所提问的问题必须是合法的，特别是《劳动法》《劳动合同法》等法规。

在美国，不能涉及涉嫌种族、性别、年龄、身高、婚姻状况、宗教信仰等各类歧视的问题，以免承担法律责任。表 2-9 总结了美国饭店业与面试有关的常见问题，可供国内酒店经理人在面试时参考。

表 2-9　美国饭店业与面试有关的"合法"与"非法"提问

主题	聘用前的合法提问	聘用前的不合法提问
姓名	申请人全名 你曾经用其他名字在本公司工作过吗？ 检查工作记录需要其他名字吗？如果要，请解释。	因法院命令或其他缘由更名的申请人的原名 申请人的娘家姓
地址或居住期	作为本州或本市的居民有多久？	
出生地 年龄	*你达到或超过 18 岁了吗？	申请人的出生地。 申请人父母、配偶或其他近亲的出生地。 要求申请人提交出生证、入籍或洗礼记录。 你多大了？ 你的生日是哪天？
宗教信仰		询问申请人的宗教派别、宗教分支机构、教堂、教区、牧师或奉行的宗教节日。 不告诉申请人"这是天主教（新教或犹太教组织）。"
种族或肤色		面部肤色或皮肤颜色。
照片		要求申请人在聘用申请表上粘贴照片。 尽管申请人反对，仍要求他提交照片。 在谈话后聘用前索取照片。
身高		询问涉及申请人身高。
体重		询问涉及申请人体重。
婚姻状况		要求申请人提供关于婚姻状况和孩子的资料。 你是单身还是结婚了？ 你有孩子吗？ 你的配偶有工作吗？ 你的配偶叫什么名字？
性别		先生、小姐、太太或任何关于性别的问题。诸如生育能力或提倡什么形式的计划生育的问题。
国籍	你是美国公民吗？ 如果不是美国公民。申请人想要成为美国公民吗？ 如果你不是美国公民，你有在美国合法永久居住权吗？ 你想永远留在美国吗？	你是哪一国公民？ 申请人是入籍还是自然出生公民，获得公民权的日期。 要求申请人出示入籍证明或首要证明。 申请人的父母或配偶是入籍还是自然出生美国公民；父母或配偶获美国国籍的日期。

续表

主题	聘用前的合法提问	聘用前的不合法提问
民族	询问申请人流利说、写的语言。	询问申请人的(a)门第;(b)家世;(c)民族起源;(d)血统;(e)出身或民族。 申请人父母或配偶的民族。 你的母语是什么? 询问申请人怎样获得外语的读、写或说的能力。
教育	询问申请人接受的职业或专业教育以及就读的是公立或是私立学校。	
经验	询问工作经验。 询问申请人到过的国家。	
被捕	你曾被判有罪吗? 如果是,什么时间、什么地方及什么性质的罪。 警告你犯有重罪的吗?	询问被捕情况。
亲属	除了配偶之外,申请人已在本公司工作的亲属姓名。	申请人亲属的地址,除了父母、丈夫或妻子及要抚养的孩子的地址(在美国的)。
紧急情况下通知	事故或紧急状况下要通知的人的姓名、地址。	事故或紧急状况下要通知的最近亲属的姓名、地址。
服役情况	询问申请人在美国军队或州民兵组织的服役经历。 询问申请人在美国军队、海军等某个部队服役情况。	询问申请人的一般服役经历。
组织	询问申请人是某成员的组织的情况——名称或在种族、肤色、宗教、民族或成员门第方面的特色。	列出你所属的俱乐部、社区和居住地。
介绍人	谁建议你到这里来申请工作的?	
*询问此问题的目的只是为了确定申请人是否到了法定工作年龄。		

资料来源:密歇根州公民权利保障部,密歇根州兰辛。

6）面试评估

表 2-10 中给出的面试评估样表中列出了前厅部员工的一些重要素质。此表的各部分应根据前厅部的岗位要求进行组合。前厅部经理可以运用这个表来评价申请人的强项和弱项。与申请人面试之后，前厅部经理可以用此表按以下标准为申请人打分。

表 2-10　面试评估表

申请人姓名＿＿＿＿＿＿＿＿＿＿＿＿　需评估的岗位＿＿＿＿＿＿＿＿＿　日期＿＿＿＿＿＿＿＿＿＿

	Poor Match（差）		Acceptable（可接受）	Strong Match（好）	
相关工作背景	−3	−1	0	+1	+3
一般背景					
工作经历					
同样的公司					
对工作的兴趣					
工资要求					
出勤					
领导经验					
教育/智力					
正规学校教育					
智力能力					
另外的培训					
社交技能					
语言表达和聆听能力					
文字能力					
身体因素					
一般健康状况					
体力状况					
清洁、服饰和姿势					
体能水平					

个人性格				
第一印象				
人际交流技能				
个性				
合作精神				
激励				
眼界、幽默和乐观				
价值观				
创造性				
压力承受能力				
展示技能				
服务态度				
独立性				
计划和组织能力				
成熟性				
决断能力				
自我了解				
灵活性				
工作标准				
小计				

共计得分_____

资料来源：Michael L. Kasavana，Richard M. Brools.前厅部的运转与管理[M].包伟英，译.6 版.北京：中国旅游出版社，2004.

- 如果申请人达到给定领域技能的可接受水平，或技能不直接与工作有关，则他们的得分为 0。
- 根据在与工作相关的领域，他们超出可接受的技能水平的程度，得分可加 1 分或 3 分。
- 在与工作相关的技能方面，按他们低于可接受的水平的程度，可减 1 分或 3 分。

　　每一位申请人都有强项和弱项。面试评价表能保证某一方面的缺点不会让申请人失去机会。评价了所有的申请人之后，经理应选出并聘用最适合该岗位的申请人。在面试评价表上得分最多的申请人一般有可能成为最好的员工。一旦选出了申请人，经理应通知参加面试的其他申请人该岗位已经有人了。有的时候，一个岗位不成功的申请人会适合于另外的岗位空缺。出现这种情况时，经理应鼓励申请人去申请，或者花点时间告诉另一部门的经理有关合格的申请人的情况。

　　所有聘用面试应存档，特别是那些未被录用的申请人的面试。

2.2.4　录用

　　一旦申请人被录用，前厅部经理应该让申请人相信：他作出了正确的抉择。应告诉新人并不期望他们一开始就了解工作的方方面面，但管理层相信他们的能力能成功地开展工作。

主管应立即着手准备新人的到来,包括通知其他前厅部员工。应把新员工的姓名、以前的工作经历以及到岗日期告诉现有的员工。前厅部经理应会见各个班次的排班领导。鼓励他们协助进行新员工培训,建立良好的工作关系。

在决定正式录用与上岗之前,这期间的主旋律应该是温暖的、关心的和专业化的。如果过于轻松、随便或喧闹,新员工会认为饭店或前厅部的政策和程序过于松懈。员工应知道管理层在服务方式上的期望,也应知道前厅部和饭店的目标。管理层会发现,办理过程是与新员工讨论目标和期望的最佳时刻。

在这个时候,前厅部经理或人力资源部的员工也应该讨论计时卡、工资发放程序、工作隶属关系以及制服等事项。一张对照表可以保证每一重要事项都已办理。这通常是新员工入职培训的事情。

2.3 前厅部员工的培训

培训是酒店保持和提高对客服务质量和服务效率的重要途径,前厅部是酒店与客人接触最多的部门,前厅管理人员必须重视员工的培训。

2.3.1 入职培训

新员工的入职培训又称为"入职指导"(Orientation)。新员工第一天来工作时应拿到一份入职培训计划。计划好、有组织的入职培训会让新员工有一个良好的开头。通常,新员工第一天上班都充满急切的心情。前厅部经理应负责安排好员工的入职培训。

成功的入职培训计划常包含一份书面的日程,新员工可以用作参考。日程表应告诉员工,他将要去见谁、在哪里见、什么时间见以及将讨论什么问题。至少,入职培训计划应包括以下信息(表 2-11)。

表 2-11　前厅部员工入职培训计划的主要内容

饭店	它的历史、服务声誉、主要管理人员姓名、发展计划、公司政策等
福利	工资、保险项目、员工折扣、假期和带薪假日
工作条件	培训计划安排、工作日程、休息、用餐时间、加班、安全、保安、员工告示板和记事本以及社会活动
工作	工作岗位所承担的任务、工作怎样适应前厅部、前厅部怎样适应饭店、期望达到什么样的服务标准
前厅部团队	介绍同事,概述每位员工的主要职责,解释隶属关系
规章制度	如吸烟、出入、纪律处分、停车权利
建筑物	建筑物的布局、员工入口的位置、更衣室、员工餐厅、制服房、总台,以及其他重要部门

员工上班的第一天应填写有关人事、工资和工作表格,根据工作应发给制服和更衣柜。新员工还应该参观整个酒店,特别是不同种类的客房和会议室。参观地点应包括工作区、计时钟、工作日程张贴处、库房、急救箱、厕所和小憩区。参观相关的部门有助于强化对工作流程的理解以及团体的协作。在参观中,前厅部经理应尽量多给新员工介绍一些同事。

管理层应保证让新员工看到所有营业点。参观中还应该指出一些重要部门的位置,如客房部、洗衣房、维修保养、财会,等等。参观中最重要的事情之一是要花时间把新员工介绍给重要的经理们,这种介绍能让新员工立刻感到是整个团队的一员,有助于建立管理层与员工之间的良好关系。

2.3.2　技能培训

保证员工受到适当的培训是前厅部经理的主要职责之一,这并不是说经理一定要做培训老师,实际培训工作可以交给培训老师、部门里的主管,甚至是技能较高的员工。然而,前厅部经理应负责部门内外培训计划的实施。

绝大多数经理和培训员都知道,培训的目标是帮助员工获得做好工作的技能。但是,许多经理和培训员都不知道培训的最佳方法,他们常需要一个培训框架。四步培训法提供了这种框架,如图 2-1 所示。

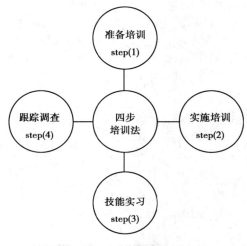

图 2-1　四步培训法

1)准备培训

对成功的培训来说,准备工作是十分重要的。没有充分的准备,培训会缺乏逻辑顺序,工作的重要细节也会被忽略。培训开始之前,前厅部经理必须分析工作,并估计员工对培训的需要。

(1)分析工作

工作分析确定员工必须掌握什么知识,他们要完成什么任务,以及执行任务时必须达到的标准。

工作分析可分为 3 步:确定工作所需的知识、制订任务单、为前厅部各岗位的每项任务进行工作分解。知识、任务单和工作分解构成了评价工作的有效体系。

①工作知识。工作所需的知识明确员工在进行工作时需要知道些什么。工作知识可以分为 3 类:酒店全体员工的知识、前厅部员工的知识、各岗位如总台接待员的知识。表 2-12 列出了有关酒店全体员工、前厅部全体员工以及总台接待员所需的知识。

表 2-12　前厅部员工应掌握的工作知识

全体员工应掌握的知识	全体前厅部员工应掌握的知识	总台员工应掌握的知识
• 高质量的对客服务 • 血液携带的病原体 • 个人仪表 • 紧急情况 • 失物招领 • 再循环程序 • 安全工作习惯 • 识别值班经理 • 酒店宣传册 • 员工政策 • 有关法律法规	• 电话礼仪 • 保安 • 客房种类 • 保养需要 • 酒店政策 • 社团信息 • 回答问路 • 机场班车服务 • 乘坐电梯的礼仪 • 餐厅菜单	• 何谓总台员工 • 与其他同事及其他部门团结协作 • 目标市场 • 客房设备和用品的使用方法 • 电话系统 • 各营业点的设备 • 总台计算机系统 • 总台打印机 • 预订的种类 • 客房统计和出租率统计的术语 • 房价术语 • 客房状况术语 • 常客计划 • 入住登记和结账离店指南 • 客房预测 • 信用卡授信程序 • 检查批准程序 • 信用检查报告 • 货币兑换 • 库存物资系统 • 重点宾客

②任务清单。一份"任务清单"反映出一个岗位的全部工作职责。表 2-13 给出了总台接待员的任务清单样本。注意：任务清单的每一行都以一个动词开头，这种形式强调了行动，并且清楚地告诉员工，他将负责做什么。只要有可能，任务清单应按每日工作的逻辑顺序列出任务。

表 2-13　"任务清单"样本——总台接待员

总台接待员任务清单
（Front Desk Agent Task List）

1. 使用总台计算机系统
2. 使用总台打印机
3. 使用总台电话系统
4. 使用传真机
5. 使用复印机
6. 整理总台,准备入住登记
7. 使用前厅部工作日志
8. 制作并使用抵店名单
9. 预留和撤销预留客房
10. 建立预登记

11.开始客人入住登记

12.登记时确定付款方式

13.获得信用卡授权

14.发放并控制客房钥匙/钥匙牌

15.完成客人入住登记

16.运用有效的销售技巧

17.为抵店团队做预登记以及入住登记工作

18.带领客人参观客房

19.客房尚未准备好时使用的候补名单

20.在超卖情况下重新安置客人

21.使用人工客房状况显示系统

22.处理房间更换

23.为客人办理保险箱业务

24.为销售点准备现金报告

25.经管并跟办信用检查报告

26.处理客人信件、包裹和传真

27.管理客人信息指南

28.准备地图并提供指路服务

29.满足客人的特殊需要

30.回答有关部门服务和活动的问题

31.处理对客服务中的问题

32.为客人兑换支票

33.领取、使用并上缴备用金

34.邮寄客人账单和发票

35.遵守保护客人隐私和安全的措施

36.办理叫醒业务

37.操作付费电影系统

38.处理保证类预订客人的未抵店情况

39.更新客房状况

40.帮助客人办理将来的预订

41.办理客人离店手续

42.调整有争议的对客收费

43.转移获准同意的客人收费

44.办理自助离店

45.处理客人延迟离店

46.办理延迟收费

47.保持总台干净整齐

48.调整客房状态,与客房部下午报告一致

49.准备最新客房状态报告

50.执行大小检查

51.盘存并申领总台补给品

52.填写并上缴当班检查表

53.处理急救

54.对警报做出正确反应

③工作分解。工作分解包括一张表,列出了需要的设备和用品、步骤、怎样去做,以及解释怎样去完成一个单项任务的提示。为了适应各项工作的需要和要求,工作分解的形式可以有所变化。表2-14给出了表2-13中第16项任务"运用有效的销售技术"的工作分解。

表2-14 "运用有效的销售技术"的工作分解

运用有效的销售技巧		
需要的资料:销售项目目录册、促销材料、宣传册、客房简图、餐厅和房内用餐菜单		
步　　骤	怎样去做	提　　示
1.升级销售客房	□客人进店时推荐较高房价的客房。 □描述高价房的特色和好处。 □出示客房简图,帮助说明特点。 □如果客人有孩子,建议用大点的房间,以增加空间。 □建议商务旅客用条件更好的房间,或者更大的空间,可以开会。 □如果一对夫妇正在度假,建议用能留下深刻记忆的特色房。 □直接问客人他们是否愿意入住你所说的房间。	升级销售是一种销售比客人原定房间更贵的房客方法。 向客人提供更好的房间不会伤害客人,你所表达的是希望客人住得愉快。 不要等待客人告诉你他要订的是某一种房型。预期他们的需要,并且问你是否能为他们订那种房型的房。
2.推荐餐厅	□如果客人说没有时间离开房间,则推荐订房内用膳,告诉客人服务时间。 □运用好的判断。不要在深夜推荐房内用膳菜单上的大菜。 □如果客人要找一个好地方吃饭,则推荐酒店的餐厅。 □给客人看菜单,以帮助他们做决定。 □要能告诉客人预订和着装方面的要求。 □倾听客人的意见,如果他们特别询问酒店外的餐厅,就建议去有地方特色的餐厅。 □如果客人在找地方放松一下,建议他去茶座。 □掌握对菜单。营业时间和娱乐节目的变动信息,客人可指望你是本酒店的专家。 □问主管店内有哪些促销项目。	客人通常都欢迎积极的建议。 记住,当你推荐酒店餐厅的时候,是在进行团体协作。 参见"前厅部全体员工要掌握的知识"中"餐厅菜单"。
3.推荐酒店的促销项目	□研究各促销项目的特点及益处。 □热情地描述可以满足客人需要的项目。 □给客人宣传册和其他促销材料。	客人喜欢感到他们得到了"免费的东西"或"特别的优待"。

资料来源:招待业培训丛书,《总台员工指南》(密歇根州东兰辛;美国酒店与住宿协会教育学院)

（2）发现培训需求

①新员工的培训需求。任务清单是做员工培训计划的极好工具。事实上,不能指望新员工在第一天上班之前就学会所有的任务。在你开始培训之前,请研究任务清单。然后,再根据:a.单独工作之前应该掌握的;b.在岗 2 个星期之内应该掌握的;c.在岗 2 个月内应掌握的各项任务来分步实施。

选出你评定为"①"的几项任务,计划在首期培训中完成。员工了解并且能执行这些任务之后,在随后的培训中教剩下的任务,直至新员工学会所有的任务。

决定了各期培训教授的内容之后,请看工作分解。把工作分解作为培训的课程计划,也可以作为自学的学习指导。因为工作分解列出了员工必须执行的每一步骤,还准确告诉我们培训中要做些什么。工作分解可以指导讲课,也可以确保重点或步骤不会被忽略。

员工必须知道的知识一般写在一个单页上。每次安排 9 个或 10 个知识部分或工作分解让新员工学习。不要员工一次阅读所有的知识部分和所有的工作分解,这会使员工感到茫然,他无法记住把工作做好的足够的信息。

②分析现有员工的培训需求。前厅部经理们有时会感到一个员工或几个员工的工作有问题,但他们不能肯定到底是什么问题;有时也会感到员工有点不太对劲,但不知道从哪里着手改善。一份培训需求评估表(表 2-15)能帮助找出一位员工的弱点,同样也能找出全体员工的弱点。要对一位员工进行需求评估,就观察 2~3 天他现在的工作,记录在一份与表 2-15 类似的表格里。员工得分较差的地方就是你计划培训的目标所在。

表 2-15　培训需求评估表

现有员工培训需求评估

你现在的员工工作如何? 用这张表去观察评定他们的工作。

第 1 部分:工作知识

评定员工在以下各方面的知识	低于标准很多	略低于标准	达标	高于标准
酒店全体员工应掌握的知识				
高质量的对客服务				
血液携带的病原体				
仪容仪表				
紧急情况				
失物招领				
再循环程序				
安全工作习惯				
值班经理				
酒店的宣传册				

续表

评定员工在以下 各方面的知识	低于标准很多	略低于标准	达标	高于标准
员工政策				
前厅部全体员工应掌握的知识				
礼貌接听电话				
保安				
客房种类				
保养需求				
饭店政策				
所在社区				
回答问路				
到机场的交通				
乘电梯礼仪				
餐厅菜单				
总台员工应掌握的知识				
何谓总台员工				
与同事和其他 部门团结协作				
目标市场				
使用客房设备 和用品电话系统				
销售点记录设备				
总台计算机系统				
总台打印机				
客房状况显示系统				
预订种类				
可售客房和出租客房术语				
房价术语				

续表

评定员工在以下 各方面的知识	低于标准很多	略低于标准	达标	高于标准
客房状况术语				
常客计划				
入店登记和结账离店要点				
客房预测				
信用卡授权程序				
检查授权程序				
信用检验报告				
现金兑换				
周转库存量系统				
重点宾客				

第 2 部分:工作技能

评定员工在执行以下 任务时的技能	低于标准很多	略低于标准	达标	高于标准
使用总台计算机系统				
使用总台打印机				
使用总台电话系统				
使用传真机				
使用复印机				
整理总台准备入住登记 使用前厅部工作日志				
制作并使用抵店客人名单 预留和取消预留房				
建立预先登记 开始客人入住登记				
登记过程中确立付款方法 寻求信用卡授权				
发放和控制房客钥匙				

续表

评定员工在执行以下任务时的技能	低于标准很多	略低于标准	达标	高于标准
结束客人入住登记				
运用有效的销售技巧				
预先登记并办理团队客人入店手续				
向潜在的客人展示客房				
客房未能入住时使用等候名单超卖时重新安置客人				
使用人工客房显示系统办理换房				
为客人办理保险箱				
为营业点准备现金报告				
制作并跟踪信用检查报告				
办理客人的信件、包裹和传真				
更新对客服务信息指南				
准备地图并给客人指路				
帮助落实客人的特殊要求回答关于服务和活动项目的问题				
处理对客服务中的问题				
为客人兑换支票				
领取、使用并上缴备用金邮寄客人的账单和付款单				
保护客人的隐私和遵守保安措施				
处理客人的叫醒电话管理收费电影系统				
处理保证类预定的不抵店更新客房状态				

续表

评定员工在执行以下任务时的技能	低于标准很多	略低于标准	达标	高于标准
帮助客人预订客房 在总台办理客人离店手续				
调整有争议的收费				
转移经批准的对客收费				
办理自助离店手续				
办理延迟离店手续				
收取延迟离店费用				
保持总台清洁整齐				
核对客房状态和客房部下午的房态报告				
准备一份最新状态报告				
执行大小检查 盘存并申领总台补给品				
填写并上交当班检查表 对需要急救的情况做出反应				
对警报做出反应				

资料来源:招待业培训丛书,《总台员工指南》(密歇根州东兰辛;美国饭店与住宿业协会教育学院)。

注:前厅部经理(或主管经理)进行工作表现评估时只需将对应的栏目与员工表现相对照。应经常对新员工进行表现评估。这些评估可以起到强化的作用,关注成功的地方和需要改进提高的地方。随着新员工越来越熟悉他们的工作,评估的频率可以降低,直至把他们完全培训好。

③制订部门培训计划。1 年制订 4 次培训计划是个好办法,每 3 个月左右 1 次,而且最好在下一季度开始前 1 个月完成各个计划。按照以下步骤准备培训:

- 认真复习培训中要用到的所有知识部分和工作分解。
- 为受训人每人复印一份各知识部分和工作分解。
- 制订培训日程。这将取决于你要培训谁和用什么方法培训。记住要把每一期培训的内容限制在员工能够理解和记住的范围内。
- 选好培训时间和地点。培训应尽量安排在营业淡季,并选择合适的工作地点。
- 把培训的日期和时间通知员工。
- 实施授课。
- 收集需要的全部物品做演示。

2) 实施培训

实施培训实际上就是按照"工作分解"表的内容进行培训,"工作分解"就是培训指南,培训要遵循工作分解中各步骤的顺序。在每一步骤,演示并告诉员工要做什么、怎样做,以及它的细节为什么重要。

给他们准备的机会。让新员工学习任务清单,从而对他们将要学着去做的所有任务有一个总体印象。可能的情况下,至少在第一期培训开始前1天把清单发给他们。每期培训开始前至少1天,让新老员工先看一下你计划本期培训涉及的工作分解。然后,在培训开始时,介绍本期的内容,要让他们知道培训要持续多久,什么时候休息。

培训者在解说步骤的时候,还要做演示,要让员工真切看到你在做什么,鼓励他们需要更多信息时随时提出问题。要保证有足够的时间进行培训,进展要缓慢、细致,如果员工不能立刻理解时要耐心,所有步骤至少说2遍。当你第二次演示一个步骤时,要提出问题看他们是否理解了。根据需要反复做每一步骤。要尽量少用专门术语,要用刚进入接待业或刚进入饭店的新员工能理解的词汇,以后,他们会学会术语的。

3) 技能实习

当培训者和受训人都认为他们已熟悉工作,能够合格地完成以下步骤时,受训人应尝试独立执行任务。及时实习会养成好的工作习惯,让每位受训人演示你所教授的任务的各步骤,这会告诉你他们是否真的懂了。要抵制代替员工的冲动。

指导会帮助员工获得技能,自信是进行工作所必需的。员工做得正确应立即给予祝贺,当你发现问题时,要温和地给予纠正。在培训这一阶段形成的坏习惯以后会很难纠正。要确保每位受训人都理解了;并且不仅能解释怎样去执行每一步骤,还能说明每一步骤的目的。

4) 跟踪检查

(1) 在工作中继续予以指导

培训能帮助员工学习新知识,掌握新技能和态度,而指导则着重于把培训中学到的知识在工作岗位的实际应用。作为指导,你通过使用挑战、鼓励、纠正和积极强化等方法,巩固他们在培训阶段学到的知识、技能和态度。

在岗指导注意事项:
- 观察员工的工作,确保他们正确地执行任务,做得特别好时应让他们知道。
- 轻松地提出建议,去纠正次要问题。
- 当员工犯重大错误时,得体地纠正他们。最好的方式是在双方都不忙时,在一个安静的场所去纠正。
- 如果一位员工在使用不安全的工作方法,应立即纠正。

（2）不断给予反馈

反馈是你告诉员工他们做得怎么样。有两种反馈是积极的反馈：一种是承认工作做得好；另一种是再指导性反馈，找出做得不对的地方，说明怎样才能改进。这两种反馈的一些注意事项如下：

- 让员工知道他们什么地方做得对，什么地方做得不对。
- 员工受训后做得好应告诉他们，这会帮他们记住所学的东西，还能鼓励他们在工作中运用这些行为和信息。
- 如果员工没能达到标准，首先就做得对的方面向他们祝贺，然后再告诉他们怎样去纠正坏习惯，解释为什么这样做很重要。
- 明确具体。准确陈述员工所说所为来对其行为加以说明。
- 细心遣词造句。听上去你是在帮助，而不是命令、要求。

——不要说，"当你向找不到餐厅在哪儿的客人说：'可以帮您吗'时，你提供了高质量的对客服务，但是你应该知道餐厅的营业时间呀。好好学学那份酒店宣传册吧。"

——而要说，"当你向找不到餐厅在哪儿的客人说：'可以帮您吗'时，你提供了高质量的对客服务，但如果你了解了餐厅及其他设施的营业时间就能提供更好的服务，我再给你一本酒店宣传册。"

- 确信你弄懂了员工所说的话。用诸如"我好像听见你说的是……"
- 弄清员工听懂了你的话，说"我不能确定解释清了每件事，告诉我你们认为我说了些什么。"
- 你的意见应严肃而真诚。员工们欢迎对特殊表现的真诚祝贺，没人喜欢因批评而难堪或受辱。
- 告诉员工，你不在时去哪里寻求帮助。

（3）评价

评价员工的进步。用任务清单作对照表，确认所有任务都已掌握。为尚未掌握的任务提供进一步培训和实践的机会。

（4）取得员工的反馈

让员工评价他们接受的培训，这能帮助你改进对他们和其他员工的培训工作。保留每位受训人的培训记录，跟踪每位员工的培训史，并在员工的人事档案里保存一份培训记录。

【链接】

"麦当劳"的快乐培训哲学

培训是企业把品牌理念灌输给员工的最重要途径。这两年来国内企业越来越认识到培训的重要，但由于不懂得怎样做好培训，往往使培训成了让员工们头疼的负担。日前，笔者在麦当劳香港汉堡大学亲身体验到了麦当劳的"快乐培训哲学",在欢声笑语中领略了一堂领导实务培训课程。

如何才能成为一名好的领导？老师让同学们分组,每组都是既有领导又有员工。在小黑板上,老师让大家把自己心目中领导应该具备的素质画出来,然后再用语言讲述出来。有的人说,领导应该既像猫又像老鼠,引来大家一阵笑声。通过这种活泼的形式,员工向此时作为"同学"的领导们反映了自己心目中对领导的希望,而领导也通过这样的沟通,直接了解员工们心目中对自己的看法。

接下来,老师还为大家提供了一个体验的机会。学员们2人一组作为合作伙伴,自愿选择担任领导还是下属,大家要合作完成一项任务:在一个空心的大 M 里画一条线,不能超出 M 的轮廓。条件是下属闭上眼睛,只能动手,领导可以用语言对下属进行提示,但不能动手。在合作中,一部分学员在游戏中将现实的身份位置作了对调,领导当了一回"下属",下属则做了一趟"领导"。一场游戏下来,在分享感受时,大家都感触良多:领导说,通过游戏发现,对下属光一味指挥是不够的,还需要多些鼓励和引导;下属也理解了领导肩负责任的沉重和压力,明白到身为领导的难处。(余昌国)

2.4　前厅部管理人员的管理方法和技巧

前厅部管理人员应当有能力应付各种情况,处理各种问题。他以前作为行李员、前台接待员、收银员、预订员等的经历为他提供了良好的培训基础,使其能够更好地理解员工、使用前厅设备、掌握客房情况、理解预算的制约、发现现场销售机会等。这些基本的经验,加上在校期间学到的理论知识,为其管理技能奠定了坚实的基础。

2.4.1　学会"时间管理"

管理人员每天都有很多事情要做,而时间是有限的。很多管理人员总是感觉时间不够用,有干不完的工作,处理不完的事情,从早忙到晚,还是觉得有很多该做的事没做,工作缺乏效率。这是不会管理时间的表现,缺乏时间管理的意识和艺术。

前厅部事务繁杂,管理人员要对每天要做的事情按照重要性和紧急程度进行梳理和排序,并对有限的时间进行适当的分配,这样才能争取工作的主动性,提高工作效率。

第一优先:先处理紧急而且重要的事情。

第二优先:不急,但很重要的事情。

第三优先:紧急,但不重要的事情。

第四优先:不急,又不重要的事情。

【经典案例】

管理时间的诀窍

一天,讲师把一个空罐子放在桌上,接着他从桌子下面拿出一些鹅卵石,这些石头正好可以放到罐子里去。讲师把鹅卵石放到罐子之后,问道:"你们看,这罐子装满了吗?"

"是!"学生们一起回答。

"是吗?"讲师笑着说。他接着从桌子底下掏出一些碎石子,他把碎石子倒进罐子,摇了摇,又加进去一些,他问学生:"你们看,这罐子现在装满了吗?"

这一次学生回答得不敢太确定了:"可能没满。"

"很好!"讲师说完,又掏出一袋沙子。他倒进去后,又问学生:"现在你们说,这个罐子现在装满了吗?"

"没有。"这次学生们学乖了,他们很自信地回答。

"好极了!"讲师又拿出一大瓶水,他把水倒进罐子。

做完这些事,讲师严肃地问他的学生:"从刚才这些事情里,你们知道了什么重要道理?"

有个学生回答:"我们的工作无论多么紧张,日程排得多满,要是压缩一下,还能做更多的事。这件事是在阐述时间管理。"

讲师听了他的回答,点头微笑道:"答案是对的,但我要告诉你们的重要观念并不是这个。"讲师说着,稍微停顿了一下,他的目光扫视着全班同学。他说:"我想告诉你们的重要观念是,如果你刚开始不把鹅卵石放到罐子里,以后也许永远没有机会再把它放进去了。"

2.4.2　做好客情预测

表2-16反映了某酒店在未来1周内预计客人的抵达数和离店数。这种预测会帮助前厅部以及其他部门确定其未来一定时期内的人力需求量。前厅部经理从预订主管那里获得有关抵达客人数、住宿期限和特殊要求等信息。在进行预测时,还要对于未经预订而抵店的散客人数进行估算,同时,要掌握预订而未到者在所有预订者中所占比例的大小。将上述数据与已经登记入住的酒店客人进行比较,前厅部经理就会预测未来几天内前台员工办理入住登记手续和离店手续的工作量。如果每天都做这种统计和预测工作,前厅部经理就可据此对前厅部员工做出相应的工作安排。

表2-16　××酒店每周客房销售预测

	10/1	10/2	10/3	10/4	10/5	10/6	10/7
Depart	125/150 *	10/15	72/85	75/90	5/8	15/20	125/160
Arrivals 　Total	75/85	40/50	50/60	125/160	10/15	15/25	35/43
Confirmed	40	20	30	25	5	8	22
Guaranteed	29	18	17	90	4	2	10

续表

	10/1	10/2	10/3	10/4	10/5	10/6	10/7
Depart	125/150 *	10/15	72/85	75/90	5/8	15/20	125/160
Advance	3	2	3	10	1	5	3
Walk-ins	20/25	20/25	30/40	10/15	10/15	5/8	50/60
Stayover	10/14	87/95	72/85	72/90	192/230	195/225	88/97
No-shows	5	3	5	10	2	2	3

* Number rooms/Number guests

Notes：

10/1　Dental Committee(125 rooms),check out 9:00 A.M—10:30 A.M.

　　　Lion's Convention(72 rooms),check-in 1:00 P.M—4:00 P.M.

10/3　Lion's Convention, check-out after 10:00 A.M. group brunch; checkout extended until 1:00 P.M.

　　　Antique Car show in town.Most are staying at Hearford Hotel(only 52/50 reserv .so far);expcet overflow from Hearford—
　　　about 30/40 Walk-ins.

10/4　Antique Car show over today.

　　　Advanced Gymnastics Convention. Mostly ages 10-16.Check-in 4:00 P.M.—6:00 P.M.

10/7　Advanced Gymnastics checks out at 12 noon.

　　　Painters Convention in town. Headquarters is the Anderson Hotel.Expect overflow,50/60 Walk-ins.

2.4.3　运用管理技巧

对员工进行管理的艺术,不仅在于你掌握了多少管理学知识,还在于你有多少管理经验。管理专家们研究了人力资源管理的复杂性。管理学教科书会详细解释管理学的基本概念和原理。这里,我们介绍几个会帮助你形成自己独特的管理风格的概念。请注意,你绝不是在模仿他人的管理风格!

形成自己的管理风格的第一步是看一看自己在酒店管理团队中的位置。作为前厅部经理,你被赋予一定的管理职责,同时,也被授予相应的管理权限。这些就是你参与管理、个人发展和在管理队伍中受到限制的领域。尽管这是对管理队伍一个简单化的总的看法,但它确实会帮助你理清思路。此时,你还需要反思一下你在该酒店中的职业发展目标。比如,向酒店总经理的目标迈进。你会明白酒店的哪些部门和岗位会给你表现才华、获取经验的机会。一旦你明确了你的"竞技场"和发展目标,你就可以决定如何带领部下努力工作,使酒店取得经营成功。

作为一名新的管理人员,无论你是只有20岁的小伙,还是已经年过半百的老头,第一个需要强调的概念就是员工激励。什么东西能使每一位员工表现最佳?这里强调的是"每一位"员工。不同的人需要用不同的因素去激励,较好的排班可能对上中班的前台接待员有激励作用,但对于1周2次来酒店上夜班的兼职夜核员可能没有什么作用;喜欢上中班(3 p.m.—11 p.m.)的年轻人由于中班更符合其生活方式,因而不会被调班去上早班的可能性所激励;在外面进修、学习,可以报销学费的政策,可能会激励一个刚从旅游学校毕业准备报考大学的员工,但对于接受高等教育没兴趣的员工便没有什么激励作用;对于前台接待员来说,能够调去做预订员的可能性对他可能会产生一定的激励作用,但对于一个新婚的话务员则可能没有多少激励作用,她可能更关心一个能够满足她的小家庭需要的合理的工作时间安排。有时,很难说清什么因素会激励某个人。发现如何激励你的每一个部下,是你作为管理者所面临的一个挑战。它能够使员工处于最理想的状态去做好一项工作。毫无疑问,理解每位员工的需求和目标是管理者的一项艰巨的任务,但是值得去完成的。

前厅部管理人员要努力达到的另一个目标是实现团队中员工个性的和谐性。经常出现的情况是,新上任的管理人员没时间去发现每一位员工与组织中其他员工的关系。前厅部员工都在想办法想让新上任的经理给自己安排好的职位,这是很正常的现象,也可以被视作工作的一部分。一旦新任经理经受了"考验",处理了几件事以后,情况才会稳定下来。员工想知道你的能耐有多大?你在压力下有什么反应?他们还想知道你是否会在上级管理人员面前替他们说好话。管理者不应被这种挑战所吓倒,勇敢地面对它,你就会战胜挑战。

当你发现了员工中可能存在的个性冲突时,要客观地看待其优点和缺点。而且,你还要了解谁是员工中非正式组织的领导,你对员工所持的客观的看法可能与员工自己对他们的看法一致。他们对同伴们的缺点了如指掌。他们也知道要在 3 小时之内为全酒店的客人办理完结账手续并接待一个大型会议得依靠谁。

有些管理者并不认同这种现象。他们认为在前厅部发生的所有事,都应该由经理说了算。当然,权力是重要的,但如果你要维护权威,并使你的目标能够在员工中得到贯彻,你就得重新思考你的策略。

给予员工足够的培训也会使前厅部管理人员的工作容易得多,如果能够做好培训的计划、执行和跟踪,员工在工作中出错的机会就会被减少到最低程度。每一项岗位说明书都只列出了员工的主要岗位职责,但是,"灰色地带"——如处理客人投诉、向客人展示酒店热情好客的形象、推销酒店其他部门的产品等则不可能在岗位说明书中反映出来。在此,岗位培训技术加上视频等手段,是很好的培训方法,可以有效地解决工作中的灰色地带问题。管理者不仅要把培训当作展示工作技能的时间,还应作为向员工传达经济指标、讲解接待服务工作的目的和酒店业及其从业人员的特性的机会。

员工总会有一些特殊的有关排班方面的要求以及其他一些与工作相关的请求,你应当尽量地予以迁就和满足。由于与同班组的某个员工相处困难而要求调班的员工,可能只需要你向他提出怎样与那位员工相处的建议;一位老员工可能会问你怎样才能在酒店取得事业上的进步和个人的发展,你可能不会立即答复他/她,但你可以向他/她表示你会考虑此事,员工也会明白,好事的出现也是需要时间的。倾听员工的需要,他们的请求可能会回答你的问题。

以上只是前厅部管理人员应该掌握的部分管理技能,要成为优秀的管理者,必须不断地探索,从管理实践中不断地总结经验和教训,提高管理水平。

【经典案例】

前厅部员工——一种别样激励法

为了增强前厅员工的工作责任感,可让每位前厅员工都尝试走出店外做销售工作。

可每天选取2名前台人员,选好一个时段,比如每天的10:00—12:00或16:00—18:00,到酒店周边散发宣传单;每周选取2天的下午时间(比如说每周的周二下午和周四下午),将所有不当班的前厅人员分为若干组,去酒店周边的商务楼或者工业区签订协议客户。

前厅部人员不是应该待在前台接待客人吗?为什么要培训前厅部的员工去做销售工作呢?一方面,销售工作可以锻炼员工与客人沟通的技巧以及口头表达能力;另一方面,经历了销售工作的前台服务员,体会了销售员的"辛苦"和"心苦",就会明白争取到一名顾客是多么的不容易,也就会深刻懂得"认真的接待好每一名客人是自己的一份责任"。

2.4.4　实施现场管理

酒店服务是有形产品和无形服务的混合体,酒店服务质量评价的标准就是客人的"满意程度"。处于买方市场的酒店应把满足顾客需求作为营销工作的出发点,前厅是酒店的神经中枢,代表酒店与宾客接触,满足客人对酒店服务的各种需求,接受客人的投诉,解决客人的疑难问题。前厅的管理者必须改变以往经理决策、员工执行、管理者监督员工执行的一贯作风,要亲力亲为,深入到一线,进行现场管理,在工作现场就地收集数据信息,了解客人需求,解决对客服务和管理问题。

现场的走动管理可以深入到服务的各个环节,及时发现和改进存在的问题。如观察前台服务员的有声服务是否到位,细微服务是否恰到好处,有没有客人对服务迅捷性的投诉等。通过自己的身教言传,就地培训,在现场定决策,纠正偏差,协调各方面关系,这样不仅提高了信息反馈的速度与质量,也提高了工作效率,同时也展示了管理者高超的服务技能和优秀的管理素质,树立起勤奋尽职、体恤下属的良好形象,更可以及时和下属沟通思想,联络感情,实施现场激励并发现有用人才,为酒店人力资源的未来供给提供帮助。

【经典案例】

五杯茶水的故事……

某日上午,前厅经理例行MBWA走动管理,巡查至酒店大堂时发现有2位外国客人和3位国内客人在大堂沙发上休息,此时负责大堂区域服务的Johnson正站在大门口,"守望着"大堂内外。

经理上前询问Johnson:"你能告诉我你身边沙发上的5位客人什么时候坐下休息的吗?"Johnson没有明白经理问话的真正用意,却自豪地说:"我可关注到他们了,我还向他们问了好,大概是5分钟前到的。"于是经理继续询问:"他们恐怕是在等另外的客人,会休息一会儿的,可否给每位客人送上一杯茶呢?"虽是征询的意见,但实际上这话已经是向Johnson下达服务指令了,可没有想到是,Johnson并没有立刻采取行动,而是辩解说:"我本想要送上茶水的,可发现有外国人,估计不喝或可能喝不惯,所以没去送茶。"经理说:"你觉得客人可能不喝,不过,我认为客人可能要喝,咱先问问客人好不好?"Johnson 上前询问,3 位国内客人表示要 3 杯红茶,2 位外国客人喜欢喝绿茶。Johnson 在 2 分钟之内就为客人送上 5 杯茶,客人十分高兴。5 分钟后,经理巡查返回,发现客人茶杯内仅余 1/3,于是让 Johnson 上前为客人续茶,10 分钟后客人离开大堂,大部分茶杯内茶水已尽。事后,经理与 Johnson 坐下来回顾刚才的服务过程,并展开服务讨论。

双方最后取得一致的意见如下:

(1)经设计的服务是一项规范,不可随意省略。当客人在大堂坐下时,应该上前询问是否需要提供茶水服务,这是服务要求,体现酒店热情好客。

(2)要从客人需要角度出发思考问题。不要从自己的角度出发,我猜测、我以为等,而要主动询问客人。

(3)优质服务的询问原则(ASK)不可偏废,包括良好的态度(Attitude)、娴熟的技巧(Skill)、丰富的知识(Knowledge)。

经理当时并没有点破此次服务的根本问题是 Johnson 对服务的认识和态度问题,因为我们深知,态度问题是最为敏感的问题,并总是与自尊紧密地联系在一起,只有当事人自己想通了,态度才会有根本的转变。

令经理高兴的是,次日,Johnson 在大堂碰见经理时就十分抱歉地说昨天的服务是他的错,没有端正服务态度。经理告诉 Johnson 说:"我高兴的是今天的你服务意识已与众不同,我对你很有信心。"

2.4.5　学会合理授权

合理授权(Empower)是管理者必须掌握的一项技能,前厅部员工处于对客服务的第一线,特别是前台员工每天都要接触各种各样的客人,遇到各种各样的事情,需要及时、妥善地处理,否则,势必影响服务质量和服务效率,引起客人投诉。

在工作中常常会看到这样的情形:酒店的结账时间是中午 12 点,某位客人询问前台接待员自己是否可以延迟到下午 2 点以前? 前台接待员的回答往往是这样:"根据我们酒店的规定,退房时间是中午 12 点以前,我要请示一下领导再给您答复。"又如客人说:"我是老顾客,能否给个优惠的折扣?"回答是:"对不起,我只能给您这个折扣权。"这些在一线服务中经常碰到的问题,前台的接待人员常常不能马上给客人满意的答复,必须事事层层汇报,再层层听取指示。这样推诿拖沓,使客人无法忍受,于是便产生了有关服务质量的投诉。因此,现代服务管理强调对基层服务员的授权,让他们在一定范围内有无须汇报、当场处理问题的权限(在美国的丽嘉酒店,一线服务员有 2 000 美元的处置权),以确保顾客的满意度,特别是高档酒店更应如此。充分恰当的授权能唤起员工的工作责任感、创造性和对顾客真切关怀,员工这种自我负责,对客人尽心尽责的服务,可以成为酒店保持竞争优势的有效举措之一。

当然,对一线员工进行授权,还应把握好尺度,这样既可以确保前台员工在客人面前作出迅速、灵活和满意的反应,又能使他们在一定的管理制度和规范内操作和处理事项。

2.4.6 不当"狮子王",也不做"小绵羊"

1)不做森林中的"狮子王"

许多人心目中的管理者就像森林中的狮子王:狂野、骄傲。属于强硬、不具亲和力的一种有别于普通人的特殊人群,其实这是认识上的误区。即使有这样的管理者,也是不会成功的。

有一家酒店的前厅部员工小陈,刚开始因其干练果敢的性格被总经理看中,遂将其提升为前厅部经理,但她上任后,非但态度生硬,不关心下属,还动辄待人以威吓、批评的口吻。最后只落得威信扫地,怨声载道。她的错误在于,她没有认识到管理者如果不掌握好技巧,不能很好地团结、凝聚下属,那么谁肯为你卖命?

要不想成为人人怕的狮子王,就要避免在情绪不稳定时处理公事,同时也不要吝啬于一句对员工简单的夸奖。

2)不当随和的"小绵羊"

季燕是一家酒店前厅主管,待人温和有加,严厉不足。她信奉有事好商量,和气生财。但结果却也不尽如人意。所有的下属都知道她脾气好,做错了事也没什么大不了,养成了懒散懈怠的工作作风不说,也并不领她这份情,还觉得她软弱可欺。

其实只需杜绝一些错误的做法就不会被人当成"小绵羊":
①不为合理的要求道歉。
②成为别人的工具。
③迁就他人的错误行为。

2.4.7 赢得尊重的技巧

无论是"狮子王"还是"小绵羊",都不可能在当今环境复杂的职场中站稳脚跟,干好本职工作并不能成为你晋升为经理的资本,只有热情而无智勇,也不能显示你作为经理的气质与风度。以下这些技巧会帮助你赢得同事的尊重。

①正视问题。问题出现的时候正视它,回避问题只能使它变得难以对付。调查问题出现的原因、背景,让别人知道你正在为此付出努力。

②深思熟虑。发表意见、作出决定之前,要全面、理性地思考,使你的决定、发言、做法更加明智、合理、有效。

③保持自控。过于自负,容易遭到失败,自我控制常常会取得良好的效果。

④心平气和地争论。不能心平气和的时候,你所反映出的攻击性会让人有防御姿态,真正的问题永远得不到解决。即使别人挑衅,你也不能激动,这样别人不成熟,而你的平静、理智会非常有利。

⑤直接地表达你的要求。有要求表明你对工作重视,直接地提出来,可显示你为人的光明磊落,而被动、畏惧,只会使问题得不到解决。

⑥适时沉默。运用无声的语言、支持的眼神、恰如其分的手势,可以帮助强调你的意思。

2.4.8　掌握委派工作的艺术

由于各种原因,管理人员在对下属员工委派工作时,常常会遇到员工的抵触,因此,应该讲究委派工作的艺术。

【案例】

我是如何委派工作的

行李部工作忙闲不均,临时交办的事情很多,如何技巧地委派工作任务呢?

9月初,我们接待了一个百人日本大团,该团有144件又大又重的行李。出行李那天,接待旅行社要求早上6:30开始收集,7:30一定要装车开走。由于客人住的楼层比较分散,未必都会准时将行李放在门外,而且,其他团队与散客也都在这段时间出行李,任务很艰巨。

我了解到这个团分住6个楼层。为了尽快完成任务,每个楼层需安排一名行李员,行李收集后集中在货梯口,逐层用货梯装走。货梯需1人,下楼层后协助装上行李车需1人,另外,保证行李部正常工作需1人,一共9人。由于第二天早班只有4名行李员,因此,当天中班人员第二天上午必须全部来加班。有的行李员第二天休息,或早有安排或想睡觉,他们肯不肯一大早都来加班呢?

我先放出风声说今天中班行李员明早6:20要到岗加班,侧面了解了一下行李员的反映。心里有数之后,我在交接班会上布置任务,并有针对性地谈了应以酒店工作为重。会上多数员工表示愿意加班,但也有个别员工面露难色,说已约好办事情不能来。由于人手有限,缺一人都不行,我让愿意加班的员工先走,请不愿加班的员工留下来单独谈。这样给他们面子,免得在会上大家难堪,也避免主管与员工在会上的直接冲突,大家都下不了台。

第二天安排工作时,我把表现好的员工分配在行李多的楼层,勉强来加班的员工在行李少的楼层,并明确告诉他们必须完成任务的时间,不得拖延。时间上我留有一定的余地,以便有意外变动,还来得及弥补。另外我随时督导,促其按时按量地完成任务。

原来需要1小时的工作,半小时就完成了,旅行社的一位经理惊喜地说:"我们前一站的一家饭店,2小时出不来行李,想不到在你们这儿,这么快就出齐了"。

完成任务后,我对积极合作的员工进行公开表扬。对勉强来加班的员工私下表示感谢,感谢他们在主管工作困难的时候给予支持。这样缓解了可能产生的上下级的紧张关系,有利于今后工作的开展。

由此可见,这位行李员很注意委派工作的方式方法,讲究委派工作的艺术性:

第一,他在正式布置工作前,先放出第二天要加班的风声,以便需要加班的员工有个心理准备。

第二,当他了解到个别员工加班有困难时,强调"应以酒店工作为重",暗示员工在这种情况下,个人利益应该服从集体利益。

第三,让愿意加班的员工先走,请不愿加班的员工留下来单独谈。正如这位主管所言:

"这样给他们面子,免得在会上难堪,也避免主管与员工在会上的直接冲突,大家都下不了台。"

第四,把表现好的员工分配在行李多的楼层,勉强来加班的员工在行李少的楼层。这样做一方面可以照顾那些勉强来加班的员工的情绪,同时又可保证工作任务能够按时顺利完成。

第五,完成任务后,对积极合作的员工进行公开表扬;对勉强来加班的员工私下表示感谢。从而"缓解了可能产生的上下级的紧张关系,有利于今后工作的开展。"

2.4.9 学会与上司、下属的沟通技巧

1)与上司有效沟通的原则

- 确认你的信息是重要的,保证资料的完整性。
- 确保资料的准确性。
- 简洁。职位越高的人,责任越大,时间越少。
- 报喜也报忧。
- 向上司定期汇报工作,不要让上司信息闭塞。
- 陈述问题的同时,要提出解决方案。
- 选择最佳时机。与上司会面要选择对他/她方便的时间。
- 明确目的。与上司谈话究竟要达到什么目的,你希望上司采取什么样的行动?

2)与下属沟通的技巧

- 告诉他们,"我们"将做这件事,而不是"你们"做这件事。
- 让员工成为做决定时的一分子,让他们感觉到自己也有价值。
- 学会和每一位个性不同的员工相处。
- 作决定要公事化,而非个人化。
- 切记,员工做好事时,一定要告诉他们自己。
- 对待员工要真诚。
- 务必要支持始终。
- 告诉他们你要求他们照你的方法做的道理。

【链接】

不找借口找方法
(清华大学高级总裁班调查结果)

在单位里最受欢迎的5种员工是
(1)自动自发的员工;
(2)找方法提升业绩的员工;

（3）从不抱怨的员工；

（4）执行力强的员工；

（5）能提建设性意见的员工。

在单位里最不受欢迎的 5 种员工是：

（1）找借口的员工；

（2）损公肥私的员工；

（3）斤斤计较的员工；

（4）华而不实的员工；

（5）受不得委屈的员工。

一流人才的核心素质是，当遇到问题和困难的时候，他们总是能够主动去找方法解决，而不是找借口回避责任，找理由为失败辩解。

哪一种员工在老总的心中最有分量呢？在职场中，哪种员工最能脱颖而出呢？

回答无一例外：就是积极找方法解决问题和困难的员工。

只有积极找方法，才能最好地出效益；只有积极找方法的人，才能弥补领导的不足，成为老总们的左膀右臂。

主动找方法的人永远是职场的明星，他们在单位创造着主要的效益，是今日单位最器重的员工，是明日单位的领导乃至领袖。

"只为成功找方法，不为失败找借口！"这是一流员工关于一流的宣言。

2.5　前厅部排班方法

2.5.1　科学排班的意义

员工排班会对工资成本、员工生产率，以及士气产生影响。前厅部内部交叉培训越多，工作所需要的员工人数就越少。交叉培训给前厅部员工提供更广泛的工作知识和技能。在受训后掌握了做几项工作技能时，许多员工会发现工作更有趣了。当员工看到自己的技能提高了，工作知识面扩大了的时候，他们会感到更为自信，而给前厅部带来的是更高昂的员工士气。好的士气能迅速扩散给全体员工。

2.5.2　前厅部排班的一般要求

为员工安排工作班次是前厅部经理及其他管理人员面临的最具挑战性的任务之一。排班过程会是极为复杂的，特别是前厅部员工只接受了执行单项任务的培训时尤其如此。例如，总台接待员在还没接受过总机工作培训的时候，就不宜安排他做接线员。

前厅部经理必须对员工的排班需求保持敏感。例如，计时工会要求更改安排，以避免上班时间与上学发生矛盾。有的前厅部员工会要求上不同的班次，以学习各班次所具有的独特的挑战。有的前厅部经理以资历为基础进行员工排班,有的以其他标准或喜好为基础进行安排。两种都很公平,但前厅部经理必须前后一致地执行排班标准,并且注意各位员工的需要,才能做出行得通的安排。

在对员工的需要保持敏感的同时,前厅部经理还要把前厅部的需要时刻记在心上。在员工能来而工作并不需要的时候安排员工上班,会使酒店承担不必要的财务负担。

前厅部经理会发现,以下提示在安排员工班次时很有帮助:

- 排班必须涵盖整个工作周,一般确定为从星期天到星期六。安排时要运用酒店的业务预测,总台和大厅服务处的业务一般以预计每日进出店人数为基础安排员工。预订部通常以预订往来情况为基础进行安排,这需要与销售部进行一些协调。例如,销售部可能会在报纸上的星期天旅游版刊登广告,读者有可能会立即进行预订,因而酒店应安排人力接听电话、回答询问。
- 安排必须在下个工作周开始前 3 天公布,一些国家或地区甚至要求提前 5 天或更多天张贴。前厅部经理了解关于加班时间和薪水的法律也很重要。
- 张贴的工作安排上应注明休息日、休假时间,以及请假的时间。员工应熟知递交休假申请需要提前的时间。
- 应该根据预测的业务量和未预见到的员工人数变化,逐日复核排班表。必要时,应改变原先的安排。
- 所有的安排变化应直接张贴在排班表上。
- 张贴的排班表的副本可以用来监督员工的每日出勤情况,这份副本应作为部门永久记录的一部分保存。

2.5.3　弹性排班法

其他排班方法涉及工作日从标准的上午 9 点到下午 5 点间员工安排的变化。变化内容包括临时工的排班、可弹性工作时间的安排、压缩工作天数的排班,以及工作任务的分担。

1)临时工安排

临时工常见的有学生、新的或年轻的父母、退休人员,以及其他不愿做正式工的人。聘用临时工能给前厅部的安排增加灵活性,另外,由于分摊到福利和加班上的费用一般会降低,有助于减低劳动力成本。

2)弹性工作时间安排

灵活时间规划允许员工更改其上班和下班的时间。每个班次都有一段时间要求所有当班的员工都在场,班次中其他时间的安排则是可变的。前厅部经理必须保证一天中的每个小时都有合理的安排。灵活时间能提高员工的士气、生产率,以及对工作的满意度。此外,实行弹性时间安排的前厅部有时还能吸引大量高质量的员工。多数前厅部经理以不同的形式使用弹性时间,以适应各个班次变换着的工作负担。例如,总台传统的班次是从上午 7 点到下午 3 点,下午 3 点到晚上 11 点。但是,由于大量的入店登记,安排一两名员工从中午到晚 8 点上班会更好些。而机场饭店会有上午 6 点到下午 2 点的班次,以安排清晨离店的客人。

3) 压缩工作天数

压缩工作天数给员工一个机会,能在比平常少的天数内完成等同于标准工作周的工作。一种流行的做法是把 40 小时的每周工作浓缩成 4 个 10 小时工作日。压缩工作天数或多或少有点缺乏弹性。前厅部的员工会喜欢 4 天一周的非弹性时间,而不喜欢 5 天一周的弹性时间。从员工观点出发的优点是提高了员工士气和降低了的缺勤人数。

4) 工作任务分担

工作任务分担,即由两个或更多临时工共同努力完成一位正式工的职责。通常分担同一工作的员工在不同的小时里工作,还常常在班次的不同时段工作。要有一些重叠时间,让员工能够交流信息,解决问题,或者就是要保证工作流程通畅。工作分担能减少补缺人数和旷工,同样也能提高员工士气。前厅部也受益匪浅,因为即使分担工作的一方不干了,另一方也会留下来,还会帮助训练一位新来的合作者。

2.6　前厅部领班的管理艺术

2.6.1　领班的语言表达

沟通是管理的职能,而语言则是沟通的手段。良好的语言沟通能力是实现领导目标的重要途径,也是前厅领班所必须掌握的重要技能。

酒店一些领班,服务技巧很好,业务知识也很熟悉,就是缺乏一点口才,语言表达能力不理想。在工作中,有时谈工作啰啰唆唆说了一大堆,仍不甚明确;有时则感到"没什么可说的"。类似现象很多,不免使班组管理工作受到影响。

领班是带"兵"的班长,为了把班组管理好,必须把"话"说明白,因此要求领班具有一定的语言表达能力。那么,怎样才能把"话"说明白呢? 领班在工作中应根据不同的情况,采用不同的语言表达方法。

方法一:直接、清楚、简练,使人感到具有严肃感。开门见山,直截了当,"三言两语"即表达清楚,这种语言表达方法主要用于布置工作,传达上级指示等。如班前布置工作,谁干啥,怎么干,简单几句话,使人感到严肃、认真、明确,切忌反复强调,拖泥带水,啰啰唆唆说个没完。

方法二:诚恳、坦率,不隐讳,有啥说啥,使人感到具有责任感。这种表达方法主要用于班组管理会或总结会等。领班发言诚恳、坦率,大家才会畅所欲言,体现"大家的事情大家办"。切忌嗫嚅不言,遇到问题绕着走,结果使会议走过场,成绩摆起来没完,问题一件没谈,影响会议效果。

方法三：委婉、含蓄，由浅入深，使人感到具有亲切感。这种表达方法主要用于领班和员工谈心或解决班组员工间的矛盾。和员工谈心，要热忱、交心，使人感到温暖。处理员工间的矛盾，措辞要婉转，要晓之以理，动之以情，和风细雨，并做到是非分清，柔中有刚。切忌简单、粗暴、回避矛盾或"各打五十大板"，不了了之。不但问题没解决，弄不好，还把事情搞砸。

方法四：风趣、诙谐、不呆板，使人感到具有幽默感。这种表达方法主要用于班组的一些活动，如联欢会、生活会、茶话会等。说话有幽默感，能使活动充满愉快活跃的气氛，员工间无拘无束，心情舒畅，增进友谊和了解。切忌故弄玄虚、假正经，使活动单调、扫兴，而影响活动效果。

要做到以上几点，不是一件容易的事。首先，领班平时要加强学习，注意积累词汇，丰富自己的语言；其次，要有意识地训练自己，采用什么工作方式，用什么表达方法，事前做个准备，以做到"临阵不慌"；最后，要丰富自己的生活，多和大家交往，培养开朗爽快的性格，使语言表达能力在经常的社会交际中提高。

2.6.2 领班忌讳

这里列举19类最不受欢迎的领班，每一类代表了一种不恰当的工作方法（表2-17）。

表2-17 领班忌讳

偏袒下属类	没有一位员工喜欢自己的领班对某些员工有偏袒，因为这是不公平的。
不注意聆听类	如果领班不听员工对工作的见解，员工将会非常失望，慢慢就会没有兴趣与领班谈论任何工作情况，使员工的积极性受挫。
报喜不报忧类	报喜不报忧并非一件好事，坏消息可避免使事情进一步恶化。当员工将坏消息报告领班时，领班大发雷霆或指责员工，这样会使员工不再把坏消息及时上报。
讽刺挖苦类	员工不喜欢领班用嘲笑的方法与他们讲话，在其他员工面前嘲笑讽刺一名员工，会使员工没有面子、自尊受损。
过分敏感类	对员工的一举一动都十分敏感的领班，会使员工觉得自己正确的工作受到怀疑，会对工作产生杯弓蛇影的心理。
犹豫不决类	很多员工说他们最讨厌的是每次向领班请示，领班都拿不定主意，得到的答复都是"待我们考虑一下吧"。这样的领班通常得不到员工的尊敬。
教条类	员工对教条式的领班十分反感，因为这类领班不善听取别人的意见。
武断类	许多员工发现领班很快作决定，而当他决定后，便不容易再改变了。所以员工都避免让这样的领班太快作决定，想法拖延他作决定的时间，结果影响了工作。
时间管理不当类	当一位领班对时间管理不当时，员工会嫌自己的领班处理事情没有条理，会直接影响到员工对自己的时间管理。对工作产生消极影响。

续表

不懂运用职权类	许多领班得不到员工的尊敬、信任,是因为他们不懂得运用自己的权力,许多员工不喜欢自己的领班是弱者,在应发言时却不发言,而给其他部门强词夺理的机会。
难觅踪影类	每当员工遇到困难时,总是找不到领班,会感到十分迷惘。有些领班为了避免作出决定,往往逃避本身的工作,有一个常常无踪迹的领班比没有领班还糟。
缺乏信任类	信任是相互的,员工希望得到领班的信任,当领班对员工的能力提出疑问时,员工便会大失所望。
缺乏组织类	缺乏组织的领班会使员工有混乱的感觉。许多员工认为与一位无组织能力的领班在一起工作是令人烦躁的。
缺少领导艺术类	有些领班往往忽视员工的情感而不喜欢用客气的语调指挥员工,员工希望领班能以礼相待,保持自尊。
独裁类	管理者运用强硬的手段使员工不能对工作产生归属感,员工认为与独裁的领班一起工作是十分吃力和困难的。
粗言秽语类	员工不会对一个谈吐粗俗的领班有好印象,这不单是道德问题,而是一个人的素质问题。
喜怒无常类	假如领班喜怒无常,有不可预测的个性,员工会感到紧张,这是最可悲的工作环境。
不善策划类	员工不喜欢一个不会策划的领班。预先未作出妥善安排,会事倍功半的,每天花几分钟计划,会省出很多的时间,不会为突然而来的事情感到不安。
不善沟通类	沟通是成功完成任务的第一步。试想,如领班没有把任务清楚地交代给员工,员工会对应该完成的工作一无所知,工作能否顺利完成便可想而知。

2.7　前厅部员工的激励

前厅部经理应努力创建一个能鼓励员工专业发展和成长的工作氛围。要做到这一点,管理人员必须提供培训、指导、指示、纪律约束、评估、管理和领导。前厅部缺乏这些基本要素时,员工对饭店的目标就会变得消极、不满、漠不关心。这种感觉会表现在旷工、低生产率和高员工流动率方面。

前厅部经理可以用来激励员工的方法很多,包括培训、交叉培训、表扬、通报表扬,以及奖励计划。

2.7.1 培训激励

1）日常培训

培训是激励员工的最有效方法之一。培训能告诉员工,管理人员非常注意提供必要的指导,以保证他们的成功。成功的培训不仅包括工作任务和职责的知识(一项工作"要做什么"),还包括企业文化（工作中"为什么要以特定的方法完成任务"）。这个"什么"和"为什么"必须紧密相连。如果一位员工不知道为什么一项工作要以某种方式去做,他就不会真正理解工作。这会导致工作表现差,导致员工之间的摩擦。员工理解了企业文化的时候,他们会成为其中的一部分,并且支持它。

培训大大减少了员工因不知道对他们的期望时所经历的挫折。有效地培训使员工知道工作上的期望,要求完成的任务和需使用的设备。因为培训能使员工有更多的产出、更高的效率,以及更容易管理,对培训的投入能得到很好的回报。

2）交叉培训

交叉培训只是教会在职员工非所应聘岗位的另外一项工作任务。交叉培训对前厅部管理层和员工双方都有许多优越性。对员工来说,交叉培训是掌握其他工作技能的机会;对经理来说,交叉培训能增加安排工作的灵活性。由于能执行数种工作职能,经过交叉培训的员工更为可贵。最后,交叉培训能消除许多与职业成长和发展相关的障碍,从而成为宝贵的激励工具。

2.7.2 及时表扬

当客人对前厅部员工作出肯定的评价,或者把酒店作为将来再回来住的选择时,一般都反映了客人的满意度。前厅部经理应把肯定的反馈意见转告员工,作为对工作做得好的认可。描绘营收、成就、出租率和客人满意度的图表和曲线也能成为有效的激励因素。

客人的、管理人员的以及同事们的表扬都是对员工强大的推动力。许多酒店用意见卡吸收客人的反馈。意见卡可以在总台发放,也可以放在客房、餐厅或其他地方。意见卡经常要求客人提出提供了杰出服务的员工。填好的宾客意见卡,特别是那些表扬员工的意见卡,可以张贴在员工通告牌上。

前厅部可以对受到客人表扬的员工给予奖励。例如,宾客意见卡、给经理的意见或给前厅部的信件中表扬的总台接待员可以在酒店餐厅用餐,也可以发给一张礼品券。

另一种流行的表扬形式是月度优秀员工计划。前厅部月度优秀员工可以由管理人员选出,也可以由前厅部员工选出。一般说来,能获此殊荣的员工要表现出对前厅部及其标准、目标的非凡忠诚。前厅部月度优秀员工会得到奖励证书或奖章。

【经典案例】

学会赞美你的员工

如果你是一位管理人员，有没有从心里关注过你的员工？你会发现他们的性格各异，有人严谨，有人奔放，有人外向活泼，有人内向沉稳，即使同一个人也有着不同的状态。这样的一群人在一起工作，其效果并不像数学公式 1+1=2 那样简单，两人协力的结果，可能几倍于一个人的力量；相反，如果互相不协力，效果可能是 0，甚至是负数。

记得曾有这样一个员工，在同事的眼里他已经是一个不可救药的人：上班迟到早退如同家常便饭，频繁地违规被开罚单，工作热情不高，服务意识缺乏，和同事的关系平淡无味，对上级的批评不屑一顾……用他自己的话说，这个小集体对他而言根本提不起兴趣，只是在机械地接受而已。这一系列的表现引起了我的注意，于是有一天我找了一个很宽松的环境和他聊起了家常。刚聊时，他显得有些紧张，但我没有摆出领导谈话的架子，像一个大姐姐一样询问了他的家庭情况、身体状况、工作中有什么困难需要帮忙，逐渐让他放松了，同我说起了他的烦恼：刚来酒店时他也曾热情异常高涨，对待每一件工作都非常认真地去做，想得到上级的认可。但是不久他就发现，他的努力在上级眼中是理所应当的，并没有得到适时的表扬和鼓励，渐渐地就成了现在的样子。

听完他的讲述，我也不失时机地进行了开导和鼓励，相信他一定能做得非常好。从那以后，我经常关注他的工作表现，不放过每一次值得表扬的亮点，利用各种机会让他恢复自信。过了一段时间，他有了很大的进步，和以往的他形成了鲜明的对比。他的转变让我深深地体会到：对员工的批评和指正固然不可少，但画龙点睛的真心表扬能起到较好的推动作用。只有发挥每一名员工的最大潜力，团队才能是一支有活力、积极进取的队伍！

（三门峡明珠宾馆　王春玲）

2.7.3 充分沟通

让员工随时了解前厅部的工作情况等信息，能产生积极的效果。了解即将来临的活动的员工会感受到更大的归属感和价值感（图 2-2）。

前厅部新闻简报或告示牌都是建立并保持正式沟通的良好方式。这种新闻简报中的文章可以与工作相关，也可以与个人相关，包括的主题有：

- 工作岗位空缺公告。
- 抵店、住店重要宾客和酒店里的特殊活动。
- 晋升、调动、辞职，以及退休通告。
- 新招聘通知。
- 工作提示。
- 特别表扬。

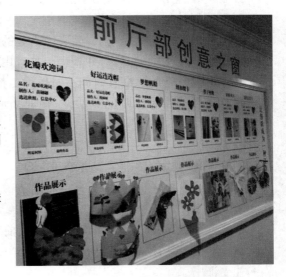

图 2-2　广州从化碧水湾温泉度假村
前厅部员工的创意之窗

- 生日、结婚、订婚和出生通告。
- 将举行的活动。

前厅部区域的告示牌可以张贴工作安排、备忘录、通告、抵店或在店重要宾客、团队活动、正常培训通知以及其他有关信息。当告示牌的位置在前厅部全体员工都能到达的地方，且员工经常浏览信息时，它就是最有效的。在许多饭店，员工告示牌是做好工作所需的每日信息的唯一来源。

2.7.4 奖励计划

员工应该得到对他们的工作的特别感谢。奖励计划是表彰在工作中表现突出的员工有效方法之一。奖励计划的规划和方法各有不同，常常是奖励工作杰出的一种极好方法。前厅部应该开发并建立奖励计划，这个计划应能产生一个对客人、员工和前厅部都有利的局面。好的奖励计划应该能挑战员工，并且能创建一种竞争精神。

1) 优秀奖励计划的标准

设计好的前厅部奖励计划应包括下述内容。
- 表扬并奖励突出的员工的表现。
- 提高员工的生产率。
- 表现出对客人满意度的重视。
- 激励员工通过提建议参与提高营收和改善服务的工作。

2) 制订奖励计划的方针

在开发奖励计划时，前厅部经理应考虑下述基本方针。
- 开发一项适用于并且专用于前厅部的奖励计划。
- 列出计划的特殊目标和目的。
- 确定前厅部员工受表扬、得奖必须达到的条件和要求。
- 想出多样化奖励的方法，并获得相关费用的必要批准。
- 确定计划开始的日期和时间。每位员工都应参加。前厅部经理应设计出有趣、可行，并具有创造性的计划。

3) 常见的奖励手段

前厅部经理考虑的奖励主要有下述内容。
- 表扬信。
- 表扬证书。
- 公开照片展示（有员工和总经理和/或前厅部经理）。
- 表扬晚宴或活动。
- 礼品证书。
- 周末活动安排。

- 特别停车权。
- 表扬徽章。

成功的奖励计划还向员工提供向目标进展情况的反馈。例如,张贴在前厅部告示牌上显示每个进步的曲线图就会对奖励计划有很大激励作用。目标应具有挑战性,但也不能脱离现实,显得高不可及。不现实的目标会挫伤员工,也会毁掉奖励计划的激励作用。

前厅部的奖励计划通常以提高出租率、客房营收、平均房价和客人满意度为中心。一个时期执行一项奖励计划能让员工集中于特别的目标。例如,前厅部经理可以开发一项与增加日平均房价或出租率直接关联的奖励计划,员工就会努力去达到特定的出租率或特定的日平均房价。奖励应持续一段时间,这段时间过去以后,奖励计划即应结束。例如,在淡季,前厅部经理会集中于增加出租率;而在旺季,前厅部经理会实施一项奖励计划,通过在总台升级销售让日平均房价最大化。

2.7.5　工作评估

前厅部员工需要了解自己的工作表现,前厅部员工和经理之间的互动能对员工的自我形象和工作观念产生影响。工作评估是经理可以用来激励员工和提高士气的最有效方法之一。

- 给每位前厅部员工一份正式书面反馈。
- 指出工作中的强弱之处,提出改进的计划和措施。
- 给经理和每位员工一个机会,可以制订专门的目标和进展日程。
- 通过提升、增资,以及外加责任表扬和奖励杰出的工作表现。
- 帮助确定适合员工的特殊工作岗位。

前厅部经理会发现,有很多方法和技术可以评估员工的工作表现。虽然多数酒店都有工作评估程序,但前厅部经理应量体裁衣,制订本部门的评估程序,以利达到部门的目的和目标。有效的工作评估一般能够真实反映员工的工作表现。工作评估应该是公正的、客观的、资料丰富的,并且是积极向上的。在评估完成的时候,员工应清楚地了解他什么做得好,什么地方还需要改进。每位员工至少每年接受一次评估。

许多前厅部经理使用书面工作评估表和程序。当需要对员工进行劝告或终止聘用时,书面评估会很有说服力,很有益。经员工认可并签署的书面工作评估应存入员工的个人档案。

表中还可以留出空间,让员工加上自己的意见,也许还应指出他将来愿意考虑的其他岗位。随后可以由主管和员工共同制订下一个岗位的准备工作计划。书面评估表很重要的原因还在于,如果员工认为自己受到不公正的对待,可以在法律诉讼中保护自己。酒店能够拿出员工的工作史和违纪记录,并且能说明酒店为改变这种状况做了哪些工作的时候,发生法律纠纷的概率就小多了。我国新的《劳动合同法》颁布实施以后,这项工作尤其重要。

本章小结

➢ 本章主要介绍了前厅部经理等前厅部管理人员的岗位职责、素质要求以及管理艺术、管理方法和管理技能。对前厅部管理人员的基本要求是五官端正、气质高雅、口齿清楚、了解旅游景点及娱乐等方面的知识和信息,能够进行熟练的打字和计算机操作,有良好的英语口语水平和一定的前厅管理工作经验,另外,要求思维敏捷、理解能力和自控能力强、善于应变。

➢ 员工招聘包括内部招聘和外部招聘两种途径,对于酒店而言,各有利弊。招聘的过程包括招聘(Recruiting)、选拔(Selecting)、面试(interviewing)、录用(Hiring)等几个环节。

➢ 对应聘者进行选拔的依据是:"岗位说明书"(Job Description)和"岗位要求"(Job Specifications)。对应聘者进行选拔和面试时所提问的问题要慎重,以免违反国家或所在地区相关法律。

➢ "工作分解"(Job Breakdown)是对新员工进行培训的工具和依据。酒店编写工作分解不能靠前厅部经理一个人去完成,而要发动各岗位的业务骨干,组成一个编写小组集体完成。

➢ 作为前厅部管理人员,要学会时间管理,做好客情预测,掌握管理技巧,学会授权,学会与上司、下属的沟通技巧,掌握委派工作的艺术和赢得尊重的技巧,不当"狮子王",也不做"小绵羊"。

➢ 对前厅部员工进行激励的方法包括:培训(Training)交叉培训(Cross-Training)、认可(Recognition)、沟通(Communication)、奖励(Incentive Programs)等。

思考题

1.预测对于管理工作为什么很重要? 如果没有做预测的话,谁会受到影响?

2.为什么设法了解对不同员工应该采用的不同的激励方法对于做好管理工作很有帮助?

3.在你工作过的酒店里,你碰到过哪些员工之间发生的个性冲突? 对于这些冲突,管理人员是怎样处理的? 如果你是经理,你会以不同的方法处理吗?

4.如果你曾在酒店前厅部工作过,谈谈酒店是如何对你进行培训的? 一般而言,让员工接受良好培训对前厅部经理有哪些好处?

5.举例说明前厅部与酒店其他部门的沟通、与客人的沟通以及与社会公众的沟通的重要性?

【案例分析】

这样的管理科学吗?
——一位酒店实习生眼中的前厅礼宾部管理

"在××大酒店前厅实习时,我遇到最多的一件事,可以说是每天都看到老员工(其实也就工作了2个月以上的员工)在欺压刚来的新员工,当然包括实习生。他们主要的做法是把能拿到额外收益的工作全都包了,把一些琐碎的、容易被人骂的,比较重或者累的工作全给了新员工。我发现,老员工是很'团结的',他们一般都会说粤语,被排斥的新员工都是外省的,据说他们会把所有的小费都集中,然后根据情况再适当地分给每个人(很多新员工是拿不到一分钱的)。更为滑稽的是,他们的小费需要硬性上缴一部分,这一部分是硬性的,无论当天有没有收到钱都要缴,由每个员工分担,就像税收!

我每天都看到这类事情,本人的习惯是喜欢从背景去理解问题。我感觉很有趣,在广东这样一个浮躁的社会,一群说粤语的员工排斥外省的员工也正常,当有利益冲突,加上酒店的企业文化未能深入人心时,都是向钱看的。因为开业不久培训不力,这很客观。但有趣的是:管理层既然知道了问题在哪里,还设置上缴制度,显然是在加剧矛盾。管理层硬要下面的员工每天上缴多少钱,无论他们当天有没有收到钱,这种做法的结果是:

1.逼员工想尽办法去做有利可图的事,而不做没利可图的事。比如国内客人到酒店时,员工会相对冷淡些,因为中国人没有给小费的习惯,这样对客人的歧视势必导致客人的不满。

2.管理层对小团体主义视而不见,那些被欺压的员工对老员工有怨恨导致了内部争斗并且对管理层失望,最终把不满发泄在客人身上。

3.把收到的小费集中分配时,每个人都不一样,但又没有一个可以说服人的标准,导致老员工之间也有矛盾。

实习期间,我一直都不明白,管理层有了问题不解决,还设置不合理的制度加剧问题,这样的矛盾势必导致管理的混乱、部门内部人员的内耗,最后肯定转化成了客人的不便,导致客人的不满和投诉,我个人觉得,这才是礼宾部经理被革职的原因,一个管理者最重要的职责之一就是制订制度,制度不好势必引起管理的混乱!"

思考题

1.你是否认同这位实习生的分析?

2.针对礼宾部存在的小费问题,你认为应该如何加强管理?

【补充与提高】

怎样与酒店"00后""90后"年轻员工沟通
——平等是与年轻员工沟通的基础

毋庸置疑,今天绝大多数酒店的一线服务人员和管理人员都是"00后""90后"的年轻人,他们是酒店员工队伍中最大的群体,肩负着酒店日常运营与服务的重担。但是,令人遗憾的是,在许多酒店中,他们并未因此而得到与之相应的尊重和话语权,反而在一些高层管理者的心目中,成为酒店一切病症的"高发人群"。当这些高管人员主动担当医生,而广大的"00后""90后"的员工被动成为病人的时候,双方即形成了一种不平等的沟通关系,甚至变成一种简单的"指示"与"服从"的关系。实际上,今天酒店的团队建设,重心是在一线工作的广大的"00后""90后"的员工,而重中之重是与他们在平等基础上进行沟通。要做好这一点,酒店的高层管理者应该从以下几个方面着手。

第一,酒店的高层管理者首先要有一个心平气和、避免偏激的基本态度。对当今"00后""90后"的年轻员工群体的特征,酒店中、高层管理者似乎有意无意地形成了这样一种共识:自我为先、心浮气躁,眼高手低、爱发牢骚,心理脆弱、难打交道,接人待物、不讲礼貌。其实,如果我们能够站在一个中立的立场上,把这些现象放在这个时代的背景中去思考,就会知道,其中很多是我们今天所处社会和时代的所有群体特征,而非"00后""90后"员工群体的所独有的。

第二,要理解他们。酒店管理者应该捕捉"00后""90后"年轻员工群体特征的本质。这个群体是在个性需求高度张扬、社会文化高度开放、价值观念高度多元的环境中进入职场的。决定这一群体特征的本质:一是市场经济主导下的生存法则;二是像空气一样存在于我们生活之中的互联网。这是巨大的时代差异,这种差异造就了他们的价值观的同时,也决定了他们的生存方式。无论是在市场经济还是网络之中,我们随处都可以发现自由、平等的影子,任何一个个体、一个终端都是自由、平等的,作为酒店管理者,只有客观、准确地理解这个时代,才能捕捉到"00后""90后"的本质,对他们在酒店各个岗位上的"负面"表现就容易理解了。客观而言,由于酒店产品本身的特性,酒店的大部分一线岗位做的都是直接"伺候"人的工作,而且职业技能要求较低、烦琐乏味。面对这样一个事实,高管层的钝感与"00后""90后"的敏感形成鲜明对照。因为前者入行时,酒店行业还被认为是一个工作环境豪华舒适、工资福利不错的行业,这在当年让前者很容易地接受了这种"伺候"人的职业;而对于后者,时代的发展,让当年的行业优势荡然无存,剩下的只有"伺候"人的事实,再加之他们多数是独生子女,从小在呵护之中长大,所以,他们"自我""眼高手低""经不起挫折",都是自然而然的正常表现。

第三,学会以现代的方式与他们平等地沟通。就酒店管理中的沟通而言,高管层多数习惯于传统的沟通理念与方式:在与"00后""90后"沟通开始之前,无论是"指导""批评"还是"表扬",其先入为主的基调不容改变——对方虚心接受也好,不虚心接受也好,结果是一样的;沟通的方式无非是大小会议、个别谈话、填表等。这样的沟通理念与方式,是目前酒店管理沟通的普遍做法,对于今天在互联网中长大的"00后""90后"来说,过于传统、单调,实际效果往往不佳。因为当他们广泛使用博客、QQ、论坛、社交网站等沟通工具,他们更愿意以平等的身份成为沟通的一方,另外,就沟通方式/工具本身而言,他们不会拒绝传统的,但是更适应现代的,顺应他们的沟通方式/工具,常常会达到事半功倍的效果。

既然平等是酒店管理者与"00后""90后"的年轻员工群体沟通的基础,那么,高管层具体应该如何去做呢?

首先,尽可能地克服传统官僚组织管理思维的惯性,淡化自己的行政职务权威,不要想当然地认为自己掌握真理。即使真理在握,也不应居高临下,而是要给"00后""90后"以充分自由的平等机会阐明他们的观点,通过这样的碰撞,把真理辨明,让对方尊重真理、服从真理,而不是服从自己的权力。

其次,主动适应"00后""90后"获得、分享信息的方式,通过参与他们关注的网站、话题,了解他们对生活、工作的看法,保持一种经常的、自然的沟通状态,根据不同对象与语境需要,或个人短信、或论坛发帖、或博客文章等,传达自己的意见,影响他们的行为。

再次,敞开决策大门,让更多的"00后""90后"年轻员工参与到酒店决策中来,让决策过程与沟通过程同步发生,而不是高层领导决策后再与基层员工沟通(在一些酒店中,这种决策后的沟通,实际上就是告诉员工照此执行),特别是与他们利益直接相关的决策,要让他们有畅通的意见表达渠道。这样做,表面上可能会增加决策成本,降低决策效率,但是实际上,可以减少出现决策错误的机会,大幅提高决策的可执行性与实际效果。

最后,酒店高管层不要把自己年长、较丰富的工作经验与专业知识当作一种特有的优势,要求"00后""90后"认可,因为这些东西不但容易过时,而且容易成为包袱。今天的网络工具,让知识的获取与知识本身都发生了很大变化,"维基百科"就是一个很好的例子。其实,网络上的"交换"对于酒店管理中的沟通很有实际意义,要想保持自己的影响力和地位,高管层必须贡献自己的经验、知识、资源等,换来"00后""90后"的认同和支持,从而促进沟通,使企业与全体员工共赢。

(北京东方嘉柏酒店管理公司 迟 晓)

酒店经理人对"经理的困惑"的答复

Re:如何让管理人员快速成长?

罗伟霖 西安古都文化大酒店 总监

1.作为部门的管理人员要想快速提升自己,首先要对自己的工作充满激情,必须参加人力资源部组织的管理知识培训,必须精通本部门的业务知识。其次主管要给你制订一个工作目标,要求你在一定的时间内完成这个目标,这个目标必须具有可操作性。例如:部门的人力资源管理,部门的成本控制,要学会如何激励你的员工,认可他们的工作,学会如何与主管、员工和客人的沟通,做正确的事、正确地做事。

2.主管要给你一些授权,让你有机会参与部门的计划制订与决策。你还必须熟知除自己部门之外的酒店产品知识,如何处理客人投诉。如何组织有效的员工培训。关注互联网上有关酒店专业方面的资讯,了解国际国内酒店业的发展动态,利用假期或休息日到同类酒店去参观了解与自己部门相关的先进管理做法,借鉴利用以便提高自己部门的工作效率。条件允许的话也可以参加业内的专业知识培训,多和有成就的同行交流,取长补短,相互学习。

3.学会做每月的工作计划和工作总结,从计划和总结当中发现自己哪些地方尚未考虑周全,以便在下一个计划当中规避风险,提高效率。

面对面观看西安古都文化大酒店罗伟霖总监谈:如何让管理人员快速成长?

方式一　请登录:刘伟酒店网—院校服务—视频—如何让员工快速成长?

方式二　扫描二维码

二维码　古都文化大酒店:如何让管理人员快速成长?

第3章
预订管理

预订工作是前厅部工作的重要内容

预订(Reservation)是酒店一项重要业务,酒店一般都在其前厅部(或销售部)设有预订部,专门受理预订业务。对于客人来说,通过预订可以保证客人的住房需要,尤其是在酒店供不应求的旅游旺季,预订具有更为重要的意义。而对于酒店来说,便于提前做好一切接待准备工作,如人员的安排、设施设备的更新改造、低值易耗品及酒店食品、饮料的采购等。此外,通过预订,还可以使酒店提前占领客源市场,提高客房利用率。

前厅部的预订工作由预订部经理(主管)负责,他要通过计算机对酒店的订房实施控制,此外,为了实施对客房预订的控制,提高酒店的开房率和经济效益,他还要与酒店市场营销部进行充分、有效的沟通,掌握预订规律,合理控制团队与散客的预订比例。

通过本章的学习,读者应该:
- 了解酒店预订的方式、种类和预订的渠道。
- 了解国际通行的几种酒店收费方式。
- 了解预订业务,学会受理预订。
- 了解超额预订及其处理的方法。

关键词: 预订;超额预订
Keywords:Reservation Overbooking

经理的困惑

——如何增加网上预订量？

现在是互联网时代，酒店管理层已意识到网络预订的重要性，决定增加网上预订的比例，可是，从哪些方面入手，采取什么办法才能增加网上预订量呢？

3.1　预订的方式与种类

3.1.1　预订的方式

客房预订的方式多种多样，各有不同的特点，客人采用何种方式进行预订，受预订的紧急程度及客人设备条件的制约。

当前，客人的预订方式主要有下述几种。

1）口头订房

口头订房（Verbal）即客人（或其代理人）直接来到酒店，当面预订客房。它能使酒店有机会更详尽地了解客人的需求，并当面回答客人提出的任何问题。同时，也能使预订员有机会运用销售技巧，必要时，还可通过展示客房来帮助客人做出选择。

对于客人的当面口头预订，订房员应注意客人的姓名不能拼错，必要时可请客人自己拼写。另外，旺季时，对于不能讲定抵达钟点的客人，可以明确告诉客人，预订保留到 18:00。

2）电话预订

电话预订（Telephone）较为普遍，它的特点是速度快、方便，而且便于客人与酒店之间的沟通，以便客人能够根据酒店客房的实际情况，及时调整其预订要求，订到满意的客房。但由于语言障碍、电话的清晰度以及受话人的听力水平等的影响，电话订房容易出错，因此，预订员必须将客人的预订要求认真记录，并在记录完毕之后，向对方复述一遍，得到客人的确认。

在接受电话预订时，要注意不能让对方久等。因此，要求预订员必须熟悉本月、本季可提供客房情况，如因某种原因，不能马上答复客人，则请客人留下电话号码和姓名，待查清预订情况后，再通知客人是否可以接受预订。

接受客人电话订房时，订房员还应注意下列事项：

①在旺季,对于不能讲定抵达钟点的客人,可以明确告诉客人,预订保留到 18:00。

②如果客人不能确定逗留的确切天数,也要设法说出最多和最少天数。

3)传真订房

传真订房(Fax)的特点是准确、规范,它可以将客人的预订资料原封不动地保存下来,不容易出现订房纠纷。随着通信技术的发展,传真订房已逐渐被更为先进、便利的互联网订房所取代。

4)互联网预订

通过互联网(Internet)进行预订,是目前国际上最先进的订房方式。随着计算机的推广使用,越来越多的散客开始采用这种方便、快捷、先进而又廉价的方式进行预订。

(1)酒店官网预订与 OTA 预订

从渠道上讲,互联网预订又可分为酒店官网预订(图 3-1)与 OTA 预订。从发展趋势上看,酒店越来越依赖于以携程、缤客(booking)、Expedia 为代表的 OTA 大鳄。

图 3-1　互联网订房是当今国际上最先进的订房方式

(2)PC 端预订与移动端预订

从方式上讲,互联网预订分为通过 PC 端预订和移动端预订 2 种方式。随着移动技术的发展,手机移动端预订将成为未来酒店预订的主导方式。

【经典案例】

洲际酒店集团推出全新中文手机订房官方网站

洲际酒店集团推出全新中文手机订房官方网站,让消费者可以轻松通过手机完成对洲际旗下大中华区的洲际酒店及度假村、英迪格酒店、皇冠假日酒店及度假村、假日酒店及度假村和智选假日酒店的定位、浏览、询价及预订。该网站设计简洁,操作方便,突显"随时、随地、随意"的便捷性,消费者可随时了解各酒店最新的促销资讯,且预订酒店无须信用卡的担保,直接预订即可。此外,该网站还设置了"一触即拨"直通车功能,消费者可一键直拨洲际酒店集团的客服热线。如图所示。

洲际酒店集团的中文手机订房网站

5) 合同订房

合同订房(Contract)是指酒店与旅行社或商务公司之间通过签订订房合同,达到长期出租客房的目的,具体见表 3-1 所示。

表 3-1　订房合同
(参考样式)

订房合同

　　　年　月　日,由_____酒店(以下简称甲方),与_____(以下简称乙方)经友好协商,达成如下协议:

一、推销

1.乙方同意利用其销售网络推销甲方,并向来到本市的所有客户和即将成为乙方客户的人士推荐甲方的服务设施。

2.乙方保证在任何可能的情况下,在本市接待旅客时,将选择甲方作为其客人的下榻处。特别是以下项目:

①系列团队

②旅游团队

3.乙方同意把甲方编入其宣传项目及宣传册之中,并在合适之处采用甲方的彩色照片。这些宣传品及小册子一经出版应立即送甲方一些样本。

二、价格

考虑到乙方可能提供的客源量,甲方同意按下列条件和价格(不含佣金)接待乙方的客源。

团队预订—单人间/双人间(10 人及 10 人以上):

● 淡季(十二月,一月,二月,三月)=_____元人民币

● 平季(四月,六月,七月,八月)=_____元人民币

● 旺季(五月,九月,十月,十一月)=_____元人民币

　　散客预订—单人间/双人间(10 人以下)

- 淡季(十二月,一月,二月,三月)= _____元人民币
- 平季(四月,六月,七月,八月)= _____元人民币
- 旺季(五月,九月,十月,十一月)= _____元人民币
- 所有套间一律享受____%的优惠;所有客用房加床为_____元人民币,陪同床为_____元人民币。

注:所有价格不含任何早餐及城市建设费。

三、餐费

中式早餐 = _____元人民币

美式早餐 = _____元人民币

午餐套餐(西餐)= _____元人民币

晚餐套餐(西餐)= _____元人民币

注:餐费不包含酒水。

四、价格保护

在任何情况下,乙方不得以比柜台价更高的价格将甲方的客房出让给第三者,当甲方柜台价随季节改变时,甲方将通知乙方。

五、预订

团队入住前,乙方应向甲方销售部办理团队预订手续。甲方将根据订房情况和接待能力于接到预订通知的 3 天内,决定是否接受此预订并以书面形式通知乙方。未经甲方接受并确认的预订,甲方概不负任何责任。

六、客房占用期限

按预订经确认的客房在入住日下午 2 点之后方可入住。离店时间为正午 12 点。

七、客房分配单

乙方同意在客人到前 30 天,向甲方提供将入住甲方的团队所有成员名单及住房分配方案,包括航班消息,用餐标准。如果乙方未能按上述要求提供这些信息(除非另有协议),甲方有权取消已预订的客房及设施并转售给其他客户。

八、免费房

甲方同意为每 16 位付费客人提供半个双人间免费房,但每团的免费房不超过 4 个双人间。

九、取消预订

乙方如果需要取消或减少预订房,应按下列条件书面通知甲方。

房间数	最少要求期限
10 间以下	到客前 10 天
10~25 间	到客前 15 天
26~50 间	到客前 20 天
51 间以上	到客前 30 天

在最少期限之后,如果团队要求取消或减少 10%以上的预订房间数,甲方将收取每间取消房 1 天的房租作为未及时取消预订费用。

十、确认未到预订

如果整个团队在入住日未到,乙方同意支付甲方当日所损失的房费,同时支付整个实际居住期应付的房费。

续表

十一、押金/付款

乙方同意在做系列团预订时付给甲方押金_____元人民币。如果乙方没能履约,甲方可以从押金中抽取全部或部分作为甲方应得的补偿。如果乙方完成合约,全部押金(不包括利息)将如数退还乙方或作为乙方应付甲方费用的一部分。

除了上述押金外,乙方承诺在团队离店后 30 天内支付团队下榻在甲方期间所产生的一切费用。否则甲方有权利向乙方收取其超出天数的相应租息,利率按银行公布的同期活期存款利率计。

十二、保密

此文件中的全部内容为绝密性的,不管是出于任何原因或目的,乙方都不能透露给第三者。乙方对此表示理解并遵照执行。

十三、合同期

本合同条款期限为从　　年　月　日开始至　　年　月　日截止。合同一式两份,由乙方签字后在　　年　月　日之前交给甲方,由甲方监督执行。

十四、违约责任

双方在执行合同过程中有违约行为时,本着友好协商的办法处理。确实不能达成一致意见时,双方同意交由当地仲裁机构仲裁或交当地法院裁判。

甲方代表同意接受　　　　　　　乙方代表同意接受

授权签名:　　　　　　　　　　授权签名:

姓名:　　　　　　　　　　　　姓名:

职务:　　　　　　　　　　　　职务:

6)微信订房

通过酒店微信公众号预订酒店客房,是最新的一种订房方式,特别是对于常客而言,十分方便(图 3-2)。酒店应通过各种方式和途径,推广其微信二微码(图 3-3)。

3.1.2　预订的种类

酒店在处理客人的订房时,一般分为非保证性和保证性 2 大类,前者又分为临时性和确认性预订 2 种。

1)非保证类预订

(1)临时预订

临时预订(Advance Reservation)是指未经书面确认或未经客人确认的预订,通常酒店会与客人约定将客房保留到下午 6 点,如届时客人未到,该预订即被取消。

这类预订通常是客人在即将抵达酒店前很短的时间内或在到达的当天联系订房。在这种情况下,酒店一般没有足够的时间(或没有必要)给客人寄去确认函,同时也无法要求客人预付订金,所以,只能口头承诺。

图 3-2　广东河源巴伐利亚庄园酒店的
微信预订平台

图 3-3　巴伐利亚庄园酒店巧妙地利用酒店
住客向酒店索取 Wi-Fi 密码的机会，引导客人
扫描其二维码，关注其微信公众号

（2）确认类预订

确认类预订（Confirmed Reservation）通常是指客人已经确认过但尚未支付预订金的预订。对于持有确认函来店登记住宿的客人，可以给予较高的信用，因为这些客人的地址已被验证，向他们收取欠款的风险比较小。

对于确认类预订，酒店依然可以事先声明为客人保留客房至某一具体时间，过了规定时间，客人如未抵店，也未与酒店联系，则酒店有权将客房出租给其他客人。

2）保证类预订

保证类预订（Guaranteed Reservation）指客人保证前来住宿，否则将承担经济责任，因而酒店在任何情况下都应保证落实的预订。

保证类预订又分为 3 种类型，如下所述。

（1）预付款担保

即客人通过交纳预付款而获得酒店的订房保证。假如客人预订住房时间在 1 天以上，并且预付了 1 天以上的房租，但届时未取消预订又不来入住，那么，酒店只应收取 1 天的房租，把余款退还给客人，同时，取消后几天的订房。如果客人在临近住店日期时订房，酒店没有足够的时间收取订金，则可要求客人使用信用卡做担保，预订客房。

（2）信用卡担保

除了支付预付款以外，客人还可用信用卡做担保预订酒店客房。这样，如果客人届时既未取消预订，也不来登记入住，酒店就可以通过发卡公司收取客人一夜的房租，以弥补酒店的损失。

（3）合同担保

这种方法虽不如预付款和信用卡那样被广泛使用，但也不失为一种行之有效的订房担保方式。它是酒店与经常使用酒店设施的商业公司签订合同，当公司的客户要求住宿时，公司就与酒店联系，于是酒店就为其安排客房，即使客人未入住，公司也保证支付房租，同时，房间也被保留 1 个晚上。

对于保证类预订，酒店无论如何要保证只要客人一到就为其提供房间或代找一间条件相仿的酒店房间。在后一种情况下，酒店要代付第一夜的房费以及其他附带费用，如出租车费和挂到家里或办公室的电话费等，这就是所谓的"第一夜免费制度"。

3.2　预订渠道与酒店计价方式

3.2.1　预订渠道

了解客人的预订渠道对于促进酒店销售、提高开房率，具有重要意义。

客人的订房渠道通常有以下几种：

①散客自订房。可以通过电话、互联网、传真等方式进行。

②旅行社订房。

③政府机关企事业单位订房。

④各种国内外会议组织订房。

⑤各类专业组织订房。如分时度假（Timeshare）组织订房。

⑥国际订房组织订房。SUMMIT 是全球最大的国际订房组织。SUMMIT 订房组织具有几大特点：第一，它的客人层次很高，主要为高级商务客，全部选择入住五星级酒店；第二，它的客源多。SUMMIT 代理了全球所有主要航空公司、旅行社和跨国商务公司的预订系统，拥有 92 家成员酒店和遍布全世界的 52 个订房中心；第三，加入网络的成员酒店档次高。这些成员均为五星级酒店，目前，我国广州的花园酒店、上海的华亭宾馆等五星级酒店已加入该组织；第四，订房渠道畅通。SUMMIT 可以通过 GDS（全球销售系统）、Internet 和 Travel Web 网络订房；第五，有较强的销售组织保证。SUMMIT 有众多专职销售人员，分布在世界各主要城市，通过销售访问为成员酒店推广。

⑦各类网上订房组织（OTA）。随着互联网技术的发展和普及，国内外出现了网上订房中心（向酒店收取 60~100 元不等的佣金），如国内著名的、已在美国上市的携程、E 龙等网

站。这类订房在酒店销售中所占比重越来越大(很多酒店已达到 20% ~ 30%),呈逐年攀升趋势。几乎每家大型酒店都与数十家订房中心签署了订房协议,个别酒店甚至与 60 多家订房中心签署了协议。实际上,因为存在管理成本问题,酒店并非签署的订房中心越多越好,所以,酒店应对订房中心每年梳理一次,淘汰一批,再签约一些新的。

【链接】

中国饭店业订房渠道

根据中国旅游饭店业协会与香港浩华管理顾问公司《中国饭店业务统计》,接受调查的五星酒店中,直接向酒店预订量占 37.8%,四星酒店占 33.6%,三星酒店占 43.2%,经济型酒店占 50.9%。除经济型酒店通过连锁酒店总部网站预订量达到 36.6%,其他通过直销方式获得的预定渠道所占百分比都低于 5%。

	所有五星/%	所有四星/%	所有三星/%	经济型酒店/%
直接向酒店预订	37.8	33.6	43.2	50.9
酒店协议客户	5.9	7.6	6.7	0.0
连锁酒店总部网站	4.0	3.9	0.6	36.6
酒店自有订房系统/网站	2.6	3.8	3.7	0.0
独立订房系统(如 utell)	2.4	1.6	1.7	0.0
旅行社/旅游运营商	28.4	26.6	23.1	0.3
其他网络订房系统(携程、E 龙)	12.4	19.7	20.3	10.5
国际订房系统	6.6	3.2	0.7	1.8
合　计	100.0	100.0	100.0	100.0

3.2.2　国际酒店通行的几种计价方式

在国际酒店业,通常按照对客人的房费报价中是否包含餐费和包哪几餐的费用而划分为不同的计价方式(表 3-2)。

表 3-2　国际酒店计价方式

计价方式	特　点
欧洲式 (European Plan,AP)	只包括房费,而不包任何餐费的收费方式,为世界上大多数酒店所采用。
美国式 (American Plan,AP)	不但包括房费,而且还包括一日三餐的费用,因此,又被称为"全费用计价方式",多为远离城市的度假型酒店或团队客人所采用。

续表

计价方式	特 点
修正美式 （Modified American Plan，MAP）	包括房费和早餐，除此而外，还包括一顿午餐或晚餐（二者任选一个）的费用。这种收费方式较适合于普通旅游客人。
欧洲大陆式 （Continental Plan，CP）	包括房费及欧陆式早餐（Continental Breakfast）。欧陆式早餐的主要内容包括冷冻果汁（Orange Juice，Grape Juice，Pineapple Juice，etc..）、烤面包（Served with Butter & Jam）、咖啡或茶。
百慕大式 （Bermuda Plan，BP）	包括房费及美式早餐（American Breakfast）。美式早餐除过包含有欧陆式早餐的内容以外，通常还包括鸡蛋（Fried，Scrambled up，Poached，Boiled）和火腿（Ham）或香肠（Sausage）或咸肉（Bacon）等肉类。

3.3　预订业务管理

酒店预订业务管理通常包括接受预订、确认预订、拒绝预订、核对预订、取消预订、变更预订以及超额预订管理等（图 3-4）。

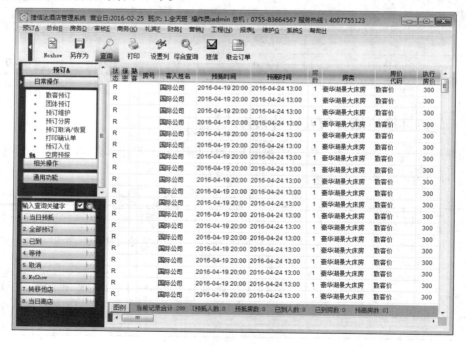

图 3-4　预订业务

3.3.1　接受预订

订房员接受客人预订时，首先要查看计算机，如有空房，则立即填写"预订单"（图 3-5 和图 3-6）。该表通常印有客人姓名、抵离店日期及时间、房间类型、价格、结算方式以及种类等项内容。

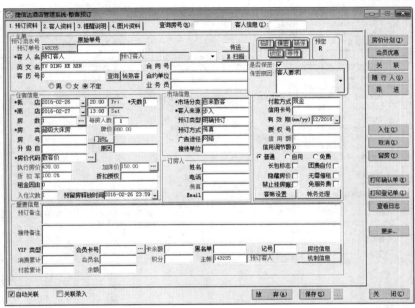

图 3-5　散客预订单

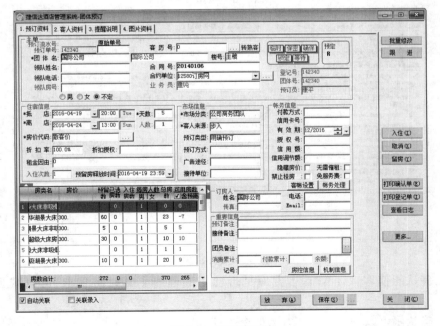

图 3-6　团客预订单

3.3.2 确认预订

预订员在接到客人的预订要求后,要立即将客人的预订要求与酒店未来时期客房的利用情况进行对照,决定是否能够接受客人的预订,如果可以接受,就要通过口头或者手机移动端或电子邮件或传真等对客人的预订加以确认(Confirmation)(图 3-7)。

☐ Guaranteed 确保　　**Confirmation Letter 预 订 确 认 单**

Attn 收件人 : 奥巴马　　Date日期: 2016-07-29 11:04

Company Fax 公司名 : 捷信达　　From 由: Susie Luo(预定部)

Fax 传真 :　　Fax传真: xxxxxxxx

如贵方未能收妥传真文件,请立刻通知本酒店。

We are pleased to confirm the reservation as follows 我们非常高兴地跟您确认:

Guest Name 客人姓名 : Mr. 先生 Mrs. 太太 Ms. 小姐 奥巴马

Confirmation No 确认号码 : 26

Arrival Date/Flt/ETA 入住日期/时间 : 2016-07-19 23:59

Departure Date/Flt/ETD 离店日期 : 2016-07-20 23:59

Payment Method 付款方式 :　　信用额度:

Transportation Service 接送服务 : subscription订金:

Transportation Charge 接送服务费用 :

Special Requests 特殊要求 :

Remarks 备注 :

跟进摘要 :

操作员 : admin

本酒店现接受/更改/取消阁下之订房。

As requested, we have pleasure to confirm/adjust/cancel your reservation(s):

房类 Type of Room	房号 RoomNo	客人姓名	预抵时间	预离时间	房间价格(人民币) Room Rate RMB ¥	房型备注
标准单人房 (2)		奥巴马	2016-07-19 23:59	2016-07-20 23:59	1,560.00	
标准双人房 (1)		奥巴马	2016-07-19 23:59	2016-07-20 23:59	2,080.00	

房数合计: 3　　人数合计: 3　　房费合计: 5200

房价将需加佰分之拾伍服务费。

Subject to 15% Service Charge

Hotel Check-in Time and Check-out Time 酒店入住及退房时间

- Hotel check-in time is 14:00 local time, and check-out time is12:00. 酒店的入住时间是当地时间下午二点,退房时间是当地时间中午十二点。
- Extended check-out time till 14:00(Subject to room availability)退房时间可延迟至下午二点。(须视当天入住情况而定)

Reservations Guarantee 酒店担保条例

- All reservations must be guaranteed by one night room rate deposit or use of major credit cards. For credit card guarantee, the Hotel requires written information to include the name of the card holders as it appears on the card, the card number and expiry date. 所有预订须提供一晚房费作为担保。如使用信用卡担保,须以书面形式提供信用卡的卡号、持卡人的姓名及有效期。
- Photocopies of the front and back of the credit card together with the original signature will be required when faxing back to u请将信用卡的正反两面复印件及持卡人签名的授权书传真至酒店。
- Guaranteed reservations will be held untilnoon on the following day of the confirmed arrival. 已提供担保的预订可保留至预订日期的第二天中午十二点。
- All non-guaranteed reservations will be released after 6:00pm on the date of scheduled arrival. Thereafter, guest rooms are subject to room availability. 未提供担保的预订保留到当天下午的18:00;之后入住,须视当天的入住情况而定。

To guarantee for the above reservations by international credit card, please fax us th following information before arrival date.

预订担保请提供以下信用卡资料,并传真至本酒店

Name of Card Holder 持卡姓名 ________　　Credit Card Type 信用卡类型 ________

Credit Card Number 信用卡号码 ________　　Expiry Date 有效期 ________

Passport NO. 证件号码 ________　　Signature 持卡人签名 ________

图 3-7 预订确认单

第一,确认能使客人了解酒店方面是否已正确理解了其订房要求,可以减少差错和失误。

第二,确认函可以进一步证实客人的个人情况,如姓名、地址等,从而减少给予客人的各种信用风险。

第三,确认函除了复述客人的订房要求以外,还写明了房价、为客人保留客房的时间、预付定金的方法、取消预订的规定及付款方式等,实际上在酒店与客人之间达成了某种书面协议,因而对于客人具有一定的约束力,有助于酒店提前占领客源市场。

对于大型团体、重要客人,特别是一些知名人士、政府官员、国际会议等订房的确认函,要由前厅部经理或酒店总经理签发,以示尊敬和重视。

3.3.3　拒绝预订

如果酒店无法接受客人的预订,就对预订加以婉拒(Turning down)。婉拒预订时,不能因为未能符合客人的最初要求而终止服务,而应该主动提出一系列可供客人选择的建议。比如建议客人更改房间类型、重新选择来店日期或变更客房预订数等。此外,还可征得客人的同意,将客人的姓名、电话号码等登记在"等候客人名单"上,一旦有了空房,立即通知客人。

总之,用建议代替简单的拒绝是很重要的,它不但可以促进酒店客房的销售,而且可以在顾客中树立酒店良好的形象。

婉拒预订时,要向客人签发致歉信,如下所示。

致歉信

对于在下列日期内,由于客满而不能接受您的订房要求,我店深表歉意,感谢您对本店的关照,希望以后能有机会为您服务。

××酒店

3.3.4　候补预订

在酒店预订客满或者由于超额预订,不能马上满足客人的订房要求,但仍可将客人订房要求记录到计算机中,将其归入"候补预订"(On-waiting List)。一旦有空房空出(如其他客人取消预订或提前离店),就可立即通知客人,满足客人的要求。

3.3.5　核对预订

有些客人提前很长时间就预订了客房,在入住前的这段时间内,有的客人可能会因种种原因而取消预订或更改预订。为了提高预订的准确性和酒店的开房率,并做好接待准备,在客人到店前(尤其是在旅游旺季),预订人员要通过电话或电子邮件等方式与客人进行多次核对(Reconfirming,即再确认),问清客人是否能够如期抵店;住宿人数、时间和要求等是否有变化。

核对工作通常可进行 3 次,第一次是在客人预订抵店前一个月进行,具体操作是由预订部文员每天核对下月同一天到店的客人或订房人;第二次核对是在客人抵店前一周进行;第三次则是在客人抵店前一天进行。在核对预订时,如果发现客人有取消或更改订房,则要及时修改预订记录,并迅速做好取消或更改预订后闲置客房的补充预订。如果变更或取消预订是在客人预计抵店前一天进行的,补充预订已来不及,则要迅速将更改情况通知前台接待处,以便及时出租给其他未预订而来店的"散客"(Walk-in Guest)。

以上是针对散客预订而言,对于大型团体客人而言,核对工作还要更加细致,次数更多,以免因团队临时取消或更改订房后,造成大量客房闲置,使酒店蒙受重大经济损失。

3.3.6   取消预订

由于种种缘故,客人可能在预订抵店之前取消订房(Cancellation)。接受订房的取消时,不能在电话里表露出不愉快,而应使客人明白,他今后随时都可光临本酒店,并受到欢迎。正确处理订房的取消,对于酒店巩固自己的客源市场具有重要意义。取消订房的客人中,大部分客人以后还有机会来预订。

客人取消预订时,预订员要做好预订资料的处理工作,在计算机等预订资料上修改预订资料,并在备注栏内注明取消日期、原因、取消人等,作为重要资料保存。

如果在客人取消预订以前,预订部门(或总台)已将该客人(或团体)的预订情况通知各有关接待单位(如客房部、餐饮部等),那么在客人取消预订后就要将这一新的信息通知以上单位。

如客人在原订住店日期当天未到,则由总台接待员办理有关事项(但仅限住一天的),这时,接待员应即时与旅行社或其他预订单位或个人取得联系,问清是"取消(Canceled)",还是"失约(No Show)"。如属前者,同样要通知有关部门;如属后者,则要根据实际情况,必要时为客人保留房间(如住一天以上,当转预订员处理)。

为了防止因客人临时取消预订而给酒店造成损失或使酒店工作陷入被动,酒店可根据实际情况(处理),比如在旺季时,要求客人预先支付一定数额的订金,尤其是团体客人,可以预收相当于一天房费的订金,并在客人抵达前一个月通知对方付款,收款后将有关资料送交前台收银处,待客人结账时扣除。

3.3.7   更改预订

预订的变更(Amendment)是指客人在抵达之前临时改变预订的日期、人数、要求、期限、姓名和交通工具等。

在接到客人要求改变预订的申请后,预订员首先应查看计算机或有关预订控制记录,看看是否能够满足客人的变更要求。如果能够满足,则予以确认,同时,填写"预订更改表",修正有关预订控制记录。如在此之前已将客人的预订情况通知各有关部门,则应将变更信息重新传达上述部门。假如不能满足客人的变更要求,则要求预订员将酒店空房类型与有空房的日期告知客人,并与之协商解决。

3.3.8   超额预订

1)超额预订及其处理

超额预订(Overbooking)是指酒店在一定时期内,有意识地使其所接受的客房预订数超过其客房接待能力的一种预订现象,其目的是充分利用酒店客房,提高开房率。

由于种种原因,客人可能会临时取消预订,或出现"No Show"现象,或提前离店,或临时改变预订要求,从而造成酒店部分客房的闲置,迫使酒店进行超额预订,以减少损失。

超额预订应该有个"度"的限制,以免出现因"过度超额"而不能使客人入住,或"超额不足"而使部分客房闲置。通常,酒店接受超额预订的比例应控制为 10%~20%(根据酒店业的经验,订房不到者占总预订数的 5%,临时取消预订者占 8%~10%),具体而言,各酒店应根据各自的实际情况,合理掌握超额预订的"度"。

对于超额预订,从实践上虽然是可以理解的,但从法律意义上讲,则是违法的,因为酒店接受了客人的预订,就意味着在酒店与客人之间确立了关于客房出租的某种合同关系,而酒店进行超额预订,势必会因此而在某个时间,使某个或某些客人不能按"合同"约定的条件(预订要求)入住,这就相当于酒店单方面撕毁合同,因此,客人有权利进行起诉。对此,酒店经营者应当有个清醒的认识,对于因超额预订而不能入住的客人,应该妥善处理。

如果因超额预订而不能使客人入住,按照国际惯例,酒店方面应该:

①诚恳地向客人道歉,请求客人谅解。

②立即与另一家相同等级的酒店联系,请求援助。同时,派车将客人免费送往这家酒店。如果找不到相同等级的酒店,可安排客人住在另一家级别稍高一点的酒店,高出的房费由本酒店支付。

③如属连住,则店内一有空房,在客人愿意的情况下,再把客人接回来,并对其表示欢迎(可由大堂副理出面迎接,或在客房内摆放花束等)。

④对提供了援助的酒店表示感谢。

如客人属于保证类预订,则除了采取以上措施以外,还应视具体情况,为客人提供以下帮助:

● 支付其在其他酒店住宿期间的第一夜房费,或客人搬回酒店后可享受一天免费房的待遇。

● 此日排房时,首先考虑此类客人的用房安排。

● 大堂副理应在大堂迎候客人,并陪同客人办理入住手续。

2) 超额预订数的确定

超额预订数要受预订取消率、预订而未到客人之比率、提前退房率以及延期住店率等因素的影响。它们之间存在如下关系式:

超额预订房数 = 预计临时取消预订房数+预计预订而未到客人房数+

预计提前退房房数-延期住店房数

= 酒店应该接受当日预订房数×预订取消率+

酒店应该接受当日预订房数×预订而未到率+续住房数×

提前退房率-预期离店房数×延期住店率

(其中,酒店应该接受当日预订房数 = 酒店客房总数-续住房数+超额预订房数)

假设，X 为超额预订房数；A 为酒店客房总数；C 为续住房数；r_1 为预订取消率；r_2 为预订而未到率；D 为预期离店房数；f_1 为提前退房率；f_2 为延期住店率，则：

$$X = (A - C + X)r_1 + (A - C + X)r_2 + Cf_1 - Df_2$$

$$X = \frac{Cf_1 - Df_2 + (A - C)(r_1 + r_2)}{1 - (r_1 + r_2)}$$

设超额预订率为 R，则：

$$R = \frac{X}{A - C} \times 100\%$$

$$= \frac{Cf_1 - Df_2 + (A - C)(r_1 + r_2)}{(A - C)[1 - (r_1 + r_2)]} \times 100\%$$

【例】 某酒店有标准客房 600 间，未来 10 月 2 日续住房数为 200 间，预期离店房数为 100 间，该酒店预订取消率通常为 8%，预订而未到率为 5%，提前退房率为 4%，延期住店率为 6%。试问，就 10 月 2 日而言，该酒店：

（1）应该接受多少超额定房？

（2）超额预订率多少为最佳？

（3）总共应该接受多少定房？

解：（1）该酒店应该接受的超额定房数为

$$X = \frac{Cf_1 - Df_2 + (A - C)(r_1 + r_2)}{1 - (r_1 + r_2)}$$

$$= \frac{200 \times 4\% - 100 \times 6\% + (600 - 200)(8\% + 5\%)}{1 - (8\% + 5\%)}$$

$$= 62（间）$$

（2）超额预订率为

$$R = \frac{X}{A - C} \times 100\%$$

$$= \frac{62}{600 - 200} \times 100\%$$

$$= 15.5\%$$

（3）该酒店总共应该接受的客房预订数

$$= A - C + X$$

$$= 600 - 200 + 62$$

$$= 462（间）$$

答：就 10 月 2 日而言，该酒店应该接受 62 间超额定房；超额预订率最佳为 15.5%；总共应该接受的定房数为 462 间。

3.3.9　预订员注意事项

在受理客人预订时,预订员必须注意以下事项:

- 接听电话时,必须使用礼貌用语,口齿清晰,应酬得体。
- 接到预订函电后,应立即处理,不能让客人久等。
- 填写预订单时,必须认真、仔细,逐栏、逐项填写清楚。否则,稍有差错,将会给接待工作带来困难,影响服务质量和酒店的经济效益。
- 遇有大团或特别订房时,订房确认书要经前厅部经理或总经理签署后发出。这时如确实无法满足其预订要求,要另发函电,表示歉意,并同样经前厅部经理或总经理签署后发出。

预订人员的电话技巧如表 3-3 所示。

表 3-3　预订人员的电话技巧

步　骤	怎样去做
1.使饭店的特点与来电人的需求相对应。	□了解各种可销售房的特点。 □了解饭店的房价,了解你在报价时可以执行的灵活程度。 □倾听来电人的需要。 □描述特色时注意宾客们的需求。例如,客房的特色是有一张书桌和一个大沙发,告诉来电人对他会有什么益处:"客房里有一张书桌,可以有大的工作空间;还有一张大沙发,工作一天以后可以好好放松一下。"
2.推销特别营销计划。	□如果来电人提出否定的观点,就告诉他至少有 2 项优点可以抵消 1 项消极因素。
3.运用升级销售技巧。	□升级销售是销售比客人原来要的房间更贵的客房。 □考虑来电人的需要和可销售房的种类及价格。 □3 项升级销售的技术是: • 自上而下:推荐适合来电人需要的最高价房,如果来电人不要,则描述次高价的房,如此等,直到来电人选中一间房。如果出租率很低,则主管会告诉你房价可以自由向下浮动的幅度,以尽量多地抓住业务。 • 自下而上:如果来电人要求最低价的房,就描述这种房,并且报价。随后则提出稍贵一些的客房让来电人还能享受到的舒适和优越性。例如,你可以说,"只加 20 元,你就能有一张特大号床,晚上会休息得更好。"这种方法能使来电人放弃低价房而选择中价房。多数人愿意避开极端,而选择中间的东西。 • 方案选择:给来电者 2~3 种房间选择:2 种高价的,1 种中等价位的。描述各种房间的优点,并说明价格上的差异。然后问来电人喜欢哪一种。说明价格差异比报给高价房的全价要更好些。
4.寻求销售。	□即使饭店客满时也不可忘了销售。向来电人推荐另一个日期或者把来电人载入候补名单。 □即使来电人说他只是咨询一下,也要问一下他是否想预订。

续表

步　　骤	怎样去做
5.销售饭店的其他设施和服务。	□随时了解能让潜在的客人感兴趣的饭店活动。除了客房以外,你还可以销售饭店提供的其他设施和服务。 □努力留住客人在饭店用餐、宴请和娱乐。 □把饭店的以下设施和服务告诉来电人: 　●餐厅、咖啡厅、房内用膳及快餐厅 　●茶座和文娱节目 　●礼品店、美发室及美容院 　●健身房、高尔夫球场和游泳池 　●洗衣房和烫衣服务 　●宴会设施、会议室和餐饮服务 □如果来电人问你是否亲自尝试过饭店的餐厅或另一项活动,如果你没有也不必感到为难,只回答:"没有,但我们的客人都很开心。" □考虑来电人的需要和兴趣,尽你的一份力量安排好吃玩都满意的愉快住宿。

3.4 "失约"的预防与管理

经常遇到在客房供应紧张的时候,已经预订的某批客人却没有来,使酒店当日的出租率和经营收入受到不同程度的影响,这种情况叫"No Show"。对 No Show 现象实施控制,也是收益管理的重要内容之一。

一般来讲,因不可控因素造成的"No Show",酒店得不到赔偿。除此以外的其他原因造成的"No Show",买方都应向酒店赔偿。但是,由于酒店市场长期处于买方市场,作为卖方的酒店在竞争中被迫放弃了应有的权力,使得"No Show"带来的损失有增无减。实际上,酒店通过自身的努力,可以使"No Show"情况的出现降到最低,损失也减少到最小。

3.4.1 团队"No Show"

团队"No Show"与旅行社有直接关系,可以采取如下措施预防:

①要求旅行社在团队抵达前 15 天给酒店发接待计划,计划逾期未到,视为该团预订自动取消。

②团队抵达前 5~7 天应与旅行社再确认核对预订。

③团队抵达当日,销售人员应随时掌握团队的 Check In 情况,并及时与旅行社联系,询问未到团队及人数的动向。

④在旅游旺季,尤其是在长假期间,对国内旅行团队的预订,要求旅行社缴纳足额定金,

以防虚占客房。

⑤对"No Show"情况登记和分析,划出旅行社预订信誉等级,以便今后接受预订时掌握主动。

3.4.2　会议"No Show"

会议"No Show"与团队不同,主要出现在会议报到期间,一些会议由于会议主办方对会议规模和会议代表报到时间不能确切掌握,因而易出现部分预订不到。可以采取如下措施来预防:

①会议预订必须签订协议。明确双方的权利、义务及违约责任,同时应按会议预订在酒店消费额的 30%~50%收取定金。

②会议入住前几日应该再确认预订。

③会议报到当日 18:00 前再与会务组确认核实当日用房数,对确认后仍出现"No Show"的客房按当日全额房费收取赔偿费。

④总结不同类型会议的规模和用房情况的特点,在接受会议预订时尽可能减少"水分"。

3.4.3　散客"No Show"

对散客"No Show",可以采取以下措施:

①接受预订时,必须了解相关信息,如预订人的姓名、联系方式、入住客人的姓名、联系方式、预计抵达时间等。

②声明并坚持没有确切入住时间的预订只保留至当日 18:00,逾期不到视为自动取消。

③视情况收取一定比例的定金。如在抵达当日才通知预订取消的,预付款应视为赔偿金来处理。

④建立预订信誉等级,使预订信誉等级与定金款额挂钩。

3.4.4　慎重选择在线旅游供应商

在线旅游供应商是酒店预订的重要渠道,可以为酒店提供大量客源,但由于网络预订随意性较强,导致在线旅游供应商的"No Show"现象更为突出,为此,酒店应该选择那些为在线旅游预订提供担保的供应商作为合作伙伴。

【链接】

e 龙为酒店提供预订担保

在线旅游服务公司 e 龙旅行网推出了酒店供应商房间预订担保政策。对于按照规定提出担保要求的酒店,如果客人预订房间后不来入住, e 龙将替客人进行赔偿。

在酒店客房预定业务上,No Show 现象一直令人头痛。尤其是在旅游旺季,到了约定的时间客人迟迟未到,已预订出去的房间是留还是不留?如果继续预留,很多想订房的顾客还在门外排队,万一客人没来,蒙受的损失只能酒店自己承担;而如果不留,万一客人最终来酒店,又会给客人带来不便。

在酒店明确自身能承受 e 龙旅行网公司客人最晚到店的时间前提下,对于超过此时间的订单,酒店只需在正常工作时间内,也就是 e 龙旅行网订单产生时刻之前,向 e 龙旅行网公司要求担保,e 龙旅行网就可以提供书面的担保确认。"担保内容包括日期、时间、房费,允许变更的时间,等等"。不过,e 龙旅行网对提供担保的顾客有着严格的审查,必须是使用信用卡担保或者在 e 龙旅行网的消费记录良好,没有预订酒店不入住记录的客人才能优先享受预订服务。来自 e 龙旅行网的预测显示,此举有望在短期之内把 No Show 损失减少50%以上。

"对于酒店而言,有了 e 龙旅行网方面的担保,大大降低了风险;可以最大限度地减少因为客人行程变更或者恶意预订造成的 No Show 损失,吃了 e 龙旅行网这颗定心丸,在面对留与不留的问题上将不再困惑。"

本章小结

➤ 为了提高客房利用率,防止客人订了客房而不来入住或临时取消订房等现象的发生而给酒店造成损失,酒店常常要进行"超额预订",酒店根据经验,要确定科学的超额预订率。如因超额预订而使客人不能入住,酒店属于违约行为,对于这类客人酒店要妥善处理。

➤ 客人预订的方式和渠道多种多样,前台管理人员应通过调查和统计,掌握客人预订的渠道,这对于有针对性地开展营销活动提高客房利用率具有重要意义。

➤ 网上订房和各类社会订房组织(如携程、商旅等)是近年来出现的新的订房形式和订房渠道,对酒店业的经营已经产生了重大影响,应该引起酒店足够的重视。酒店应将其纳入收益管理的范畴,采取积极的应对措施。

➤ "No Show"是酒店一种常见现象,前厅预订管理人员应针对团队、会议和散客的不同特点,分别做好"No Show"的管理,同时慎重选择在线旅游供应商,减少因"No Show"现象给酒店造成的损失。

思考题

1.酒店收费方式有哪几种?

2.超额预订及其处理的方法是什么?

3.如何防范和减少"No Show"造成的损失?

【案例分析】

超额预订风波

　　每届的珠宝、礼品展期间,我们宾馆房间皆爆满。今年的珠宝礼品展期间也不例外,早在 3 月底前因接受了 3 支团队的预订,房间皆已订满且每支团队负责人均在规定时间内将定金汇至我宾馆的账户内,其中城都礼品公司的团预订了 11 间团房。

　　为保证接待工作的顺利完成,我与城都礼品公司的负责人戴总多次确认入住前的细节问题,如入住时间、房间数量、客人姓名及抵店时间等事项。戴总态度诚恳地一一为我方提供了较为准确的信息,并一再表示他的客户一定会入住我宾馆且保证无临时取消或提早退房现象,为表示诚意,在确保房间预订无误的前提下,在合同上约定的时间内便将预订金 3 000 元汇入我馆的账户内。我想这下是万事俱备、只欠东风了。可是一件预想不到的事发生了,在团队入住的当天也就是礼品展开展的前一天 15 点左右,得到前台的通知,我宾馆另一支 8 间房的团队未能按原计划退房并要求续住,我一接到通知便马上到前台进一步了解情况,方得知除这 8 间团房要续住外,还有两天前上级公司领导安排的 3 间房的客人也要续住,我听到这个消息真的不知该怎么处理好了,这真是屋漏偏逢连夜雨啊!这 11 间房正好是城都团队应入住的房型,我马上意识到问题的严重性,立刻联系其他酒店预订房间,最后终于在实华宾馆订到了 11 间房间,在房间确认好之后,我马上向部门经理汇报并请示我宾馆可否提供车接送。在袁经理的协调下,车的问题解决了,我便与城都的戴总取得联系,向其道歉并解释房间的事项。可是戴总当时在电话里十分气愤,破口大骂,还口口声声说一定会找我们算账的。当时我为戴总提出了事件的解决方案,承诺戴总我会将当晚 22 点抵店的客人送至实华宾馆、第二天早上 7 点将客人从实华宾馆送到会展中心,这才暂时告一段落。

　　当晚 22 点我在公司赖司机的协助下准时将戴总的客人送到实华宾馆,一路上客人也是怨声载道,我只能一一道歉并做相应的解释,而且在临走前特意为客人准备了一箱矿泉水。客人见我的态度十分诚恳也就未再追究了。可是当我们到达酒店后戴总见到我时,就像见到仇人一样指着我的鼻子再次破口大骂,说一定要投诉我们宾馆违约且要投诉到广东省旅游局等,说了很多包括对公司及我个人的过激言语。为了维护公司的声誉,虽然我有满肚子的委屈,但我还是默默地承受,因为我知道错在于我方。当时我未与戴总再解释什么,只是静静地听他的发泄,待他骂累、口也说干了时,我眼含热泪递上一瓶水给戴总鞠了一躬,再次很诚恳地说了些道歉的话,当时戴总愣了一下随后愤愤地转头而去了。

当客人都办好入住手续后,我一个人离开了实华宾馆。一晚上我都在忍受着,但我未表现过什么,可是当我走出实华宾馆时我再也忍不住,哇的一声就哭出来了。从小到大我从来都是家里的掌上明珠,而今天居然受了这么大的委屈。当时我也曾给部门经理打电话哭述,经理也不断开导我、劝解我并让早些回家休息。回家后我一夜未睡,想了好多,开始想得最多的是要放弃这份工作,因为我受了太多委屈了,这件事对于刚刚参加工作不久的我来讲无疑是很大的打击,因此一心想的就是要辞职离开这个伤心地。可是等我哭累了一个人静下来后,我转念一想,正是因为公司给我提供了发展的平台、给了我成长的机会、更给我增加了社会阅历及锻炼自己的应变能力的舞台,我要对得起公司给我提供的机会,人总是会遇到挫折的,不能因这点小事就退缩了。第二天,我早早起床,在7点前就赶到实华宾馆接送客人至会展中心,17点在展会退展后又如约将客人接至我宾馆,戴总没想到昨晚他那么谩骂后我还是能及时赶过来接送他的客人,所以当看到我时十分不好意思,主动跑过来跟我道歉,并将公司要展示的礼品赠送予我。事后由于我的真诚及仔细周到的服务,戴总也特别满意,表示就冲我的服务,以后来深圳一定入住我宾馆,从此我们熟客档案上多了一位忠实客户。

(深圳投资大厦宾馆 崔杰)

【补充与提高】

Airbnb:一种风靡全球的住宿设施预订平台

Airbnb 是 AirBed and Breakfast ("Air-b-n-b")的缩写,中文名:空中食宿。空中食宿是一家联系旅游人士和家有空房出租的房主的服务型网站,它可以为用户提供各式各样的住宿预订信息。

Airbnb 成立于 2008 年 8 月,总部设在美国加州旧金山市。Airbnb 是一个旅行房屋租赁社区,用户可通过网络或手机应用程序发布、搜索度假房屋租赁信息并完成在线预定程序。Airbnb 用户遍布 190 个国家近 34 000 个城市,发布的房屋租赁信息达到 5 万条。Airbnb 被时代周刊称为"住房中的 EBay"。

严格来讲,Airbnb 并非酒店预订,而是一个以家庭房屋出租为主的旅行房屋预订平台,但它已经对传统酒店预订构成了极大的冲击,成为酒店业最大的竞争对手。

Airbnb 以其无限的发展前景,吸引了包括 TPG、T. Rowe Price、Dragoneer、Founders Fund、红杉资本和俄罗斯 DST 等在内的数 10 亿美元发展基金。

无论您想在公寓里住一个晚上,或在城堡里呆一个星期,又或在别墅住上一个月,您都能以任何价位享受到 Airbnb 在全球 190 个国家的 34 000 多个城市为您带来的独一无二的住宿体验。

酒店经理人对"经理的困惑"的答复

Re:如何增加网上预订量?

刘羿(Amy LIU)　酒店集团收益管理系统创始人　济南毕诺克电子科技有限公司经理

网络平台的竞争是各酒店在当前残酷的市场环境下的一个主战场。我们要对各个网络平台的特点有充分的研究,才能做到有的放矢。

网络渠道大致分为搜索引擎、OTA、电商平台、微信营销、官网等几种来源。不同网络渠道的营销特点不同,例如:

1.搜索引擎侧重事件,通过发帖等多种方式参与会展信息发布,增加酒店和会展信息的关联性。长期经营搜索引擎的关键字链接可以为酒店带来更多网络关注与订单。

2.微信营销是当下最具挑战性的营销平台,粉丝经济、会员活动、客户黏性等营销手段迅速成为国内各大集团酒店的热议话题。外资酒店凭借完善的会员体系赢得国内酒店业的半壁江山也受到了巨大的挑战。

再例如 OTA,酒店在 OTA 上曝光的图片是否吸人眼球、网络口碑的维护、价格的维护和订房体验的维护等,直接影响客户的决定。

总之,还是需要从细节入手,管理好预订过程中每一个环节,确保抵店前的客人体验,是网络营销制胜的法则。

面对面观看酒店集团收益管理系统创始人刘奕经理谈：如何增加网上预订量？

方式一　请登录：刘伟酒店网—院校服务—视频—如何增加网上预订量？

方式二　扫描二维码

二维码　面对面观看酒店集团收益管理系统创始人

刘奕经理谈：如何增加网上预订量？

第4章
礼宾服务管理

本书作者与按照作者等主编的《21世纪瑞海姆国际旅游度假村经营模式》投资建造的北京瑞海姆田园度假村大堂礼宾小天使

前厅部礼宾服务的主要内容包括：接机服务、客人迎送、金钥匙服务、行李接送、行李寄存、邮件递送、留言找人、委托代办、物品租借、客人投诉处理、用车安排、停车管理等，是酒店对客服务的重要组成部分，在很大程度上体现酒店的对客服务质量。

通过本章的学习，读者应该：
- 了解酒店礼宾部工作的主要内容、业务及其管理。
- 认识"金钥匙"理念，了解酒店"金钥匙"的岗位职责与素质要求。

关键词：礼宾部；门童；行李员；"金钥匙"
Keywords：Concierge；Doorman；Bellboy；Les Clefs d'Or

经理的困惑
——酒店车队是否应独立于礼宾部?

我们酒店是一家新开业的大型五星级酒店,前厅的礼宾部和车队分属2个处于同一级别的经理管理,各自有自己的想法,工作中常常会产生矛盾,礼宾部需要车,车队却不愿配合,导致服务质量受到严重影响,常常引起顾客的投诉。这到底是员工的素质问题呢?还是管理体制问题?这些天,我一直在想:是否应该把车队归入礼宾部统一管理?

4.1 酒店"金钥匙"

4.1.1 "金钥匙"服务理念

"金钥匙"是一种"委托代办"(Concierge)的服务概念。"Concierge"一词最早起源于法国,指古代城堡的守门人,后演化为酒店的守门人,负责迎来送往和酒店的钥匙,但随着酒店业的发展,其工作范围在不断扩大,在现代酒店业中,Concierge已成为为客人提供全方位"一条龙"服务的岗位,只要不违反道德和法律,任何事情Concierge都尽力办到,以满足客人的要求。其代表人物就是他们的首领"金钥匙",他们见多识广、经验丰富、谦虚热情、彬彬有礼、善解人意。

很多时候,"金钥匙"(Les Clefs d'Or)身着燕尾服,上面总是别着十字形金钥匙,这是委托代办的国际组织——"国际饭店金钥匙组织联合会"(Union International Concierge Hotel Les Clefs d'Or)会员的标志,它象征着Concierge就如同万能的"金钥匙"一般,可以为客人解决一切难题。他可以为客人代买"奶嘴",也可以为客人"代租飞机",代购"2 000只孔雀和4 000只鸵鸟"……。故"金钥匙"又被客人视为"万事通""万能博士"。

图4-1 国际饭店金钥匙组织
中国金钥匙会徽

图4-2 气质高雅的酒店"金钥匙"

"金钥匙"尽管不是无所不能,但一定要做到竭尽所能。这就是"金钥匙"的服务理念。

4.1.2 "金钥匙"的岗位职责

"金钥匙"通常是酒店礼宾部主管,其岗位职责主要有:

①全方位满足住店客人提出的特殊要求,并提供多种服务,如行李服务、安排钟点医务服务、托婴服务、沙龙约会、推荐特色餐馆、导游、导购等,客人有求必应。

②协助大堂副理处理酒店各类投诉。

③保持个人的职业形象,以大方得体的仪表,亲切自然的言谈举止迎送抵离酒店的每一位宾客。

④检查大厅及其他公共活动区域。

⑤协同保安部对行为不轨的客人进行调查。

⑥对行李员工作活动进行管理和控制,并做好有关记录。

⑦对进、离店客人给予及时关心。

⑧将上级命令、所有重要事件或事情记在行李员、门童交接班本上,每日早晨呈交前厅经理,以便查询。

⑨控制酒店门前车辆活动。

⑩对受前厅部经理委派进行培训的行李员进行指导和训练。

⑪在客人登记注册时,指导每个行李员帮助客人。

⑫与团队协调关系,使团队行李顺利运送。

⑬确保行李房和酒店前厅的卫生清洁。

⑭保证大门外、门内、大厅 3 个岗位有人值班。

⑮保证行李部服务设备运转正常;随时检查行李车、秤、行李存放架、轮椅。

除了上述职责以外,进入 21 世纪,酒店(特别是以接待商务旅行者为主的酒店)将为客人提供一项全新而又急需的服务:计算机与通信技术支持,这将成为"金钥匙"的一项新职责。

4.1.3 "金钥匙"的素质要求

"金钥匙"要以其先进的服务理念,真诚的服务思想,通过其广泛的社会联系和高超的服务技巧,为客人解决各种各样的问题,创造酒店服务的奇迹。因此,"金钥匙"必须具备很高的素质。

1) 思想素质

①遵守国家法律、法规,遵守酒店的规章制度,有高度的组织纪律性。

②敬业乐业,有耐性,热爱本职工作,有高度的工作责任心。

③遵循"客人至上,服务第一"的宗旨,有很强的顾客意识、服务意识。

④有热心的品质,乐于助人。

⑤忠诚。即：对客人忠诚,对酒店忠诚,不弄虚作假,有良好的职业道德。

⑥有协作精神和奉献精神,个人利益服从国家利益和集体利益。

⑦谦虚、宽容、积极、进取。

2）能力要求

①交际能力：彬彬有礼,善解人意,乐于和善于与人沟通。

②语言表达能力：表达清晰、准确。

③身体健康,精力充沛。能适应长时间站立工作和户外工作。

④有耐性。

⑤应变能力：能把握原则,以灵活的方式解决各种问题。

⑥协调能力：能够建立广泛的社会关系和协作网络,能正确处理好与相关部门的协作关系。"金钥匙"除了应有热心的品质和丰富的知识以外,还应建立广泛的社会关系和协作网络,这是完成客人各种委托代办事项的重要条件。因此,"金钥匙"必须具备很强的人际交往能力和协作能力,善于广交朋友,建立一个广泛的社会关系网。上至政府官员,下至市井平民,"金钥匙"都要与他们交往,平时愿意帮助他们,必要时可求助于他们,办成光靠自己办不成的事情。

当然,"金钥匙"要建立广泛的社会关系网络,必须以酒店的优势为依托,高档大酒店的知名度、社会影响是"金钥匙"求助各种社会关系,开展委托代办服务的强大后盾,特别是那些大动作、大手笔,离开了酒店整体形象的背景,"金钥匙"就寸步难行。

3）业务知识和技能

"金钥匙"必须亲切热情,学识渊博,熟悉酒店业务及旅游等有关方面的知识和信息,了解酒店所在地区旅游景点、酒店及娱乐场所的信息。在某种意义上,可充当本地的"活地图"。

"金钥匙"必须掌握的业务知识和技能包括：

①熟练掌握本职工作的操作流程。

②通晓多种语言。"金钥匙"服务只有在高档酒店才能提供,高档酒店的客人通常来自世界各地,对服务的要求也很高,因此,"金钥匙"应该通晓多种语言(按照中国饭店金钥匙组织会员入会考核标准,申请者必须会说普通话和至少掌握一门外语)。

一个"金钥匙"常是这样工作的:他刚送走一位意大利客人,现在又与德国客人用德语交谈,手里握着一封待处理的用葡萄牙文写的信件,2位美国人要求5分钟后来找他解决运输一辆崭新轿车的事情,商务中心正要送一份从西班牙发来的要求安排一次重要社交活动的传真件……

③掌握中英文打字,计算机文字处理等技能。

④掌握所在宾馆的详细信息资料,包括酒店的历史、服务设施、服务价格等。

⑤熟悉本地区三星级以上饭店的基本情况,包括地点、主要服务设施,特色和价格水平。

⑥熟悉本市主要旅游景点,包括地点、特色、服务时间、业务范围和联系人。

⑦掌握一定数量的本市高、中、低档的餐厅、娱乐场所、酒吧的信息资料,包括地点、特色、服务时间、价格水平、联系人。按照中国饭店金钥匙组织会员入会考核标准,申请者必须掌握本市高、中、低档的餐厅各 5 个,娱乐场所、酒吧 5 个(小城市 3 个)。

⑧能帮助客人购买各种交通票据,了解售票处的服务时间、业务范围和联系人。

⑨能帮助客人安排市内旅游,掌握其线路、花费时间、价格、联系人。

⑩能帮助客人修补物品,包括手表、眼镜、小电器、行李箱、鞋等,掌握这些维修处的地点和服务时间。

⑪能帮助客人邮寄信件、包裹、快件,懂得邮寄事项的要求和手续。

⑫熟悉本市的交通情况,掌握从本酒店到车站、机场、码头、旅游点、主要商业街的路线、路程和出租车价格(大约数)。

⑬能帮助外籍客人解决办理签证延期等问题,掌握有关单位的地点、工作时间、联系电话和手续。

⑭能帮助客人查找航班托运行李的去向,掌握相关部门的联系电话和领取行李的手续等。

4.1.4 "金钥匙"在中国的兴起和发展

1)国际"金钥匙"组织

国际"金钥匙"组织成立于 1929 年 11 月 27 日。这一天,在巴黎斯克拉酒店礼宾司捷里特先生的倡导下,在法国巴黎举行了第一届国际金钥匙组织会议,并在此会议上正式成立了国际"金钥匙"组织。捷里特先生也因此而被誉为"金钥匙"组织之父(图 4-3)。

图 4-3　1929 年 11 月 27 日,国际金钥匙组织在法国巴黎成立

图 4-4　中国金钥匙的倡导人:霍英东

2)中国"金钥匙"组织的成立和发展

"金钥匙"在中国最早出现在广州的白天鹅宾馆。1982 年,白天鹅宾馆建馆之初,在副董事长霍英东先生的倡导下(图 4-4),宾馆在前台设置了委托代办。嗣后,宾馆总经理意识到中国酒店业的发展必须与国际惯例和标准接轨。1990 年 4 月派人参加了"第一届亚洲金

钥匙研讨会"。宾馆委托代办负责人于 1993 年即率先加入国际金钥匙组织,成为中国第一位国际金钥匙组织成员。1994 年初,白天鹅宾馆的"金钥匙"代表向国际金钥匙组织提出根据中国国情发展"金钥匙"的有关建议,为"金钥匙"在中国的发展奠定了基础。1995 年又派人参加了在悉尼召开的国际"金钥匙"年会。同年 11 月,在全国主要五星级酒店的大力支持和响应下,中国第一届金钥匙研讨会在白天鹅宾馆召开。大会探索了一条既符合国际标准又具有中国特色的委托代办发展之路,同时决定筹建中国委托代办"金钥匙"协会。至此,中国酒店业委托代办的联系网络初步建立。

在 1997 年 1 月的第 44 届国际金钥匙年会上,中国区金钥匙被接纳为第 31 个成员。

2000 年 1 月 16 日—21 日,"第 47 届国际饭店金钥匙组织年会"在中国广州召开,标志着中国区金钥匙组织已发展壮大到一定的规模,在国际金钥匙组织中占据重要地位。

目前,中国饭店金钥匙组织已发展到相当大的规模。截至 2016 年 1 月底,中国饭店金钥匙组织已发展到 260 多个城市的 2 000 多家高星级酒店和高档物业,有近 3 000 名金钥匙会员。

【链接】

《中国饭店金钥匙组织会员的资格要求》

如何成为一名中国金钥匙会员?

年龄:
申请人必须年满23岁
相貌人品:
品貌端正
职业:
在酒店大堂工作的礼宾部服务人员以及一线对客服人员
从业经验要求:
须具备至少5年酒店从业经验
外语要求:
至少掌握一门以上的外语
基本资格要求:
参加过中国金钥匙的服务培训
考核:
必须经过地区执委会考核通过才能授徽

更详细的入会申请请联系金钥匙总部:400-7758-258

目前国内拥有2 800多名中国金钥匙会员

4.2　门童:岗位职责与素质要求

门童(Doorman)又称"门迎""门卫",是站在酒店入口处负责迎送客人的前厅部员工。门童值班时,通常身着镶有醒目标志的特订制服,显得精神抖擞,同时,还能创造一种热烈的欢迎客人的气氛,满足客人受尊重的心理需求(图4-5)。

图4-5　作者与具有西班牙风格的深圳洲际大酒店的门童在一起

4.2.1　门童的岗位职责与素质要求

1)门童的岗位职责

(1)迎宾

首先,客人抵达时,向客人点头致意,表示欢迎。基本要求是:时时刻刻都以标准的站立姿势站在自己的岗位上;细心观察自己视野中即将要通过门庭的客人;当客人距手拉门5米内,面带微笑并用眼神关注客人;在客人距离手拉门1.5米时,迅速用标准规范的动作打开门,在客人通过门童面前时,面带微笑示意,并用得体的语言问候客人。

如遇客人乘坐小汽车,则应替客人打开车门,将右手放在车门上方(佛教和伊斯兰教客人例外),并提醒客人"小心碰头",同时,要注意扶老携幼。其次,门童要协助行李员卸下行李,查看车内有无遗留物品。对于重要客人及常客的迎送工作,门童要根据通知,做好充分准备,向客人致意时,能礼貌、正确地称呼客人的姓名。此外,住店客人进出酒店时,门童同样要热情地招呼致意,如遇雨天,门童还应打伞为客人服务。

(2)指挥门前交通

门童要掌握酒店门前交通、车辆出入以及停车场的情况,准确迅速地指示车辆停靠地点。大型车辆会阻挡门口,故应让其停在稍离酒店正门口的位置。

(3)做好门前保安工作

门童应利用其特殊的工作岗位,做好酒店门前的安全保卫工作。注意门前来往行人,可疑分子,照看好客人的行李物品,确保酒店安全。另外,对于衣冠不整,有损酒店形象的人或物,门童可拒绝其入内。

(4)回答客人问讯

因其工作岗位的特殊位置,经常会遇到客人有关店内、外情况的问讯,如酒店内有关设施和服务项目、有关会议、宴会、展览会,及文艺活动举办的地点、时间等,以及市区的交通、游览点和主要商业区情况,对此,门童均应以热情的态度,给予客人正确、肯定的答复。

（5）送客

对结完账要离店的客人，打开大门，一边装行李一边说"多谢您了"。当客人上车时，预祝客人旅途愉快，并感谢客人的光临，同时，汽车启动后带着感谢的心情深鞠躬，目送客人离开视线，以防客人有其他需求，以便及时跟进服务。对逗留中暂时外出的客人，只问一声"您走好"就够了。客人是要离店，还是暂时外出，从行李和气氛中基本可以判断得出来。

不管是什么样的服务，只按条条框框做是乏味的，向客人问候也是如此。对于门童而言，光"读"条文上的句子就很不自然，不达情。如果可能的话，最好添一句——哪怕是短短的也好——含真情的话。盛夏时节加一句"今天好热呀"；对深夜才到的客人问一声"您累了吧"；向要离店的客人送上一句"您走好，一路平安"。听上去是一句平平常常的话，但正是这平平常常的一句，有时却能触动旅人的心弦。

当然，问候不能给客人嘈杂的感觉，要是让客人觉得你啰唆就是服务出格了。作为饭店员工能不能既保持适当的矜持，又能以短短的问候，给客人留下一个有人情味儿的温暖的印象，这是服务的要点。

2）素质要求

为了做好门童工作，管理人员可选用具有下列素质的员工担任门童工作。

①形象高大、气质高雅。与酒店的建筑、门面一样，门童的形象往往代表了整个酒店的形象，因此，要求门童要有良好的气质和形象。

②记忆力强。能够轻易记住客人的相貌、行李件数以及出租车的牌号。

③目光敏锐、接待经验丰富。门童在工作时，可能会遇到形形色色、各种各样的人或事，必须妥善地、灵活机智地加以处理。

④知识面广。能够回答客人有关所在城市的交通、旅游景点等方面的问题。

做一个优秀的门童并不容易，世界著名的日本新大谷酒店的负责人曾说过：培养出一个出色的门童往往需要花上十多年的时间。这句话虽然可能有所夸张，但至少说明门童的重要性和应具备的很高的素质。

4.2.2 门童的选择

1）由女性担任门童

酒店的门童通常由男性担任，所以被称为"Doorman"，但使用女性也未尝不可。由女性担任门童不仅具有特殊的魅力，而且可以成为酒店一道靓丽的风景，如图4-6所示。

由女性担任门童的不足之处在于：一些档次较低的酒店为了节约人力资源，要求门童在负责迎送宾客的同时，也为客人

图4-6 女性担任门童，深圳洲际大酒店一道靓丽的风景

拎行李,担负起行李员的职责,此时,女性门童则显得"力不从心",难以胜任。

2)由长者担任门童

虽然称之为"门童",但这一岗位并非一定得要青年人担任,有气质、有特色的老年人同样可以做好门童工作,而且可以成为酒店的一大特色和吸引客人、扩大影响的一大"卖点"(图4-7)。济南有一家大酒店曾经登报向社会公开招聘了几位学识渊博、气质高雅的离退休老教授担任门童,这些老教授面目慈祥、热情礼貌、微笑服务,赢得了社会的赞许和广大顾客的好感,起到了良好的广告效应,同时,也为酒店赢得了生意。正如一位顾客的感受,"浦东香格里拉大酒店可亲的老爷爷(礼宾员)微笑地探身向客人问候,让人感到无比的温暖和酒店厚重的文化。"

图 4-7　瑞士日内瓦某五星级酒店
老年门童与本书作者在一起

图 4-8　具有异国情调而又训练
有素的印度门童

3)雇用外国人做门童

除了考虑用女性和长者担任门童以外,还可以考虑雇用外国人(如印度人)等做门童,使酒店具有异族情调,树立酒店的国际化形象,可增强对国内外客人的吸引力(图4-8)。

4.2.3　门童应接工作的注意事项

1)注意自己的仪容仪表,始终保持饱满的精神状态

良好的仪容仪表及饱满的精神状态会使客人产生一种受到欢迎的尊贵感,不会对你的服务产生怀疑,同时,这也代表酒店的形象,能够给客人留下良好的第一印象。

2)记住客人所乘出租车牌号

为了防止搭乘出租车来酒店的客人将物品遗留在车内,越来越多的高星级酒店要求门童记下客人所乘出租车的牌号,并将号码转交客人,以备需要时使用(图4-9)。

请记下您的出租车号	酒店送机时间 Time to airport	机场接机时间 Time from airport	酒店到市区时间 Time to downtown
Please note down the taxi No. 5736	9:00	9:30	8:30
请送我到	10:00	10:30	10:00
Please send me to	11:00	11:30	
友情提示：为了保护您的权益，乘坐出租汽车请索取发票。	12:00	12:30	
Notice: In order to protect your rights, please ask for receipt when you take a taxi.	13:00	13:30	13:30
	14:00	14:30	15:00
	15:00	15:30	
厦门市出租汽车监督电话:0592-5615610 Supervision number of Xiamen Taxi:5615610	16:00	16:30	
酒店宾客关系主任电话:6075(内线) Guest Relationship Officer Ext. 6075	17:00	17:30	
	18:00	18:30	
中国厦门会展二路199号	19:00	19:30	
ADD: No.199, Conference & Exhibition Road 2, Xiamen, China	20:00	20:30	
电话/Tel: 86-592-595999 传真/Fax: 86-592-595999	※ 请提前30分钟致电礼宾处预订。电话：6007 Please make a booking call to the Concierge half an hour ahead at Ext.6007.		

图 4-9 出租车牌号提醒卡

3) 为客人拉、关车门时的一些问题

当客人小车到店时，先示意司机开到门前适当的位置，然后上前以左手拉门，右手放车门框下(此时车头朝门童的右手)，或根据车门朝向换一下手，站在车门之后。在拉车门的同时用礼貌用语向客人问好(如果知道客人的姓名，应用客人的姓氏称呼，这样客人会有亲切感)。但遇到佛教、伊斯兰教徒时不可把手放在车门框处，遇到泰国客人也应如此(因为泰国人除了许多佛教徒外，他们还认为人的头部是神圣不可侵犯的)，否则是不礼貌的，这种情况也适用于客人离店。

另外，当客人坐出租车抵达时，不要一停车就把门打开，因为客人还要花点时间付账，如果把门打开了，客人还没有出来，风一吹进车里就会感觉不舒服(因为车内有空调)，特别是冬天更应注意。当客人离店，在关车门时，不能甩手关门，使门发出很大的声响，应先握住门把手关到离门框 30 cm 左右停顿一下，看看客人是否已将腿跨入车内，衣服是否被夹住，同时用敬语向客人道别，然后再用适中的力量将门一次关紧。如有几辆车同时驶入，应先为重要宾客或主宾拉门。

4) 勿为小费问题而钩心斗角

酒店门童要有良好的职业道德修养和工作心态。不应为蝇头小利而钩心斗角，伤害同事关系，损害企业文化。

【案例】

酒店门童:为了小费而钩心斗角

作为高星级酒店的门童，经常有收取小费的机会，而一些酒店的门童则常常为了那点小费而钩心斗角。"比如我们有一位新员工在某大酒店前厅上班，第一天去不了解情况，帮助客人开了车门，客人给了他小费。结果可想而知，他被老员工骂了一顿，并且连小费都被没收了。从此我们对这家著名酒店的老员工另眼相看。老员工们一看到有收小费的机会眼睛都发亮，大家都争先恐后地想要去做这个活。"

4.3 行李服务管理

酒店的行李服务是由前厅部的行李员（Baggage Handler）提供的，通常属于酒店的礼宾部（Concierge）（图 4-10）。行李员在欧美国家又称为"Bellboy""Bellman""Bellhop"和"Porter"，其工作岗位是位于酒店大堂一侧的礼宾部（行李服务处）。礼宾部主管（或"金钥匙"）在此指挥、调度行李服务及其他大厅服务。每天早上一上班，礼宾部主管就要从计算机上查询或认真阅读、分析由预订处和接待处送来的预计"当日抵店客人名单"（Expected Arrivals）和"当日离店客人名单"（Expected Departures），以便掌握当日客人的进出店情况，做好工作安排。以上 2 个名单中，尤其要注意"VIP"和团体客人的抵离店情况，以便做好充分准备，防止出现差错。在此基础上，做出当日的工作安排计划，并召集全体行李员布置。

行李员还是酒店与客人之间联系的桥梁，通过他们的工作使客人感受到酒店的热情好客，因此，对于管理得好的酒店而言，行李员是酒店的宝贵资产。

4.3.1 行李部员工的岗位职责

1）行李员的职责

行李员工不仅负责为客人搬运行李，还要向客人介绍店内服务项目及当地旅游景点，帮助客人熟悉周围环境，跑差（送信、文件等）、传递留言、递送物品，替客人预约出租车。

行李员的另一职责就是在大堂、餐厅等公共区域寻找客人或同事（行业术语称之为"Paging"）。行李员在餐厅或公共区域找人时，会手持小铃铛，当小铃铛发出响声时，就会引起客人的注意，因此，行李员又称为"Bellboy"，如图 4-11 所示。

图 4-10 前厅礼宾部

图 4-11 巴厘岛 Nusa Dua Beach Hotel & Resort 度假酒店的行李员告诉客人这只 "铃铛"可以用来在公共场所呼唤同事

【链接】

代客泊车、照看宠物

——瑞士凯宾斯基饭店行李员的新职责

礼宾部、行李部工作时间在7:00—23:00,负责车辆运输、清洁和保养,查询、预定火车票和飞机票,代客泊车、接送服务、旅游咨询、饭店外餐厅预定,信件、报纸、传真接收,行李收送、寄存,当地每月活动的介绍,以及一些烦琐的事务。

圣莫里茨地区在瑞士算是消费最高的地区,在饭店正门经常可以看到客人开着顶级的跑车、吉普和房车。能够熟练驾驶各种车辆并且知道如何使用车辆的各种功能,这对前厅部的员工十分重要。每天客人无论驾驶任何车辆来到饭店,他们只需说出姓名或房号,其他一切事情不用费心。需要用车的时候告诉他们房号,然后在大堂等候。行李员首先从礼宾部领取车钥匙,然后把车辆亲自交给客人。如果客人带着宠物临时到饭店用餐或者去健身中心(宠物只能使用客房、电梯、大堂),他们只需通知礼宾部或行李部,行李员便会照看宠物,让宠物喝些水在大堂某个地方睡上一觉或者带宠物出去转转。

2)行李领班的职责

行李领班的岗位职责是支持和协助主管的工作,管理并带领行李员、门童为客人提供服务。

①协助主管制订工作计划。

②准备好部门员工的排班表。

③完成上级管理部门和人员下达的所有指令。

④监督、指导、协助行李员和门童完成其工作任务。

⑤确保抵、离店客人及时得到优质良好的行李服务。

⑥对抵、离店客人分别表示欢迎和欢送,必要时为客人提供行李等各种服务。

⑦督促行李员认真做好行李的搬运记录工作。

⑧为住店客人提供各种力所能及的帮助。

⑨引导客人参观房间设施。

⑩适时地向客人推销酒店的其他设施。

⑪重视客人的投诉,并把这些投诉转达给相关部门,以便迅速解决。

⑫协助酒店有关部门和人员为住店客人过好生日、周年纪念等。

⑬每天检查行李部设施,确保良好的工作状态。

⑭做好行李部设备的保管、清洁和保养工作。

⑮留意宴会指南和大厅内其他布告,保持其正常放置。

⑯认真填写交接班本,记下已完成的工作内容及有待下一班继续完成的工作,写上日期、时间和姓名。

4.3.2　行李部员工的素质要求

为了做好行李服务工作,要求行李领班及行李员具备一定的素质,掌握一定的知识,了解店内、外诸多服务信息。

①能吃苦耐劳,眼勤、嘴勤、手勤、腿勤,和蔼可亲。

②性格活泼开朗,思维敏捷。

③熟悉本部门工作程序和操作规则。

④熟悉酒店内各条路径及有关部门位置。

⑤了解店内客房、餐饮、娱乐等各项服务的内容、时间、地点及其他有关信息。

⑥广泛了解当地名胜古迹、旅游景点和购物点,尤其是那些地处市中心的购物场所,以便向客人提供准确的信息。

4.3.3　行李服务注意事项

行李服务不当,常常引起客人的投诉。在为客人提供行李服务时,行李员及其管理人员应特别注意以下事项。

1)行李搬运时的注意事项

①认真检查行李。为客人提供行李服务时,要清点行李件数(特别是团队行李),并检查行李有无破损。如有破损,必须请来的客人签字证实,并通知团队陪同及领队,以免日后引起客人的投诉。

②搬运行李时,要小心客人的贵重物品及易碎品,如相机、手提包等要注意,宜让客人自己拿。

③装行李车时,要注意将大件、重件、硬件放在下面,小件、软件、轻件装在上面。

④搬运行李时必须小心,不可用力过大,更不许用脚踢客人的行李。

⑤照看好客人的行李。客人办理住宿登记手续时,行李员站在总台一侧,离总台约 2 米以外的地方(图 4-12)等候客人,注意照看好客人的行李,眼睛注视总台接待员。

⑥引领客人时,要走在客人的左前方,距离二、三步(或与客人并行),和着客人的脚步走,拐弯处或人多时,要回头招呼客人。

⑦引领客人进房途中,要热情主动地问候客人,与客人交谈,向客人介绍酒店服务项目和设施,推荐酒店的商品。

图 4-12　行李员:等候客人办理
入住登记手续

⑧介绍房内设施及使用方法。带客人进房间,要向客人介绍客房的设施设备的位置和使用方法。

⑨离房前要问客人是否还有其他吩咐,并祝客人住店愉快,随后将房门轻轻拉上。

⑩将离店客人的行李搬运至大厅后,要先到结账处确认客人是否已结账,如客人还未结账,应有礼貌地告知客人结账处的位置。

⑪做好行李搬运记录。为客人行李服务时,要做好各种行李搬运记录。行李员使用的行李搬运记录(表4-1、表4-2、表4-3)。

表 4-1 散客入住行李搬运记录

日期:

Date:

房 号 Rm. No.	上楼时间 Up Time	行李件数 Pieces	行李员 Bell	预计离店时间 Depart. Time	备 注 Remarks

表 4-2 散客离店行李搬运记录

日期:

Date:

房 号 Rm. No.	离店时间 Depart. Time	行李件数 Pieces	行李员 Bell	车 号 No.	备 注 Remarks

表 4-3 团队行李进出店登记单

团体名称				人数	
抵达日期		离店日期			
进店	卸车行李员	酒店行李员		领队签字	
离店	装车行李员	酒店行李员		领队签字	
行李进店时间		车号	行李收取时间	行李出店时间	车号

房号	行李箱		行李包		其他		备注
	入店	出店	入店	出店	入店	出店	
总计							

入店

行李主管：＿＿＿＿＿＿＿＿＿＿＿＿

日期/时间：＿＿＿＿＿＿＿＿＿＿＿＿

出店

行李主管：＿＿＿＿＿＿＿＿＿＿＿＿

日期/时间：＿＿＿＿＿＿＿＿＿＿＿＿

2) 房间介绍时的注意事项

行李员带客人进客房,要向客人介绍房内设施及使用方法。比如:房内空调开关及棉被的位置;冰箱的位置及小酒吧的使用方法;房内保险箱的使用方法;电视机的开关位置及留言灯、请勿打扰灯等床头控制开关的使用方法;卫生间冷热水开关及热水供应的时间等。特别是有些智能电视以及遥控器、机顶盒等的使用方法、房间上网方法以及 Wi-Fi 密码需要介绍,否则,这些新玩意会把客人彻底搞晕,使客人完全崩溃,严重影响客人的住店体验。

在向客人介绍房内设施时,也不要太啰唆,不必要介绍的则不要介绍,避免说:"这是电视""这是卫生间"之类的废话。因为客人经过长途旅行和长时间的车船劳顿之苦,此时最需要的是尽早休息,而不是听服务员没完没了的"介绍"。另外,介绍时要因人而异,由于客人消费层次和住宿经验的不同,对某些客人需要介绍的项目,对另一些客人则可能不需要介绍。

3)行李寄存时的注意事项

①确认客人身份。客人要求寄存行李时,要先问清是住店客人还是外来客人,外来客人的行李一律不予寄存。

②检查行李。客人寄存行李的同时,行李员要认真检查每件行李是否已上锁,并告诉客人行李内不能放入贵重物品或易燃、易爆、化学腐蚀剂、剧毒品、枪支弹药等。如客人执意要寄存未加锁的行李时,要把寄存行李的规章给客人看,发现有未上锁的行李或购物袋无法上锁时,要马上通知领班,向客人说明后,把行李放在安全的地方。

③如客人丢失"行李领取卡"(图4-13),行李员一定要凭借足以证实客人身份的证件放行行李,并要求客人写出行李已取的证明。如不是客人本人来领取行李,一定要请他出示证件,并登记上证件号码,否则不予放行。

FURAMA
GUANGZHOU
广 州 富 丽 华 大 酒 店
LUGGAGE CLAIM CHECK
行李领取卡

姓名
NAME: _____
房号
ROOM NO: _____
日期   时间
DATE: _____ TIME: _____
行李
LUGGAGE: _____
行李有锁   行李无锁
LOCKED _____ UNLOCKED _____
行李员签名
BELLMAN SINCATURE: _____

请参阅背页规条
NOTE CONDITIONS ON REVERSE
№ 0001831

请注意. Please Note:

1.行李寄存只限于酒店住客。
 Luggage store for hotel guest only.

2.贵重、易碎、易燃、危险及违禁物品禁止存放。
 Valuable, fragile, flammable, dangerous and illegal items are not allowed to be kept in storage, otherwise hotel will not be hold liable for loss or damage to valuable and fragile items.

3.对于所有寄存之行李内的物品,如有任何遗失和损坏,酒店恕不负责。
 The hotel will not be responsible for loss or damage to any items contained in stored luggage.

4.本酒店有权将物品交给任何持有此据,但无身份证明者。
 The hotel is authorized to deliver the luggage to any person presenting this luggage claim check without identification.

5.若寄存之行李存放2个星期后还未被认领,酒店可依照法例自行处理或送公安局处理。
 If luggage is not collected within 2 weeks after the date of deposit, the hotel may dispose the luggage in accordance with prevailing laws & regulations or the luggage will be sent to police bureau.

住客签名
GUEST SIGNATURE: _____

图 4-13   行李领取卡(正、反面)

④行李员在为客人办理行李的寄存和提取业务时,一定要按规定的手续进行,绝不能因为与客人"熟"而省略必要的行李寄存手续,以免引起不必要的纠纷,或为客人造成损失或带来不必要的麻烦。

4.3.4　如何确保行李房的安全

①不可随便进出行李房,进出要有记录。
②行李员不得在行李房停留休息,若有违反,严肃处理。
③所有寄存行李均需详细记录在案,领取时须逐一注销登记。

④主管须每日对寄存行李以及逾期未领取的行李进行核对、处理。

⑤行李员不得离开运送中的行李。

本章小结

➤ 门童是酒店大门口的迎宾员,只有高级酒店才会设有这一专职岗位,中档酒店可由行李员兼任。

➤ 门童的主要职责是指挥门前交通、迎宾、回答客人问讯。酒店可以选聘外国人或女性担任门童,以体现酒店的特色。

➤ 行李员是酒店的一个重要岗位,他不仅要帮客人搬运行李,而且要与客人交流,适时地向客人推荐酒店的服务项目。因此,担任行李员工作,不仅要有健康的体魄,还要心细(否则,会出现行李差错和纠纷),要热情、有礼貌,善于与人沟通。

➤ "金钥匙"是高档酒店能够为客人提供"无所不能"的各种服务的岗位和人员,能够充分体现酒店全心全意为客人服务的服务理念。成为酒店的金钥匙必须具备很高的素质,包括丰富的知识、良好的人际沟通能力、较高的外语水平、助人为乐的品格等。

思考题

1."金钥匙"应具备哪些素质?

2.前厅礼宾服务包括哪些内容?

3.简述行李服务的注意事项。

【案例分析】

酒店请女复员军人做门童合适吗?

某酒店高薪聘请一色的女复员军人做门童,成为这个酒店门面的一道风景线。门童这个岗位是客人进出酒店的始端和终端,对职业的形象、礼仪、纪律、规范、服务、灵活性等要求较高。该酒店别出心裁,以比同岗位较高薪水的条件,聘请了10位女复员军人做门童,明确在此岗位与其签约 2 年后转岗,并给予她们优先选择岗位的权利。酒店提供选择的均为后备干部储备岗位,因此,女复员军人担任门童后个个神采奕奕、尽职尽责。

问题:请女复员军人做门童合适吗? 请对该酒店的这一做法予以评价。

【补充与提高】

酒店行李服务的若干法律问题

某酒店前厅,台湾的康先生来取前几日寄存的皮箱,员工小张按规定核对存单,确认身份后,将皮箱交付客人。几小时后,怒气冲冲的康先生向大堂副理投诉,说放在箱内的数万美金不翼而飞,要求酒店赔偿。据悉,酒店已向宾客明示"须将现金及贵重物品存于免费专用保险柜,否则丢失后概不负责";另外,康先生的皮箱有一处较隐蔽的开口在交存时就未上锁,受理的员工没有发现。

这是一起因宾客寄存物灭失而导致的投诉。

酒店在为客人提供行李寄存服务时,常常发生各种纠纷,作为酒店及行李主管人员,必须清楚自身的权利和义务。

根据我国现行法律(主要是《合同法》和《民法通则》),可以得出下述引申。

(1)酒店的免责条件

《合同法》第374条规定:"保管是无偿的,保管人证明自己无重大过失的,不承担损害赔偿责任。"寄存服务只免费提供给住店宾客,酒店只要能证明自己无重大过错,如24小时闭路监控、尽到了必要的义务、发生了无法抗拒的意外事件、及时采取了补救措施等,就可以免除责任。因此,完善安全制度,强化员工责任心,培养其处理紧急事件的能力,较为重要。

(2)酒店的寄存地点

《合同法》第369条规定:"当事人可以约定保管场所或方法。除紧急事件或为维护寄存人利益的以外,不得擅自改变保管场所或者方法。"事实上,寄存地点不规范(达不到确保物品安全的要求)、不固定(随意变动)的现象比较普遍,这一点若得不到足够重视,诉讼时很可能成为法院进行过错推定的直接依据,使酒店处于不利地位。

(3)酒店的留置权

宾客的住宿行为和寄存行为有主从之分:住宿是主要的,是宾客的抵店意图,寄存是次要的,趋从于前者——寄存只是酒店与宾客所订住宿协议的一项内容。《合同法》第380条规定:"寄存人未按照约定支付保管费及其他费用的,保管人对保管物享有留置权,但当事人另有约定的除外。"换言之,宾客离店时若有拖欠费用现象,酒店在其欠费额度内享有对寄存物的留置权,自留置之日起,宾客若在不少于2个月的期限内仍未付清欠款,酒店可将寄存物折价,或依法拍卖、变卖寄存物,以实现其债权(据《担保法》第87条)。

(4)酒店对寄存物的提存

怎样处理无人领取的寄存物?《合同法》第101条规定:"债权人无正当理由拒绝受领,致使债务人难以履行债务的,债务人可以将标的物提存。"《旅馆业治安管理办法》第8条规定:"(旅客遗留的物品)旅馆经招领3个月后无人认领的,要登记造册,送当地公安机关以拾遗物品处理。"可以推知,对无人领取的寄存物,自宾客离店或应当离店之日起,酒店只需保管 3 个月,而后应提存给公安机关。这样,店、客之间的债权债务关系将归于消灭,酒店亦无须向宾客承担违约责任。需要指出的是,上述规定同样适用于其他宾客遗留物品。

(5)关于店堂告示

《消费者权益保护法》第 24 条规定:"经营者的格式合同、通知、声明、店堂告示等含有对消费者不公平、不合理的规定,或者减轻、免除其损害消费者合法权益应当承担的民事责任的内容的,其内容无效。"如同很多酒店一样,本案中,酒店已向宾客明示"须将现金及贵重物品存于免费专用保险柜,否则丢失后概不负责",这是否属于不公平、不合理的店堂告示、声明,是否具有法律效力,实践中尚有争议。酒店保护自身利益的一个有效的方法,是请客人在办理行李寄存手续时,声明所寄存的行李物品中无金钱等贵重物品,并请其签字确认,这样,发生纠纷或诉讼时,客人就无法举证其行李中存在贵重物品,酒店就可以保护自身的利益。

酒店经理人对"经理的困惑"的答复

Re:酒店车队是否应独立于礼宾部?

姜东皓 北京中旅大厦客务部经理(北京客务经理协会理事)

建议将车队归入礼宾部统一管理,有利于统筹调配车辆,也有利于监管车队的服务质量,更有利于对客服务程序的流畅性,相应的管理层级不宜多而且要扁平。

Grace Yu 大连凯莱大酒店 房务总监

此类问题我个人认为与员工素质及酒店的管理体制都有关系,我认为完全可以将车队归入礼宾部统一管理,但前提是该礼宾部负责人必须了解车队的日常运作及车辆的相关知识,且有一定的管理经验,对车队的每一位司机、酒店的车辆情况尽可能做到了如指掌,因为车队的管理同其他运作管理不同,涉及很多专业知识及安全方面的问题。

第5章
酒店总机与商务中心管理

随着信息技术的发展,酒店商务中心的职能和管理模式在悄然发生着变化

话务服务是前厅部对客服务的重要内容之一,通常由前厅部的总机房负责。本章主要研究总机房的业务范围、岗位说明书、话务服务的基本要求、总机房员工的素质要求以及叫醒服务的问题与对策等。

除了话务服务以外,本章还将介绍商务中心的管理。

通过本章的学习,读者应该:

- 了解酒店总机房的业务范围和工作要求。
- 掌握叫醒服务的问题与对策。
- 熟悉商务中心的业务与管理。

关键词:总机;话务员;商务中心
Keywords:Switch Board;Operator;Business Centre

经理的困惑
——酒店前厅还要不要设"商务中心"？

我是一家四星级商务酒店的前厅经理，一直以来，我们酒店前厅部都设有商务中心，可是近年来，随着手机、电脑等现代化通信手段的普及，商务中心的业务在逐渐萎缩，过去的电传已被传真所代替，而传真则正逐渐被 E-mail 取代。现在住店客人都有手机，传统的长话业务基本消失，而很多商务客人也都自带电脑（我们一些商务客房也配有电脑），所以，传真业务也在大幅萎缩。对此，我们一直在考虑酒店是否还有必要保留商务中心？设吧，没有业务，又要配备人手，增加了酒店的经营成本，不设吧，酒店又属于高星级商务酒店，没有商务中心似乎也说不过去。对此，我们感到很困惑。

5.1　总机房管理

电话是当今社会最主要的通信手段，也是酒店客人使用频率最高的通信设施，在对客服务过程中扮演着重要的、不可替代的角色。酒店客人所需要的几乎所有服务都可通过客房内的电话解决。总机房就是负责为客人及酒店经营活动提供电话服务的前台部门（图 5-1）。

5.1.1　总机房的业务范围

酒店总机房的业务范围如下所述。
①电话转接及留言服务。
②回答问讯和查询电话服务。
③"免电话打扰"服务。
④电话叫醒服务。
⑤火警电话的处理。
⑥话费记录。

图 5-1　话务服务是酒店前厅重要的服务内容，酒店话务员在接听和转接电话时，也需要微笑服务

5.1.2 总机房管理人员的岗位说明书

1) 总机主管

总机主管岗位说明书见表 5-1。

表 5-1 总机主管岗位说明书

直接上级：前厅部经理
直接下级：总机领班

岗位职责

负责总机房的全面管理工作，保证设施设备运转正常，并为客人提供优质高效的电话服务。

1. 制订总机室工作条例和话务员行为规范。
2. 制订总机班工作计划。
3. 做好话务员的考勤工作。
4. 随时掌握客房利用情况，并据此安排和调整班次。
5. 统计每日经手的 IDD & DDD，每周将特殊电话单呈交前厅部经理。
6. 负责酒店电话号码单的编辑和印刷，并及时提供给各部门使用，对有变化的电话号码要及时更改。
7. 每天更换、调整信息栏的内容，为话务员提供有关服务信息。
8. 确保电话房清洁卫生。
9. 对话务员进行业务培训，确保员工掌握话务工作程序（包括紧急报警程序）和工作技能，培养员工的高度责任感，使员工的工作质量时刻保持最佳状态。
10. 周期性检查并保持电脑终端运转正常。
11. 记录所有的传呼电话和传呼系统故障情况，发现故障，立即报告前厅经理。
12. 保存一份所有行政人员及部门经理的办公电话及手机号码。
13. 定期对本部门员工进行评估，按照制度实施奖惩。
14. 完成前厅经理和管理部门临时交办的事情。
15. 有重要宾客接待任务时，提醒当班人员予以重视，并布置检查。
16. 处理客人有关电话服务的投诉。
17. 协调总机班与酒店其他部门之间的关系，与各部门保持良好的沟通与联系。

2) 总机领班

总机领班岗位说明书见表 5-2。

表 5-2　总机领班岗位说明书

直接上级:总机主管
直接下级:话务员

岗位职责

1.直接对总机主管负责,保证当班工作能按主管要求进行。
2.协助主管制订各时期话务员的工作计划,提供主管所需的记录、报表、月总结。
3.及时向主管汇报工作情况及出现的问题,并提出建议。
4.在重要问题上,积极提出建设性意见。
5.监督当班话务员的服务态度、服务质量及劳动纪律。
6.了解当日天气情况,并做好记录。
7.合理安排当班员工用餐。
8.了解当班员工的思想情况,帮助她们处理好各项关系。

5.1.3　总机房员工的素质要求

根据话务工作的特点,酒店话务员必须具备下述素质。
①口齿清楚,语言甜美,耳、喉部无慢性疾病。
②听写迅速,反应快。
③工作认真,记忆力强。
④有较强的外语听说能力,能用 3 种以上外语为客人提供话务服务。
⑤有酒店话务或相似工作经历,熟悉电话业务。
⑥熟悉电脑操作及打字。
⑦掌握旅游景点及娱乐等方面的知识和信息。
⑧有很强的信息沟通能力。
此外,总机领班和主管等管理人员还应具备较高的学历和外语水平,有管理才能,最好是旅游酒店管理专业毕业生。

5.1.4　话务服务的基本要求

电话服务在酒店对客服务中扮演着重要角色,每一位话务员的声音都代表着“酒店的形象”,话务员是“只听其悦耳声,不见其微笑容”的幕后服务员。因此,话务员必须以热情的态度、礼貌的语言、甜美的嗓音、娴熟的技能、优质高效地为客人提供服务。使客人能够通过电话感觉到你的微笑、感觉到你的热情、礼貌和修养,甚至“感觉”到酒店的档次和管理水平。
对酒店话务服务的基本要求如下:
①话务员必须在总机铃响 3 声之内应答电话。

②话务员应答电话时,必须礼貌、友善、愉快,且面带微笑。这时,客人虽然看不到话务员,但能够感觉到她的笑脸,因为只有在微笑时,话务员才会表现出礼貌、友善和愉快,她的语音、语调才会甜美、自然,有吸引力。

③接到电话时,首先用中英文熟练准确地自报家门,并自然亲切地使用问候语(至于先用英语说,还是先用汉语说,要视酒店客人构成而论。如果酒店的接待对象主要以内宾为主,则先用汉语说,后用英语说;反之,如住客以外宾为主,则先说英语,后说汉语)。

④话务员遇到无法解答的问题时,要将电话转交领班、主管处理。

⑤话务员与客人通话时,声音必须清晰、亲切、自然、甜美,音调适中,语速正常(如音调偏高或偏低,语速偏快或偏慢,则应通过培训加以调整)。

⑥话务员应能够辨别主要管理人员的声音,接到他们的来话时,话务员须给予恰当的尊称。

⑦为客人提供电话转接服务时,接转之后,如对方无人接电话,铃响半分钟后(5声),必须向客人说明:"对不起,电话没有人接,请问您是否需要留言?"。需要给房间客人留言的电话一律转到前厅问讯处。另外,所有给酒店管理人员的留言(非工作时间或管理人员办公室无人应答时),一律由话务员清楚地记录下来(重复、确认)通过寻呼方式或其他有效方式尽快将留言转达给酒店管理人员。

⑧为了能迅速、高效地转接电话,话务员必须熟悉本酒店的组织机构、各部门的职责范围、服务项目及电话号码,掌握最新的、正确的住客资料。

⑨如遇查询客人房间的电话,在总台电话均占线的情况下,话务员应通过电脑为客人查询。但此时应注意为客人保密,不能泄露住客房号,可接通后让客人直接与其通话。

⑩接到火警电话时,要了解清楚火情及具体地点。然后按下列顺序通知有关负责人到火灾现场。

a.通知总经理到火灾区域。

b.通知驻店经理到火灾区域。

c.通知工程部到火灾区域。

d.通知保安部到火灾区域。

e.通知医务室到火灾区域。

f.通知火灾区域部门领导到火灾区域。

进行以上通知时,话务员必须说明火情及具体地点。

【经典案例】

都是转接电话惹的祸

凌晨2:00,张女士致电某酒店的总机,要求转405房,话务员小李立即将线路接通。第二天上午,大堂副理接到405房孙小姐的投诉电话,称昨晚来电并不是找她的,而后的正常休息受到了干扰,要求酒店给予解释。大堂副理通过调查了解到,凌晨来电实际要找的原来是前一位 405 房的客人,而这位客人于昨晚 9:00 提前退房离店了。孙小姐是后半夜登记入住的,洗完澡刚睡下不久便被电话铃声吵醒了。

大堂副理亲自登门向孙小姐道歉,同时解释确实有电话要转接 405 房,而孙小姐并没有要求电话号码保密或房间免打扰。孙小姐的正常休息受到影响,大堂副理代表酒店深表歉意。孙小姐是位通情达理的客人,接受了道歉。

可是不久,原住 405 房间的刘先生紧接着也打来投诉电话,说昨晚他太太张女士打电话到房间找他,由于话务员不问青红皂白便将电话转入 405 房,而接电话的又是位小姐,因此刘先生一回家,太太就跟他翻脸了。

【点评】

本案例从表面看来,总机话务员小李严格按服务程序办事,转接电话似乎并不存在什么问题。其实小李忽略了一个细节,那就是当时的时间已是凌晨 2 点,在这个时间转接电话会不会影响客人的休息?如果小李主动询问张女士要找 405 房的哪位客人,再通过电脑核对姓名和身份等信息,这样的话,二位客人的投诉完全可以避免。

5.1.5　叫醒服务的问题与对策

叫醒服务是酒店为客人提供的一项基本服务内容,但常常发生叫醒失误的现象,引起客人投诉。

1) 叫醒失误的原因

叫醒失误的原因见表 5-3。

表 5-3　叫醒失误的原因

1.酒店方面	• 话务员漏叫; • 总机话务员做了记录,但忘了输入电脑; • 记录的房号太潦草、笔误或误听,输入电脑时输错房号或时间; • 电脑出了故障。
2.客人方面	• 错报房号; • 电话听筒没放好,无法振铃; • 睡得太死,电话铃响没听见。

2) 叫醒失误的对策

为了避免叫醒失误或减少失误率,酒店方面可从以下几方面着手,积极采取措施:
- 经常检查电脑运行状况,及时通知有关人员排除故障。
- 客人报房号与叫醒时间时,接听人员应重复一遍,得到客人的确认。
- 遇到电话没有提机,通知客房服务员敲门叫醒。
- 遇到客人赶飞机、火车等交通工具的情况时,提供人工叫醒服务。

- 话务员提供完叫醒服务后,要复查,并在叫醒服务记录上逐一打钩,最后签字。
- 话务主管(领班),要对叫醒服务记录逐一核查,签字。

还有一种情况,就是客人虽然听到了叫醒电话,但没有及时起床,结果误了事,反而责怪酒店没有提供(或没有按时提供)叫醒服务,要求酒店对此负责,并赔偿损失。为了避免这类事件的发生,一种有效的办法是安装一台录音电话,将叫醒服务的通话记录下来,作为证据保存。

3) 叫醒的增值服务

很多酒店提供叫醒服务时只会说:"这是您的叫醒电话"(This is your wake-up call),或"这是您的叫醒时间"。语言和信息简单、机械,没有人情味。为了提高叫醒服务质量,为酒店的叫醒服务增加人性化色彩,酒店可以要求所有客人的叫醒服务都要包含向客人问候、讲述当天的天气状况、并祝客人一天平安的内容。比如,"刘先生,早上好,外面刚下过雨,天气比较凉,请您多穿点衣服,祝您旅途愉快。"多一句友情提示及温馨的祝福,就这么一点点延伸服务,却能给客人带来意外的惊喜和油然而生的满足感。

另外,需要说明的是,叫醒服务(wake-up call)不同于叫早服务(morning call),它是全天候 24 小时服务,而不只限于早晨的叫醒。在一些酒店,叫醒服务由电脑自动控制,客人要求下午或晚上某个时间叫醒,结果叫醒铃响后,拿起电话听到的第一句话仍然是:"Morning, your morning call.(早上好,您的叫早服务)",令人啼笑皆非。

【经典案例】

叫醒服务无小事

李红是一家四星级饭店的话务员,一天晚上她接到营销部团队联络员的通知,住店的一批外宾次日早 7:10 要求叫醒服务,李红立即为这批外宾做了叫醒服务的安排。2 个小时后,1812 房客人打电话到总机要求次日早 6:10 叫醒,为了避免客人口误将房号报错,李红梅问清了客人姓名,于是与电脑信息进行核对,细心的她发现客人电脑信息备注栏注明的同来客正是次日早 7:10 要求叫醒的这批外宾,也就是说 1812 房客人就是这批外宾中的一位。为什么这位客人单独要的叫醒时间与饭店营销部团队联络员通知的时间不一样?李红有了疑虑,但是并没有惊动 1812 房客人,而是按照客人的要求为其安排了叫醒服务,之后立即将情况反馈给营销部团队联络员。团队联络员大吃一惊,毕竟叫醒时间前后差了一个小时,究竟是客人口误还是自己工作失误?团队联络员连夜打电话给这批外宾的翻译,原来客人要赶次日早 8:10 的航班,所以叫醒时间是早上 6:10;话务员李红的细心避免了一次叫醒服务的失误。

【点评】

"细节决定成败",这话的确有道理。在酒店硬件不断更新的今天,酒店在竞争中能处于不败之地的关键取决于服务,而服务的成功就在于不遗余力地重视细节。

当话务员接到 1812 房客人要求叫醒服务的电话后,没有草率地为客人做叫醒安排,而是通过查电脑,确认客人姓名与房号无误后,方为客人做叫醒安排。难能可贵的是话务员在核查电脑信息时,不仅核对了房号、姓名,还细心地查看了电脑备注栏的内容。当话务员发现客人要求的叫醒时间与饭店营销部团队联络员安排的时间不一致时,没有大惊小怪地惊动客人,而是及时地联络到了团队联络员,通过再次确认叫醒时间,避免了一场误机事件的发生。

由此可见,话务服务不仅要热情、礼貌、高效,还必须准确、细心,这样才能避免各种不该发生的事情,避免给客人造成种种麻烦、损失!

5.2　商务中心管理

为了满足客人的需要,现代酒店(尤其是商务型酒店)一般都设有商务中心(Business Centre),为客人提供打字、复印、翻译、电子邮件及传真的收发、文件核对、抄写、会议记录及代办邮件、打印名片等服务。

商务中心通常设在酒店大堂附近的公共区域内,一则方便店内外客人;二则便于与总台联系。此外,为了方便客人从事商务活动,商务中心应具有安静、舒适、优雅、干净的环境。

5.2.1　商务中心的工作内容

①秘书服务:专业的打字服务,同时也可视宾客要求安排全职的秘书。

②会议厅租用:对于需要格外私密的会议,商务中心拥有配备先进视听设施的会议室可供租用。

③办公室设备租用:台式及笔记本电脑、传真机、幻灯机、其他商务设备,均可按小时或按日使用计费。

④印刷服务:可安排印刷名片等小型印刷品。

⑤传真、快递、邮寄:商务中心提供快速的全球传真、快递和邮寄服务。

⑥翻译及口译服务:可安排各国专业文字和口语翻译。

⑦商务参考图书馆:商务中心拥有贸易期刊和当前本地及国际报纸杂志,使您在旅途中也与世界同步。

⑧复印:酒店商务中心的主要业务之一(图5-2)。

图 5-2　资料复印是商务中心
的主要业务之一

5.2.2　商务中心机构设置

商务中心可设立商务中心文员和票务员 2 个服务岗位。其中,商务中心文员负责回答客人有关商务服务的问讯,为客人提供复印、翻译、打字、传真收发以及长话等服务。而票务员则负责代办客人的邮件业务;代办火车票、飞机票等交通票务以及旅游及体育娱乐票务;代印名片以及为客人提供小修理等项服务。

除上述岗位以外,商务中心还可设主管1名,全面负责商务中心的运营。其主要职责如下:

①负责对下属员工进行排班、考勤。

②检查商务中心的卫生情况及工作准备情况。如:价目表、计算器、收据、零钱;传真线路是否畅通;复印机是否正常(是否清晰、碳粉是否够);电脑和打印机是否正常;碎纸机是否正常等。

③了解当天VIP情况,并安排好工作。

④检查当班员工仪容仪表、礼貌礼节、工作态度及服务质量,并做工作指示。

⑤查阅交接班本及有关文件、通知,注意将夜间接收的传真及时送到客人手中,疑难文件速交大堂副理处理,并核对前一天的营业日报表及单据,堵塞财务漏洞。

⑥做好当天工作记录。

⑦定期召开例会,讲评上周工作,传达部门主管会议的有关内容。

⑧定时填报当月工作报表(并做工作总结),交下月工作计划。

⑨督导票务员做好票务工作。

⑩负责对员工的业务及外语的培训,并定期进行考核。

⑪根据员工的工作表现执行奖罚制度。

⑫协调与其他部门的关系,与电信局有关部门保持密切联系,以保证电讯业务的顺利进行。

⑬处理客人有关商务中心服务的投诉。

⑭遇有难题,及时汇报或与酒店内外有关部门联系,以便尽快解决。

⑮带领下属文员向客人提供传真、复印、打字、文字处理及票务等服务。

⑯检查文员的工作质量,发现问题,及时纠正。

⑰处理客人投诉。

⑱统计每日营业收入,制作表格,交主管签字后送计财部。

5.2.3　商务中心工作的基本要求

商务中心工作的基本要求是:接待客人热情礼貌;回答客人问讯迅速、准确;为客人提供服务高质、快捷、耐心、细致。

为了做好商务中心的服务工作,要求商务中心员工必须具备以下素质:

①熟悉本部门的工作业务和工作程序,掌握工作技巧和服务技能。

②性格外向、机智灵活,能与客人进行良好的沟通。

③工作认真、细致、有耐心。

④具有大专以上文化程度和较高的外语水平,知识渊博,英语听、说、笔译、口译熟练。

⑤具有熟练的电脑操作和打字技术。

⑥掌握旅游景点及娱乐等方面的知识和信息(如本市旅游景点及娱乐场所的位置、电话、票价及消费水准等),了解中国历史、地理;熟悉酒店设施、服务项目。

此外,作为商务中心的票务员,还应与各航空公司和火车站等交通部门保持良好的关系,熟知各种类型的票价及各种收费标准;熟知国内外邮政须知及收费标准;熟知国内外报纸、杂志的类型及收费标准。

5.2.4　商务中心职能的发展趋势

由于信息技术的飞速发展,越来越多的客人拥有自己的手机和手提电脑,在客房内也可以通过互联网直接订票,发送、接收电子邮件和传真,一些高档酒店还在其客房内配备了打印机、复印机和传真机。因而,客人对酒店商务中心的依赖程度将大大减少,使得商务中心的生意清淡,正如一些经营者自嘲式感叹:"我们商务中心设备齐全,唯一缺少的就是顾客!"

那么,进入 21 世纪,酒店商务中心是否会消失,将如何发展呢?

21 世纪,酒店商务中心经营的重心和职能将如下转换。

1) 从提供商务服务,转向提供商务设施出租

酒店虽为客人在客房内提供了电话、互联网接口等设施和设备,但不可能在所有的房间内提供所有商务设备,为了方便客人在房内办公,可以根据客人需要,向客人出租传真机、手提电脑、扫描仪等商务设备。

2) 服务内容发生变化

从以打电话等电讯服务为主,转向以大批量复制、印名片、激光打印、四色打印、文本的高级装订及电脑技术服务为主。

3) 服务方式发生变化

从被动地在商务中心为客人提供服务,到主动为各类会议提供支持和帮助。为会议提供支持和帮助,是当今商务中心兴起的一个极为重要的新的服务领域。商务中心不能只是被动地等客上门,更要主动、热情、全面地为在酒店里举办的各类会议提供技术服务和其他各种劳务,如文本的打印、校对和复印等,当好主办单位的"秘书"。

【经典案例】

航班取消之后

周末,有一位中年男子来到郑州某三星级酒店商务中心订机票。服务员小李帮他查找所需航班的起降时间、机型、航班号、票价等一些问题。对比之后,中年男子告诉小李预订第二天 21:00 的航班,当他把机票款交给小李的时候,小李迅速开好收据递到客人手里,就在这时客人手机响了。他一边接电话,一边往外走,回头对小李说了一声,"我住在酒店的 606 房间,票到了送房间"。

机票很快就送过来,可到了晚上 22:00 下班时,客人还是没有回来,机票还一直放在商务中心。小李只好把机票放在了前台,让前台人员把机票交给客人,就是这么一交接,小李犯了一个极大的错误,忘记让前台人员留下客人的联系方式了。就因为没有这个与客人的联系方式,差一点出了大问题。

第二天下午 15:00 左右,机票售票处打电话到商务中心通知:"由于天气原因,你们昨天订的一张 21:00 去深圳的机票,现在抓紧时间通知客人,航班取消了,只能赶乘前一班 18:00 的航班。"放下电话小李就想,如果客人还是按正常时间去机场的话,就要耽误了。如果他乘坐的航班推后的话,可以到机场多等一会儿也无所谓,可是客人所乘坐的航班偏偏是提前了 3 个小时。

小李立即拿起电话往客人所住的房间拨电话,可是,电话响了好几声都没有人接听,他又赶紧去前台询问接待员。结果他听到了一个不愿意听到的消息:客人早在 11:00 就办理了退房手续,已经离开了酒店。这可怎么办?小李赶紧往总机打电话,看他们是否能查出客人入住房间打进或打出的电话号码,如果有的话,也可以通过电话号码找到这位客人。可是,得到的答案依然是小李不愿意听到的,总机机台屏幕显示在客人入住期间 606 房间电话没有任何外线通话记录。小李又想,何不进入客人住过的房间,也许电话里有记录。协调之后小李与大堂副理一起进入了 606 房间,按下了重拨键,无奈,电话里传来的是酒店内部员工的声音,眼看最后的一线希望也要破灭了。小李急得团团转,可时间不等人,正一分一秒的靠近客人所乘坐的航班时间。

当时小李脑子里又冒出一个想法,何不通过客人的身份证号码来查客人的家庭住址,然后再查客人家里电话,最后通过客人的家人找客人。总台登记入住的时候,都要记录客人的身份证,填写入住登记单的时候也一定会填上身份证号码的。小李来到前台,通过前台接待,按照客人身份证号码这一条线索,查到了客人是西安市人。通过当地的 114 查询台,查到了客人所居住派出所的电话,又通过派出所值班人员查到了客人家里的电话,最终得到了客人的手机号码。赶忙拨打客人手机,终于与客人及时取得了联系,并告诉了客人航班提前至 18:00,不要耽误了乘机时间。

功夫不负有心人,几经曲折,总算在预计的时间内通知到了客人,客人可以及时乘上飞机,小李这才舒了一口气。

【点评】

商务中心是酒店方便客人、为客人提供商务服务的场所,为客人订机票则是商务中心的主要服务内容之一。按理,客人交纳订票款,员工为客人订到机票,员工的责任也到此为止,至于航班变化是机场的事,与酒店无关。但本案例中商务中心的小李却能想客人之所想,急客人之所急,为了客人和酒店利益,千方百计,经过万般周折,与客人取得了联系,避免了一场可能出现的麻烦,这种"将方便留给客人,将麻烦留给自己"的服务意识和百折不挠克服一切困难的服务精神是非常难能可贵的。另外,小李在整个事件过程中所表现出来的灵活、聪明、机智也是值得称道的,同时也是酒店服务中所必要的。

从本案例中,商务中心员工应该汲取的教训是:在为客人提供服务时,除了要求客人留下房间号码以外,最好也请客人留下联系电话,以方便联系。

图 5-3　很多酒店不设专职文员提供服务,改由前台员工应客人的要求随时兼职为客人提供服务

4)经营模式发生变化

由于顾客对酒店商务中心的需求减少,很多酒店对商务中心的经营也开始发生变化:要么取消商务中心,要么在组织机构设置方面,不设专职文员或领班提供服务,改由前台员工兼职为客人提供服务(图5-3)。

> 话务服务的主要内容包括:①电话转接及留言服务;②回答问讯和查询电话服务;③"免电话打扰"服务;④电话叫醒服务;⑤火警电话的处理等。
>
> 话务服务的基本要求是:必须在总机铃响三声之内应答,电话话务员应答电话时,必须礼貌、友善、愉快,且面带微笑。
>
> 商务中心是酒店一个正在"退化"的部门,许多传统的服务项目,如长途电话服务、打字、电传、传真等已经被手机和电脑所取代,转化为客人的自助服务。所以,商务中心的业务将逐步萎缩。

思考题

1.酒店话务员应具备哪些素质?

2.酒店叫醒失误的原因与对策分析。

3.酒店话务服务的基本要求有哪些?

4.简述酒店商务中心的发展趋势。

【案例分析】

"请总机房的大姐小妹们,不要随随便便就把外线转到前台:问个地址,问个设施,问个房价,查个客人难道都不知道,不会吗? 所有做过前台的同仁们应该深有体会,当你手里同时忙着 3 件事情的时候,突然再来个问什么问题的电话,这是什么打击!"

问题:你同意上述观点吗? 有关客人的问讯,在前台与总机之间究竟应该怎样划分?

【补充与提高】

上海首家"全能商务中心"①

上海嘉汇华美达广场大酒店的商务中心被誉为"上海首家全能商务中心"。

对商务客的服务最重要的不是靠"温馨""微笑""亲情",而是依靠有实质技术支持的服务,可谓是"软硬兼施",即需要有对应的人工的软件服务和设备设施的硬件服务。

乍进嘉汇华美达,看到他们的服务口号是"Leave the rest to us",我一下没能理解这句话的真正内涵,甚至觉得只是提出了一个漂亮动人的口号而已,但当我考察和了解了全能商务中心后,我把这句口号的意思翻译出来就是:你来了,啥事都由我们来帮您搞定! 这可不是一句大话,而是确确实实服务和技术的支撑。派豪华车接送、订机票、用电脑之类的工作就不必提了,要介绍的是他们一条龙、一站式的全方位便捷商务服务。

全能商务中心提供私人商务中心、会议室服务、安排商务专员或商务管家陪同、专业翻译服务、自由选择时期及时间长短租用办公室、与商业银行对接、提供贷款服务、协助公司开业前一切准备工作(包括工商注册、财务、税务咨询,满足各种商务需求)、提供各种商务整合资源。由于全能服务太"全能",本文只能极有限地进行列举。

(1)商务差旅管理

可以帮商务客大大缩短行程,提高工作效率和效能。本来要待 7 天,拜访这拜访那,还有了解政策法规的方方面面,全能服务就是只要你把所有要求告诉酒店,就配有商务专员提供服务。在商务客还没有启程,一切资料、一切关系和全部工作安排就已全部放到你的案头,逗留时间可缩到 3 天。

(2)个人办公室租用

黄金地段黄金价,有 100 间私人办公室,分 2 种情况。一种是论桌租,1 天 2~3 千元,而通过华美达就可打 7 折。第二种就更灵活了。商务客不可能在客房里会客,在大堂吧会工作客人又太随意。全能商务中心可以随你时间要求租给客人办公室,半天也可以。客人在来沪短短几天里有个私人办公室,招聘、洽谈、开三五人的会议都可以,这确实既省钱又方便。

(3)提供公司注册服务、财务服务、税务服务和投融资服务

如以税务服务为例,包括:企业税务筹划;代理办理各种发票领购手续;流转税(增值税、营业税)的核算;附加税的核算;个人及企业年度所得税汇算清缴;代办缴纳简税款、滞纳金、补税、申请减免税、延期缴税等工作;代理办理一般纳税人的认定登记,税种核定登记和一般纳税人年检;出口退、免税,代购印花税票;审查纳税情况,稽核纳税税务筹划、申报、支付及完税凭证取得服务。

---

① 摘编自:大悟.市场营销开拓与商务服务支持[J].饭店世界,2011(6).

酒店经理人对"经理的困惑"的答复

Re：酒店前厅还要不要设"商务中心"？

夏国跃　上海宝龙地产酒店管理公司总经理

目前酒店还在做商务中心，说明这个业主和酒店管理者还活在古代，应该被淘汰了！我们已经把这个功能取消了，完全可以由礼宾部替代。商务中心就剩下打印、复印有意义，但现在进入无纸化时代，客人用得很少。商务中心完全可以与其他功能合并，我们已经开始这样做了，其实现在复印、打印，一般客人都会，只是有些客人需要酒店服务，自己不愿意动手，此时，可以由酒店其他岗位员工提供。取消商务中心不仅仅是省人的问题，最大好处是节省空间，可以将这个区域改作效益更好的会议室等。

吴少勇　石基教育部经理

酒店里摆几台办公设备占一间房，就算商务中心，是误解。当初我们做酒店时，商务中心更像是长途电话局，还有打字这项业务。现在，商务中心应当是为特殊商务群体专门服务的地方，所以网站足矣，辅以Butler面对面听取客户需求，干活的人外包。北京Regus就是这样的商务中心，几乎就是旅行者的临时办公室，要什么，有什么。

第6章
总台接待管理

      总台接待工作包括住宿登记、客房分配、回答问讯、办理结账业务、夜核等项工作。对总台接待工作的管理,是前厅部管理工作的核心内容。总台员工除了要为客人提供主动、热情、礼貌和微笑服务以外,还要增强销售意识,提高工作效率,尽可能地缩短客人办理入住登记和离店结账时的等候时间。

通过本章的学习,读者应该:
- 了解总台接待工作的各项业务及工作程序。
- 学会处理接待工作中的常见问题。
- 了解行政楼层的运作情况。

关键词:住宿登记;问讯;行政楼层

Keywords:Check-in;Information;Executive Floor

经理的困惑
——酒店前台这样的"带房服务"模式可取吗?

听说汕头金海湾大酒店创新了酒店前台的接待服务:接待员为客人提供"带房服务"。据说这是一项能充分调动客人参与的"关键时刻"服务,前台员工给客人办理完开房手续后,她的服务并未就此终止,而是走出柜台,引领客人上房间。在陪同客人到达房间的过程中,员工可以根据不同的客人选择沟通内容,例如对于第一次入住酒店的客人,可以向客人介绍酒店的营业场所、服务实施等,而对于常熟客人,则可以和客人更多地沟通他此次入住的计划安排等。据说这种前台"带房服务"模式"自然而然地引领了客人的参与,客人受尊重的感觉油然而生,使酒店整体服务质量走入良性循环"。我们酒店也有意效仿,不知这种做法是否值得仿效?

6.1　总台接待业务流程

6.1.1　总台接待的主要工作内容

总台接待的主要工作内容包括为客人办理住宿登记手续(Check-in)、修改客单、更换房间、调整房价、客人续住、取消入住、延迟退房等(图 6-1)。

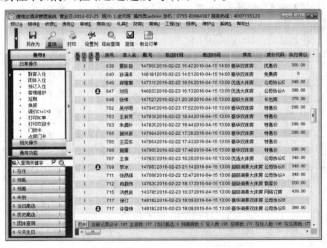

图 6-1　接待管理的主要工作内容

6.1.2 接待业务流程

总台接待业务(Checking-in)主要指为客人办理住宿登记工作。客人的住宿登记工作是由总台接待员(Receptionist)负责办理的。接待员要向客人提供住宿登记表,负责查验客人有关证件,为客人开房,并指示行李员引领客人进客房。

总台接待业务流程如下:

1)笑脸迎宾,向客人问好

这是向客人提供礼貌服务的第一步,表示对客人的欢迎,是前台接待人员最基本的要求,但在国内很多酒店是缺失的。

2)确认客人有无预订

办理住宿登记时,首先要确认客人有无预订。如果站在你面前的是一位预订客人,可对客人说:"欢迎您,××先生(小姐),我们正等候您的光临!"。以示酒店对他的关心和重视。

如果客人没有预订("步入客":"Walk-in Guest"or"Chance Customer"),在有空房的情况下,应尽量满足客人的住宿要求,并注意艺术地向客人推荐酒店提供的包价项目以及餐厅、酒吧、游泳池、桑拿等其他服务项目。

对于未经预订而抵店的客人,如果客满,可以拒绝其留宿。不过,这时最好帮他在同等级的其他酒店联系客房,这样,客人是不会忘记你的善举的,而且,如有机会,下次还会来酒店投宿。

3)为客人分配房间

根据客人的要求,为客人分配房间(图6-2)。

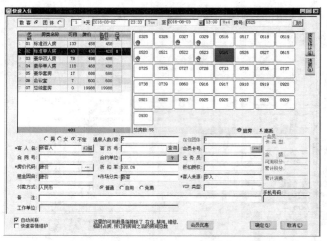

图6-2 客房分配

对于团体客人,除了填写"团体人员住宿登记表"以外,接待员应在该团陪同的配合下填写"团客资料单"(Group Information Sheet)。这张表一式多份,分别发送餐饮部、客房部等接待部门,它是这些部门为该团客人提供服务的重要依据。"团客资料单"的内容包括团体名称(Group Name)、抵达日期(Arrival Date)、离店日期(Departure Date)、行李件数(Pieces of Luggage)、搬运行李时间(Luggage Out)以及叫早时间(Morning Call)等(表 6-1)。

表 6-1　团客资料单

团队会议名称＿＿＿＿＿＿＿＿＿＿＿＿＿＿＿＿　编号＿＿＿＿＿＿＿

抵店日期＿＿＿＿＿＿＿＿＿　时间＿＿＿＿＿＿＿＿＿　由＿＿＿＿＿＿＿

离店日期＿＿＿＿＿＿＿＿＿　时间＿＿＿＿＿＿＿＿＿　赴＿＿＿＿＿＿＿

陪同/会务组人员＿＿＿＿＿＿　房号＿＿＿＿＿＿　领队＿＿＿＿＿＿　房号＿＿＿＿＿＿

人数＿＿＿＿＿(其中:外宾＿＿＿＿华侨＿＿＿＿内宾＿＿＿＿男＿＿＿＿女＿＿＿＿夫妇＿＿＿＿)

编号	房号	姓名	编号	房号	姓名	编号	房号	姓名
1			11			21		
2			12			22		
3			13			23		
4			14			24		
5			15			25		
6			16			26		
7			17			27		
8			18			28		
9			19			29		
10			20			30		

用房总数＿＿＿＿＿＿　标准房＿＿＿＿＿＿　三人房＿＿＿＿＿＿　其他用房＿＿＿＿＿＿

接待单位＿＿＿＿＿＿＿＿＿＿＿＿＿　支付方法＿＿＿＿＿＿＿＿＿＿＿＿＿

名称	日			日			日			日			日		
	餐别	标准	地点	餐别	标准	地点	餐别	标准	地点	餐别	标准	地点	餐别	标准	地点
早餐															
午餐															
晚餐															

备注＿＿＿＿＿＿＿＿＿＿＿＿＿＿＿＿＿＿＿＿＿＿＿＿＿

行李进店总数＿＿＿＿＿＿　经手人＿＿＿＿＿＿　行李离店时间＿＿＿＿＿＿

行李出店总数＿＿＿＿＿＿　经手人＿＿＿＿＿＿　运输工具＿＿＿＿＿　去＿＿＿＿＿

送:接待　总机　前台收款　餐饮部　客房部　留存　　　制表人＿＿＿＿＿＿＿

日　期＿＿＿＿＿＿＿

团队抵店后,如需要改变预订要求或有其他特殊要求,则接待员要制作《更改通知单》和《特殊要求通知单》,并尽快送往有关部门。

4)收取押金

为了防止不良客人的逃账行为或损坏酒店的设施设备,同时也为了方便客人在酒店消费,为客人提供一次性结账服务,酒店通常都会要求客人在办理入住登记手续时,预付房金或押金。如果客人采用信用卡结账,接待员必须首先确认客人所持信用卡是酒店所接受的信用卡,且信用卡完好无损,并在有效期内,然后向银行要授权,并将有关交易信息入账(图6-3)。所付押金由总台结账处负责保管,同时向客人出具收据(图6-4)。

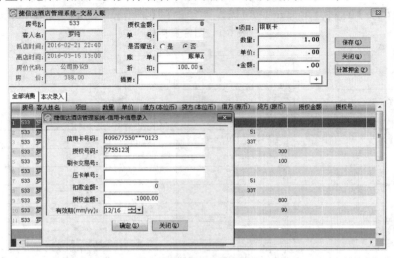

图 6-3 押金入账(如客人使用信用卡支付,要向银行要授权)

图 6-4 押金收据

5)填写欢迎卡(房卡袋)

欢迎卡也称为"Hotel Passport"(酒店护照),其主要作用如下所述。

①向客人表示欢迎。很多酒店的房卡上都印有总经理对客人所致的欢迎辞。

②表明客人的身份。是楼层服务员为客人开房的依据,同时也可用做客人在餐厅等酒店其他场所消费或购买酒店服务时签单的依据(如果这些服务场所没有电脑,或虽有电脑,但没有与总台收银处联网,则在欢迎卡上必须注明客人所交押金额,并盖有酒店的印章)。

③一定的促销作用。很多酒店在其欢迎卡上印有酒店服务项目，以便向客人推销酒店的服务。

④向导作用。一些酒店在其欢迎卡上印上本酒店在城市中的位置及地址、电话等酒店信息，客人外出时可作为向导卡使用。

⑤声明作用。还有的酒店在其欢迎卡上印上诸如："请将贵重物品存入酒店贵重物品保险箱，否则，酒店概不负责""访客的最后离店时间是晚上11点。如需在酒店过夜，请去总台登记"等类似酒店声明或客人须知之类的文字，就一些容易发生的纠纷，明确酒店与客人之间的权利和义务。

在办理入住登记手续时，总台接待人员还应问清客人是否需要开通房间电话（除了长途电话外，很多酒店的市内电话也是收费的）、是否需要签单消费。如需要，则办理相关手续，并提醒客人在消费前出示"欢迎卡"或房卡，以免引起不必要的麻烦。

6）将欢迎卡和房卡（房间钥匙）交给客人

将填写好的欢迎卡和房卡双手递给客人，并祝客人住店愉快（图6-5）。

7）制作客人账单

在账户设置表格中输入客人姓名、抵达日期、结账日期、房号、房间类型及房费等，然后将账单（一式两联）连同一份住宿登记表和客人的信用卡签购单一起交前台收款员（Cashier）保存（图6-6）。

图6-5　"欢迎卡"和房卡

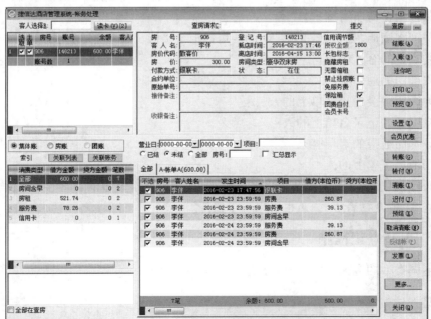

图6-6　账单

对于使用转账方法结账的客人，一般需制作 2 份账单：一份(A 单)记录应由签约单位支付的款项(如房费和餐费等)，是向签约单位收款的凭证。另一份(B 单)记录客人需自付的款项。

团队客人同样需要 2 种账单：即团队主账单和分账单。团队主账单用来记录与全团有关的费用，这部分费用由组团单位或接待单位支付(备注栏内应注明单价与人数、使用客房数及转账单位名称)。分账单用来记录需由个人支付的款项，分账单的数量可根据用房数和团队人数确定。一般来说，中小型团队只需开立一个分账单即可，但应注意将个人账目区分开来，把客人房号登记在账单上，以便核对。

6.2　入住登记管理

尽管住宿登记会占用客人很多宝贵的时间，常常引起客人的投诉和不满，同时还会增加总台员工的工作量，但实际上，国内外所有酒店都要求客人履行住宿登记手续，它不仅是警方(公安部门)的要求，而且是酒店为客人提供服务的依据，是酒店取得客源市场信息的重要渠道。同时，也是保障住店客人及酒店安全和利益的重要环节。

6.2.1　住店客人的选择

酒店是为客人提供食、宿等综合服务的场所。作为酒店有义务接待前来投宿的顾客。在国外，如果酒店无缘无故拒绝客人留宿，那么，该客人有权向法院起诉，但这并不意味着酒店必须无条件地接待所有客人。

对于被列入酒店"黑名单"的客人，酒店可以拒绝接待。这些客人包括：
①不受欢迎的客人名单。
②公安部门的通缉犯。
③当地饭店协会通报名单上的人。
④大堂副理的记录名单上的人。
⑤财务部门通报的走单客人。
⑥信用卡黑名单上的人。

除此而外，对于多次损害酒店利益和名誉的人、无理要求过多的常客、衣冠不整者、患重病及传染病者、带宠物者等，酒店也可以不予接待。

6.2.2　入住登记程序

对于不同类型的客人，办理入住登记的程序有所不同。

1)预订入住

对于有预订的客人，由于事先已登记了客人的必要资料，因此入住手续比较简单。通常只要按照客人的预订要求,提前分好房间,打印好客人住宿登记表,提前准备好房卡和钥匙,等客人抵达后签名确认即可。

①问候客人。

②将客人的身份证等证件资料扫描进客单。

③请客人在提前打印好的住宿登记表上签字。

④收取押金。

⑤填写欢迎卡。

⑥将欢迎卡和房间钥匙双手递给客人。

2)散客步入

①问候客人。

②将客人的身份证等证件资料扫描进客单。

③分配房间。

④在客单中输入其他客人资料。

⑤输出打印"住宿登记表",并请客人在住宿登记表上签字(图6-7)。

⑥收取押金。

⑦填写欢迎卡。

⑧将欢迎卡和房间钥匙双手递给客人。

图 6-7　住宿登记表

3)团体入住

(1)建立团体主单

一般团体大多预先订房。团体入住时,首先要建立团体主单。

（2）填写订房资料

在团体主单中，选择订房资料，输入团体名称、团体代码、抵离日期、房数、人数等基本资料（图 6-8）。

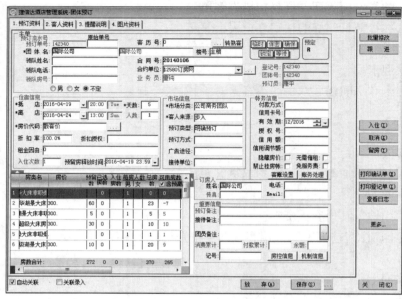

图 6-8　团体主单——订房资料

（3）为团体排房

根据需要，系统可自动为客人排房（图 6-9）。

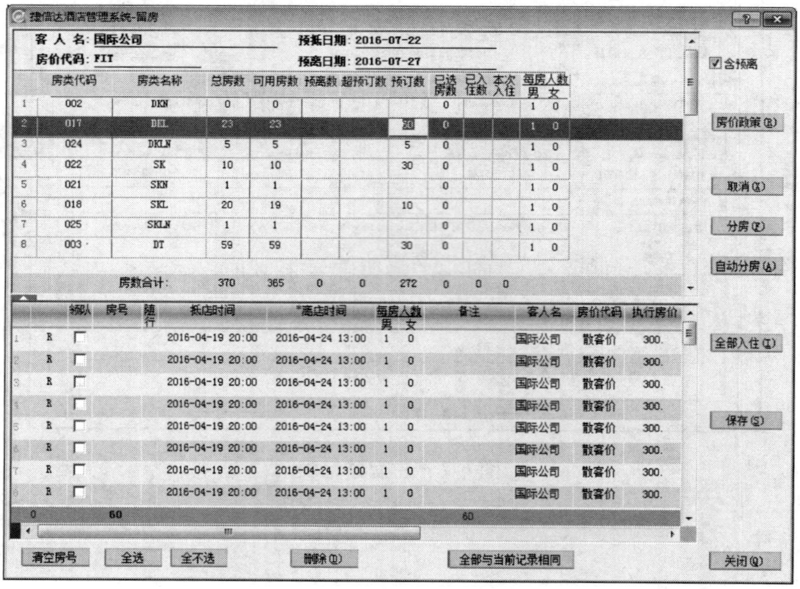

图 6-9　团体排房

（4）办理入住——为每位团员排房

打开团体主单中的"团员资料"表格，即可修改团员的个人资料，填入客人姓名、证件种类、证件号码等。这样即可完成整个团体的入住登记手续（图 6-10）。

图 6-10　团员资料

6.2.3　设置同住、关联和团体关系

入住酒店客人之间可能存在 3 种关系，即同住关系、关联关系、团体关系。客人入住时，应在客单中建立这种关系。

同住关系（Share）：如果 2 个或多个客人同住 1 个房间，按国家规定应该为这 2 名客人分别进行登记，并建立客单，然后对这些同住一房的客人建立同住关系，通常需要选择其中一人作为同住主账（一般是负责结账之人，其同住账号为空或与本身的账号相同），其他人则作为同住副账，对于同住客人，可以用"解除同住"功能来打破同住关系。

关联关系（Associate）：如果 2 个以上客人同来酒店住宿，但分别住不同的房间，则可以将这些客人标识为"关联"。对于有转账关系的客人，也可以标识为"关联"，关联关系主要指账务上的关联，其中一个为关联主账（关联账号为空或与本身的账号相同），其他为关联副账。这样在账务处理时调出其中任何一人的账单明细时均可看到相关的其他几个客人的账户余额。从而方便处理他们的账务和结账，避免遗漏。关联客人可以用"解除关联"功能来打破关联关系。

团体关系（Group）：团体主单与其团员之间的关系称为"团体关系"，在建立团体主单和输入团员资料时，系统自动建立这种关系，散客加入团体或团员脱离团体分别使用"散转团"和"团转散"的功能。

【案例】

像要爆发第三次世界大战

一天傍晚,已经是前台中班员工快下班的时候了。前台在岗员工人数是常规数 2 名(1名领班,1 名实习生)。此时,前厅部经理已经下班了,前台经理还没有下班(按常规应该下班了,但是他还在后区办公室做自己的事)。大堂副理也没有下班。MOD(manager on duty)当天也是有的。礼宾部有 5 人,分别是领班、3 名 Bell Boy 和 1 名 Doorman。其他隶属前厅部的各部门都在正常运作中。

突然,酒店大堂正门外的广场上来了 3 辆坐满宾客的大型 Bus,是该酒店派去机场接一个会议团的(虽然按照预定,应该明天这个时候到达的,但是当天临时变更计划,改了到达时间,也就是说,早到一天),随后接踵摩肩的一大群人,乱哄哄地从大 Bus 上下来,拥到前厅,争先恐后地去前台 Check-in……

当时场景乱得一塌糊涂,在后区办公室里的前台经理得知了此事,赶忙从办公室冲去前台,平易近人地帮前台员工一起做 Check-in 手续。

整个大堂,当时乱得就像要爆发"第三次世界大战"一样!

请问这种情况应该发生吗?如果你是前厅部经理,在第二天得知此事后,你会怎么想?你觉得哪儿出了问题,才会引发这个事情呢?

【评析】

第一,既然是酒店自己派出去的"迎宾车",一定知道临时改变到达时间,隶属前厅部的礼宾部经理或者当值领班,就应该和前厅经理汇报[或大副(F.O. AM)],并通知预定部、前台(当然,告知方式按不同酒店不同作法。可以留 Trace,也可以书面等)。最好当宾客在机场上车后,电话和各相关部门作好确认。在宾客到达时,如果没有 VIP,也就不用惊动 MOD(如果有,另当别论,当然也看 VIP 的级别是否需要通知 MOD)。如果是一般的团队,那么和大副说就可以了。然后,礼宾部的当值负责人(领班或经理),应该视情况而定了,按照上面说到的情况,要做的工作准备就有很多了。但是,既然是订过房的团队,不可能一点准备工作都没有做的。不管如何,有一个动作一定要做,通知开"迎宾车"的司机,如果是上面说的3 辆车的话,第一辆按照正常开,或者可以适度开快一点。第二辆,稍微慢点,拉开点距离。后面的,有红灯就吃吧,要是方便,顺路绕个小圈子,看个风景也不错。把时间拉开。如果礼宾部没有完成必要的准备工作,那么上述的动作更是要做了,以上是礼宾部的问题。

第二,说到前台。现在假设,3 辆大 Bus 已经都同时到了。客人都一拥而至了,身为前台经理,现在应该去作 Check-in 手续吗?他更多的是要做"协调"工作吧。要不他拿管理工资,前台接待员拿操作员工的工资?假设大副在别的区域忙事情,那前台经理是不是应该立刻和大副联系,并告知相关情况呢?如果大副可以放下手头的事,那就立刻赶赴大堂;如果大副手头工作不能立即放下,那么前台经理就要做更多的"协调"工作。比如:1.协调礼宾部的 Bell Man,把客人的大件行李先搬至其预定房所在楼层集中,千万别让大量的行李丢在大堂。2.与团队负责人协调,把客人分批,客人如果需要用餐,可以去酒店的餐厅啊!(PS.记得,每一个酒店员工都是 Sales Man)如果,不需要用餐,是不是可以去大堂的 Bar 坐坐呢!(应该也会有所赢利啊)其实,这里 Sales 是辅助的。关键是别让大堂里的积留人员过多,"多则杂,杂则乱"。是不是可以安排前厅部的别的隶属部门的员工带客人去别的区域看看呢? 比如,如果有 GRO 的话,也可以安排 GRO 带部分客人去商场逛逛啊(现在要的就是拉时间差)。没有 GRO,让商场的员工来带也一样,如果上述事情是大副在安排就比较好,前台经理就要做好本分的前台事务的"督导"工作。当然,合理安排该如何做,相信前台经理不会不知道,完善必要的手续,比如押金等,可以稍后填入的客人资料可稍后补上,这个我想不用详细说了。如果前台经理这都不知道,那我真的没话讲了。

如果上述案例的事情已经发生。那么该追究谁的责任?

首当其冲,前厅经理,培训上面不到位。导致这种"低级错误"的发生。

其次,前台经理应该做到的,询问相关到客情况没有做到详尽。责任相对较大。因为这个是前台经理本分内的事!

另外,礼宾部当值负责人的协调、应变能力有问题。一样有责任。

至于大副,如果知情,那么也有责任;如果他在别的区域处理其他事物,不知情,那么"不知者无罪"。

6.3　问讯业务管理

酒店的客人来自全国乃至世界各地,在一个陌生的城市、陌生的酒店,客人必然有很多情况需要了解,很多问题需要询问,很多地方需要帮助,酒店要使客人满意,使客人感到方便,就必须为客人提供问讯服务。

由于前台是客人接触最多的酒店公共场所,所以问讯处通常都设在总台。问讯处的工作除了向客人提供问讯服务以外,还要受理客人留言、处理客人邮件等。但随着通信技术的进步,除了外国客人和老年客人("二老")以外,酒店客人已很少使用留言服务。

6.3.1　有关住店客人查询

客人查询包括在住客人、预订客人、离店客人等 3 种情况。通常用于总机房或问讯处按房号或客人姓名查找客人的资料,并根据客人的请勿打扰、资料保密等特殊要求审慎处理访客的查询。

有关住宿旅客的问讯是来访客人问讯的主要内容之一,一般应在不触及客人私生活的范围内进行回答,这类询问一般包括下述两方面的内容。

①客人是否住在本酒店。

②客人房间号。

接到问讯时,首先从电脑上查看客人是否住在本酒店,然后确认其房号,接着向客房内打电话,将某人来访的消息告诉住客,经客人同意后才能将房号告诉来访者。如客人不在房内,问讯员可根据情况通知行李员在酒店公共场所帮助来访者寻找被访的客人。

问讯员需要特别注意的是,决不能未经客人的许可,便直接把来访者带入客房,或者直接把房间号码告诉来访者。酒店必须注意保护客人的隐私,保证客人不受无关人员或客人不愿接待人员的干扰。

6.3.2　有关酒店内部的问讯

有关酒店内部的问讯通常涉及下述内容。

①餐厅、酒吧、商场所在的位置及营业时间。

②宴会、会议、展览会举办场所及时间。

③酒店提供的其他服务项目、营业时间及收费标准。如健身服务、医疗服务、洗衣服务等。

对于上述内容,问讯员都应熟知(有关部门应将此类有关信息通知总台问询处),以便给予客人准确、肯定的答复。对于客人所提问题,服务员不能做出模棱两可的回答。比如,当客人问酒吧是否还营业时,不能回答:"我想还在营业吧!"或"可能还没下班吧!"

6.3.3　店外情况介绍

客人有关店外情况的问讯,通常包括下述内容。

①酒店所在城市的旅游点及其交通情况。

②主要娱乐场所、商业区、商业机构、政府部门、大专院校及有关企业的位置和交通情况。

③近期内有关大型文艺、体育活动的基本情况。

④市内交通情况。

⑤国际国内航班飞行情况。

为了准确回答客人问讯,为客人提供满意的服务,问讯员必须具有较高的素质,较宽的知识面,外语流利,熟悉酒店设施、设备及服务项目,熟悉所在城市风光、交通情况及兄弟酒店的情况,懂得交际礼节及各国、各民族风土人情及风俗习惯。回答客人问讯时,问讯员必须热情、耐心、有礼貌,态度和蔼可亲。

另外,如果酒店接待的外国客人比较多,为了防止由于语言不通而给客人带来的不便,酒店问讯处还可根据实际情况为客人准备一种向导卡(正、反面分别用英、日、中等 3 种文字标明酒店的地址、电话和客人要去的地方)。这样,客人外出时,只要向出租汽车司机或行人出示这张卡片,就不致迷路。

为客人提供快速、准确、详细的信息服务,酒店可以预先在电脑系统中储存交通、旅游、电话等常用信息,这种信息多多益善,以备客人查询(图 6-11)。

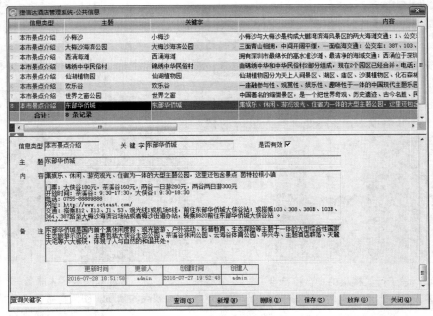

图 6-11 问讯资料查询

6.4 行政楼层管理

"行政楼层"(Executive Floor)是高星级酒店(通常为四星级以上)为了接待高档商务客人等高消费客人,为他们提供特殊的优质服务而专门设立的楼层。

行政楼层被誉为"店中之店",通常隶属于前厅部。住在行政楼层的客人,不必在总台办理住宿登记手续,客人的住宿登记、结账等手续直接在行政楼层由专人负责办理,以方便客人(图6-12)。另外,在行政楼层通常还设有客人休息室、会客室、咖啡厅、报刊资料室(图6-15)、商务中心等。因此,行政楼层集酒店的前厅登记、结账、餐饮、商务中心于一身,为商务客人提供更为温馨的环境和各种便利,让客人享受更加优质的服务。

由于行政楼层为客人提供了更加周到的服务,而且很多服务项目是免费的。如免费洗衣、熨衣、免费早餐和下午的鸡尾酒会及全天免费享用咖啡和茶,还有每天 2 个小时免费使用会客室等。所以,行政楼层的房价一般要高出普通房价的 20%~50%。

6.4.1 行政楼层员工的素质要求

为了向商务客人提供更加优质的服务,要求行政楼层员工,无论是管理人员还是服务人员,都必须具备很高的素质(图 6-13):

①气质高雅,有良好的外部形象和身材。

②工作耐心细致,诚实可靠,礼貌待人。

③知识面宽,有扎实的文化功底和专业素质,接待人员最好有大专以上学历,管理人员

应有本科以上学历。

④熟练掌握行政楼层各项服务程序和工作标准。

⑤英语口语表达流利,英文书写能力达到高级水平。

⑥具备多年之酒店前厅、餐饮部门的服务或管理工作经验,掌握接待、账务、餐饮、商务中心等的服务技巧。

⑦有较强的合作精神和协调能力,能够与各业务部门协调配合。

⑧善于与宾客交往,掌握处理客人投诉的技巧艺术。

图6-12 设于行政楼层的小型接待台
(商务客人可坐下悠闲地办理接待手续)

图6-13 为行政楼层客人服务,需要具备较高的素质。图为免费为行政楼层客人提供服务的行政酒廊

6.4.2 行政楼层员工的岗位说明书

1)行政楼层经理

行政楼层经理岗位说明书见表6-2。

表6-2 行政楼层经理岗位说明书

直接上级:前厅部经理 直接下属:行政楼层主管 **岗位职责** 　　全面负责对行政楼层所属员工的日常培训和督导工作,确保为住行政楼层的客人提供高效率的优质服务。 　　1.掌握与行政楼层有关的各种信息,掌握房间状态和客人的情况。 　　2.组织迎接所有住在行政楼层的客人。 　　3.检查下属的工作准备情况。 　　4.与销售部沟通信息,协调工作。 　　5.与餐饮部沟通协调有关行政楼层所涉及的餐饮问题。 　　6.与工程部协调,确保设备设施时刻处于良好状态。 　　7.与客房部保持联系,确保为客人提供高标准的优质服务。 　　8.与采购部协调,确保酒单及酒水的供应。 　　9.处理客人的投诉及紧急情况。 　　10.主持班前、班后的例会。 　　11.督导员工的培训,定期对下属进行工作绩效评估。

2)行政楼层主管

行政楼层主管岗位说明书见表 6-3。

表 6-3　行政楼层主管岗位说明书

直接上级:行政楼层经理
直接下属:行政楼层领班

岗位职责
协助行政楼层经理管理并督导下属的工作。
1.了解有关行政楼层的各种信息,客房的状态及客人的情况。
2.检查出勤及员工的仪容仪表。
3.安排下属的班次,布置任务。
4.检查接待员、服务员的工作程序、标准。
5.直接参与接送所有住行政楼层的客人,为客人提供入住、结账、餐饮及商务服务。
6.与管家部、行李房、采购供应部、计财部、销售部、餐饮部、工程部保持联系,协调合作。
7.处理客人投诉及紧急情况。
8.行政楼层经理不在时主持例会。
9.组织并实施对下属的培训。
10.完成行政楼层经理指派的工作。
11.合理使用员工,并对员工的工作进行评估。
12.了解市场和宾客需求。

3)行政楼层领班

行政楼层领班岗位说明书见表 6-4。

表 6-4　行政楼层领班岗位说明书

直接上级:行政楼层主管
直接下属:行政楼层接待员

岗位职责
协助行政楼层经理及主管做好服务接待工作。
1.了解客人、客房的情况及有关的信息。
2.做好客人到店前的准备工作。
3.迎接到店的客人并介绍行政楼层提供的服务项目及设备设施的使用。
4.组织并为客人提供早餐、下午茶和鸡尾酒服务。
5.检查客房状况,督导员工做好休息厅清扫工作,保持其清洁卫生。
6.保管好各类物品。
7.提出每周的酒类库存及每日鲜花、水果申请。
8.完成经理或主管分派的其他工作。

4)行政楼层接待员

行政楼层接待员岗位说明书见表6-5。

表 6-5　行政楼层接待员岗位说明书

直接上级:行政楼层领班
直接下属:无

岗位职责
为行政楼层客人提供高效优质服务。
1.每日检查预抵、预离客人的名单、VIP 名单、房间数和一些特殊的要求。做入住登记准备工作、收取信件、打制表格。
2.当客人到来时,准确、礼貌地问候客人。
3.客人登记进入房间后,热情地问候客人,并向客人介绍房间的设施及服务项目。
4.为客人提供欢迎茶。
5.将每个客人的具体情况记入电脑,以了解客人的特殊要求。
6.把所有客人投诉反映给主管。
7.保证所有设施、设备和器具处于良好状态。
8.与所有行政楼层人员保持有效的联系并在交班日志上做精确的记录。
9.与管家部保持联系,确保行政楼层公共区域处于最佳状态。
10.协助经理、主管准备账单、结账。安排交通工具送别。
11.负责早餐、下午茶、鸡尾酒服务工作。
12.为客人提供熨衣、机票确认以及会议、商务等服务。
13.在班次结束后,与下一班做好交接工作。

6.4.3　行政楼层日常工作流程

①07:00 行政楼层接待员到前厅签到,并到信箱拿取有关邮件;与夜班交接班。

②07:00 至 07:30,打出房间状况报表,包括当日到店客人名单、在店客人名单。在客人名单上将当日预计离店客人用彩笔标出,以便对当日离店客人做好相应服务。行政楼层当班人员按职责分工完成以下工作:

a.A 组负责接待、收银、商务中心等工作。

b.B 组负责早餐、送鲜花、水果工作。

③准备鲜花、水果。检查前一天夜班准备的总经理欢迎卡、行政楼层欢迎卡,根据当日到店客人名单逐一核对。鲜花、水果及 2 个欢迎卡要在客人到店之前送入预分好的房间内(此项工作要由专人负责)。

④早餐服务从 07:00 至 10:00。早餐后开当日例会,由主管传达酒店信息及酒店近期重要活动。

⑤为到店客人办理入住手续及呈送欢迎茶,为离店客人办理结账并与客人道别。

⑥检查客人是否需要熨衣、商务秘书、确认机票等服务,随时为客人提供主动的帮助,并

告知哪些服务是免费的。A 组、B 组员工要根据当时的情况互相帮助,相互配合。

⑦10:00 至 15:00。查房并将鲜花、水果、欢迎卡送入每个预计到店的客人房间。

⑧中班于 13:30 报到,打报表(内容同早班)检查房间卫生及维修工作。15:30 与早班交接班。B 组服务员负责服务下午茶和鸡尾酒(图 6-14)。中班还要做第二天的准备工作,如打印第二天的欢迎卡、申领水果和酒水等。

⑨夜班时前厅、客房将代理行政楼层服务工作。

图 6-14　入住行政楼层的客人在"Happy Hour"免费享用下午茶和鸡尾酒

6.4.4　行政楼层客人入住服务程序

①当客人走出电梯后,微笑地迎接客人,自我介绍,陪同客人的大堂副理或销售经理将回到本岗。

②在行政楼层接待台前请客人坐下。

③请客人在住宿登记表上签名,注意检查客人护照、付款方式、离店日期与时间、机票确认、收"到店客人行李卡"。

④在客人办理入住登记过程中呈送欢迎茶。此时,应称呼客人姓名,并介绍自己,同时将热毛巾和茶水送到客人面前。如果客人是回头客,应欢迎客人再次光临。要求整个过程不超过 5 分钟。

⑤在送客人进房间之前应介绍行政楼层设施与服务,包括早餐时间、下午茶时间、鸡尾酒时间、图书报刊赠阅、会议服务、免费熨衣服务、委托代办服务、擦鞋服务等。

⑥在客人左前一步引领客人进房间,与客人交谈,看是否能给客人更多的帮助。

⑦示范客人如何使用钥匙卡,连同欢迎卡一同给客人,介绍房间设施,并预祝客人居住愉快。

⑧通知前厅行李员根据行李卡号和房间号在 10 分钟之内将行李送到客人房间。

⑨在早餐、下午茶、鸡尾酒服务时间,接待员应主动邀请新入住的客人参加。

【链接】

行政楼层的管理创新[①]

豪华酒店的"行政楼层",是体现管家式"贴心"服务的居停空间。无锡新梁溪大酒店的"行政楼层"内有一幅"和我们在一起,就像在家里一样"的宣传主题词,点出了此"行政酒廊"的服务品味与风格。它所营造出来的居家式温馨和"因客而异"的管家式"贴心"服务,颇受下榻该公寓式豪华酒店的、来自不同国度的客人的青睐,他们视"行政酒廊"为其下榻客房的延伸空间,

①　张楠,孙凤芝.一家现代酒店是如何塑造出来的[J].酒店职业经理人,2010(5).

一个真正可以感情交流与信息交流的"家外之家"。

在这里你看不到早已见惯了的酒店客房、餐厅内的陈式与布置，有的只是熟悉的家庭式陈设与用品，还有来自欧陆的多姿风韵、东南亚的热带景物、北美的文化印象……几幅下榻客人国家的"国旗座"，顿时构成了"日本角""德国角"还有"英国角"，您可以尽情地在"他乡遇故人"的"行政酒廊"休闲一角，与"相逢何须曾相识"的异国游客、故乡伊人下一盘国际象棋或围棋。至于那个"艺术纪念品陈列橱"则摆

图6-15　行政楼层阅览室

放着由下榻长住客人提供、来自不同国家区域文化的艺术纪念品。每月一次的酒店"总经理酒会"的一项既定程序内容，就是评选"本月行政酒廊最佳艺术陈列品"，并将其存入"陈列橱"内，在已入选的"最佳艺术纪念品"的铭牌上，将刻上"陈列品"主人——某位下榻客人的姓名。一个酒店与客人交融贴心、相互辉映的"心灵之窗"打开了……

6.5　提高前厅服务质量的途径

酒店业属于"好客业"（Hospitality Industry），而前厅部是酒店迎送客人的基地，与客人接触的机会最多，同时也是给客人留下第一印象和最后印象的地方。因此，做好对前厅部员工待客礼貌的培训就显得尤其重要。

图6-16　热情、友好是对度假型酒店总台接待
人员的基本要求（图为能讲一口流利英语的
海南凤凰岛度假酒店尼泊尔员工）

6.5.1　做好前厅部员工的待客礼貌培训

前厅部员工待客礼貌培训的主要目标是让前厅接待人员掌握"八项基本服务技能"(表6-6)。

表 6-6　前厅接待人员掌握"八项基本服务技能"

项　　目	服务技能
1.关注客人(Focusing on the Guest)	• 聆听 • 使用积极的身体语言 • 避免使用消极的身体语言 • 保持目光交流 • 微笑 • 认知 • 用愉悦的音调讲话 • 捕捉服务线索
2.提供高效服务(Providing Efficient Service)	• 尽快转向下一位客人 • 花足够的时间保证准确性 • 将闲聊降至最低限度 • 提前计划 • 跟进 • 主动提供选择 • 回答客人问题
3.增强客人的自尊感(Enhancing Guest Self-esteem)	• 客人出现时立刻认知 • 使用姓氏称呼客人 • 聆听,切忌打断客人 • 称赞客人 • 把客人当成贵宾对待
4.建立融洽关系(Building Rapport)	• 聆听,切忌打断客人 • 道歉,并用带感情色彩的字眼表示你了解客人的感受 • 等客人作出反应,然后着手解决问题
5.提供释疑及咨询服务(Providing Explanations and Information)	• 解答客人问题 • 主动提供选择及说明缘由,以使客人满意
6.明确客人需求(Determining Guest Needs)	• 提出适当的问题 • 将客人所说作简单小结
7.推介酒店服务项目(Explaining Hotel Services)	• 根据客人具体情况,向客人推介酒店服务项目 • 目标:让客人满意,使酒店增收
8.委托/转托他人处理(Referring)	• 明白要求后,解释别的同事能更好地帮助客人 • 将客人介绍给所提到的那个部门的同事,并用客人的口吻将需要委托/转托的事简单小结给那位同事。

附:

前厅部待客礼貌培训反馈表
Feedback Form of Guest Courtesy Training

交表日期: 年 月 日
上课日期: 年 月 日

部门:F.O. 分部门:
工号: 中英文姓名:

以下问题请自行添加纸张解答,部门经理或经理必须在此表上签署意见(不可以只有签名),以确保此次培训效果的真实性以及员工的确在工作中运用了所学技能。

1.本次培训你学到了哪些技能?

2.哪些技能是你在实际工作中运用的?

3.每一技能试举一例说明本次培训后你是怎样在实际工作中运用这些技能的?

4.部门经理或主管意见。

6.5.2 掌握前台接待技巧

1)多行注目礼

从客人进入酒店大堂朝总台走来,就是接待员意识到为客人提供服务并从内心引起足够重视的时候了。重视的表达方式是内晓房态,外行注目礼。内晓房态是指在客人询问之前,将现实房态了然于胸,外行注目礼就是面呈微笑,眼神亲和地看着客人走向自己。这其中有一大忌是一味地盯着人看,那样会自感吃力,客人也不自在。恰当的时间按双方可对视时算起,应不足 10 秒。大致分配为:与客人对视的时间是 6 秒,间断游离的时间是 4 秒。当然这个时间也不是绝对,还要视大门与服务台的距离而定。注目礼行至客人站在接待员面前时结束。还有第二次注目礼是客人办理离店手续走出大门的这段时间。这个注目礼一定要行,而且一定要专注,不要游离,不要分心,要让客人感觉你一直在目送他。一旦客人回头,你除了仍旧微笑着注视他外,再配一个点头致意,道一声"您慢走"。有时给客人行离店注目礼比进店时的注目礼还重要,因为它渗透了更多的情感因素,令客人难以忘怀。小小注目礼不是接待员的小小行为,而是代表一个酒店对客人的诚心的尊重。

2) 微笑要自然

酒店向客人提供的服务应该是规范化、程序化的,每个酒店前台的岗位都有具体的操作流程。如果不论具体情况,一味要求员工按流程操作,有时候会适得其反。大家可能都有这样的经历,当你走进一家酒店准备就餐,迎宾为你拉开门,接着,是一排服务人员面无表情地同时向你高喊"欢迎光临",甚至眼睛都不瞟你一下时,你冷不丁会被吓一跳,你真会觉得你受到欢迎了吗? 可服务员都是严格按要求操作的啊! 这就因为少了真诚和微笑,给人的感觉就大相径庭了。所以,自然的微笑有时候比程式化的流程更有亲和力,客人谈着话进门时,一个自然亲切的微笑,再加上点头致意,比硬生生地打断客人的话头要强;老顾客登门,不一定总是"你好,欢迎光临",自然地微笑和问候,像迎接多年不见的朋友,会给客人更加亲切的感受。

3) 多说欢迎语和祝福语

一句非常简单的"Welcome to our hotel",能使客人在异国他乡倍感亲切,再来一句"Wish you a most pleasant stay in our hotel"可以使客人立马放松身心,乐于与我们沟通。而不应出现当客人到达时,我们马上找出预订单,从客人呈上护照(或身份证)让我们登记到开房卡,直到客人离开前台进房间,一气呵成,但没有一句话,就像上演了一场"哑剧"。虽然双方意思非常明确,但怎么也体现不出我们的热情,达不到星级酒店的要求。在这一环节一般不会出现什么差错,但我们一定要注意:多说欢迎语和祝福语,如:"Very glad to have you here.""I hope you will enjoy your stay with us.""Have a good time!"另外,外国人注重礼貌和话语婉转,前台接待人员应该多用礼貌用语和多注意含蓄,如:"please","Excuse me","May I…","Could you…"

酒店员工在接待过程中,对客人使用欢迎语和祝福语时,还要注意因人而异,因情境而变。否则,对所有客人,在任何时候,采用程式化的问候与祝福语,会事与愿违,招致客人的不满。要培训和教育员工做"百灵鸟",不要"鹦鹉学舌"。

【案例】

要做"百灵鸟",不要"鹦鹉学舌"

A 饭店的常住客李先生很少在本饭店用餐,总是步行到饭店对面的一家酒楼用餐。该饭店的大堂副理得知这个情况后,亲自去拜访李先生,问其原委。李先生说:"饭店的服务员是'鹦鹉',每次见到我只是会鹦鹉学舌地说。'您好''欢迎光临''这边请'。而对面酒楼的服务员是'百灵鸟',我每次去总能听到曲目不同的悦耳歌声,有时是'李先生,欢迎您每天光临餐厅,我们感到非常荣幸';有时是'李先生,今天我们给您留了以前的老位子',这使我用餐时心情舒畅。"

B饭店的常住客黄先生对本饭店服务员"机械式"的服务用语颇有怨言。有一次,黄先生结完账,前台收银员习惯地说:"谢谢,欢迎下次光临,请慢走,祝您一路顺风。"黄先生听后一肚子不高兴地说:"我要赶飞机,怎么能慢走,更不能顺风!"还有一次,黄先生到饭店前台办理入住手续,接待员小陈说:"欢迎光临。"黄先生回敬道:"光临、光临,怎么不光临呢?"小陈是个善于思考的小姑娘,她从黄先生的话语中感受到他对这种老套欢迎词的不满。不久,小陈再次遇到黄先生办理入住手续,她便道出一番吉祥的问候:"黄先生,今天您满面春风,一定是遇到了高兴的事……"黄先生听了后,表情非常得意,边登记边跟小陈聊了起来。

4) 主动交流,恰当搭讪

适时得体的言行会减少客人等待的焦急感,更重要的是让客人感觉到酒店对自己的关照和重视。

主动交流是指客人在办理手续过程中接待员(包括行李员、收银员)如何打破冷场局面,让客人不致无聊的一种意识行为。通常情况下,客人办理入住手续的过程中只是静静等待,这其实不是客人自身希望的。每一声如家人的问候,对本地风土人情的介绍,商务环境的推荐等等,都是客人希望从交流中得知的。前台接待员作为酒店与客人的第一接触人,理应担起这份义务。

在主动交流中还有一个互相配合的问题。如行李员还在搬运,接待员还在操作,收银员则可乘机与客人交流。

另外,当客人退房时,几乎每个酒店都要有一定的查房时间,如遇忙时,时间还会稍长一些,在客人烦躁不安地等待之时,一味地"请稍等""对不起"对客人起不到安抚的作用。这时候,前台员工可以恰当地有意和客人搭讪几句,以缓解客人焦急的情绪,也体现了更人性化的服务。但一定要恰当,否则会适得其反,引起客人的反感。如对方是穿着体面的女士,可以夸赞她的衣服好看;对外地的客人可以简单介绍当地的旅游景点;还可以根据天气情况提醒客人应注意的细节等。当然,这些搭讪的话语一定要真诚、自然、亲切,让客人易于接受。

5) 办事利索

前台办理入住手续一般不应不超过3分钟,用现代高科技前台系统会更快,但目前大部分酒店还达不到这个要求,尤其是退房。通知、查房、再通知、再汇总,酒店也许考虑了这个情况,大都在总台旁设有休息处、阅览处,以方便客人等待。一般情况下的等待,客人还是可以接受的,怕只怕一些办事不利索的接待员、查房员慢慢吞吞,磨磨叽叽,反反复复。如客人问:"××房有空?"接待员理应一口气和盘托出,而不是敲一下电脑才能报出;再问,再敲一下电脑。这个时间为什么要耽误呢? 这就是典型的用心不专、准备不充分。客人最恼火这类可通过自身努力缩短时间而没去缩短的人。这些业务不精而导致办事拖拉不利索的表现,是应该通过培训提高的。

6) 见面熟

在大多数情况下,前台接待对客人特别是一些常客采取一回生二回熟、三回四回成朋友的做法极具效果。只要客人住过一次,第二次入住时,接待员就老朋友似地招呼:×先生,您好,很高兴又能为您服务。此话一出,客人哪有不高兴之理。要亲近客人,打动客人,让他觉得很有面子,要千方百计熟记客人的体貌特征、习惯嗜好、姓名职位等,只有把他当老朋友一样看待了,他才肯回头,才肯消费;不然,一个陌生、没留下任何联想的地方他会回头吗? 道理很简单,需要我们前台接待员去明了,去体会,去实践,去锻炼提高自己与客人见面熟的功夫。

【案例】

摸一下自己的脸＝500 万美元?

M 饭店的副总经理迈克接到顾客的投诉。顾客反映自己是这家饭店的常客,但每次来饭店的时候仍被当作是第一次来,这就很难让他们有宾至如归的感觉。

迈克马上找到了管理部门,要求负责人为曾经来过饭店的顾客单独建一套电脑程序。但是负责人面露难色地说:

"如果要建立这样一套系统,至少需要 500 万美元的经费和 3 年以上的时间。"

听到这样的答复,迈克也无可奈何,一时语塞了。

几周后,迈克到加利福尼亚出差,住在当地的 G 饭店。进入饭店大厅后,门卫比尔热情地迎接了他。迈克几年前就见过这个职员,比尔接过行李后,前台的女职员同样十分热情。

女职员面带亲切的微笑,对迈克说道:

"您好,迈克先生,欢迎您再次光临 G 饭店。"

迈克问女职员,为什么知道自己以前曾经来过这家饭店。

女职员解释道:"客人进入饭店后,比尔会迎接客人,如果是比尔第一次见的客人,比尔就会问客人:'您好,贵姓? 您来过我们饭店吗?'如果客人回答曾经来过,比尔把客人介绍给前台的小姐时,就会摸一下自己的脸,意思就是:'这位客人曾经来过!'"

然后,女职员叫来服务员。

"这位是迈克先生,今天晚上要住在我们饭店的克里斯托房间。"

女职员一边说,一边轻轻摸了摸自己的脸颊。服务员马上就明白了女职员的意思,说道:

"您好,迈克先生,很高兴再次为您服务,我感到非常荣幸!"

G 饭店职员之间默契的配合让迈克很受感动,他们没有花费几百万美元建立计算机系统,只是靠一个摸脸颊的简单动作就让老顾客有了宾至如归的感觉。

7) 征求客人反馈意见

比如:您住得习惯吗? 还有哪些需要我们改正? 您还会再来吗? 大概在什么时间? 需要我们做什么准备? 当然,交流的前提是客人乐于奉陪。接待员将获取的信息资料留存,再与销售部配合跟踪,还是会有所收获的,这也体现出酒店欢迎客人的一种态度。

8)经理常跟班

经理跟班不仅能及时发现问题及时处理,了解员工工作状况,给他们以鞭策,保证接待质量,还能让客人感觉酒店对自己的重视。不同身份的人出面接待,客人表面不说,心理感受可不同。经理在跟班时适时给客人一些问候、一声祝愿、一点介绍,客人都会心存感激,极易产生对酒店良好的印象。对有些常客,经理现场执行一些优惠政策,更能保持常客对酒店的忠诚,对稳定客源、扩充客源有极其重要的现实意义。

9)注重细节服务

注重个性化服务和细节服务,是提高总台服务质量,体现酒店特色的重要途径。合肥外商国际俱乐部酒店要求每位员工对重要会议的内容、行程安排、VIP 客人姓名、具体抵离店日期等都要熟记于胸。会议报到前 2 天,所有员工都可以随口报出 VIP 客人的房号以及如何称呼他们。工作人员亲切的礼宾服务以及快捷的入住手续首先给客人们留下了美好的第一印象。台湾旅行业保障协会大陆委员会主任、中信旅行社总经理章致远进入房间后准备打电话去酒店服务中心咨询事情,没想到电话刚一拨通,话筒里立即传来接线员的声音:"章先生您好,有什么需要服务的吗?"刚一进酒店服务员就能直接称呼他,这让他感到十分亲切与惊喜。

6.5.3 加快办理入住登记的速度

办理入住登记的速度是体现酒店服务质量和服务标准的重要环节,每一家酒店都在力图提高前台入住登记工作的效率,减少客人的等候时间。

加快客人入住登记的速度不外乎有 3 种方法。

一是提高前台接待人员的服务技能和工作效率。

二是采用电脑自助登记系统。客人只需在一种特定的机器上插上信用卡和身份证,确定了个人信息和选择的房间类型后,机器就会自动地传送出房间的钥匙,同时打印出一份写有房号和客房线路的登记表。整个登记过程十分方便,花费时间不超过 1 分钟,大大节省了客人的时间。

三是改善工作流程。如为了加速有预订客人的入住速度,应该在客人抵店前做好相关的准备工作,如预先打印好入住登记表、制好电子钥匙、准备好欢迎卡或房卡、早餐券等。另外,为了加速登记过程,在接待客人填写客单时,通常只填写客人姓名、房号等基本的必须资料,尽快完成入住手续,待客人入住后,再回头补充输入客人的完整资料。

6.5.4 妥善处理总台接待中的常见问题

在总台接待工作中,常常会遇到下列情况,要求接待人员妥善处理。

1)预订引出的麻烦

接待预订客人时,可能会遇到下列情况,应灵活处理。

（1）在当天预订单上并没有该客人的名字

出现这种情况的可能性有 2 种：一是客人没有预订；二是预订员或接待员工作疏忽造成的。无论属于哪种情况，如有空房应尽量满足客人的需要。如已客满，可请客人出示酒店发出的确认函，如果客人有确认函，则向客人表示道歉，同时为客人提供一间价格稍高于客人所预订房间的客房，并告诉客人，高出的房价由酒店承担，不用客人支付。如果高档客房已售完，则可将稍低档次的客房以优惠价格出租给客人。假如本酒店已无空房，则要将客人介绍到其他同档次的酒店，其处理方法与前面所讲"超额预订"时的处理方法相同。

如客人没有确认函，应向客人解释清楚，并表示歉意，同时可以建议为客人在附近同等级的酒店找一间客房。

（2）预订的确储存了，但同等价格的客房已没有了

这种情况与上述客人有酒店的确认函，但"在当天预订单上并没有该客人的名字"时的处理方法相同。

（3）停留天数与预订的不符

预订客人抵店登记时，一定要获得客人对离店日期的确认。假如客人提出的离店日期与其最初预订的不同，而那时酒店已客满，可告诉客人："等过两天再说，有些客人可能会提前离店，那样您就可以保留房间了。"

（4）预订客人提前抵店

酒店一般规定中午 12 点为结账离店时间，如果预订客人在此之前抵店，这时应向来客解释清楚，并建议客人在大堂等候，或把行李留在酒店，先去咖啡厅喝杯咖啡或出去散散步。但如果是 VIP 或特别难对付的客人，可以建议他先在另一间客房等候，不过这"另一间"客房的标准不应高于所预订或分配房间的标准，以免使客人住进"他的"房间时产生失落感。

如果客人在深夜抵店，并住进客房，可加收半天房费。

2）客人不愿登记

有些客人由于怕麻烦或为了保密或为了显示自己作为常客或老板等的特殊身份和地位，住店时不愿登记。这时，接待员应：

①耐心地向客人解释填写住宿登记表的必要性。

②若客人有顾虑，怕住店期间被打扰，而不愿他人知其姓名、房号或其他，可以告诉客人，酒店可以将客人的这一要求输入电脑或记录下来，通知有关接待人员，保证客人不被打扰。

此外，针对这种情况，酒店方面也应做出努力，改进服务。比如建立客历档案，这样当客人再次光临时，就可以根据客历档案中的有关资料，提前为客人填妥登记表上的有关内容，客人抵达时，只要签个名即可。另外，对于某些常客、商务客人及其他 VIP 客人，可先请客人坐在大堂，为客人送上一杯茶（或咖啡），然后前去为客人办理登记手续，以显示对客人的重视和体贴。

3)客人办理完入住登记手续进房间时,发现房间已有人占用

此时,应立即向客人道歉,承认属于工作的疏忽,同时,带客人到大堂或咖啡厅,等候重新安排客房。此时应为客人送上一杯茶(或咖啡),以消除烦恼。等房间分好后,要由接待员或行李员亲自带客人进房。

4)来访者查询住房客人

查到房号后,应先与住客电话联系,征得住客的同意后,再告诉访客:"客人在××房间等候"。

5)旅游旺季,住店客人要求延住

旅游旺季,住店客人要求延住,而当天酒店已订满,遇到这种情况,前厅工作人员应妥善处理,以免得罪客人。

①向客人解释酒店的困难,求得客人的谅解,为其联系其他酒店。

②如果客人不肯离开,前厅人员应立即通知预订部,为即将到店的客人另寻房间。如实在无房,只好为即将来店的客人联系其他酒店。

总之,处理这类问题的原则是:宁可让即将到店的客人住到别的酒店,也不能赶走已住店的客人。

6.5.5 为前厅部常见问题确定处理程序

1)如何同时服务1个以上的客人

①尽快招呼等候着的客人。

②为第一位客人服务一个自然时间段,告辞,去询问第二位客人你能为他提供何种帮助。

③对第二位客人的要求作出反应,然后在适当的时候再回到第一位客人处。

④在客人们之间穿梭服务,直到服务结束。

2)如何处理有争议的账单

①聆听,切忌打断客人,并作出同情的反应。

②从客人处获取你所需要的任何信息。

③解释收费原因,可能的话,出示恰当收据。

④如客人表示满意,继续结账。

⑤如客人仍不满意,用客人的口吻将问题做小结,并转报给你的上司或经理。

3)如何处理被延误的服务

①聆听,切忌打断客人的投诉。

②用客人的口吻将问题作小结,并作出同情的反应。

③解释延误的原因。

④告诉客人你将采取何种行动去帮助解决问题。

⑤跟进,并将事情的进展随时通报给客人。

4) 如何满足急躁的客人

①招呼客人并对延误表示歉意。

②告诉客人你会尽快为他服务。

③尽快、高效地处理目前的事务,并在必要时反复安抚急躁的客人。

④对客人的等候表示感谢,并尽可能快地提供服务。

⑤再次对客人表示感谢(尽可能用姓氏称呼),并为所造成的不便表示歉意。

5) 无某项服务时,如何满足客人

①首先对无法提供某项服务表示歉意。

②聆听,不要打断客人,然后告诉客人你了解他失望的心情。

③假如所要求的东西无法提供,主动向客人推介别的替代选择。

④假如客人仍不满意,用客人的口吻将问题报知你的上司或经理。

6) 如何接待要求多的客人

①聆听客人要求,适当时进行小结。

②尽可能快地满足客人的要求。

③如客人不满意,道歉并提出某些选择建议。

④将此次服务过程中的特别之处以及客人的要求报知你的上司或经理。

7) 如何快速处理客人投诉

①快速道歉以维护客人自尊。

②聆听,切忌打断客人;弄清问题注意客人的情绪,必要时拿笔纸记录,以示重视。

③用客人的口吻将问题简单小结一下,以建立盟友关系。

④征询客人解决问题的意见,并解释你所能做的(以所不能做的),与客人达成一致。

⑤告诉客人你将按所达成的一致意见立刻行动。

⑥如无法达成一致,告诉客人你将请你的上司或经理来,并立刻行动。

⑦跟进处理情况,并随时知会客人直到客人满意。

⑧用客人的口吻将投诉告诉你的上司或经理,提及你的解决过程,以便上司酌情处理;与上司一道去见客人并作介绍,然后告退。

⑨始终保持礼貌的态度。

6.5.6　创新前厅接待服务

为了提高酒店服务质量,增强客人的满意度,可对前厅服务内容和接待模式进行创新。以下是国内外一些酒店的前厅接待创新。

1) 你一定累了,只要把护照留下就好

突尼斯的 Sidi Bou Said 酒店在为客人办理入住时,接待人员会用顾客的语言对客人说:"欢迎,您现在到家了,您一定累了,只要把护照留下就好,我们会为您填好登记表,然后还给您。"

2) 给入住办理手续的客人在 30 秒内送一杯热咖啡,一条温度在 25~30 ℃ 的热毛巾

山东某酒店总台设计为酒店客人与接待服务人员同时坐式交流,办理入住或退房手续,一下拉近了酒店与顾客的距离。要求给入住办理手续的客人在 30 秒内送一杯热咖啡,一条温度在 25~30 ℃ 的热毛巾,解除旅途劳顿之苦。所有客人办完入住手续后,一律由专人送至房间,并详细介绍酒店客用设施。

3) 在酒店的停车场和入住、退房高峰期的酒店大厅,为客人提供问候性的咖啡

在洛杉矶的 Westin Bonaventure 酒店,每天早上在酒店的停车场和入住、退房高峰期的酒店大厅,都会提供问候性的咖啡。

4) 为客人提供"温馨带房"服务

前厅的"温馨带房"服务是一种对客的体贴关怀,在没有太大投入的情况下,既拉近了酒店与顾客的距离,产生更多的亲切感,也让客人更多感受到"家外之家"的感觉,对于员工、顾客都是一种欢悦的体验,也符合"人文关怀"的人本理念。

本章小结

➤ 本章较为详细地介绍了总台接待工作的基本程序、规范要求和注意事项。包括住宿登记、问讯以及行政楼层的服务与管理等。

➤ 总台接待工作最基本的要求是热情、礼貌、高效、准确。总台的管理工作也是围绕这些要求进行的,管理人员要求总台接待人员努力为客人提供热情、礼貌、高效、准确的服务。要做到这一点,总台员工要比其他部门员工具有更高的素质,如良好的外部形象、流利的外语水平和语言表达能力、细心的工作作风,还要做好与其他部门特别是客房部、销售部的沟通,保证各种信息畅通。

➤ 为了满足商务客人的特殊需求,提升对商务客人的服务质量,很多酒店纷纷设立专为高档商务客人服务的行政楼层,行政楼层一般隶属前厅部,由前厅部负责接待和管理工作。

➤ 近年来,总台接待管理呈现几大新的特点。一是总台岗位的合并趋势,即接待、收银二合一,甚至三合一;二是一些酒店开始尝试让客人坐着办理住登记手续,不仅很多休闲度假村开始这么做,而且一些高档的商务型酒店也开始仿效,这是一种值得关注的现象。

思考题

1.什么是行政楼层？

2.总台接待工作中经常出现的问题有哪些？如何解决？

【案例分析】

发生在总台的"多角色"诈骗

一天傍晚，北京某饭店服务总台的电话铃响了，服务员小姐马上接听，对方自称是住店的一位美籍华人的朋友，要求查询这位美籍华人。小姚迅速查阅了住房登记中的有关资料，向他报了几个姓名，对方确认其中一位就是他找的人，小姚未做思索，就把这位美籍华人所住房间的号码818告诉了他。

过了一会儿，总服务台又接到一个电话。打电话者自称是818房的"美籍华人"，说他有一位谢姓侄子要来看他，此时他正在谈一笔生意，不能马上回来。请服务员把他房间的钥匙交给其侄子，让他在房间等候，接电话的小姚满口答应。

又过了一会儿，一位西装笔挺的男青年来到服务台前，自称小谢，要取钥匙。小姚见了，毫无顾虑地把818房钥匙交给了那男青年。

晚上，当那位真正的美籍华人回房时，发现他的一只高级密码箱不见了，其中包括一份护照、几千美元和若干首饰。

以上即是由一个犯罪青年分别扮演"美籍华人的朋友""美籍华人"和"美籍华人的侄子"而演出的一出针对饭店的骗局。

几天后，当这位神秘的男青年又出现在另一家饭店用同样的手法搞诈骗活动时，被具有高度警惕性、严格按饭店规章制度和服务规程办事的总台服务员和保安员识破，当场抓获。

【评析】

冒名顶替是坏人在宾馆犯罪作案的惯用伎俩。相比之下，本案中的这位犯罪青年的诈骗手法实在很不高明。总台服务员只要提高警惕，严格按规章制度办，罪犯的骗局完全是可以防范的。

首先，按酒店通常规定，为了保障入住客人的安全，其住处对外严格保密，即使是了解其姓名等情况的朋友、熟人，要打听其入住房号，总台服务员也应谢绝。变通的办法可为来访或来电者拨通客人房间的电话，由客人与来访或来电者直接通话；如客人不在，可让来访者留条或来电留言，由总台负责转送或转达给客人，这样既遵守了酒店的规章制度，保护了客人的安全，又保证了客人与其朋友、熟人的联系。本案例中打电话者连朋友的姓名都叫不出,令人生疑,总台服务员更应谢绝要求。

其次,"美籍华人"电话要总台让其"侄子"领了钥匙进房等候,这个要求也是完全不能接受的。因为按酒店规定,任何人只有凭住宿证明方能领取钥匙入房。凭一个来路不明的电话"委托",如何证明来访者的合法性? 总台服务员仅根据一个电话便轻易答应别人的"委托",明显地违反了服务规程,是很不应该的。总台若能把好这第二关,犯罪的诈骗阴谋仍然来得及制止。

【补充与提高】

行政楼层:开房率如何从50%,提高到90%?[①]
——行政楼层"变脸"出成效

近日,上海某大酒店行政楼层掀起了一场"尊贵之享,时尚体验"活动。从今年2月28日至3月10日酒店行政楼层调整到位后,面貌发生了翻天覆地的变化,广受宾客青睐。行政楼层日均出租率从50.3%提高到90%以上,其中3/2是外宾。酒店成了商务散客下榻酒店的首选之地。行政楼层改革也是酒店年度销售工作会议的热点讨论问题,从人员配备到产品调整,再到氛围营造,酒店对行政楼层的"改革"下足了功夫。

重建楼层队伍,打"第一印象"牌

服务需要员工来完成,酒店此次行政楼层改革的第一项内容即是人员。改革前,行政楼层总体出租率为50.31%,行政酒廊的接待功能未能充分发挥。行政楼层存在巨大的盈利空间,市场潜力有待开发。在行政楼层主题讨论会上,酒店提出特设一名行政楼层经理,该人员不仅要具备房务接待经验,同时还要熟悉餐厅及宴会的运作。酒店将对行政楼层经理实施灵活的薪酬体系。该信息发布后,应聘者众多,其中不乏高学历人士、高星级酒店工作的资深人员。行政楼层领班和服务人员也重新从餐饮部挑选,一支精英队伍汇聚行政楼层。

3月初,人员全部到位后,酒店着手实施培训计划,对行政楼层的管理人员及服务人员进行全方位的培训,包括接待礼仪、行政楼层接待知识、餐厅运作知识、宴会接待知识、酒吧知识等。另外,酒店统一更换行政楼层服务人员的服装,打造"第一印象"牌,让入住行政楼层的客人有全新的感受。

丰富产品内涵,更贴近客人需求

行政楼层改革的第二项内容即重新调整服务产品,丰富服务内涵。酒店主要通过2方面实施:第一,重新配置行政楼层客房产品。通过宾客意见收集,较多客人对行政楼层的产品及个性化服务提出了异议,希望酒店能加强行政楼层的接待功能。在综合宾客意见及考察上海市区高星酒店的基础上,酒店决定对行政楼层客房的洗漱用品、浴袍、床尾巾等都进行重新配置。第二,强化行政酒廊服务功能。楼层随之推出了绿色营养早餐,包括脱脂牛奶、农家奶酪、蔬菜豆腐等众多品种。另外,酒店还重新调整下午茶产品,品种更趋丰富。

重新梳理、制定行政楼层接待功能及流程。酒店为行政楼层客人推出了一系列优惠项

---

① 俞红芳.行政楼层"变脸"出成效[J].饭店世界,2008(5).

目,如延迟到下午 3 点退房;免费洗涤衬衣 1 件/天,熨烫西服 1 套/天等。优惠项目推出后,引起了很多宾客的注意,他们认为很多项优惠内容更贴近客人所需,更趋人性化。入住楼层的客人将由专人引导直接到 27 楼名仕阁总台办理入住手续。

调整布局格调,让文化"装点"空间

高星酒店林立的今天,很多酒店不遗余力打造人文酒店,实施"艺术文化"战略。行政楼层改革的另一项重要内容即营造名仕阁酒廊氛围,为宾客提供一个高端品质的商务社交场所。酒店通过鲜花、绿植及窗帘高度的调整,增加空间的私密性;在原有沙发的基础上增加几组颜色亮丽的靠垫,让酒廊具备商务气息的同时又不失时尚、动感的元素,通过对书籍的摆放和调整,让文化装点空间;重新调整音乐、灯光,使之更符合商务客人的需求……

酒店行政楼层改革带来了这场"尊贵之享,时尚体验"活动,客人反馈好评如潮。

酒店经理人对"经理的困惑"的答复

Re:酒店前台这样的"带房服务"模式可取吗?

贺虹　西安古都文化大酒店　前厅部经理

客人在前台办理入住后,由专人带入房间并向客人介绍房间设施,客人会感觉非常温馨,但如果在办理入住高峰期,让前台接待出来带房是很难达到的,会因此影响到前台本身的工作,建议根据情况安排行李生或大堂 GRO 来做此项工作。

面对面观看西安古都文化大酒店前厅部经理贺虹谈:酒店前台这样的"带房服务"模式可取吗?

方式一　请登录:刘伟酒店网—院校服务—视频—酒店前台这样的"带房服务"模式可取吗?

方式二　扫描二维码

二维码　面对面观看西安古都文化大酒店前厅部经理贺虹谈:
酒店前台这样的"带房服务"模式可取吗?

第7章
总台销售管理

　　销售工作是前厅部最重要的职能之一,总台员工要强化销售意识,掌握销售工作的艺术与技巧,努力提高销售效果及酒店的经济效益。

　　总台销售工作的最佳境界是:将合适的客房,卖给合适的客人。而非将最高价格的客房卖给客人,否则客人即使勉强接受了,心理也不舒服,不满意,以后就不会再来,也不会将酒店推荐给亲友。这样,酒店将永远失去一位客人和许多潜在的客人。

通过本章的学习,读者应该:

- 学会控制房态,提高客房利用率和服务质量。
- 掌握总台销售艺术与技巧。
- 掌握客房分配的艺术。

关键词:房态;上销客房;客房分配

Keywords:Room Status;Upselling;Room Assignment

经理的困惑

——酒店销售必须依靠 OTA 吗？

　　进入 21 世纪，网络订房似乎已经成为一种发展趋势，除了携程、e 龙等知名公司以外，社会上还有上百家网络订房公司为社会公众提供订房服务，这一方面为酒店提供了一种预订渠道，增加了酒店的客源，但另一方面，这些公司又开出了非常苛刻的条件，有的甚至提出要 2~3 折的房价，极大地压低了酒店的利润空间，而有些订了房又不来，增加了管理的难度，但如果不接受这些网络中介订房，酒店又少了一个预订渠道，影响了开房率，面对这种情况，酒店到底应该如何选择？

7.1　客房状态的控制

7.1.1　客房状态

酒店客房状态通常有以下类型（表 7-1）。

表 7-1　酒店常见房态

房　态	英　文	中　文	备　注
OC	Occupied & Clean	已清洁住客房	
OD	Occupied & Dirty	未清洁住客房	
VC	Vacant & Clean	已清洁空房	已完成清扫整理工作，尚未检查的空房
VD	Vacant & Dirty	未清洁空房	
VI	Vacant & Inspected	已检查空房	已清洁，并经过督导人员检查，随时可出租的房间
CO	Check out	走客房	客人刚离店，房间尚未清洁
OOO	Out of Order	待修房	硬件出现故障，正在或等待维修
OOS	Out of Service	停用房	因各种原因，已被暂时停用的房间

续表

房　态	英　文	中　文	备　注
BR	Blocked Room	保留房	为团体客人、预订客人以及重要客人等预留的房间
SK	Skip	走单房	一种差异房态。前厅房态为占用房，而管家房态为空房
SL	Sleep	睡眠房	指前厅房态为空房，而管家房态为占用房
S/O	Sleep Out	外宿房	住店客人外宿未归
LL	Occupied with Light Luggage	携少量行李的住客房	
NB	No Baggage	无行李房	
DND	Do Not Disturb	请勿打扰房	客房的请勿打扰灯亮着，或门把手上挂有"请勿打扰"牌
DL	Double Locked	双锁房	酒店（或客人）出于安全等某种目的而将房门双锁

7.1.2　房态的控制

做好房态的控制对于提高客房利用率以及对客服务质量，都具有重要的意义，是前台工作的重要任务之一。现代酒店基本上都采用计算机管理，控制房态则相对比较容易。房态控制的关键是员工工作要细心，同时，要做好信息的沟通。

房态的控制主要采取两种方法：一是设计和制作房态控制的各种表格；二是房态信息的沟通。

1）远期客房状态

远期客房（Room Forecasting）状态主要是根据客人住宿和预订的情况来预测和统计未来一个时期的各种房类和每间客房的预订、占用情况，为客房销售、预订、排房等业务能否满足客人的要求提供依据，并且为酒店未来的经营决策服务。

（1）空房预报表

空房预报表（Room Type Availability Grid）（图7-1）据在住客人和预订情况来实时统计各种房类在未来一定时期内的使用情况。包括每类客房的占用数、可售数、出租率等概要情况统计，从而为未来客房销售和预订提供房类可售性判断的依据。通常在接到客人的订房要求时，需要通过空房预报表检查可售客房情况。

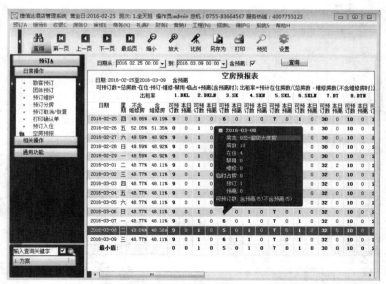

图 7-1 空房预报表

（2）房间预测图

房间预测图（Room Plan）是以甘特图的形式来反映酒店的每一间客房在未来任意一个时期的使用情况。它可以显示任意指定日期起的一定天数（如 30 天）内每间客房的预订、在住、离店、维修、停用的情况，可以用不同颜色表示客单的不同状态，从而为预先排房和避免冲突提供直观图示（图 7-2）。

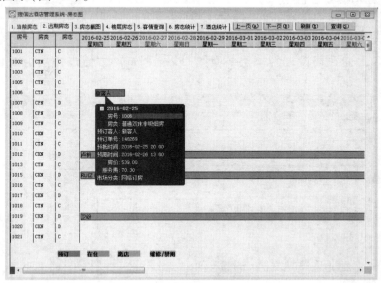

图 7-2 房间预测图

2）当前房态

当前客房状态主要是根据客人在住、客房维修、客房停用等来反映酒店中全部客房的即时状态，同时也根据客人的预订、离店对当天预订、预离的房间作出标识。

当前房态可通过当前房态图、楼层平面图、酒店当前状况统计、当前房态统计表、当前房间状态表、当前房价表等多种工具进行控制和统计。

（1）当前房态图

当前房态图（Room Status）实时地显示酒店全部客房的当前房态：包括房号、当前房态、在住客人、预计抵达、预计离店等，可使用不同的颜色和图例标识不同的房态。员工操作时，可按区域、楼层、房类、房号、房态等多项指标进行筛选、查询（图7-3）。

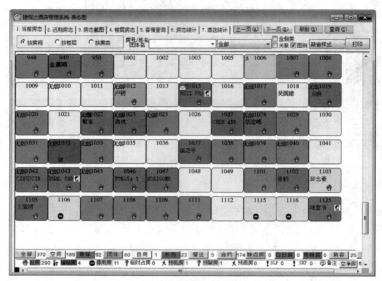

图 7-3　当前房态图

（2）楼层平面图

按酒店建筑平面布局设计的楼层平面图（Floor Plan），方便以楼层为对象的客房管理（图7-4）。

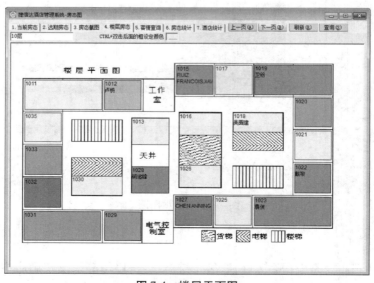

图 7-4　楼层平面图

(3)酒店当前状况

酒店当前状况(House Count)统计表反映酒店客房、管家房态、在住客人、酒店营业指标的实时统计(图 7-5)。

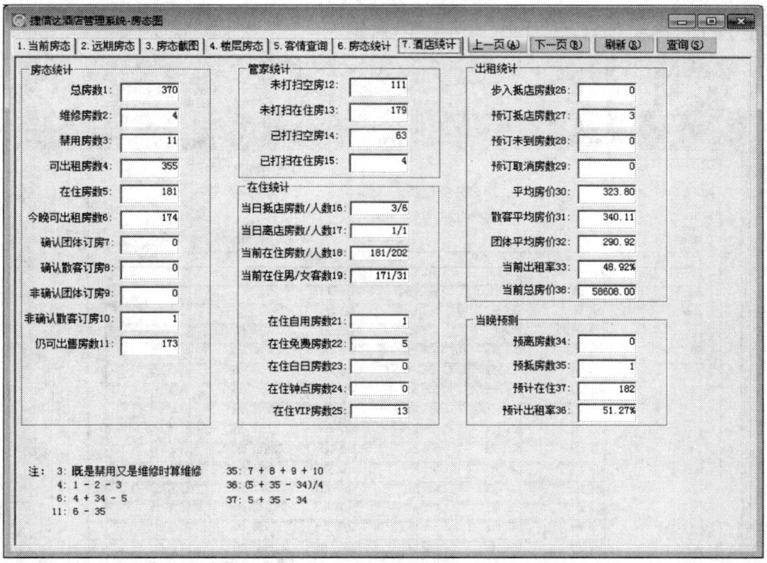

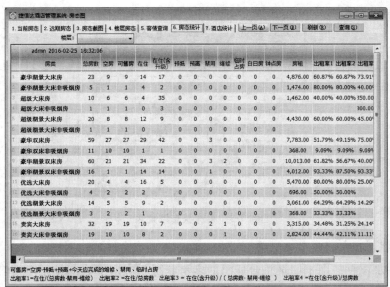

图 7-5　客房当前状况统计表

(4)当前房态统计表

当前房态统计表(Room Status Summary)按房类和房态交叉统计客房数,此表反映按不同房类的空房(VC/VD/VI)、占用(OC/OD)、维修(OOO)、停用(OOS)的客房数的即时状况(图 7-6)。

	房类	总房数	空房	可售房	在住	在住(含升级)	预抵	预离	禁用	维修	临时占房	白日房	钟点房	房租	出租率1	出租率2	出租率
1	豪华湖景大床房	23	9	9	14	17	0	0	0	0	0	0	0	4,876.00	60.87%	60.87%	73.91
2	豪华湖景大床非吸烟房	5	1	1	4	2	0	0	0	0	0	0	0	1,474.00	80.00%	80.00%	40.00
3	超级大床房	10	6	6	4	35	0	0	0	0	0	0	0	1,462.00	40.00%	40.00%	350.00
4	超级大床非吸烟房	1	1	1	0	3	0	0	0	0	0	0	0				300.00
5	超级湖景大床房	20	8	8	12	9	0	0	0	0	0	0	0	4,430.00	60.00%	60.00%	45.00
6	超级湖景大床非吸烟房	1	1	1	0		0	0	0	0	0	0	0				
7	豪华双床房	59	27	27	29	42	0	0	3	0	0	0	0	7,783.00	51.79%	49.15%	75.00
8	豪华双床非吸烟房	11	10	10	1	1	0	0	0	0	0	0	0	368.00	9.09%	9.09%	9.09
9	豪华湖景双床房	60	21	21	34	22	0	0	3	2	0	0	0	10,013.00	61.82%	56.67%	40.00
10	豪华湖景双床非吸烟房	16	1	1	14	14	0	0	1	0	0	0	0	4,012.00	93.33%	87.50%	93.33
11	优选大床房	20	4	4	16	5	0	0	0	0	0	0	0	5,470.00	80.00%	80.00%	25.00
12	优选大床非吸烟房	4	2	2	2		0	0	0	0	0	0	0	696.00	50.00%	50.00%	
13	优选湖景大床房	14	5	5	9	2	0	0	0	0	0	0	0	3,061.00	64.29%	64.29%	14.29
14	优选湖景大床非吸烟房	3	2	2	1		0	0	0	0	0	0	0	368.00	33.33%	33.33%	
15	贵宾大床房	32	19	19	10	7	0	0	2	1	0	0	0	3,315.00	34.48%	31.25%	24.14
16	贵宾大床非吸烟房	19	10	10	8	2	0	0	0	1	0	0	0	2,824.00	44.44%	42.11%	11.11

可售房=空房-预抵+预离+今天应完成的维修、禁用、临时占房

出租率1=在住/(总房数-禁用-维修)　出租率2 =在住/总房数　出租率3 = 在住(含升级)/(总房数-禁用-维修)　出租率4 =在住(含升级)/总房数

图 7-6　当前房态统计表

(5)当前房态分类表

当前房态分类表(Room Status Details)按不同房态和房类分组列出空房(VC/VD/VCI)、占用(OC/OD)、维修(OOO)、停用(OOS)的房号明细列表,此表应定时打印,作为万一出现系统故障的后备控房手段(图 7-7)。

A5001　　房态分类报表　　共 1 页,第 1 页

HouseKeeping Room Status Report

查询条件:　　打印人:admin　　打印时间:2016-02-25　11:28:56

房态	房号	房号	房号	房号	房号	房号
OC	601 DT	629 DS	641 DT	1018 CTN		
OOO	611 DTL	612 DTL	1032 CKN	1128 CK		
OOS	450 DT	743 DT	809 DTL	921 DTL	1115 CK	1213 PS
	518 DTLN	748 DT	813 DTL	1106 CK	1116 CT	
VC	409 DTL	502 DTN	617 SKL	928 DTL	1009 CTN	1048 CTN
	410 DTL	503 DTN	620 DTL	929 DS	1010 CKN	1049 CTN
	411 DTL	505 DTN	637 DS	930 DTL	1011 CTN	1112 CPS
	412 DTL	522 DTLN	902 SK	936 DTL	1013 CTN	1132 CPS
	413 DTL	537 DSN	903 SK	941 DT	1016 CTN	1137 DS
	415 DTL	541 DTN	905 SK	942 DT	1021 CTN	1146 CP
	416 DTL	542 DTN	911 DTL	1001 CTN	1026 CPN	1218 CPS
	421 DTL	543 DTN	913 DTL	1002 CTN	1030 CTN	1220 CK
	422 DTL	545 DTN	915 DTL	1003 CTN	1035 CKN	1222 CK
	430 DTL	549 DTN	919 DTL	1005 CTN	1036 CTN	1241 CT
	501 DTN	550 DTN	920 DTL	1006 CTN	1041 CTN	1249 CT
VD	405 DT	538 PKN	741 DT	845 DT	1020 CKN	1142 CK

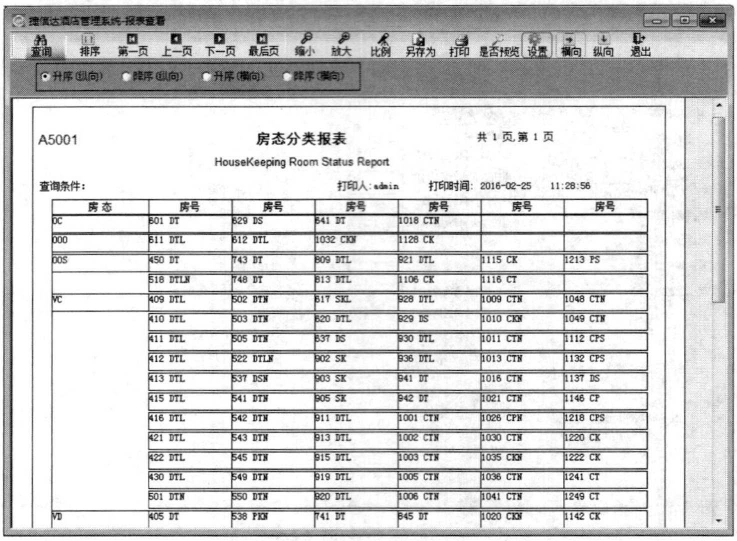

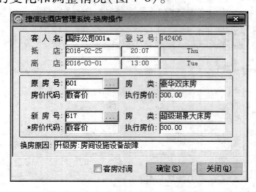

图 7-7　当前房态分类报表

3)房态的转换与调整

(1)客房状态调整表(换房表)

反映客房利用状况的变化和调整情况(图 7-8)。

图 7-8　客房状态调整表

(2)客房状态差异表

客房状况差异表是用于记录总台显示的客房状况与客房部查房结果不一致之处的表格(表 7-2)。此表是在接待员核对了客房部送来的检查报告后填写的。客房部的服务人员每天至少 2 次(早、晚各一次)检查客房自然状况,并将检查结果经客房部汇总后,以楼层报告

或房态表的形式送总台。接待员应将其与电脑上所显示的房态表进行核对,如发现不同之处,应逐一记录在"客房状态差异表"上。前台应将差异表的副本送客房部,客房部与前厅部主管在各自亲自检查差异表上的每一间客房状况后,再次互通信息,以及时采取措施纠正错误。

表 7-2　客房状况差异表

分送

财务部:

前厅部:

客房部:　　　　　　　　　　　　　　　　　　　日期_____时间_____

房　号	客房部状况	前厅部状况	备　注

4) 房态信息的沟通

为了控制房态,前厅部管理人员必须做好部门间及部门内部的信息沟通。

(1) 做好销售部、预订处、接待处之间的信息沟通,确保客房预订显示系统的正确性

①销售部与前厅部的接待处、预订处之间的信息沟通。销售部应将团体客人(包括会议客人)、长住客人等订房情况及时通知前厅部预订处。预订处、接待处也应将零星散客的订房情况和住房情况及时通知销售部。销售部与前厅部的管理人员应经常一起研究客房销售的预测、政策、价格等事宜;旺季来临时,还应就团体客人、零星散客的组成比例达成初步协议,以最大限度地提高客房使用的经济效益。

②接待处与预订处之间的信息沟通。前厅部的接待处与预订处之间的信息沟通对于正确显示和控制房态具有同样重要的意义。接待处应每天填写客房状况调整表,将实际到店客房数、临时取消客房数、虽预订但未抵店的客人用房数、换房数等信息通知预订处。预订处据此更新预订汇总表等预订资料。

(2) 做好客房部、接待处、收银处之间的信息沟通,确保客房现状显示系统的正确性

①接待处与客房部之间的信息沟通。总台接待处应将客人的入住、换房、离店等信息及时通知客房部;客房部则应将客房的实际状况通知总台,以便核对和控制房态。2 个部门的管理人员还应就部门沟通中存在的问题,客人对客房的要求,客房维修、保养计划安排等事

宜进行经常性的讨论、磋商。

②接待处与收银处之间的信息沟通。客人入住后,接待员应及时建立客人的账单,并交收银处。客人住店期间,如住房或房价有了变化,也应利用客房、房价变更通知单将信息通知收银处。而客人离店后,收银处则应立即将客人的离店信息通知接待处。

7.2　总台销售艺术与技巧

"在任何类型的销售中,最糟糕的错误是只报价而不证明消费价值!"

如果说客房部和餐饮部是酒店的生产部门,那么前厅部就是酒店的销售部门,尤其是没有设立独立的市场营销部门的酒店,前厅部要承担起酒店全部销售任务。因此,前厅部员工,特别是总台员工一定要掌握总台销售艺术与技巧。

7.2.1　总台销售的一般工作要求

要使销售成功,总台员工首先要表现出良好的职业素质,良好的职业素质是销售成功的一半。

总台是给客人留下第一印象的地方,客人初到一家酒店,对该酒店可能不甚了解,他对该酒店的了解和产品质量的判断是从总台员工的仪表仪容和言谈举止开始的。因此,总台员工必须面带笑容,以端正的站姿、热情的态度、礼貌的语言、快捷规范的服务接待每一位客人。这是总台销售成功的基础。

总台销售的一般工作要求:

1) 销售准备

①仪表仪态要端正,要表现高雅的风度和姿态。
②总台工作环境要有条理,使服务台区域干净整齐,不零乱。
③熟悉酒店各种类型的客房及其服务质量,以便向潜在客人介绍。
④了解酒店所有餐厅、酒吧、娱乐场所等各营业场所及公共区域的营业时间与地点。

2) 服务态度

①要善于用眼神和客人交流,要表现出热情和真挚。
②要面部常带微笑:对客人表示:"欢迎,见到您很高兴"。
③要礼貌用语问候每位客人。
④举止行为要恰当、自然、诚恳。
⑤回答问题要简单、明了、恰当,不要夸张宣传住宿条件。
⑥不要贬低客人,要耐心向客人解释问题。

7.2.2　总台销售艺术

1) 把握客人的特点

不同的客人有不同的特点,对酒店也有不同的要求。比如,商务客人通常是因公出差,对房价不太计较,但要求客房安静,光线明亮(有可调亮度的台灯和床头灯),办公桌宽大,服务周到、效率高,酒店及房内办公设备齐全(如安装有 DDD 和 IDD 电话以及电脑、打印机、传真机等现代化设备),有娱乐项目;旅游客人要求房间景色优美、干净卫生,但预算有限,比较在乎房间价格;度蜜月者喜欢安静、不受干扰且配有一张大床的双人房;知名人士、高薪阶层及带小孩的父母喜欢成套房;年老的和有残疾的客人喜欢住在靠近电梯和餐厅的房间……因此,总台接待员在接待客人时,要注意从客人的衣着打扮、言谈举止以及随行人数等方面把握客人的特点(年龄、性别、职业、国籍、旅游动机等),进而根据其需求特点和心理,做好有针对性的销售。

2) 销售客房,而非销售价格

接待员在接待客人时,一个常犯的错误就是只谈房价,而不介绍客房的特点,结果常常使很多客人望而却步,或者勉强接受,心里却不高兴。因此,接待员在销售客房时,必须对客房做适当的描述,以减弱客房价格的分量,突出客房能够满足客人需要的特点。比如,不能只说:"一间 500 元的客房,您要不要?",而应说:"一间刚装修过的、宽畅的房间","一间舒适、安静、能看到美丽的海景的客房","一间具有民族特色的、装修豪华的客房",等等,这类形容词是无穷无尽的,只有这样才容易为客人所接受。

当然,要准确地描述客房,必须首先了解客房的特点。这是对总台员工的最基本要求之一,比如带他们参观客房,并由专人讲解客房的特点,以加深印象。

3) 提供选择菜单,从高到低报价

从高到低报价,可以最大限度地提高客房的利润率和客房的经济效益。当然,这并不意味着接待每一位客人都要从"总统间"报起。而是要求接待员在接待客人时,首先确定一个客人可接受的价格范围(根据客人的身份、来访目的等特点判断),在这个范围内,从高到低报价。根据消费心理学,客人常常会接受您首先推荐的房间,如客人嫌贵,可降一个档次,向客人推荐价格次高者,这样就可将客人所能接受的最高房价的客房销售给客人,从而提高酒店经济效益。

前台接待人员在销售客房时,还要注意不要一味地向客人推销高价客房。否则会使客人感到尴尬,甚至产生反感情绪,或者即使勉强接受了,日后也不会再次光顾,酒店将永远失去这位客人。所以,最理想的状况是将最适合客人消费水平的房间推荐给客人,即:将最合适的房间,推荐给最合适的客人。

4) 选择适当的报价方式

根据不同的房间类型,客房报价的方式有 3 种,如下所述。

（1）"冲击式"报价

即先报价格，再提出房间所提供的服务设施与项目等，这种报价方式比较适合价格较低的房间，主要针对消费水平较低的顾客。

（2）"鱼尾式"报价

先介绍所提供的服务设施与项目，以及房间的特点，最后报出价格，突出物美，减弱价格对客人的影响。这种报价方式适合中档客房。

（3）"夹心式"报价

"夹心式"报价又称"三明治"式报价，即：将房价放在所提供服务的项目中间进行报价，能起到减弱价格分量的作用。例如，"一间宽敞、舒适的客房，价格只有600元，这个房价还包括一份早餐、服务费、一杯免费咖啡"。这种报价方式适合于中、高档客房，可以针对消费水平高、有一定地位和声望的顾客。

5）打折的艺术

在前台销售过程中，往往会遇到一些客人嫌房价高，要求打折，或者是嫌房间设备设施不好，暗中传递要求打折的信息。前台的员工一定要把握尺度，一般酒店前台的员工都会有一定额度的打折权限，如果客人一提要求，就给客人打折，会给客人一种不安全的感觉，觉得酒店管理不严谨，这样的打折会有出力不讨好的副作用。如果能给客人打折的同时又能让客人产生受尊重、有面子的感觉，这样的效果会更好一点。一般的常住客、协议单位肯定会有折扣，但如果是自入散客，按规定没有享受折扣的权限，如果客人一再要求，我们在权限范围内可以打折来留住客人，一定要为客人找个打折的理由，比如问客人，是不是朋友介绍来的？你很了解我们酒店吗？如果你有机会经常入住我们酒店，我们就请示经理给你打个折扣，希望你常来等。这样，既不会给客人随便就可以打折的感觉，又给足客人的面子，何乐而不为呢？

6）注意语言艺术

总台员工在推销客房，接待客人时，说话不仅要有礼貌，而且要讲究艺术性。否则，虽没有恶意，也可能会得罪客人，至少不会使客人产生好感。比如，应该说："您运气真好，我们恰好还有一间漂亮的单人房！"，而不能说："单人房就剩这一间了，您要不要？"

【案例】

你们只能住一天！

正值秋日旅游旺季，2位外籍专家出现在上海某大宾馆的总台前。当总台服务员小刘（新员工）查阅了订房登记簿之后，简单地向客人说："已有客人预定了708号房间，你们只能住一天。"

客人听了很不高兴地说："接待我们公司的，怎么会变成一天呢？"小刘机械呆板地用没有丝毫变通的语气说："我们没有错，你们有意见可以向公司方面人员提。"客人此时更加火了：“我们要解决住宿问题，根本没兴趣也没有必要去追究预订客房差错问题。”正当形成僵局之际，前厅值班经理过来听取客人意见，他先请客人到大堂经理处的椅子上坐下，请客人慢慢地把意见说完。然后他以抱歉的口吻说：“你们所提的意见是对的，眼下追究接待单位的责任看来不是主要的。这几天正是旅游旺季，标准间客房连日客满，我想为你们安排一间套房，请你们明后天继续在我们宾馆作客。房金虽然高一些，但设备条件还是不错的，我们可以给您九折优惠。”客人们觉得值班经理的态度非常诚恳且符合实际，于是欣然同意。

事隔多日，住在该宾馆的另一位外籍散客要去南京办事，打算几天后仍回上海出境归国，在离店时要求保留房间。总服务台小吴在回答客人时语言缺乏技巧地说：“客人离店要求保留房间，过去没有先例可循，这几天住房紧张，您就是自付几天的房费，我们也无法满足您的要求！”客人听后很不高兴地转向大堂经理处投诉。大堂经理安慰客人道：“我理解您的心情，我们真诚欢迎您再次光临我宾馆。我看您先把房间退掉，过几天您回上海前先打个电话给我，我一定优先安排您的住宿。”

数日后这位客人归来，大堂经理替他安排了一间楼层和方向比原先还要好的客房。当他进入客房时，看见特意为他摆放的鲜花，不由地跷起大拇指。

7) 客人犹豫不决时，要多提建议，直到带领客人进客房参观

客人犹豫不决时，是客房销售能否成功的关键时候，此时，总台接待员要正确分析客人的心理活动，耐心地、千方百计地去消除他们的疑虑，多提建议，不要轻易放过任何一位可能住店的客人。要知道，这种时候，任何忽视、冷淡与不耐烦的表现，都会导致销售的失败。

8) 利益引诱法

这种方法是针对已经做了预订的客人而言的。有些客人虽然已经做了预订，但预订的房间价格较为低廉，当这类客人来到酒店住宿登记时，总台接待员存在对他们进行二次销售的机会。即告诉客人，只要在原价格基础上稍微提高一些，便可得到更多的好处或优惠。比如，“您只要多付 50 元钱，就可享受包价优惠，除房费外，还包括早餐和午餐。”这时，客人常常会顺从服务员的建议。结果，不仅使酒店增加了收入，还使客人享受到了更多的优惠和在酒店更愉快的经历。

前厅部员工应该明白，自己的职责不仅是销售酒店客房，而且要不失时机地销售酒店其他服务产品。比如餐饮、娱乐等。很多酒店服务设施和项目，如不向客人宣传，就有可能长期无人使用，因为客人不知道。其结果，客人感到不方便，酒店也蒙受了损失。

在向客人推荐这些服务时，应注意时间与场合。若客人傍晚抵店时，可以向客人介绍酒店餐厅的特色和营业时间、酒店娱乐活动的内容及桑拿服务；若深夜抵店，可向客人介绍 24 小时咖啡厅服务或房内用膳服务；若经过通宵旅行，清晨抵店，很可能需要洗衣及熨烫外套，这时应向客人介绍酒店洗衣服务。

9)避免把客房置于销售剩余或定价很高的不利位置

酒店通常在需求高峰期有最多的散客,这时候酒店留给这些散客的选择也往往是最少的。很典型的是,剩下的给同一天进店的散客不是价格最高(比如套房或行政/俱乐部楼层的房间),就是条件最不好的房间,比如看不到景观的房间,或是靠近电梯或是在酒吧休息室上层的房间。没有得到适当培训的前台员工会不经意地以消极的方式向客人介绍这些位置不好的客房:"今晚我们剩下的客房是_____的房间。"这样的表达方式会让客人觉得房间价格过高或是房间标准没有达到应有的水平。应该培训你的员工传达供应有限的信息来让客人产生客房供不应求的感觉:"很幸运,今晚我们仍有一些可供您选择的房间。"或者说:"喔,太好了,今晚我们还有_____的客房保留着。

7.2.3　其他服务设施和项目的推销

除了销售客房以外,总台还要不失时机地推销酒店其他服务项目、内容和服务设施。如餐饮、娱乐等(图7-9)。

图 7-9　某酒店总台为住店客人推广在酒店举办的"阳澄湖美食节"

【小知识】

上销客房技巧(Up-selling)

● 不管从你的声音还是你的面容上,经常以微笑迎接客人,保持愉悦。记住:你在销售酒店和它的服务的同时也在推销自己;

● 和客人保持眼神的接触;

● 找出客人的名字,在对话中至少称呼客人3次。经常使用礼貌用语,如"先生","小姐"称呼客人,用客人的姓,不要直接称呼客人的名字;

● 试图识别出客人的需要,因为这些需求可能在订房过程中没有被识别出来。结合客人的这些需要使之与可提供的房间的家具、客用品等相配对。例如一位在酒店住三到四晚的客人可能比一位只住一晚的客人更愿意住一间面积大一点的房间或独立的房间。度蜜月或度假的客人可能更愿意住一间有着自然景色的客房。

● 通过指出房间的特征和优惠,提供一间升级的房间,然后告知房价。如果客人有订房,描述他们的房间和你所说的升级的房间之间的不同之处。散客是最好的上销机会。如果有2种不同类型的房间提供的话,说出他们的特征、优惠和2种房间的价格。不要只说出高价钱的房间而失去顾客。

7.3　客房分配

客房分配要根据酒店空房的类型、数量及客人的预订要求和客人的具体情况进行。为了提高工作效率,减少客人住宿登记时间,对于预订客人(尤其是团客)应在客人抵前提前预分配房间(Pre-assign Room)——通常在客人抵达的前一天晚上进行。分好后,将客房钥匙、房卡装在写有房号和客人姓名的信封内,等客人抵店并填完住宿登记表后交给客人。团体客人的房间存在 2 次分配,由于接待员不了解团员之间的关系,因此,不便提前确定哪 2 位客人住在哪个房间。所以,在装有钥匙的信封上只能注明房号或团名,而不能写上客人姓名。对于每个房间的具体安排,要等到团队到达后,由熟悉团队情况的领队(Group Leader)或导游(Tour Guide)落实。

7.3.1　客房分配的艺术

1)排房的顺序

客房分配应按一定的顺序进行,优先安排贵宾和团体客人等,通常可按下述顺序进行。
①团体客人。
②重要客人(VIP)。
③已付定金等保证类预订客人。
④要求延期之预期离店客人。
⑤普通预订客人,并有准确航班号或抵达时间。
⑥常客。
⑦无预订之散客。
⑧不可靠之预订客人。

2)排房艺术

为了提高酒店开房率和客人的满意程度,客房分配应讲究一定的艺术。
①要尽量使团体客人(或会议客人)住在同一楼层或相近的楼层。这样,一则便于同一团队客人之间的联系和管理;二则,团队离店后,空余的大量房间可以安排给下一个团队,便于管理,也有利于提高住房率。此外,散客由于怕干扰,一般也不愿与团队客人住在一起。因此,对于团队客人要提前分好房间或预先保留房间。
②对于残疾、年老、带小孩的客人,尽量安排在离服务台和电梯较近的房间。
③把内宾和外宾分别安排在不同的楼层。内宾和外宾有不同的语言和生活习惯,因此,应分别安排在不同的楼层,以方便管理,提高客人的满意程度。
④对于常客和有特殊要求的客人予以照顾。
⑤不要把敌对国家的客人安排在同一楼层或相近的房间。如美国客人和伊拉克等中东国家的客人,甚至由于贸易摩擦和文化差异,连美国人和日本人也有必要安排在不同的楼层。

⑥要注意房号的忌讳。如西方客人忌"13",港澳及我国沿海等地的客人忌"4""14"等带有"4"(同"死")字的楼层或房号,因此,不要把这类房间分给上述客人。有一年大年初一,一位香港客人来到某酒店,当发现服务员给他安排的房间是"1444"号时,大发雷霆,认为很不吉利,愤然离去。考虑到这些忌讳,一些酒店连"13"层楼都没有标出,而用"12A"或"14"层代替。

7.3.2 如何避免派重房

派重房现象在许多饭店都有可能发生,为什么造成派重房? 如何避免此类事故的发生?

由于饭店使用的设施差异很大,造成饭店派重房现象的原因也不同。前台电脑系统与磁卡门锁系统因制式不同而不能连通使用的饭店,易发生此类情况;即便2个系统可以兼容,但前台人员忽略制卡机的提示或键盘操作失误,也会发生此种现象。

如何解决这一问题呢?

1)按规定及时核对房态

前厅和客房2个部门在一天中的上午、下午和晚上至少3次核对房态,及时填写《房态差异报告》,保证房态的转换准确无误。

2)坚持操作程序,及时在电脑中将已售出房转入住

前台员工在为客人选派房间后,应及时在电脑中将已售出房转入住,然后再依程序将房卡和钥匙发给客人。尤其是入住高峰时,更要坚持这一程序。行李员在引导客人进入客房时,应主动为客人开启房门,这样既可以示范给客人看如何正确使用客房钥匙,又可更灵活主动,得体地处理突发事件。

3)工作认真仔细,避免出错

前台员工在预配房时,各种表单上的房号要书写清晰,电脑中占用房号与表单和房卡上的号码要复核一致。尤其在团体入住前的准备过程中,要分清房类和房数,避免房号漏配和制卡操作失误的派重房现象。在当日入住和离店房量较大时,原则上不预派将离房,在确认客人已经结账离店,房态得到转换后,再配置房间,做到万无一失。

4)夜审停机前,打印空房报表

在前台做夜审而暂时停机前,要打印空房报表,以备此时来客的房间选派。分派好的房间要及时在空房报表中划掉,以避免误派现象的发生。

5)客人结账退房时,及时收回客人手中的房卡及房间钥匙

客人结账退房时,收银处要及时收回客人手中的房卡及房间钥匙,以免客人又回房间消费。

【经典案例】

将不相识的男女分在了同一个房间

某酒店前台接待员 Kicy 安排了 B4002 房给刚入住的美国客人 Tony 先生,但在送走

Tony 后却发现 B4002 房已刚入住了一位叫 Cindy 的小姐。原来在 Kicy 接待 Tony 的同时,旁边的同事在接待 Cindy,碰巧把这 2 位互不认识的客人安排到同一间房间。Kicy 在接待 Tony 时得知 Tony 会先去吃午饭后再进房间,于是 Kicy 马上通过电脑做了条 B4002 的退房卡(Check-out Key),叫行李生上房用该卡触碰 B4002 房门感应器,这样就会让 Tony 和 Cindy 同一房间手中的钥匙暂时失效。

过了一阵,Cindy 来到前台说自己的房门打不开,Kicy 解释说房门感应系统出了小故障,让我帮你做条新钥匙,问题就可以解决了,给您造成了不便,十分抱歉。Cindy 拿了 B4002 新钥匙走了。

过了午饭时间,Tony 也匆匆过来前台说自己的房门打不开,Kicy 忙解释说可能房门的感应器坏了,会马上叫工程部员工过去检查,现只能安排 Tony 到另一间房间 A4012 入住,并对 Tony 造成的不便表示十分抱歉。

【评析】

重复安排房间是酒店较少发生的事情,但还是时常存在,其原因是多种多样,有可能是因重复售房(Double Sell)引起的,也可能是安排房间的接待人员看错房态而引起的。无论怎么说,这种情况的发生所带来的负面影响是十分严重的。试想一位男客人一开门就看到一位素不相识的女客人在房间里换衣服,那是多么尴尬的事情,酒店的信誉和安全性将荡然无存,客人的投诉也是在所难免的事情。到时酒店方不但要向客人抱歉,还可能要向客人提供经济补偿,酒店形象也受到很大的损害。因此,酒店前台的管理人员要尽量避免发生类似的事情,搞好客房销售的预测,准确销售好客房。首先要避免重复售房;其次,要加强前台的内部管理,增强接待人员的责任心,避免因工作人员自己的原因给客人可能带来的麻烦。如果发生这种情况,要及时做出灵活的处理,不能让事情继续下去而产生可能的不良后果。本案例中,虽然接待人员排重了房,但随后的处理方法较为得体,尽管给客人造成了不便,但也巧妙地避免了更大的麻烦。

本章小结

➢ 销售客房是酒店总台接待人员的主要任务之一。

➢ 总台销售工作的目标有 2 个:一是提高客房的利用率;二是使客人满意。

➢ 总台接待人员必须掌握必要的销售技巧,这样,既能提高酒店的开房率,又能使客人满意。

➢ 那种试图将最高价格的房间"推销"给客人的做法,只能引起客人的反感和不满,会把客人吓跑,即使做成了,也只能是"一次性买卖",因而是不值得提倡的。

➢ 为客人安排房间,要讲究排房的艺术。

思考题

1.解释下列概念：

"OOO"房；"冲击式"报价；"鱼尾式"报价；"夹心式"报价

2.客房状态通常有哪几种？

3.总台员工应该掌握哪些销售艺术与技巧？

4.简述为客人排房的艺术。

【案例分析】

对不起，不能减免

某星级宾馆大堂，三三两两的客人在办理退房手续。这时，一位西装笔挺的中年男士快步来到总台前。"陈先生，您好！"总台的接待员热情地与他打招呼。陈先生边点头示意边听手机："好，我马上给您打个优惠折扣，您放心吧！"陈先生挂了手机，笑着对接待员说："小李，我的客户顾先生住在你们宾馆1818房，按我的折扣给他打五折，由我来签单！"

总台的小李一听，忙查询电脑，果真1818房的住客姓顾，是昨晚住进来的，客人还说要找人帮他打个较优惠的折扣，没想到他是陈先生的客户。小李看过顾先生的开房单后说："陈先生，您的客户顾先生是昨晚入住的，当时他就说要找人帮他打折，但我们一直等到零点还没见有人过来或打电话给我们通知要打折，我们已给他打了八折，且已上了一天的房费。"

陈先生一听，忙问："上了一天的房费？那你能不能把昨天的房费按我的优惠价五折减免？"小李微笑着说："不好意思，陈先生，这房费已上了电脑，我们的房费报表已制好，不能再改了，我们只能从今天开始按您的优惠价给您的客户顾先生打五折，您看行吗？"陈先生一听，马上不高兴地说："那怎么行，我昨晚已接到顾先生的电话，答应要给他打五折的，可是我一时疏忽把这事给忘了，今天他打电话给我时，我才想起这事。我也是你们的老客户了，你们就通融一下吧。"

小李还是摇摇头说："对不起，陈先生，我没有这个权限，帮不了您的忙。"陈先生低头想了一下，说："这样吧，我也不为难你，你就改六折吧？"小李还是摇摇头说不行。"那七折总该行了吧？我经常介绍客户或朋友到你宾馆来住宿，这个面子总该给我吧？"小李说："陈先生，对不起，房费已上了报表是不能减免的。"陈先生一听，脸色一沉，冲小李摆摆手，然后拿出手机打电话："顾先生，您马上来退房，我们不住这儿了，以后再也不来这家宾馆了，对，我再给您联系另外一家宾馆……"

试问：接待员小李这样处理是否妥当？如果是你，如何处理？

【补充与提高】

重房情景及预防方法

酒店经常会发生"重房"现象，给客人带来不便，导致客人不满，引起客人投诉和经营管理的混乱。

重房的发生，通常出现在预订、C/I、C/O 或续住和宾客入住期间 4 个环节，前厅等管理人员要注意做好预防工作，尽量杜绝重房现象的发生。

1）预订过程

预订过程重房及解决办法

情　况	说　明	解决办法
1. 预订锁房	前一位住客未退房，而新预订已锁定该房号，预订客人来店后未核对房态图，直接发房卡，引起重房。特别是会议团队，由于用房量大，总台基本会预先锁房，所以此问题在会议、团队进店时也较多发生。	1）当日锁房时，应尽量选择未占用房。 2）提前一天以上的预锁房应注意： ①确认预抵时间。一定要确保团队或会议进店前 2 小时将所有未离店的锁房调整到位，注意要给客房清扫员留有清扫时间的余地； ②预订抵店时，必须先核房态，再发钥匙。
2. 预订已进店，但房态未改	房间已有住客，但房态为预订状态，其他接待员重新安排；或是预订状态持续到夜审结束，房态自动成为空房，后被重新安排住客，形成重房。	①要调动预锁房号时，应询问所有当班接待员，预订是否可调，或查询钥匙记录。 ②养成及时做进店、更改房态的习惯。 ③养成第一时间报客房中心进店的习惯，客房中心会及时检查房态，并提醒总台更改房态。 ④如果总台分设接待与收银两岗，接待要及时将登记送到收银处，收银核单时必须核房态。 ⑤接待员养成自己及时核单的习惯。 ⑥楼层服务员要定时核查房态，并与客房中心确认。
3. 相似预订	如一个单位预订 2 批客人，用房数量相似，第一批客人进店房态未改，在另一批进店时，由于是另一名接待员接待，易安排同一批房间，形成重房。	①预订格式必须规范，如预订姓名顺序规定为"入住客人姓名+预订人姓名+营销员姓名"，便于在电脑中排序查出相似预订。 ②客人抵店，及时做进店，并及时报进店（办理登记手续前报），客房中心会及时检查房态，并提醒总台更改房态。 ③相似预订要注意询问 2 批预订的区分。 ④相似预订抵店要详细确认客人是哪批预订。

2) C/I 过程

C/I 过程重房及解决办法

情　况	说　明	解决办法
1.未看清房态	主要是 C/I 时较为慌乱,看错房态,此事发生在客情高峰时或刚接班时较多。	①发钥匙前一定要再看一下房态。②及时报客房中心进店(办理登记手续前报),客房中心会及时检查房态,并提醒总台更改房态。
2.钥匙发错	(1)明明是 A 房间 C/I,而钥匙却做成 B 房间,如"1103"做成"1013",导致电脑中是 A 房间进店,而客人却拿着 B 房间钥匙,进了 B 房间,如果 B 房间有住客或是 B 房间稍后售出,导致重房。(2)客情忙,钥匙放在桌面上,被客人误取。	①及时报进店。②发钥匙前一定要将房卡上房号与房态图再核对一遍。③钥匙应送到客人手中,不应放在桌上由客人取。
3.多位接待员一起售房,沟通不畅	(1)多位接待员同时出售同房,但彼此不知情。(2)房间已售出,但接待员未及时做电脑,导致其他人再次售出此房,或是长时间未做 C/I,已忘记哪间房做 C/I。(3)电脑速度慢,房态图更新不及时。	①多位接待员同时做 C/I 时,要互相告知所售房号,以免同时 C/I 同一房间。②各接待员分开楼层售房。③第一时间做快速 C/I,占用房间,改变房态。电脑速度慢时,一定要注意将房态图刷新后再做 C/I。及时报客房中心进店。
4.会议大批量进店	由于会议一般是预锁房号,会务组往往会预领部分钥匙,事后做预订开房,有时可能会漏做,导致房态一直处于预订状态,过夜审后,房间预订自动被删除,房态变成空房,导致其他接待员将此房售出,形成重房。	①会议团队要按楼层或房号,按升降序排房,便于核对。②每班结束时,要核对未发出的钥匙,核对未做进店的房号,发现有房号但未找到钥匙,要寻找原因:a.是否漏做;b.是否是房号抄错;c.如未有钥匙发放记录,要与会务组确认或与房内客人确认。③夜班一定要在夜审前再核一遍钥匙。④所有团队会议多余钥匙要在会议退房后方能处理。

3) C/O 或续住过程

C/O 过程重房及解决办法

情　况	说　明	解决办法
1.客人为该退未退，房内已无行李，也无任何续住通知，也无法联系客人	14:00 查房后无行李,总台将其退房,房间清扫结束后总台重新安排新客人入住。晚上原客人返回,提出房卡打不开,接待员查电脑仅发现离期为次日没有核对身份,认为已续住,就重新做钥匙,形成重房。	①对该退未退的房间做退房后应考虑暂时不要急于售出。如果房间允许,当天尽量不要售出。 ②客人如果续住,要注意收回旧房卡,重新写新房卡。 ③客人提出钥匙打不开,要注意核对钥匙时间与客人身份。 ④对于该退未退的房间如果能联系到客人,一定要与客人确认是否续住。
2.客人提出房卡打不开,但房号报错,接待员未核对身份就做钥匙,形成重房		对客人提出房间打不开的,要核对入住客人姓名及身份,确保无误,不能只看离期或听从客人提出的房号。
3.退错房间,总台客情忙时,将此脏房售出		①每个房间退房必须立即报客房中心。 ②收银员退房时,需要注意将入住客人姓名与客人的押金单或 POS 单签名核对,或是核对房卡或押金单房号。 ③收银员打印账单时,养成核对账单、姓名、房号和金额的习惯。 ④总台不要将脏房出售。
4.会议退房	(1)房间实住 2 人但只登记 1 个人或是没有登记,其中一人先退房,客房服务员查房时恰无行李,总台做退房处理,实际房内还有一位住客。房间清扫结束后总台将此房售出,形成重房。 (2)客人报退房,但钥匙没有还至总台。客房查房结束,清扫完毕,房态改为 OK 房后,客人持还有效的钥匙进入房间,后总台将此房售出,形成重房。	①会议进店后,总台需确认每间住几位客人,或是确认每间房所发钥匙数量,并形成表格,以备退房时使用。 ②如果发现客人只退一把钥匙,收银员需询问是否还有客人,同时对只退一把或没还钥匙的房间做钥匙否定。

4) 客人入住期间

客人入住期间重房及解决办法

情　况	说　明	解决办法
1. 客人记错房号，忘带钥匙，请服务员开门	服务员未核对身份就帮客人开门，如果房内有客人或是稍后总台将此房售出，都形成重房。或是服务员替客人开门时，开错门，如房号为1113实际开的是1103，而此房为住客房。	①楼层服务员必须详细了解房态，并定时与客房中心核对，且总台接待员必须及时报进店，确保房态准确。 ②每一个岗点接到客人要开门的要求时，需了解原因，并核对身份。 ③开房门时，无论是否有人必须敲门后进入，同时再次与客人确认。
2. 换房引起重房	(1)总台换房后未及时更改电脑信息，而客人已在新房间内，但新房间被其他接待员同时售出。 　　(2)电脑换房已做，但钥匙未收回或未作否定，客人将行李放在原房间，或是原房间有多位客人入住，但只有部分客人换房，造成客人实际占用2间房，而总台将原房间售出后引起重房，此情况常发生在旺季客房紧张，总台员工将脏房售出时。 　　(3)客房中心服务员私自带客换房，未及时通知总台，而总台将此房售出。	①电脑中的换房操作应在新钥匙发出时完成。 ②第一时间报换房，与客房中心核对房态。 ③新钥匙发出时应同时将旧钥匙否定。如果客人有行李，可请行李员或楼层服务员帮忙，旧房间由楼层服务员代开，或由行李员拿旧钥匙开门，不可让客人自行换房。 ④严禁客房服务员不经过总台私自帮客换房。 ⑤总台不要出售脏房给客人。 ⑥客房中心需对换房后的原房间进行查房，以确认是否所有客人都已换至新房间。

酒店经理人对"经理的困惑"的答复

Re：酒店销售必须依赖OTA吗？

张谦　广西南宁邕州饭店管理有限责任公司　总经理

　　随着网络的普及与发达，在商务或是观光旅行之前，登录订房网站预订酒店，已经成为许多时尚人士的"必修课"。因此，一个网络订房公司的网站也可以看成酒店可选择的广告媒体,尽管网络订房的利润空间较小,但网络订房减少的利润相比酒店在其他广告媒体上投入的广告费用来说要少得多。而且,网络订房为客户提供了一种快捷、便利的预订方式,缩短了与客户的距离,减少了酒店异地促销的成本,何乐而不为呢?

对于很多中小酒店来说,酒店投入的资源与来自网络的预订量是不成正比的。因此,选择信誉度高、访问量大、后台营销管理完善的几家网络订房平台作为酒店的合作伙伴是酒店较好的选择,在网络订房管理方面也方便了许多。

在接受网络预订时,预订部应该关注客人的到店时间,以决定是否接受预订。另外,对于网络订房客人订房未到的情况,在酒店的经营旺季,通常可以采取担保订房的方式,由网络订房平台提供担保,减少客人 No Show 给酒店带来的风险和损失。

王束光 西安古都文化大酒店 市场销售总监

这个问题我认为要具体问题具体看待,首先要看酒店的规模、位置、定位。有些酒店我认为就必须依赖 OTA,有些酒店可以不用依赖 OTA,市场不同、定位不同,对于 OTA 的重心也不同。比如市中心的单体客房酒店,我认为与 OTA 建立紧密的合作是酒店的生存之道;对于会议和综合性的酒店,OTA 也只能算是一种补充。这个问题还要从酒店自身出发,找准客源结构,定位好自己的客源市场,分析好自身优劣势,理性地看待 OTA 在自己酒店的市场占比是怎样的,从而正确地与其合作,方能使酒店在经营中占有主导地位。

面对面观看西安古都文化大酒店销售总监王束光谈:酒店销售必须依赖 OTA 吗?

方式一 请登录:刘伟酒店网—院校服务—视频—酒店销售必须依赖 OTA 吗?

方式二 扫描二维码

**二维码 面对面观看西安古都文化大酒店销售
总监王束光谈:酒店销售必须依靠 OTA 吗?**

第8章
收银业务管理

礼貌、高效、准确永远是前台收银工作的目标

收银系统，或称前台收银系统或前台账务系统，主要功能是为客人、团体建立账户、收取押金、日常消费的记账、收款、结账等账务处理，覆盖客人从预订、入住、在店、离店各个期间的与账务相关的工作。

前台客账管理的时间性和业务性都很强，处理过程细致复杂，直接关系到酒店的经济效益，反映酒店的经营业务活动状况，同时也反映酒店的服务水平和经营管理效率。

位于前厅的收银处，每天负责核算和整理各业务部门收银员送来的客人消费账单，为离店客人办理结账退房手续，编制各种收银报表，及时反映酒店营业情况，从业务性质来看，前台收银一般由财务部直管，但由于它又处于接待客人的第一线，所以必须接受前厅部的指挥和管理。

收银员在为客人办理结账退房时，还应征求客人对酒店的意见，良好、快速的服务和临别问候将会为客人留下美好的最后印象。

通过本章的学习，读者应该：
- 了解并掌握总台收银业务及有关账务处理方法。
- 了解总台结账退房手续。
- 了解总台夜核业务的主要内容。
- 掌握防止客人逃账技术。

关键词：结账；夜核；账单；财务报表
Keywords：Check-out；Night Audit；Folio；Financial Reports

经理的困惑

——住房客人不补交押金怎么办？

王先生是我们酒店的常客,其之前押金基本都能及时交纳,就算当时未能交付,之后也能补上。

但自从今年年初长包一房间后,渐渐开始交付押金不及时,往往要前台催过好几遍才肯来交,而且每次都比应补足金额少交了一部分,每次都说他是长住客、老客人,不用怕他逃账的。一两个月后该房间已差了好几千元。总台将情况报告给我,我作为前厅经理,要求他们加大催款力度,但此客人变得常常是半夜才抵达,而且经常不是其本人入住,打其电话,他又说要找老总重谈折扣,要不就说自己在外地有事,再不就是在电话里破口大骂酒店员工不信任他。由于我们是园林式的酒店,该房位置离总台比较远,而且属于老房,用的还是钥匙,无法刷卡封门。如此又一两个月过去,其欠款已达上万元。

面对这样的客人,我们该怎么办？

8.1 总台收银业务

酒店收银员的班次一般分为早、中、晚 3 班。通常早班从上午 7 时至下午 15 时,中班从 15 时到 23 时,夜班从 23 时到第二天 7 时。

8.1.1 收银业务的主要工作内容

总台收银业务的主要工作内容如图 8-1 所示。

图 8-1 总台收银业务的工作内容

8.1.2 账户

1）账户的分类

- 客人账
- 团体账
- 工作账（非住店客人账）
- 应收账（街账、City Ledger）

2）账户的状态

- 未开账户
- 开账账户
- 结账账户
- 锁账账户

3）账户的关系

- 同住关系（同住主账、同住副账）
- 关联关系（关联主账、关联副账）
- 团体关系（团体主账、团体副账）

4）其他账户分类

- 预订账户
- 在住账户
- 离店账户
- 预计当天离店账户
- 已结账未退房的账户
- 已退房未结账的账户
- 历史账户

8.1.3 账户设置与账务处理

账户设置主要用于定义一个账户下的多个账单及其分账指令、规定固定收费、转账指令、签单授权、信用授权，对于团体主账还有定义团体包费（即由团体主账公付的项目）。

1）账务处理

账务处理包括结账、入账、转账等在内的所有账务处理都可以在图 8-2 所示账户界面进行。

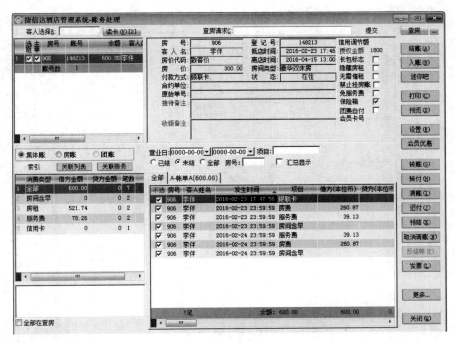

图 8-2　账务处理

①入账(Post)：即输入消费、结算的账目到账单中，在电脑化管理下，客账的入账通常分为电脑自动入账和手工入账 2 大类，房租、电话费、各联网收银点的挂账均由电脑自动记入前台客账。未联网收银点的客人消费(例如洗衣房)、客人预订押金、结算付款的记录等一般由前台收银员负责手工录入。

②冲减(Void)：以一正一负来抵销错误的账目，并记录冲减审计痕迹，屏幕右下方的冲减标志选项可以显示或隐藏冲减的记录，作为收银审计的冲减痕迹，原交易记录以红色显示并带删除线，冲减的负数记录以红色显示。

③转账(Transfer)：用于将当前账单中选中的交易记录转账到选定的目标账户或账单。

④拆分(Split)：用于将一笔交易账目按指定比例或金额拆分为 2 笔记录。例如可用于同住客人分担房费，或部分结账。

2) 分账定义

配合账单设置，分账定义指定了不同的消费项目在不同的时段记入不同的分账单的规则。可以指定消费分类来简化设置，例如 A 主账单记录房租，B 分账单记录餐费等其他项目(图 8-3)。未明确指定的项目，默认记入 A 主账单。

3) 包价项目

包价项目指定账户固定收取的记账项目金额或比例及其有效时段，例如服务费、附加费、地铁附加费、加床等。这些固定收费将在夜核过夜租时一起自动记入客人账户(图 8-4)。

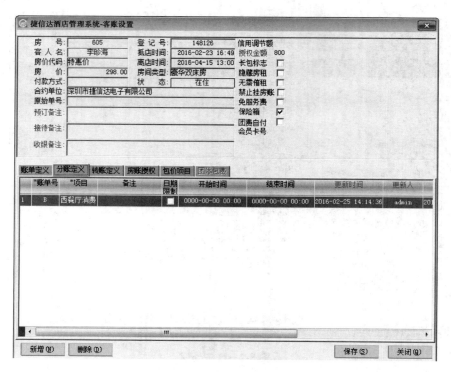

图 8-3　分账定义

图 8-4　包价项目

4) 转账定义

转账定义指本账户在指定时段发生的某些或全部消费项目自动转账到其他账户。一般有转账关系的账户应设为关联关系,以利于收银控制(图 8-5)。

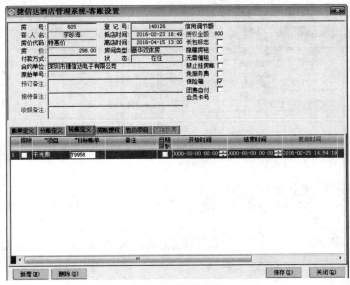

图 8-5 转账定义

5) 团体包费

对于团体主账,可指定由团体主账承担付费的项目(如房费、餐费等)、时段、限额。在规定时段和限额下,团员发生的这些项目的费用将在夜核时自动转到对应的团体主账(图 8-6)。

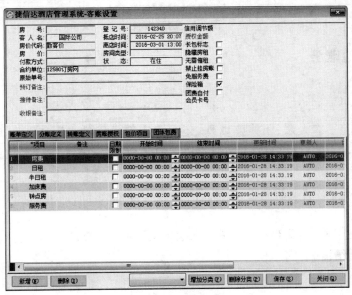

图 8-6 团体包费

6) 房账授权

由于酒店内前台、餐厅、娱乐等收银点的电脑系统联网,客人可以凭房卡等有效证明并在规定的信用限额下在各收银点内以签单挂前台客账的方式结账。签单授权方便了客人,实现了"多点消费,统一结账"的管理模式(图 8-7)。

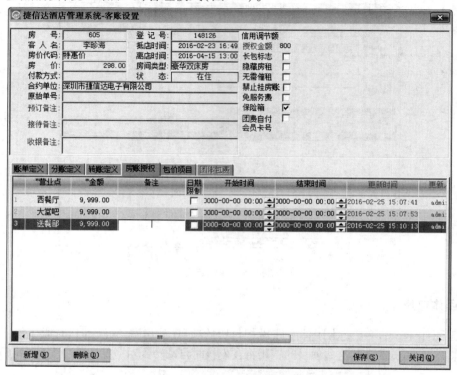

图 8-7　房账授权

8.1.4　其他账务

1) 开工作账

前台收银中除了客人账、团体账以外,还有酒店很常用的"工作账"(House Account)。工作账是为住店客人的接待单位(或个人)开立的账户,通常要与住店客人的账户建立关联关系。

2) 挂应收账

除了现金、信用卡、支票等即付方式以外,酒店还可以为签订合约的公司/旅行社提供挂账,再按协议周期结清。

3) 账户锁定(解锁)

临时冻结指定账户,并禁止录入、修改此账户资料。可用于欠费客人、疑点客人、结账退房等。

4) 交班汇总表

收银员在交班时,要填报交班汇总表,详细说明在当班期间总台发生的各项应收款、结账、押金等的收款和退款情况(图 8-8)。

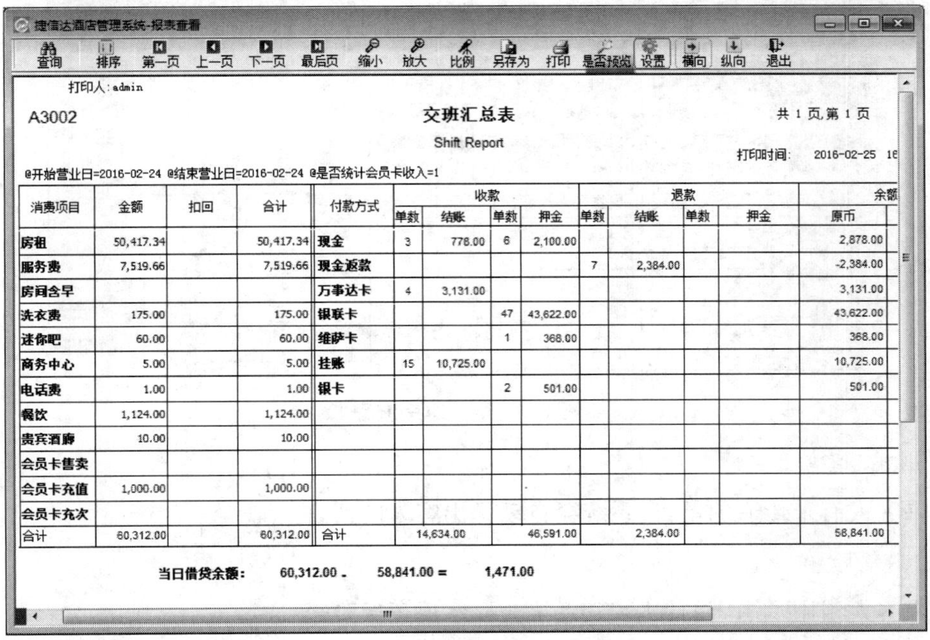

打印人:admin

A3002　交班汇总表　共 1 页,第 1 页

Shift Report

打印时间:　2016-02-25　16

@开始营业日=2016-02-24 @结束营业日=2016-02-24 @是否统计会员卡收入=1

消费项目	金额	扣回	合计	付款方式	收款				退款				余额
					单数	结账	单数	押金	单数	结账	单数	押金	原币
房租	50,417.34		50,417.34	现金	3	778.00	6	2,100.00					2,878.00
服务费	7,519.66		7,519.66	现金返款					7	2,384.00			-2,384.00
房间含早				万事达卡	4	3,131.00							3,131.00
洗衣费	175.00		175.00	银联卡			47	43,622.00					43,622.00
迷你吧	60.00		60.00	维萨卡			1	368.00					368.00
商务中心	5.00		5.00	挂账	15	10,725.00							10,725.00
电话费	1.00		1.00	银卡			2	501.00					501.00
餐饮	1,124.00		1,124.00										
贵宾酒廊	10.00		10.00										
会员卡售卖													
会员卡充值	1,000.00		1,000.00										
会员卡充次													
合计	60,312.00		60,312.00	合计		14,634.00		46,591.00		2,384.00			58,841.00

当日借贷余额:　60,312.00 - 58,841.00 = 1,471.00

图 8-8　交班汇总表

8.2　结账业务管理

结账业务(Check Out)由总台收银员办理,是客人离店前所接受的最后一项“服务”。现代化酒店一般采用“多点多次消费,一次性结账”的收款方式。

为了不影响客人的事务,给客人留下良好的最后印象,结账业务的办理要迅速,一般要求在 3~5 分钟完成。

8.2.1　结账退房程序

标准结账退房流程包括检查客人留言、租用物品、遗留物品、租用保险箱、加入日租、分账单等多种结算方式混合的平账、打印账单、结账、退房、已平账的同住客人同时退房、征求客人意见、致告别辞等(图8-9)。

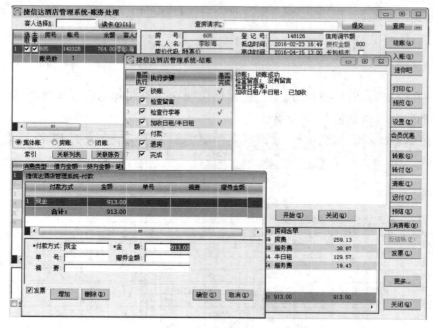

图 8-9　结账退房流程

(1)检查留言

如果客人有未传递的留言,系统会自动弹出客人的留言。

(2)退保险箱

如果客人租用了酒店的保险箱,系统会提示退还保险箱。

(3)加收日租

如果客人退房的时间超过了酒店规定的时间(一般为中午12点),系统会自动弹出加收半天日租或全天日租的入账画面,收银员中只要加以确认即可。

(4)自动转账

如果此客人账户定义了转账指令指定某些项目的费用需要转账到其他账户,或者其他客人的转账指令定义了要转入此客人的账户,系统会自动执行这些转入、转出的指令,自动完成转账。

(5)付款

付款就是以各种结算方式支付客人尚欠酒店的款项余额。如果客账有多处分账单,可以对应不同的付款方式。

(6)打印账单

客人付款后,即可为客人打印账单(图8-10)。

图 8-10　账单

（7）结账

一旦账户已结并打印账单后，即可结账。

（8）打印发票

（9）退房

（10）致送别辞

对于团体结账，电脑会先进行团体自动转账，将所有平账的团员自动结账退房，然后循环处理没有平账的团员，最后再处理团体主账。

8.2.2　办理结账业务时的注意事项

1）散客结账时的注意事项

①客人结账时，要注意收回房门钥匙（房卡）。如客人暂不交钥匙，在通知楼层客人结账时，提醒服务员收回钥匙，并记下楼层接话人工号。

②通知楼层服务员迅速检查客房，以免有客人的遗留物品或房间物品有丢失或损坏现象。

为了提高工作效率，同时防止当着客人面电话要求客房服务员"查房"而引起客人的不悦，很多酒店的电脑管理系统中有这样一个功能，即收银通过输入电脑房号结账，信号会发到房务中心（声音提醒），中心值班人员当即通知楼层服务员查房，楼层再报中心由中心把房间的结果输入电脑。

③委婉地问明客人是否还有其他临时消费（如电话费、早餐费等），以免漏账，给酒店造成损失。

④注意做好"验卡"工作。

a.检查客人信用卡的安全性。

b.辨别信用卡的真伪。检查信用卡的整体状况是否完整无缺，有无任何挖补、涂改的痕迹；检查防伪反光标记的状况；检查信用卡号码是否有改动的痕迹。

c.检查信用卡的有效日期及适用范围。

d.检查信用卡号码是否在被取消名单之列。

e.检查持卡人的消费总额是否超过该信用卡的最高限额。如超过规定限额，应向银行申请授权。

⑤如果客人用支票结算，则：

a.检查支票的真伪：注意辨别那些银行已发出通知停止使用的旧版转账支票。

b.检查支票是否过期（在签发日期五日内有效），金额是否超过其限额。

c.检查支票上的印鉴是否清楚完整。

d.在支票背面请客人留下联系电话和地址，并请客人签名，如有怀疑请及时与出票单位联系核实，必要时请当班主管人员解决。

⑥接受客人信用卡或现金时，一定要用双手；给客人递交账单或发票时，也要用双手微笑着交给客人，并向客人道谢。

收银员在为客人办理结账业务时，一定要按照酒店规定的程序和要求进行，否则将会造成管理混乱，影响对客人的服务质量。

【案例】

有人监听电话

隆冬的一天，时已深夜，某大酒店值班经理接到 A 房客人打来的电话。

"我很气愤地告诉你，酒店居然晚上有人监听客人的电话，这还像涉外大酒店吗?"客人在电话中怒吼道。

值班经理挂上电话马上着手调查，他打开电脑，意外地发现 A 房竟是空房，该房客人下午已经结账离店了。

"空房怎么还会有人住?"值班经理大为不解。他到各有关部门去查看记录后，才真相大白。

原来那天下午，行李员领班接到 A 房客人电话，要他办 2 件事。一是派行李员前去房间取行李，另一件事是通知前台收银处准备账单，以便办理离店手续。领班随即派一名行李员前去 A 房，客人是位年近花甲的日本老人，见到行李员在门口，便领他到 B 房去取行李，而 A

房的行李仍留在那儿。行李员接到客人指令便取走 B 房的行李。与此同时,收款处开始准备账单,发现 A、B 两个房间的费用都是由 A 房客人支付,而且两房今天一起到了结账日期。于是便顺理成章地把 A、B 两房的账单准备妥当,等客人来结算。

一会儿,日本客人来到收银处,接过递给他的两个房间的账单,便在账单上签了字,接着便转身离开总台。

收银员因此在电脑中为这两个房做了退房手续,这样电脑便取消了这两个房间向外打电话的功能。但是这里存在一个问题,即如果已经结了账的房间内仍有人向外打电话,电话会自动转到接线员那里,一定要通过接线员才能与外界接上线。

这就是 A 房客人向酒店提出的"有人监听客人电话"的投诉的来龙去脉。事实上 A 房客人仍住在酒店里,只是 B 房的客人先离店去了。客人发觉自己打出的电话转到总机那儿,便火冒三丈,以为有人在监听。值班经理当晚便去 A 房向客人道歉,还通过有关部门第二天送去鲜花和水果,客人的火气才慢慢消去。

造成这种情况的原因,就是总台收银员没有按照结账程序要求客人在结账时交回房门钥匙,显然也没有通知楼层服务员查房。

2) 团客结账时的注意事项

团队结账时应注意以下问题:

①在结账过程中,如出现账目上的争议,及时请结账主管人员或大堂经理协助解决。

②收款员应保证在任何情况下,不得将团队房价泄露给客人,如客人要求自付房费,应按当日门市价收取。

③团队延时离店,须经销售经理批准,否则按当日房价收取。

④凡不允许挂账的旅行社,其团队费用一律到店前现付。

⑤团队陪同无权私自将未经旅行社认可的账目转由旅行社支付。

8.2.3　一些特殊情况的处理

①当住店客人的欠款不断增加时。有些客人在住店期间所交预付款(押金)已经用完,还有的客人进住酒店后,长期未决定迁出日期,而其所欠酒店账款在不断上升,在这种情况下,为了防止客人逃账,或引起其他不必要的麻烦,必要时可通知客人前来付款。催促客人付款时,要注意方式方法和语言艺术,可用电话通知,也可用印备的通知书,将客人房号、姓名、金额、日期等填妥后,装入信封,交总台放入钥匙格子里。一般客人见此通知后会主动前来付款,如遇特殊情况,客人拒而不付时,应及时处理。

②当客人 A 的账由客人 B 支付时。若干人一起旅行,由一人付款,或者某甲的账由某乙支付,而某甲则已先行离去,人多事杂,这时往往会发生漏收的情况,给酒店带来损失。为了防止出现这种情况,应在交接记录上注明,并附纸条在甲乙的账单上,这样,结账时就不会忘

记,接班的人也可以看到。处理这种情况还有一种较为简单的办法:如某乙替某甲付款,甲先走,可将甲的账目全部转入某乙的账单上,甲账变为零来处理,但此时必须通知某乙,并有某乙的书面授权(参见图 8-11 承诺付款书),以免出现不必要的纠纷。

```
                    广州××大酒店
                  HOTEL GUANGZHOU
                      承诺付款书
                  GUARANTEE OF PAYMENT
    我承诺支付_____房_____先生/小姐的
 i )全部费用
 ii )房费              付款方式为现金/信用卡(信用卡号码:          )
 iii)其他费用(请特别说明)
                        i ) total charges        Mr. _____
 I will guarantee pay the  ii ) room charges      for Mrs. _____
                        iii) others(please specify * )  Ms. _____
 of room number _____ during the stay from _____ to _____
 By Cash/My Credit Card Number _____
    客人姓名                         签  名
    Guest Name                   signature _____
    房  号                        日  期
    Room Number _____        Date _____
 *特别费用说明:                    经办人:
 Please specify the other charges:    Prepared By: _____
```

图 8-11　承诺付款书

③如过了结账时间仍未结账。如过了结账时间(一般为当天中午 12:00)仍未结账,应催促客人。如超过时间,可根据酒店规定,加收房费(下午 3 点以前结账者,加收一天房费的 1/3;3 点~6 点结账的,加收 1/2;6 点以后结账的,则可加收全天房费)。

关于加收房费问题,如果客人是常客或者该公司为酒店提供的夜间量很大,只要客人给前台打电话说一声晚推迟 2~3 个小时退房,而且不是酒店的旺季,酒店通常不向客人收取任何费用。

④客人在结账时才提出要折扣优惠,而且也符合优惠条件,或者结账时收银员才发现该房间的某些费用是由于某种原因而输入错误。此时,收银员应填写一份"退账通知书"(一式两联,第一联交财务,第二联留结账处),然后,要由前厅部经理签名认可,并要注明原因,最后在电脑上将差额做退账。

⑤客人离店时,带走客房物品。有些客人或是为了留作纪念,或是想贪小便宜,常常会带走毛巾、烟灰缸、茶杯、书籍等客房用品,这时应礼貌地告诉客人:"这些物品是非纪念品,如果您需要,可以帮您在客房部联系购买。"或巧妙地告诉客人:"房间里的××东西不见了,麻烦您在客房找一下,是否忘记放在什么地方了。"这时切忌草率地要求客人打开箱子检查,以免使客人感到尴尬,下不了台,或伤了客人的自尊心。

【案例】

客房里的浴巾不见了

在××酒店，一位客人在离店时把房内一条浴巾放在皮箱内带走，被服务员发现后报给了大堂副理，依据酒店规定，一条浴巾需向客人索赔50元。如何不伤害客人，又能维护酒店利益，大堂副理苦苦地思索了好一会儿。

大堂副理在总台收银处找到刚结完账的客人，礼貌地请他到一处不引人注意的地方说："先生，服务员在做清洁时发现您的房间少了一条浴巾。"言下之意是："你带走了一条浴巾已被我们发现了。"此时，客人和大堂副理都很清楚浴巾就在皮箱内。客人秘而不宣，大堂副理也不加点破。客人脸色有些紧张，但为了维护面子，否认带走浴巾。为了照顾客人的面子，大堂副理就给客人一个台阶，说："请您回忆一下，您住店期间是否有亲朋好友来过，顺便将浴巾带走了？"意思是："如果你不好意思当众把东西拿出来，你尽可找个借口说别人拿走了，付款时把浴巾买下。"客人说："我住店期间根本没有亲朋好友来拜访。"他说话的口气意思就是："我根本不愿花50元钱买这条浴巾。"大堂副理干脆给他一个暗示，说："从前我们也有过一些客人说是浴巾不见了，但他们后来回忆起来是放在床上，被毯子遮住了。您是否能上楼看看，浴巾可能压在毯子下被忽略了。"这下客人理解了，拎着皮箱上了楼。大堂副理在大堂恭候客人。客人从楼上下来，见了大堂副理，故作气状："你们服务员做清洁时太大意了，浴巾明明在沙发后面嘛！"这句话的潜台词是："我已经把浴巾拿出来了，就放在沙发后面。"大堂副理听后心里很高兴，但丝毫不露声色，并很有礼貌地说："对不起，先生，打搅您了，谢谢您的合作。"要索赔，就得打搅客人，理当表示歉意。可是"谢谢您的合作"一语双关，听起来好像是对劳驾客人上楼进房查找表示感谢，然而真正的含义却是："您终于把浴巾拿出来了，避免了酒店损失。"如此合作岂能不谢？为了使客人尽快从羞愧中解脱出来，大堂副理真诚地说了一句："欢迎您再度光临我们酒店。"整个索赔结束了，客人不失面子，酒店不损利益，双方皆大欢喜。

⑥一次性付账的客人，不愿为"其"餐饮消费等项目买单。为了方便客人，酒店通常为付有足够押金的客人提供一次性结账服务：客人在酒店营业场所消费时，不需付现金，只要出示其住房卡（欢迎卡），并在账单上签字即可。但很多客人在利用住房卡进行签单消费时，却遇到了很多麻烦：一些酒店的营业场所要么不认住房卡，要么要求客人与服务员一起去总台核对（或由服务员持房卡去总台核对），影响了服务质量和服务效率，常常引起客人的不满和投诉。另一方面，一些客人在结账离店时，不愿为"其"消费并签过单的项目买单，认为不是自己的亲笔签名，而是别人（住店客人的朋友或邀请客人）模仿自己的签名消费的，因而不愿为其买单，从而引起不愉快和不必要的纠纷。为了防止出现类似问题，总台接待人员在为客人办理入住手续时，除了要在欢迎卡上盖章，注明客人所交押金额以外，还应请客人在其欢迎卡上签字，以便餐饮等酒店各营业点的服务人员核对。

【经典案例】

预授权的风波

德国客人鲁道夫来到了一家新开业的酒店。他看见这边风景优美、环境宜人，想着自己将要在本市的德国工业园工作长达一个月，不禁为上下班能够这么便利而欣喜不已。

在办理鲁道夫先生的入住手续时，鲁道夫皱了一下眉头。听说要刷他的信用卡预授权12 000元权限时，感觉有些诧异？由于他的英文也是蹩脚的，故而对于前台收银与他解释预授权概念时，他也是一知半解，半懂不懂的，好在他想这是一个四星级酒店，应该没有任何问题，也就接受了信用卡的刷卡。

一个月很快过去了，鲁道夫每天在酒店都能找到新鲜的感觉。对这家酒店他是相当的满意。今天下午他将乘飞机离开此地。

"请结一下账。"鲁道夫拿着所有的行李到前台，要求结算费用。

"您好，这是您一个月在酒店的总消费费用，一共是10 800元。麻烦您刷一下卡好吗？"由于已经是"老朋友"了，大家都知道他要走了，前台还准备了一束鲜花准备欢送他。前台早已把账单准备好了。

"刷卡？还要刷卡？不是入住时已经刷过了吗？"鲁道夫诧异地问到。

"噢！您入住时刷的是信用卡的预授权，不是您的实际消费额。"

"啊！我只刷一次卡，你刷我两次卡，不是多收了我的Money吗？"鲁道夫一下子急了起来。

"不是，我们第一次刷卡只是将您卡上的钱，通过银行冻结了，卡上的钱还是您的，并没有刷掉您的钱啊！"前台服务员焦急地向他解释道。

"不行！我不再刷卡了，你还得退我钱。"

鲁道夫也一脸严肃，拿出了德国人的认真和执着劲。

没有办法，前台员工只把房务部经理和财务部经理一起请来了。两位到了现场后，详细地跟客人解释了好久。鲁道夫就是听不进去。

"反正，不能刷我两次卡，我走遍中国都不刷两次卡的。你们多收了我的钱。"鲁道夫说道。

梁经理和熊经理，只好拿起了电话，将电话直接挂到了鲁道夫工作的工厂里。一会儿，翻译小王满头大汗地赶来了。可小王毕竟也只能是翻译普通的生活用语，对于"预授权"这个专业的银行词汇，无论怎么翻译，鲁道夫先生还是弄不明白。离飞机起飞的时间越来越近了。梁经理和熊经理代表酒店向小王担保，保证如果是酒店多收了鲁道夫的房费。由酒店代为将钱退回鲁道夫。由于小王所在的工厂是酒店的协议客户，彼此有较多的业务往来。小王想想，也只有这种办法了。

当小王把担保的事情向鲁道夫做出解释后，鲁道夫才不情愿地拿出运通卡……

看着载着满肚怨气的鲁道夫离开了酒店。梁、熊两位经理的心却久久不能平静下来……

【评析】

在酒店业中,使用信用卡结账已是很普遍的事。但由于信用卡在使用的过程中,都需要事先冻结消费者和酒店双方认定的款项,以便到最后支付时确保不会出现呆账和跑单的事宜,因而便有了"预授权"的概念。

本案例中,德国人鲁道夫就是因为他在和酒店人员进行沟通时,未能得到有效的沟通,加上他所带的翻译,也只是一个生活、服务上的翻译。不可能对银行内"预授权"这个专业术语进行非常准确的翻译,故而产生沟通上的障碍,造成了对酒店的投诉。

本案例给我们的启示是:酒店内客人与员工之间,客人与酒店之间的沟通,是非常必要的,对于一些较为棘手的专业术语一定要有外籍客人母语的版本。如果该酒店能为客人准备一份有英、德文翻译的资料,一般情况下是可以杜绝这种投诉情况的出现。

细节决定成败,绝非危言耸听。

8.3　防止客人逃账技术

防止客人逃账是酒店前厅部管理的一项重要任务,总台员工应该掌握防止客人逃账的技术,以保护酒店利益。

1) 收取预订金

收取预订金不但可以防止因客人临时取消预订而给酒店造成损失,同时,如果客人如期抵达,则预订金也可以当作预付款使用,从而有效地防止客人逃账。

2) 收预付款

对初来乍到、未经预订、信用情况不了解或信用情况较差的客人,要收取预付款。但对下列客人,则可免收预付款:

(1)重要客人及某些常客

常客在某种意义上是酒店的重要客人,应享受较高的待遇。此外常客由于经常投宿酒店,信用较好,且酒店对其单位、住址比较了解,因此,可以享有较高的信用。

(2)旅游团体或有接待单位的客人

旅游团体一般都通过旅行社入住酒店,而旅行社及某些客人的接待单位通常与酒店订有协议,与酒店进行定期结算,因此不必收取预付款。

旅行社对团体客人或接待单位对所接待客人通常有"全包"(既包房费,又包餐费)和

"房包"(只包房费,其余自付)2 种形式。对于"房包"者,酒店可收取一定数量的预付款,担保其签单消费行为,避免日后出现各种纠纷和麻烦。如遭客人拒绝,则在电脑上作相应处理,使客人在其他消费点的金额输不进去,同时,可在房卡和登记卡上注明,这样,各消费点就不接受其签单赊账行为。

3) 对持信用卡的客人,提前向银行要授权

对持信用卡的客人,可采取提前向银行要授权的方法,提高客人的信用限额。如信用卡公司拒绝授权,超出信用卡授权金额的部分,要求客人以现金支付。

4) 制订合理的信用政策

信用政策包括付款期限、消费限额、折扣标准等。如某大酒店规定对住店 5 次以上的客人给予较高的信用政策。

5) 建立详细的客户档案

通过建立详细的客户档案,掌握客户企业的性质和履约守信程度,据此决定给予客人什么样的信用政策。

6) 从客人行李多少、是否列入黑名单等发现疑点,决定是否收留

在很多国家,酒店如发现有逃账、赖账等不法客人,就会立即将这类客人的名单送交酒店协会,协会将其列入黑名单,定期通报属下酒店,酒店可以拒绝接待这类客人留宿。中国旅游协会信息中心网在北京地区也设立了反逃账信息网,会员酒店将每个逃账者和公司的资料输入信息中心,中心汇总后,每半个月向会员通报一次。在尚未开展这项服务的城市,酒店应促使并协助酒店协会为会员酒店提供这项服务。

7) 加强催收账款的力度

催账是防止逃账的一项重要手段,尤其对那些行将倒闭而被迫赖账或准备赖账的公司、客户,要加强催收力度。这些客户通常会显露出下述几种迹象。

- 付款速度放慢,以种种理由要求延期付款。
- 改变或推翻协议,要求改变汇率或折扣,如不同意则拒绝付款。
- 与其联系不接电话或以种种理由拒绝会面。
- 转换付款银行或开空头支票。
- 频繁搬迁公司地址。
- 一反常态,突然大笔消费。

催收时,要注意方式方法,以免得罪客人。

【经典案例】

客人即将溜走

1206 房的陈先生又到了消费签单限额了，陈先生是与酒店有业务合约的客人，来店后无须交预付款，只在他消费额达到酒店规定的限额时书面通知他。

但总台发了书面通知后，陈先生没来清算账，甚至连电话也没来一个，因为是老客户，且以前一直是配合的。所以总台也只是例行公事地发了一封催款信，礼貌地提醒了一下，可是催款信放在陈先生的台上后，犹如石沉大海，还是没回音，消费额还在上升。

总台便直接打电话与他联系，陈先生当然也很客气："我这么多业务在你市里，还不放心吗？我还要在这里扎根住几年呢，明天一定来结。"可第二天仍依然如故，总台再次打电话，委婉说明酒店规章，然而这次陈先生却支支吾吾，闪烁其词。

这样一来，引起酒店的注意，经讨论后决定对他的业务单位作侧面了解，了解的结果使酒店大吃一惊：陈先生在本市已结束了业务，机票也已订妥，不日即飞离本市。这一切与他"这么多业务在本市""还要在这里扎根住几年"显然不符，这里面有诈。

酒店当即决定，内紧外松，客房部、保安部对他重点"照顾"，此外，与机场联系，打听到航班、时间。

为了尽可能不弄僵关系，客房部以总经理名义送上果篮，感谢陈先生对本酒店的支持，此次一别，欢迎再来。

陈先生是聪明人，知道自己的情况已被人详知。第二天，自己到总台结清了所有的账目，总台对陈先生也礼貌有加，诚恳地询问客人对酒店的服务有什么意见和建议，并热情地希望他以后再来，给了陈先生足够的面子。

8) 与楼层配合，对可疑宾客密切注意其动向

总台要与楼层配合，对可疑宾客密切注意其动向，以防逃账发生。

9) 不断总结经验教训

总台员工要善于从接待实践中，不断总结经验教训，防止逃账事件的发生。

8.4　夜间稽核

白班收银员忙了一整天，可能会发生错误，到了深夜工作较清闲时，必须有人去进行核对账目，确定账项记录等有无错误或遗漏，以保护酒店利益。这就是夜核的主要任务。

简单地讲，夜间稽核又称夜核或夜审（Night Audit），是在一个营业日结束后，对所有发

生的交易进行审核、调整、对账、计算并过入房租,统计汇总,编制夜核报表,备份数据,结转营业日期的一个过程。除了上述任务以外,夜核工作还包括:确认未到预订、检查应离未离客房、办理自动续住、解除差异房态、变更房间状态、过夜租、每日指标及营业报表等。

总台的夜间稽核工作是由夜核员进行的。夜核员负责前台每日交易账目的平衡。夜核员也可以作为总台夜间接待员发挥职能(23:00—7:00),作为夜核员,必须熟练掌握会计学原理,并具有平衡财务账目的能力。这一岗位还要求具有总台接待员的工作经验,并能与财务总监保持良好的沟通。

夜核工作一般由财务部人员(强调夜核工作的财务职能)或总台接待人员(强调房态管理职能)担任,也有的饭店安排电脑部员工担任(图8-12)。

图8-12　前台管理人员在做夜核工作

8.4.1　夜核员的岗位职责

①核对各收款机清机报告。

②审核当天各班次收银员送审的账单、原始单,核查数据是否准确,并核对该班次营业报表。

③核对餐厅、客房的账目及其他挂账数与报表金额是否一致,是否按有关规定或协议执行。

④核查各班组送审的转账单据所列单位有无串户。

⑤审查总台开房组输入电脑的房价是否正确。

⑥复核各类统计表的数字,核实是否与收款员输入计算机数一致,并负责跟踪。

⑦将当日酒店各营业点的营业收入过账。

⑧根据各营业点的营业情况,制作当日全酒店营业日报表,并于次日早上9点以前呈送财务经理和总经理。

⑨对每天稽查出的问题和未按规定办理的内容和数据,做出详细的稽核报告,及时向上级领导汇报。

⑩负责保管各班组的营业日报表及其附件单据。

⑪负责保管各种票据及收发领用工作。

⑫负责夜间前台收银工作。

8.4.2　夜间核账工作流程

夜间稽核的主要工作流程如下(图8-13)。

图 8-13 夜核工作流程

①开始夜核。开始夜核前,系统设置进入夜核状态的标志,此时禁止其他操作人员进行入账等操作,但可以做所有查看性质的操作。

②备份数据库。将前台系统数据库备份到指定文件夹,以确保数据安全。

③打印夜核前报表。打开报表系统,打印夜核前需要硬拷贝的报表。通常包括:当前房态报表、在住客人报表、当天离店客人报表、当天的抵店客人报表、过租前的房租日报表等。

④设置未到预订。对于应到而未到的预订,夜核时系统自动将其转为"未到预订"(No Show)。

⑤检查应离未离。对于预订当天离店但仍在住的客人,系统会生成一张逾期离店客人报表。需要逐个核查客人是否已离店但未在电脑办理退房手续,还是客人要求续住。

⑥自动续住。对于上述逾期离店的客人,除了补办退房手续外,其他需要续住的客人可以自动续住一天。

⑦解除房态差异。核对前厅部电脑的房态与客房部实查的房态,会发现可能出现"Skip 走单房"(前厅部为住客房、客房部空房)或"Sleep 睡眠房"(前厅部为空房、客房部为住客房)的不一致情况,一般应该手工核对处理,并解除房态差异。

⑧在住房的房态转为脏房。在住客房的状态按清洁状态分为 OC(占用 & 清洁)、OD(占用 & 未洁),通常夜核时将 OC 房自动转为 OD 房,以提醒客房部在第二天需要打扫房间。

⑨到期的维修房自动延期一天或转为空脏房。维修房(Out of Order)在预计修复日期到来后仍未修复、需要继续修理时,在夜核时,自动续期一天(也可以设定为自动转为 VD 房)。

⑩到期的停用房自动延期一天或转为空脏房。停用房(Out of Service)在预计启用日期到来后仍需要继续停用时,在夜核时自动续期一天(也可以设定为自动转为 VD 房)。

⑪按租季自动调整房价。如果客人入住酒店的期间跨越 2 个不同的房价时段,需要在新房价时段前一晚对在住的客房调整房价。一些先进的酒店管理软件可以自动完成这一过程。

⑫过夜租。过夜租是夜核工作的主要内容之一。系统会自动在在住客人的账单中记入当晚的房租及附加税费。

⑬统计每日营业指标。包括汇总当天的各项营业收入、房数、人数等指标。

⑭计算常客积分。现代酒店业竞争激烈,酒店常用一些促销手段来吸引回头客。常客积分就是根据客人住店的房晚数、客房消费、餐饮消费,娱乐消费及其他消费,计算客人的积分,并且对达到不同积分标准的客人提供免费的房晚数、房类升级、赠送餐饮,甚至与航空公司联营的飞行里程置换的奖励。

⑮统计营业报表(表 8-1)。

表 8-1　主要营业报表

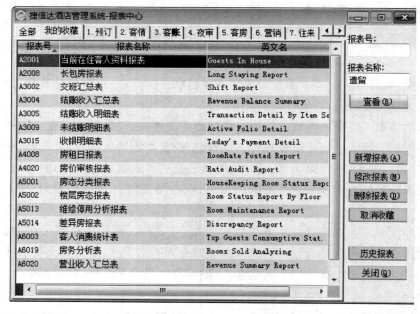

⑯打印夜核后报表。完成夜核的上述步骤后,就可以打印夜核统计报表了。一般需要打印的报表包括房租日报表、各种收银统计报表、夜核统计报表等。

⑰结转酒店营业日期。从会计的角度,酒店的营业日期是从上一个夜核结束时间开始,直到本次夜核结束时间。对于超过夜晚 12 点而在夜核前发生的账目,会计上仍将其归入上一个营业日中。结转日期的功能就是将酒店的营业日期推进到下一天。

⑱结束夜核。解除系统的夜核状态标志,通知其他工作站可以恢复正常的操作。

8.4.3　夜核报告的制作

夜核报告(Night Audit Report)反映并记录当天酒店所有财务活动情况。酒店不同,总经理对夜核报告的详细程度的要求可能也会有所不同。

夜核报告是管理人员了解酒店当天经营情况的很好的工具。夜核报告的每一部分内容都会向你提供当日经营状况的反馈信息。每天查看报告中的有关数据,会向管理人员提供一个机会,使他们在实现计划中的财务目标时变得更为灵活。

下面对夜核报告中的一些主要项目加以介绍。

1) 客房销售收入

客房销售收入(Room)对于任何酒店而言,都是衡量其经营成功与否的重要指标。由于客房收入中的大部分都被视作利润,因此,管理人员对这一数字十分关注。夜核员可以从前台登账机或电脑中获得这一数据。客房销售收入随每日客房房价的变化而变化,如果前台员工搞乱了数字,那么,客房销售总额就会出现错误。对于这一数据,可以用客房报告(Housekeeping Report)和电脑中的当日客房利用状况进行核对。

2) 餐厅营业总额

餐厅营业总额(Total Restaurant Sales)由酒店所有餐厅的营业额构成,可以依据酒店各餐饮销售点的每日营业报表(Daily Sales Reports)进行核实。

3) 房内用餐服务

一些酒店会将客人房内用餐服务(Room Service)销售额独立计算。如果酒店为了提高房内用餐销售额而专门进行了一系列营销活动,或者认为有必要对这一具有很高利润率的服务进行监控。那么,夜核员就应该在夜核报告中反映这一数字。

4) 宴会营业额

在宴会活动较多的酒店,其营业额应从餐厅营业额中独立出来。为了确保所有宴会活动都已入账,夜核员还应检查每日宴会活动单。

总经理可以从宴会营业额(Banquet Sales)中看出餐饮部经理在控制有关宴会费用方面成效如何。这些数据还可以反映市场营销总监在开拓业务方面的业绩,早餐宴会、午餐宴会和晚餐宴会收入应分别统计,因为它们为我们提供了有价值的市场营销信息。比如:哪一类宴会做得比较成功,哪一种还可以做得更好一些? 宴会营业额数字与客房销售收入为我们提供了酒店有关现金流量的信息。如果酒店预订在周末有 10 万元的宴会收入和 15 万元的客房收入,那么,它就可以满足星期一必须支出的财务款项需要。因此,财务总监会非常关注酒店的客房和宴会收入情况。

5）宴会吧及休息厅营业额

宴会吧及休息厅营业额（Banquet Bar and Total Lounge Sales）来自各营业点的收款机。每个提供酒水服务的营业点的每个班次在下班时要将该班的营业额数据连同收款机打出的原始记录一起交到总台。

上述营业额数据要在夜核报告中分别列项，因为餐饮部经理要了解成本控制的成效如何，而营销总监则可能要了解某些营销活动的效果如何？

6）会议室及多功能厅租金收入

会议室及多功能厅租金收入（Room Rental）费用会反映在租用这些场地的客人的账单上，夜核员要根据当日会议记录单反复核对客人的账单，以确保宴会经理没有将会议租金记录在别人的账上。

在客人不要求提供食品和饮料而只租用房间的酒店里（如客人租用宴会厅召开研讨会、各种会议、举办商品展示会及各种演出活动等），各会议室及多功能厅的租金收入要分别填报。由于房间出租是一个潜在的、大的盈利领域（特别是在宴会销售淡季），所以，总经理可能想要了解酒店市场营销部在扩大场地出租方面所做工作成效如何。

7）现金收入与应收账余额

总收入代表现金收入和应收款余额（Cash Sales and Accounts Receivable Balance）。每天的现金收入都有一个独立的数字予以反映，这一数字是各部门上报的现金收入的总和。

今日应收账（Today's Outstd A/R）是指有待从客人那里收回的账款。将今日应收账与昨日应收账（Yesterday's Outstd A/R）相加，就会得到累积的应收账余额，即应收账总额（Total Outstd A/R）

8）应收账分析

前厅部经理要对应收账进行分析（Analysis of Accounts Receivable），说明应收账的种类和来源。财务总监会利用这一资料了解应收账的历史状况，并据以制订应收账催收计划。

9）收银员报告

在一些酒店，前台收银员要负责收集和核对部门日报，此时，现金和信用卡收入（Credit Card Voucher）就被记录在收银员每班的报表（Cashier's Report）中。该表还包括已经收回之应收账款（包括现金和信用卡）。每班收银员报告可以用部门日报、现金和信用卡收入、现金和信用卡交易之应收账款等加以核实。

收银员报告也要记录所有实际数额与机器统计数额之间的差异。针对出现这种差异前台接待员或收银员应负的责任问题，酒店通常会制订相关的政策。比如，如果实际数额比收银员报告中的数额少了不到一元钱，就可以免除前台接待员或收银员的责任。如果远远大于一元钱，就应该进行调查，看看这种情况是否经常出现。如果实际收入大于收银员报告中的数字，多余的钱将被放入酒店基金中，用来补偿未收回的款项。当然，对于多出来的这笔款项也应当就其发生的频率和原因进行调查。

10) 经营情况统计

夜核员要为总经理和有关部门经理提供当日酒店经营情况统计(Operating Statistics)资料。这一概要反映当日经营活动及实现财务预算目标的情况。这些数据也是酒店历史经营记录的组成部分。它为管理人员提供了是否有必要修改现行经营程序的信息。

制作夜核报告是很费时间的,但通过通力合作、计划和组织,再加上与各营业点相连的计算机管理系统,这一时间可以被大大缩短。准确地制作夜核报告,为管理人员提供了有效地进行控制和沟通的工具。

8.4.4　核查收款报表时的注意事项

1) 核查前台收款

①房租折扣要由有关人员的签字认可,免费房必须有总经理或副总经理的批准并签名。

②退款要有客人签名和主管签名,而陪同退款要经总经理批准(其他职务代批的,要经财务经理签名确认)。

③客人拒付要有大堂副理签名认可。

④输单必须单据齐全,少单要说明原因。

⑤团体的房租一定要当天输入电脑,如发现有团未付房租,要立刻通知团体收款采取补救措施。

2) 核查餐厅收款

①营业日报表要与纸带一致,各项数目要准确,左右要相等,单据齐全并盖有餐厅的收款专用章,收款员签名。挂账或收信用卡要有客人签名。

②报账的账单要有签名并附有报账单位订单,或点菜单,报总经理室经总经理或有关部门经理签名批准。

③开三联发票和收预付款单据要附上副本,冲预付款要三联单齐全。

④餐单改数后,要有原因说明及主管签名。

⑤作废的账单,要有原因说明及主管签名,且三联单要齐全。

3) 核查商场收款

①售货登记表要与营业表及收款机纸带相等。

②商品价格的折扣要有 2 人签名,5% 以上折扣要有柜长或经理签名,发票上也要注明并签名。

③凡退货减数或按错收款机的减数均要有 2 人签名并在售货登记表上注明发票号。

8.5 贵重物品保管

8.5.1 贵重物品保管

酒店不但要为住店客人提供舒适的客房、美味的菜肴、热情礼貌的优质服务,还必须对住客的财产安全负责,因此,酒店应为客人设置寄存贵重物品的场所和设施。

酒店通常为客人提供客用安全保管箱(Safe Deposit Box),供客人免费寄存贵重物品。它是一种带一排排小保管箱的橱柜,小保管箱的数量,一般按酒店客房数的 15%~20%来配备,若酒店的常住客和商务散客比较多,可适当增加保管箱的数量。此外,有的酒店配有一种不分隔的大保险柜(Non-compartmentalized Safe),采用以客人个人用一纸袋寄存的方式为客人寄存贵重物品。越来越多的酒店在客房内配有小型保管箱(In-room Safe),供客人存放贵重物品。

客用安全保管箱通常放置在总台收银处后面或旁边一间僻静的房间,由收银员负责此项服务工作。保管箱的每个箱子有 2 把钥匙,一把由收银员负责保管;另一把由客人亲自保管,只有这 2 把钥匙同时使用,才能打开和锁上保险箱。

保管箱的启用、中途开箱、退箱,一定要严格按酒店规定的操作程序进行,并认真填写有关保管记录(表 8-2 和表 8-3),以确保客人贵重物品的安全,防止各种意外事故的发生。

表 8-2　安全保管箱记录卡(正卡)

(正面)

安全保管箱记录卡
保管箱号码_____　　客人姓名_____
房间号码_____　　　地址_____
存放物品_____
存取规定及注意事项:
_____
_____
日期_____　　　　客人签名_____
时间_____　　　　收银员签名_____

(反面)

保管箱取出退箱
日期_____　　　　客人签名_____
时间_____　　　　收银员签名_____

表 8-3 安全保管箱记录卡（副卡）

当您中途需使用保管箱时，请在此卡上签名。

保管箱号码＿＿＿＿＿＿＿＿＿＿

客人签名＿＿＿＿＿＿＿＿＿＿＿　　　房间号码＿＿＿＿＿＿＿＿＿＿＿

日期＿＿＿＿＿＿＿＿＿＿＿＿　　　　收银员签名＿＿＿＿＿＿＿＿＿＿

8.5.2　保管箱钥匙遗失的处理

如客人遗失保管箱钥匙，酒店通常要求客人作出经济赔偿，但必须有明文规定。如可在记录卡正卡上标出，或在寄存处的墙上用布告出示有关赔偿规定，让客人知晓，以减少处理工作中可能出现不必要的麻烦。

当客人将保管箱的钥匙遗失，而又要取物时，必须在客人、当班的收银员以及酒店保安人员在场的情况下，由酒店工程部有关人员强行将该保管箱的锁做破坏性钻开，并做好记录，以备查核。

8.5.3　客人贵重物品保管的注意事项

客人贵重物品的保管是一项非常严肃的工作，要求收银员具有很强的责任心，并注意以下事项：

①定期检查各保管箱是否处于良好的工作状态。

②必须请客人亲自前来存取，不能委托他人。

③必须认真、严格、准确地核对客人的签名。

④不得当着客人的面检查或好奇地欣赏客人存入或取出的物品。

⑤当班收银员必须安全地保管好自身的保管箱总钥匙，并做好交接记录。

⑥填写过的记录卡，必须科学地排列，以方便取用。

⑦客人退箱或中途开箱时，要注意将客人填写的记录卡副卡或正卡反面的有关内容及签字与客人填写过的正卡进行核对。

⑧客人退箱后的记录卡必须按规定安全地存贮一定的时间（至少半年），以备查核。

8.5.4　客人贵重物品丢失的责任问题

尽管酒店对客人贵重物品的保管采取了严密的措施，但任何时候，酒店都不能完全保证客人的贵重物品万无一失。那么，一旦发生客人贵重物品失窃事件，酒店是否应该对此负责呢？

事实上，目前国内大多数酒店对客人存放在酒店"客人贵重物品保管箱"的贵重物品采取不闻不问，丢了也不负责的态度。比如，一些酒店在其向客人提供的"住宿登记表"上明确指出："贵重物品请存放在收款处之免费保险箱内，阁下一切物品之遗失，酒店概不负责"（Safe Deposit Boxes are available at cashier counter at no charge. Hotel will not be responsible for any loss of your property）。显然,这种做法对客人来讲是不公平的,在法律上也是站不住脚的,因为:

第一,按照国际惯例和有关法律,酒店有义务保护住店客人人身和财产的安全。

第二,客人入住酒店是以"安全"为前提条件的,安全对于客人来讲,是第一重要的,服务质量居于其次。客人在酒店的安全包括人身安全和财物安全,如果客人的财物安全得不到保障,那么客人的安全感从何而来?

第三,很多酒店都在一定的场所和位置(如住宿登记表)向客人声明:Money , jewels, and other valuables must be deposited in the hotel safe; otherwise the management can not assume responsibilities.（请将您的贵重物品存放在酒店贵重物品保管处,否则,如丢失,酒店概不负责）。这就意味着,如果客人按照酒店的要求将贵重物品存入贵重物品保管箱,酒店就应该对其负责。

第四,尽管"保管箱有2把钥匙,客人和酒店方面各执一把,只有当这2把钥匙同时使用时,才能打开保管箱",但这并不能保证客人的贵重物品万无一失,因为酒店负责保管客人贵重物品的收银员完全有机会利用工作之便,另配一把"客用钥匙",打开保管箱。如果真的发生类似事件,客人将成为无辜而又无奈的受害者。

但贵重物品毕竟是"贵重物品",价值大,而且有时很难说清其真正价值(如钻石),万一丢失,如果按客人所述价值照"价"赔偿,这对酒店也是不公平的。那么,酒店到底应不应该赔偿? 如果应该,要负多大的赔偿责任呢?

按照国际酒店协会于1981年11月2日在尼泊尔的加德满都通过的《国际酒店规章》(International Hotel Regulations)的有关规定:"如果客人及时得到报告,酒店对贵重物品的赔偿应有合理的限度"。这就意味着,一方面酒店对客人的贵重物品在一定条件下负有赔偿责任;但另一方面,这种赔偿"应有合理的限度"。为此,酒店可规定对客人贵重物品的最高赔偿限额,并将这一限额在某一明显的位置告知客人(比如,"贵重物品保管记录卡"),如同酒店在为客人提供洗衣服务时,在洗衣单上注明:"酒店对客人待洗衣物的损坏或丢失赔偿限额最高不超过该衣物洗涤费用的10倍"一样,酒店对于客人贵重物品的赔偿也可以做出类似的规定,如:酒店对客人贵重物品的赔偿限额,最高不超过客人在酒店住宿费用的10倍。这样做双方都可以理解和接受,从而可以避免出现不必要的纠纷。

当然,酒店对客人贵重物品丢失的赔偿也是有条件的:

首先,必须是存在酒店"贵重物品保管处"的贵重物品,否则,如果客人没按要求将其贵重物品存放在贵重物品保管处。对于因此而造成的贵重物品的丢失,酒店可以不负责任或少负责任。

其次,很多酒店为客人在客房内提供贵重物品保险箱,对于在这种保险箱内"丢失"的物品(一般不可能出现),酒店可以不予赔偿。因为,此时保险箱的密码只有客人自己知道,别人不可能打开(除非连保险箱也被人偷走),何况,客人对是否将贵重物品存入保险箱? 贵重物品为何物? 以及是否"丢失"等也无法举证! 因此,对于酒店来说,为客人在其客房内提供保险箱,也不失为一种可以免除(或至少减少)酒店对客人贵重物品赔偿责任,从而减少损失的良方。

另外，为了防止一些客人声称自己"放在贵重物品保管处的钱少了"，或"钻石被人偷换了"等类似事件的发生，酒店应要求客人在其寄存贵重物品时，将贵重物品用酒店提供的专用信封封起来，并请客人在封口处签字。这样，酒店就只对寄存在贵重物品保管处丢失的物品负责。

【经典案例】

客人声称"房间内 1 万元现金"被窃后

早上 10 点，1904 房的客人王先生称其 1 万元现金在房间内被窃。值班经理接报后，立即与保安部主管×××，管家部主管×××赶到现场。据王先生述说，他公务完毕后，回到房间时发现放在行李架上的皮箱被撬开，里面的物件零乱，内层的 1 万元现金不翼而飞。王先生怀疑有人进入其房间行窃。要求酒店给予处理。就此事值班经理与各部门主管展开了一系列的调查活动。

1.请客人回忆始发经过，详细填写《遗失与盗窃记录》，并征询客人的意见是否需要报警，如果需要的话，我们可以从旁协助。但王先生表示不愿意报警。

2.要求管家部协助保安部调查所有出入口，注意发现可疑人员。

3.查询前台接待处在王先生外出期间是否有其他人取过房间钥匙。前台接待员×××称曾经接过一个自称是 1904 住客王先生打来的电话，说他的朋友现在在前台要进入他的房间，他因有要事不能赶回来，请为其开门。此接待员为确定 1904 客人的身份，要求其报出自己的身份证号码，对方流利答出。接待员未经核对证件便为客人的朋友打开了房门。

客人回来后完全否认他曾打过电话回来。让人怀疑究竟是客人在唱双簧，还是另有隐情。王先生坚持酒店赔偿其损失。值班经理明确向王先生表示，酒店要分清楚责任后才能做出赔偿。如果酒店并无过错，就不应该承担赔偿责任。客人威胁若解决的结果不能令其满意，将向媒体披露此事。值班经理建议客人将此事交给警方处理，因为只有警方才具备专业的分析和破案能力，这是酒店保安部所不能比拟的。但王先生还是执意不肯报警。并在大堂内大吵大闹，值班经理要求其立即停止吵闹，否则将以扰乱公共秩序为由报警。为了避免影响到其他客人，将其带到明珠廊偏厅，西餐厅准备了一份热气腾腾的食物送到王先生面前。经过心平气和地与王先生对话，晓之以理，动之以情。客人改为要求酒店出具一份证明，证明其在店的损失和赔偿办法。经请示当日行政总值出示证明如下：

证明

×××房王先生宣称其房内现金被盗，酒店将此事全权交给警方处理，并服从警方的处理结果。

客人得到证明后，不再表示异议。退房离店。

【评析】

此案件反映了前台接待处取钥匙程序不够完善。当值接待员仅凭一个身份证号码就确定客人身份，是考虑欠周到的。客人的朋友取钥匙的时候亦无核对证件。值班经理建议前台接待处对要求钥匙转借的客人，需要其填写《钥匙转借授权通知书》并严格执行此程序。

再也不能接受这种类似的电话授权。因为在电话中很难分辨客人的声音及其真实身份，仅凭核对其身份证号码是不可取的。如果客人真的有此需要，又不能赶回来的话，可以请他传真一份钥匙转交授权通知书过来，并附其签名。然后核对签名式样，及查看取匙人的证件一致后才予发匙。

8.6　收银人员管理

【经典案例】

一日，某大酒店收到一份来自美国的传真，反映一旅客曾下榻于该酒店，回国后发现其"VISA"信用卡在该酒店 2 次被人盗取 1 200 元。酒店立即报案。由于盗用的钱都是在酒店内消费，警方初步分析作案嫌疑人应在酒店内部，遂从收银员查起。通过询问，酒店收银员李某交代了作案经过：她根据国外持卡人一般不设密码的惯例，在该客人划卡消费后，暗中记下卡号。客人回国后，她再取出卡内资金。用此方法，她先后盗取多国外宾卡内资金 8 500 元。

某宾馆还发生过这样一件"顺手牵羊"的事件：在宾馆吧台替班的女领班刘某趁收银员转身之际，顺手牵羊将抽屉内装 7 075 元现金的信封偷走后，以到卫生间方便为名将钱放在其住室抽屉内，后又回到吧台，在收银员发现现金被盗后又假惺惺地拨打"110"报了案。

诸如此类事件，在一些管理不善的酒店时有发生，不仅影响了酒店和客人的利益，也严重损害了酒店的声誉。因此，对收银人员的管理，是酒店前厅管理的重要内容。

8.6.1　前台收银常见问题

①售出房间不入账，电脑不做 C/I 处理，将房费收入据为己有。此类情况特别是在作为日租（手工房费）处理的半天房、钟点房可能性较大。

②凌晨 06:00 前未预订直接 C/I 的房间，电脑上不立即做入住处理，而等到 06:00 以后再做 C/I，从而使 06:00 以前客人应付的一天房费或半天房费归为自己所有。

③以全价或高折扣售与客人的房间，而以较低折扣做账务电脑登记，将中间的折扣差价据为己有。此类情况在节假日期间或房间较为紧张的情况下易发生。

④对客人较长时间未结算的遗留款项，做处理而占为己有。

⑤以现金做抵押的保证订房客人未到，直接将房间订金占为己有。

⑥对客人在房间损坏或带走的器物，客人已赔偿费用而前台收银人员不做赔偿入账处理，事后请相应管理人员签单做未赔处理，而直接将赔偿费用自己占有。

以上为主要可能发生的问题,当然应该还存在其他情况;而前台账务问题大部分都由几名接待员之间、接待员与收银员及前台基层管理者相互配合而发生。

8.6.2　对收银人员的管理

对前厅收银人员的管理,可以从以下几方面着手。

1) 加强对员工的职业道德教育

在现实生活中,“德”往往容易被忽视,人们总是自觉或不自觉地以业务能力作为唯一的评价标准。其实,道德修养对于酒店员工来说十分重要。酒店员工,特别是收银员,常会遇到各种金钱、奢华生活方式的诱惑,对于刚刚踏上生活之路,对未来充满幻想的年轻人来说,有时这些诱惑是难以抵御的。

酒店应从员工入职时就不断地进行预防教育,预防教育应采取多种形式,如开会、内部刊物以及各种活动等,主要在于表明以下内容:

- 酒店具有完善的管理制度和先进的监视系统。
- 酒店对员工偷盗行为的严厉打击及处罚方法。
- 酒店员工应具备的基本的职业道德。
- 员工因偷盗行为会给个人带来的严重后果,如解聘或承担刑事责任等。
- 偷盗行为损害的不仅仅是酒店的利益,同时也损害同事的利益。

酒店在招聘财务人员时除了对其能力进行审查外,还应重视对员工道德方面的审查,以防止招进品行不端的人员,同时应建立一整套担保制度,担保的形式可为社会知名人士担保,本地居民户口且有正式职业者担保,酒店内经理级以上人员担保或以本地的不动产进行担保等。

大多数酒店在其收入管理中都会遇到一些作弊行为,作弊者的目的或是为亲朋好友谋私利,或是截流收入,中饱私囊,堵塞这些漏洞,使作弊者无机可乘,保证企业收入不受损失,是收入管理工作的重要内容。

2) 制订科学严密的收款程序

防止收入作弊现象的最有力的方法就是为每一个收入口制订一套科学严密的收款程序。这个程序要做到:清晰的环节、明确的分工和严密的衔接,即确定在何时何地由何人负责做收款的哪一部分工作,每一岗位必须在收到上一岗位的信息后再继续下一环节的服务。

为了避免收款人员的短期行为方式,也是为了方便入账、收入款的监察工作,在出现问题时可以迅速准确地找到责任人,在一段时期内,每个收入口应定人、定位收款。同时,在一个合理的时期之后进行部门岗位人员对调,这样可以避免收款人员在一个岗位与相关人员相处得太熟而出现串通作弊。

3) 建立举报制度

举报员工的偷盗是每一位员工的义务。酒店应该建立完善的内部举报制度,调动员工

的积极性,奖励那些举报有功的员工。在建立举报制度时应注意以下要点:

- 内部举报必须以实名举报为主,一般不接受匿名举报。酒店对举报者的姓名、内容予以保密。
- 为员工举报提供方便,如设立举报电话、员工信箱,接受内部员工的举报。
- 对于举报内容的查证,由安全部进行,在规定的时间内完成。
- 如举报经查证属实,对举报者要给予一定的经济奖励,根据举报案件所挽回的经济损失,具体决定奖励的数额。

加强对收银人员的管理,堵塞收入管理漏洞,是一项长期而艰巨的任务,因为酒店每天都接待不同的顾客,面临着千变万化的经营情况,而收入管理政策是由人制订的,收入管理过程也是人控制的,在这种情况下期望收入管理毫无漏洞是很困难的。在经营管理过程中,管理漏洞不断出现,又被管理者及时发现和堵塞,是管理工作的实质内容。

本章小结

> 收银是酒店前台的主要工作之一,是一项较为复杂而又细致的工作。要求收银员有高度负责的精神和细致的工作态度。
> 收银工作位于酒店前台接待第一线,而业务性质又属于财务工作,这就决定了收银人员在业务上要受酒店财务部门的指导,而在行政上又要接受前台管理人员的指挥和领导。
> 收银人员不仅要掌握财务知识和技能,还要具备接待人员的素质和修养,即:不仅收银业务要熟练,而且要有良好的服务态度和服务意识,能够为客人提供高效、优质的服务。
> 总台收银处除了为客人提供结账服务以外,还要负责酒店的夜核、贵重物品保管等工作和服务。
> 对总台收银人员的管理也是总台收银工作管理的重要内容之一。

思考题

1. 办理结账业务时,应注意哪些事项?
2. 谈谈你对客人贵重物品丢失的责任问题的认识。
3. 怎样才能有效地防止客人逃账?

【案例分析】

这笔押金该不该退？

前几日，一位客人手持去年的一张住房押金条(1 200 元)及退房发票(400 元)到前台收银要求退钱。收银员查看电脑此房客人在去年已作退房退款处理，并且发票在客人手上，所以坚持不退押金。客人此时要求大堂处理。大堂查找了当天退房时的押金条回收情况：原来是当日因退房高峰，2 位收银员都忘记回收押金条，而在账单上也没客人的退款收讫签名。处理：要求收银员按照实际消费扣除把余额退给客人。经济责任由当事收银员来承担。这样处理不知各位高手看是否得当，请提宝贵意见！

JAZZIAN
　Re：押金该不该退？

不是很合理，但也没办法，因为没人可以证明员工已将钱退给客人，电脑不能说明问题。

一帆
　Re：押金该不该退？

我以前也看过一个类似的案例，只不过时间没有隔这么久。而且，事后虽然损失由当班的员工承担，但由于他们的工资不是很高，为了体现酒店的关怀，所以酒店方就让管理层每人都捐款，当然，他们自己还是要承担一部分。

echo
来自：江苏常州
　Re：押金该不该退？

这种事情，我也碰到过。个人认为大堂副理的处理基本合规但不太近人情。

酒店员工的确有责任未能将该押金条收回，但是因为扣除余款后的金额仍然较多，故从关心理解员工的角度出发，这种处理方式过于严格。

我在碰到上述情况时，查明情况后，请客人堂吧入座，晓之以理，动之以情，向客人讲明当时情况，明确指出客人已经取回找零，同时暗示酒店监控可以再现当时情况(此话纯属给客人施加心理压力)，并为未能及时收回押金条而给客人带来误解致以歉意，并委婉表示客人能否也适当考虑下酒店员工。最后该客人虽然也记不起当时是否拿了找零，但在合情合理的解释下也表示不愿为该笔费用再作计较。当然我们也承诺客人以后再入住，为其作VIP 处理，以感谢他对我们的信任和支持。

另外，我们酒店对遗留押金有专账处理，一般保留 2 年，2 年后上交财务处理，特殊情况另行对待。

游走千里
来自：浙江
　　Re：押金该不该退？

　　这种情况应该可以避免的，我们酒店好像还未有这样的客人。我们在对退房账单检查及余款处理操作程序上有相应的制度。财务部规定退房每张账单必须要有客人的签名，前台领班在收银交接班前对账单要检查，次日早上退房账单及相关报表要上交财务部，财务部对账单进行审核，对未有客人签名的账单，如无特殊原因未签名的，要进行相应处罚，如客人未签的，是什么原因，收银需在账单上注明并要前台领班签字后交前厅经理审核确认，否则退款不予确认，这样经过几个人签字做到几个人把关，能避免很多不必要的损失，员工也不至于要承担这么多的赔偿；同时也让员工知道制度的严格性；我认为分析原因，员工不应承担全额赔偿损失，而应以操作失误进行处罚；前台相关管理人员及财务人员应承担相应连带责任，为什么未能在账单上交前及上交后进行有效审核并采取补救措施；不能把所有的责任都推到员工身上，这不是管理者的风格。还是应以制度为先。

逆风飞扬
来自：厦门市
　　Re：押金该不该退？

　　我也非常欣赏ECHO的处理方法，同样对游走千里的看法赞同。
　　以前也碰过此类情况。客人有在退款凭证上签字，但押金收据未收。
　　饭店需用一种规范统一的方式来解决此类问题，以免遭受争议，让辛苦的员工损失血汗钱。
　　如：退房时，未见押金条，不管当时退款人何种解释，都必须复印其有效证件，让其写下"押金已退，账已结清"等，签上名。此单与账单一并由财务存档。以后就再也不存在争议了。

冬の寒☆
来自：江苏
　　Re：押金该不该退？

　　这事件表面看是总台员工操作失误造成的差错，但是进一步想想这是员工的错吗？说明酒店的运行制度上有漏洞，要好好感谢这个客人，他帮你在检查工作，高级管理层要想想你们怎么没发现问题？

lindahyq
来自：福建厦门

Re：押金该不该退？

感谢这个案例，我们是新的酒店暂时还没有遇到这类案件，但是我们的客人在退房时都会让客人出示押金单，若客人的押金单没了，都会让客人签"押金条作废凭证"。

luckybaby
来自：河北
　Re：押金该不该退？

问一下如果遇有结账的客人不是交押金的客人而且没有拿押金条，说是交押金的客人委托他来结账，押金条被交押金的客人带走了，交押金的人在外地赶不回来。你们会怎么办？

景天
　Re：押金该不该退？

像 ECHO 这么说，如果那客人是个老手，他知道酒店的监控最多 3 个月就会洗掉，故此不怕你 AM 的心理压力，执意要求退押金怎么办？这个押金客人和当时的服务员最清楚，这个客人既然选择事隔这么久才回来纠缠，就表明 1）他利用时间差避开了监控这个问题；2）就是他对这些押金是志在必得的。

【补充与提高】

酒店总台常见收银隐患（诈骗招数与员工作弊行为）及其防范

1）浑水摸鱼

酒店总台退房结账一般都有高峰期（通常在早晨 7:30 前后以及中午 11:30 左右），很多时候，客人不会主动排队，在每个持续将近 1 个多小时的退房高峰时间里，有的总台会处理上百间房间的退房。总台总是忙得焦头烂额，而客人也会等得心慌意乱。这时，常常会出现各种诈骗现象，需要引起总台收银人员的注意和重视。

"3205，王先生。房间可以结账了。"服务员大声叫道。

"这里。"一个中年男子应声而来，"快点，你们太慢了，我还要赶车！"

服务员说了句抱歉，然后赶紧打印账单，找零。

"发票不用了。"中年男子匆匆接过钱，一溜烟地离开了酒店大厅。

该例子就是酒店总台的诈骗手法之"浑水摸鱼"。中年男子利用了总台退房高峰的混乱局面，冒充3205的房主，领取了房间的余款。这一类的骗子一般都会挤在总台附近的角落，冒充的对象大都是在大厅的沙发上或者较远处静静等待结账的客人，他们会在客人交房卡和押金单的时候偷偷记下所关注对象的房号、姓名甚至入住日期。这样的话，瞅准机会，他们就会抓住总台的漏洞，浑水摸鱼。如果他们被真正的房主发现，或者被总台的服务员认出，他们也会说："不好意思搞错了，我的房号和他的有点儿像，不过你们也太慢了。"接下来，行骗不成，他们都会趁着人多悄悄离开酒店。

那么，总台如何预防这种诈骗呢？

首先，在退房高峰，总台应拉起3米线，并由一名大堂经理维持结账排队的秩序。客房查房也一定要迅速及时，3分钟未报查房结束的房间总台可以自动结账，这样就避免了高峰期间总台等待的客人越积越多。

第二，客人到总台结账时，一定要再进行一次简单的核对。比如说问一下姓名、房号、联系方式、身份证号码等（熟悉的客人除外）。

第三，如果对方结账时东张西望，焦躁不安，总台觉得可疑的话，也可以请对方出示身份证件做重点的核对，当然，这里需要总台服务员凭借经验灵活处理。

2）偷梁换柱

偷梁换柱的手法大概有2种。

第一种很多报纸和网站都有报道，简单地说就是借着"换钱"的幌子行骗。举个例子，骗子会拿50张100元的人民币（真币）让你换100张50元的。等你换好了给他的时候，他会借着各种掩护从100张50元的里面抽掉十几张，然后跟你说不用换了，这个时候，他给你的只有二三十张50元的钞票，但你会"放心"的把原来那50张100元的退给对方。

一反一复，总台就损失了将近千元。

第二种手法比较相似，但结果更严重，那就是用假钞换真钞。骗子不是从你给的钱里面抽几张，而是直接"调包"，将一笔事先准备好的假的100张50元的给你，在你来不及验钞的时候催促你，等你把原来的50张100元还给对方的时候，他马上就会迅速离开。

一借一还，酒店损失了5 000元。

"偷梁换柱"，前台应该注意：第一，总台兑换零钱和外币一定要有额度限制。这里建议总台只给在住客人提供换钱服务，单次换钱总额在100元人民币以内；第二，收取钞票或支付钞票的时候，无论总台有多忙，都要先验钞，做到唱收唱付。

3）滥竽充数

某日凌晨，某酒店发生了一起罕见的前台收银诈骗案。该店刚刚上任的一名收银员，在短短的1个小时里，被客人用"现金预订——取消预订——再次预订——再次取消预订"的连环套骗走了1 204元现金。

　　酒店收银工作其实是一项风险性很强的工作。最近社会上已经出现了一种专门针对酒店收银员的诈骗,行骗的对象就是那些初出茅庐,工作起来手忙脚乱的新手。成语"滥竽充数"原比喻无本领的冒充有本领的,以次货冒充好货。本文此处的"滥竽",指代的就是那些能力上不合格,没有完成良好培训就直接上岗的酒店收银员。

　　很多酒店在缺人的时候,就急切地把一些新员工拿去"充数"了。而现在的诈骗犯往往还会运用某种混乱的逻辑,费尽心机地破坏正常的工作程序,并且制造出混乱局面。试想一下,如果是一个业务不熟练、经验不丰富的收银员面对这样的对手,可能就只有任人宰割了。

　　对于酒店来说,每日营收资金的安全应该摆在第一位,而"滥竽充数"的收银员就像是暗藏在酒店的一颗定时炸弹,随时都可能给酒店带来无法估量的损失。所以,在对酒店收银岗位人员的挑选、培训、考核和任命上,酒店的人力部门一定要慎之又慎,做到严格把关。

4) 玩忽职守

　　收取了 1 000 元却只开给了客人 100 元的押金凭证,收取了 A 的押金却输入到了 B 客人的账户上,甚至还有的把找给 C 客人的钱找给了 D 客人,以上列举的这些问题通常都会发生在酒店收银员的身上。

　　以上错误一旦被客人当场发觉,后果一般都比较严重,有的客人不仅仅会投诉酒店的服务质量,还有可能会借题发挥,要求额外的赔偿,这样,酒店正常的工作会被打扰,酒店的声誉也会在无形中损坏。而问题发现得越晚,往往解决起来难度也就越大。所以,酒店为了提高部门的运转效率,避免客人的投诉,就必须从以上 2 个诱因入手:第一,严肃收银岗位工作纪律,辅之完善的酒店奖惩机制;第二,加大监督力度,尽量将管理人员对收银日常工作的抽查落到实处。

5) 弄虚作假

　　A 客人将床单弄脏,在结账时赔偿了 50 元,但前台收银员并未让客人在赔偿单上签字,也没有将 50 元入账,而是将钱放进了自己的口袋。客人离开几分钟后,该名员工打电话给客房说客人不肯赔偿,已经离开;B 客人 12:15 分来到前台结账,收银员告诉客人要加收半天房费 114 元,一番口舌之后,客人不大情愿地支付了这笔费用。但客人结账离开后,这笔钱又落到了员工自己的手里。

　　在服务行业中,酒店员工的工资不算很高,而酒店收银员每天都要接触大量的钱款,所以,个别酒店收银员会弄虚作假,以权谋私。这种行为一方面损害了客人的权益,降低了顾客对酒店的满意度;另一方面,损害了酒店的利益,滋生了不正之风,容易让整个部门失去凝聚力和生命力。所以,当酒店接待员与收银员的岗位合一(一般出现在经济型饭店中)、酒店没有夜审(或由收银员兼任)、酒店管理操作软件上出现漏洞以及收银柜台处的监控老旧的时候,酒店的管理者就要特别警惕了,因为以上这些因素都会促使酒店中个别"自作聪明"的收银员蠢蠢欲动,打起酒店营收款的主意。

6)监守自盗

个别酒店会发生监守自盗的案件,酒店每天的营收款和备用金数目巨大,动辄万元或十几万。所以,案件一旦发生,后果也就极其严重。

作为酒店,在增强安保力量和加强电子监控技术防范的同时,还要注意自身在经营管理、内部监督方面存在的隐患。更重要的是,酒店在选拔收银员时,除了需要对方头脑灵活,做事细心以外,还要看对方是否诚实稳重。在日常工作中,管理者还要经常关心他们情绪的波动和心态的变化,做到预防为主,攻心为上,这样才能确保酒店的财产安全。

酒店经理人对"经理的困惑"的答复

Re:住房客人不补交押金怎么办?

贺虹　西安古都文化大酒店　前台部经理

按照程序长住客除了每月房费在前台月结外,还应有足够的定金在入住前交到酒店财务部,遇到长住客欠账应由财务部给客人发书面催款信。如果还未缴纳,应采取进一步措施,如:采取将房门反锁措施。

梁峻峰　河南华驰粤海酒店　房务部总监

对于酒店长住客催收欠款的原则是:既要使客人信贷便利,促进酒店营业推广,又要防止坏账发生,维护酒店利益。

前厅部有责任催客人交付押金,这是防止客人逃账的必要措施。当客人押金不足时,前厅部首先应向客人发出催账通知单,书面通知客人结清所欠的费用,并以此作为将来可能使用到的法律证据。同时,可关闭该长住客的客房长途电话,停止其在酒店各营业场所的签单权,避免其消费给酒店带来更多损失。

当客人欠款达到酒店给予长住客的信贷额度时,前厅部应该及时向上级汇报欠款情况,在总经理的协调下,酒店各部门来积极配合妥善地处理好此事。而不是怕得罪他们而让酒店的正常利益受到损害。总经理在得到前厅部汇报时,就应该马上指示保安部、财务部协助前厅部处理该事,必要时可采取"人盯人"的方式促其结清欠款。如果给予客人一定还款期限后,客人仍不能付清,酒店应马上寻求公安机关的帮助,而并非就这样听之、任之、放之。酒店有权利将客人礼貌地请出酒店,最终以法律方式追讨欠款。

面对面观看西安古都文化大酒店前厅部经理贺虹谈:住房客人不补交押金怎么办?

方式一　请登录:刘伟酒店网—院校服务—视频—住房客人不补交押金怎么办?

方式二　扫描二维码

二维码　面对面观看西安古都文化大酒店前厅部

经理贺虹谈:住房客人不补交押金怎么办?

第9章
总台信息沟通

　　信息是管理的资源,总台是酒店的神经中枢,是酒店的信息中心,担负着收集、加工、处理和传递酒店各种经营信息的职能。这项职能发挥得好与坏,直接影响酒店对客人的服务质量,影响酒店各部门的管理效率。

通过本章的学习,读者应该:

- 了解前厅部与其他部门信息沟通的重要性及沟通内容。
- 了解信息沟通的主要障碍及纠正方法。
- 熟悉前厅部常用表格,学会设计和制作各类经营管理表格。

关键词:信息;报表;沟通

Keywords:Information;Reports;Communication

经理的困惑

——房务总监辞职之后

　　房务总监突然辞职了，这是近几天的事情。到目前为止还没有新总监上任。总监辞职，前厅部和客房部也分家了，2 个部门之间随即出现了矛盾，沟通成了问题，各做各的工作，没有相互配合。

　　广交会期间，前厅部忙得自己不知道自己姓什么了，前厅部本和客房部同属于房务部。客人在前台 C/I 或 C/O 后，前厅部应告知客房部，二者要达成一致，信息要交流，以方便两部门都能更好的工作，提高工作效率，可现在前厅部却与客房部缺少了信息的交流。比如，4 月 21 日晚，由于前厅部不知道 2409 房间是坏房（OOO），而让一位客人住了进去，后来只有让客人换房，幸好客人嫌麻烦，愿意将就一下。这就是 2 个部门没有进行及时有效的沟通的结果，无疑损坏了五星级酒店的形象。

　　客房部和前厅部分家了，2 个有密切联系的部门缺少沟通，在遇到问题时，大家又都从自己的利益考虑，没有顾及酒店的名誉和利益，做事情敷衍了事，推脱责任，这真是一个大问题。

　　我不知道这种状况还要持续多久，作为前厅部经理的我，真不知该怎么办……

9.1　客情沟通

　　客情预测表是反映未来一段时间内预订客人基本信息的表格。为了做好接待工作，酒店总台预订部门一般应在客人抵店前，将有关预订信息和指令以客情预测表的形式发送至各有关部门，以便提前做好接待准备。

　　按照时间划分，客情预测与沟通一般要经过 3 个阶段。

9.1.1　近期预测

　　一般是指半月或一月以上的预测。通常只统计订房客人数量、每天所需房间、重要客人或会议等。各部门管理人员可以据此做好近期计划和设备物资准备（主要是紧缺物资或季节性物资），防止客人到店后措手不及，影响服务质量。

9.1.2　每周预测

预订处提前一周将客人人数、日期、所需房间、团体或重要客人等统计出来，做成每周预测表，发送给酒店总经理及客房、餐饮、财务等部门，请他们做好准备（表9-1）。

表9-1　每周预测表

时间＼项目＼预测数	特级套房		甲级住房			标准客房			用餐			备注
	团体客人	重要客人	团体	散客	重要客人	团体	散客	重要客人	早餐	午餐宴会	晚餐宴会	
一												
二												
三												
四												
五												
六												
七												
合计人数												
合计房数												

预测订房总数　　　　　　　　　　　　　　　　　预测房租收入

制表人：

年　月　日

9.1.3　翌日抵店客人预测

翌日抵店客人预测表比近期预测和每周预测内容更详细，包括客人姓名、房号及等级、房租、优惠条件等，提前一天通知各部门。这样，客房部可以提前安排好人员，及时腾出和清理好房间，总服务台接待处可以准确分房，前厅部服务人员可以对客人以姓氏相称，提高服务质量。

如有重要客人抵达，预订处还要根据需要以"VIP 接待通知单"（表9-2）的形式通知酒店总经理、大堂副理、前厅经理或客房部经理，以便他们亲自出面迎接，或对重要客房进行重点布置，以及摆放鲜花、水果、饮料等。

表 9-2　"VIP 接待通知单"　　　　　VIP ARRIVAL REPORT

Name 姓名：	
Designation 职务：	
Company 公司：	
Arrival Date 到店日期	Time 时间：
Departure Date 离店日期	Time 时间：
Purpose of Visit 访问目的：	
Arrival Reception 到店接待： 1)············M. D. 董事长··········G. M.总经理··········DGM 副总经理 to meet 2) Photographer 摄影师·········· 3) Other requirement 其他要求·········· ·········· 4) VIP anenities：礼节·········· ··········	
Departure 离店：	
Originating Dept 要求部门	Date 日期：
Remarks 备注：	

如有团队抵达,则还要特别制作"团队接待通知单"(表 9-3),它详细地记录了团队的各种资料和特别要求,是有关部门为客人提供服务的依据。

表 9-3　团队接待通知单

```
姓名_____    国籍_____    人数_____
旅行社_____
抵达日期_____
离开日期_____
单人_____房租_____双人_____房租_____
三人_____房租_____套房_____房租_____


三餐：
早餐_____
午餐_____
晚餐_____
```

续表

备注：_____
_____
_____
送往：
前台；旅行社；餐饮部；客房部

此外，有些详细情况只有当客人抵达之后才能了解到，这些情况以及可能发生的一些临时变化情况都应在客人抵达之后及时通知各有关部门。

9.2　总台常用表格及其设计

酒店每天都要制作反映酒店经营管理状况的各类报表，这些报表反映酒店的经营管理情况，是管理者进行管理决策的重要依据，同时也是各部门之间进行信息沟通的有效形式。

酒店前厅部的各类表格基本上都已由 PMS 公司在酒店管理系统中预先设定，但这些表格不一定能够体现和反映本酒店的特点和经营管理思想、理念，前厅部经理的职责是要进一步审查这些表格，告诉员工哪些是必需写的？哪些不必要填写，以节约时间、提高工作效率。必要时还要与软件公司沟通，根据酒店的实际需要，对系统中的表格进行调整。

9.2.1　表格的管理

尽管现代酒店前台各种报表都是由计算机 PMS 系统提前设定的，但作为前厅部经理在安装这些系统时，以及系统运行一段时间后，要根据酒店及客人的特点、酒店运营的规律以及酒店管理理念，与 PMS 供应商对原有 PMS 系统中的报表提出改造和优化建议。此时，前厅部经理应该了解表格设计的原则、内容和设计这些报表应考虑的因素。

1）表格设计的原则

设计表格时应该遵循的原则是：表格必须符合运转体系的要求。前厅部经理只有在明确了组织机构、职责范围后，才能设计出符合酒店经营管理思想和管理制度，体现管理特色的表格，也才有可能做好各类表格的衔接和配套工作。

2）表格的种类与内容

确定表格种类时，需要考虑的关键问题是此表格是否有保留及使用的必要性。前厅经理应该考虑如没有这类表格对工作将会产生什么影响？此表格能否由其他表格代替？要进行"投入"（即制作、发放、保存表格所需花费的时间与精力）与"产出"（使用表格的机会与效果）的比较。

至于表格的内容，一要满足酒店及前厅部日常经营管理的需要；二要简明扼要，一目了然。

3）设计表格时应考虑的因素

①明确目的：为什么要设计此表格？
②确定内容：表格的内容应简明扼要，排列合乎逻辑，便于阅读，形式美观。
③表格的分发对象：只发给确实需要的部门和人员。

4）表格的审查与修正

对于已设计好并已投入使用的表格，每年至少应进行 1 次审查。在进行修正工作之前，应广泛征求使用者及制作者的意见，认真研究所有新设计的表格及需修正的表格的内容。

9.2.2　总台常用报表

报表的制作通常是由总台夜班人员负责的。随着计算机技术在前台管理中的应用，前厅部使用的各种报表将基本上由计算机制作（有些报表将由计算机自动生成），实现前台管理的无纸化作业（表 9-4）。

表 9-4　总台常用报表

报　表	主要内容
客房销售报告（Room Sales Recapitulation）	"客房销售报告"是总台需要制作的最重要的报表。"客房销售报告"是综合反映酒店客房利用情况、客房收入情况及客房预订情况的报表，它不但反映当天的统计数字，而且有当月以及上一年同月的统计数字，以便管理者能够进行历史比较。其主要指标包括：昨日占用客房数；今日抵店人数；今日离店人数；今日占用客房数；坏房数；酒店自用房数；可出租客房总数；散客用房；长住客用房；团客用房；空房总数；客房利用率；房间双开率；团客、散客及长住的客房收入；预订房间总数；取消及更改预订数；未预订抵店人数等。
客房收入报告（Rooms Revenue Report）	客房收入报告是详细反映酒店每间客房收入情况的报告。除了制作"客房销售报告"以外，酒店还可以考虑制作一份客房收入报告，作为对"客房销售报告"的补充。 客房收入报告同时也是制作"客房销售报告"的依据之一。 客房收入报告的资料来源主要是电脑以及总台制作的"房租折扣及免费表"和"每日报告"。"每日报告"主要反映以下内容： ①客人早晨办理住宿手续。 ②客人在规定时间 12 点以后结账离店。 ③客人使用钟点客房。 ④住房费发生变化。 制作客房收入报告时，要依据每日报告上所提供的情况，确定客人的实际住房费。

续表

报　表	主要内容
当日取消订房表 （Cancellation List）	该表要分送前台经理、前台接待处和预订处,预订员要据此修订预订控制记录。同时,取消订房表也是酒店掌握超额预订比例的依据之一。
未到客人报表 （No-show List）	"未到客人"是指没有正式取消预订,但于预订入住日未能抵达的客人。该表也是酒店掌握超额预订比例的依据之一。
预订更改表 （Amendment List）	此表反映客人由于某种原因而更改预订要求(包括入住日期、离开日期、房间类型及房价等)的情况。
提前退房表 （Unexpected Departure）	由于种种原因,有些住店客人可能会要求提前退房。遇到这种情况,前台接待员应制作"提前退房表",并立即通知预订处,以便修改预订控制记录,提高客房出租率。此外,掌握和保留客人提前退房的有关资料,也是酒店确定超额预订数的重要参数。
延期退房表 （Extension List）	该表反映客人推迟离店日期的情况。如客人提出要延期退房,接待人员要查看房态,看看是否能满足客人的要求。如果客房已订满,不能满足客人延期退房的要求,则要向客人解释,取得客人的谅解。如可以满足客人的要求,则要制作"延期退房表",并通知预订处修改预订记录。
入住房数出入表 （Differences）	由于人数发生变化等原因预订客人办理登记手续时,可能会提出增加(或减少)客房数的要求,夜间值班员要将白天所发生的这些情况制成表格,予以反映。
房租折扣及免费表 （Discount & complimentary List）	制作房租折扣及免费表时,要在备注栏里注明优惠或免费原因。
次日客人退房表 （Expected Departure List）	制作次日客人退房表有助于有效地控制房态,做好退房的准备工作,防止出现客人逃账现象。
今日住店 VIP 报告 （Today's VIP Stay-over Report）	"VIP"是酒店贵宾,对其住、离店情况,有关部门及领导要做到心中有数,以便做好迎、送等接待工作。
次日 VIP 离店报告 （Expected VIP Departure List）	以便有关部门和人员提前做好送客准备。

9.3　前厅部与其他部门的信息沟通

　　酒店对客服务是整体性的,并非靠某一部门、班组或某一个人的努力就可以获得成功。所以酒店各部门之间的工作联系、信息沟通、团结协作就显得格外重要。各部门之间沟通的成功与失败,将直接影响到酒店运行与管理的成功与失败,影响到对客人的服务质量。

【经典案例】

"请把我们交给警察吧!"

某日,国内某名牌大学校长一行4人入住某市一家高星级酒店。在办理入住登记手续时,前台接待员要求先交押金。由于客人尚不能确定住几天,所以接待单位先为其预交了1天的押金。由于接待单位与该酒店有较好的业务关系,且负责接待的人员与该酒店前台经理比较熟,前台经理同意这几位客人以后几天可以免交押金。

第二天夜里12点多,当客人办完事回到酒店时,不愉快的事情发生了。一位楼层服务员站在客人的房门口,拦住客人,不允许其进入客房,理由是:没交押金!

"可你们经理已经同意了啊!"客人辩解道。

"我不管,反正总台说没交押金就不能进房间。"

……

无论客人如何解释都无济于事。情急之下,客人说道:"你看已经半夜了,我们出去也没地方去。要不这样吧:你先让我们进去,把我们关起来,如果接待单位不帮我们交押金,你就直接去公安局报案,把我们交给警察……"。

后经查询,前台经理承认是由于内部信息沟通不好造成的,并一再向客人道歉。

9.3.1 前厅部与有关部门之间的信息沟通

如图9-1所示,前厅部是酒店的"神经中枢",是酒店信息的集散地,正是由于前厅部与酒店其他经营与管理部门的有效沟通,才使得酒店能够为客人提供干净的客房、运转良好的设备、安全的环境、美味的佳肴、快捷的服务、准确无误的结账……作为前厅部各级管理人员,更应了解自己肩负的责任,要有整体意识和团队精神,明确信息沟通的重要性。

信息沟通可以采用口头形式,也可以采用书面形式或电脑网络方式。为了保证信息沟通的准确性、严肃性和规范性,酒店应根据信息的重要性和特点,主要采取书面的形式:如备忘录、接待通知书、专题报告、报表和表格以及有关文件或批示等。此外,为了提高信息沟通的质量,前厅部经理应当确立标准的沟通程序,使前厅部员工与酒店客房部、餐饮部、工程部、销售部等部门的沟通规范化。

图9-1 前厅部与酒店其他部门的信息沟通

1)前厅部与总经理室

前厅部除了应及时向总经理请示汇报对客服务过程中的重大事件外,平时还应与总经理室沟通以下信息(表9-5)。

表 9-5　前厅部与总经理室的沟通内容

前厅部门	（与总经理室的）沟通内容
接待处	①房价的制订与修改。 ②免费/折扣/订金/贵宾接待规格、客房销售政策的呈报与批准。 ③每日递交"在店贵宾/团队表""预期离店 VIP 客人名单""客房营业日报表""营业情况对照表"等。 ④酒店内部用房通知。总经理室应将每日酒店内部用房情况通知前台接待处，以便总台控制房态。
预订处	①定期呈报"客情预报表"。 ②每日递交"客情预测表"。 ③递交"贵宾接待规格审批表"，报告已预订客房的贵宾情况，贵宾抵店前，递交"贵宾接待通知单"。 ④每月递交"房价及预订情况分析表""客源分析表""客源地理分布表"。 ⑤总经理室应将酒店免费房的申请和批准情况通知预订处。
问讯处	转交有关邮件、留言。
电话总机	①了解正、副总经理的值班安排及去向。 ②提供呼叫找人服务。

2）前厅部与客房部

　　酒店前厅部与客房部的联系最为密切，很多酒店的前厅部与客房部是合二为一的（Rooms Division）。正因如此，这 2 个部门之间的信息沟通也就最频繁，内容也最多（表 9-6）。

　　前厅部要与客房部就客房利用状况、安全问题、住客资料、客人对设备用品的需求等信息进行沟通，这些信息的沟通要求十分及时、准确。

　　客房部经理要依靠前厅部对客房的销售预测结果进行排班，及时地拿到发自前厅部的客房销售情况预测表可以使客房部经理科学、合理地安排和处理员工的请假和休假问题。

　　对于出现在客房部的可能危害客人安全的任何异常情况，如服务员发现显然未经登记的来访者出现在楼层，或房间内出现异常声响，客房部员工都应向前台报告，而前台员工则会将这一问题反映给有关人员或部门。

表 9-6　前厅部与客房部信息沟通的主要内容

前厅部门	（与客房部的）沟通内容
接待处	①客房楼层应每日向前台接待处提交"楼层报告"，以便前台控制房态。这是协调客房销售与客房管理之间关系的重要环节，也是前厅部与客房部最重要的信息沟通内容之一。 ②团队客人抵店前，递交"团队用房分配表"。 ③用"特殊服务通知单"将客人提出的房内特殊服务要求通知客房部。 ④将客人入住及退房的情况及时通知客房部。 ⑤用"客房/房价变更通知单"把客人用房的变动情况通知客房部。 ⑥递交"预期离店客人名单""在店贵宾/团队表""待修客房一览表"。 ⑦客房楼层应将客人在房内小酒吧的消费情况通知前台接待处（或收银处）。

前厅部门	（与客房部的）沟通内容
预订处	①每日递交"客情预测表"。 ②书面通知房内鲜花布置的要求。 ③书面通知订房客人所需要的房内特殊服务要求。 ④贵客抵店前,递交"贵宾接待通知单"。 ⑤贵宾抵店的当天,将准备好的欢迎信、欢迎卡送交客房部,以便客房部做好贵宾房布置。
问讯处	客房部应将走客房内所发现的遗留物品的情况通知问讯处。
大厅服务处	①上楼层递送报纸、邮件和有关文件,或将需递送的报纸及"报纸递送单"交客房部代为发放。 ②运送抵店的团队客人行李时,如客人不在客房内,请客房服务员打开房门,以便把行李送入客房。
电话总机	如发现客人对电话叫醒服务无反应,应通知客房部上门人工叫醒。

有时,总台会直接收到客人要求增加或提供客用品(如毛毯、洗发水、吹风机等)的请求,这时,总台员工必须立即将这一信息转达到客房部。

3) 前厅部与销售部

前厅部与销售部都对酒店的销售工作负有责任。前厅部主要对零星散客,尤其是当天的客房销售工作负责,而销售部则对酒店长期的、整体的销售,尤其是团队和会议的客房销售负责。因此,前厅部与销售部之间必须加强协作与信息沟通,提高酒店客房利用率,减少销售工作中的矛盾与冲突。

销售部还依赖于前厅部为其提供客历档案及各类预订信息,以便更好地满足客人的需求。此外,前厅部通过为客人提供专业的、热情周到的服务而对销售部的工作予以支持。

对于销售部而言,客历档案是进行市场营销的极有价值的资源。销售部可利用客历档案的相关资料进行各种市场营销和促销活动,邮寄促销信函,选择适当的广告媒体。因此,前厅部员工应当尽可能为销售部提供即时的、准确的信息。

客人与酒店销售部的第一次接触通常是通过酒店的总机进行的。一位高素质、热情友好,而且对酒店各有关部门及其员工都比较熟悉的总机话务员,会给客人留下良好的第一印象,向这位潜在的客人留下这样一个信息:这家酒店相当不错。

发往销售部的信息应当快捷、准确、完整。为了实现有效地沟通,前厅部经理应当向前厅部每一位新员工介绍销售部每一位员工及其各自所负责的工作(包括其他有关部门的有关人员)。

前厅部有关部门与销售部的沟通内容参见表9-7。

表 9-7　前厅部与销售部的沟通内容

前厅部门	（与销售部的）沟通内容
接待处	①与销售部进行来年客房销售预测前的磋商。 ②发生超额预订情况时，与销售部进行磋商与协调。 ③团队客人抵店前，将团队客人的用房安排情况，书面通知销售部。 ④团队抵店后，销售部团队协调员将客人用房等变更情况书面通知接待处。 ⑤向销售部每日递交"在店贵宾/团队名单""预期离店客人名单""客房营业日报表""营业情况对照表"。
预订处	①为避免超额预订情况的发生，在旅游旺季，预订部应及时与销售部沟通，研究决定团队客人与散客的接待比例。 ②销售部将已获总经理室批准的各种订房合同副本交预订处。 ③销售部将团队客人的订房资料、"团队接待通知单"送达预订处。 ④预订处与销售部核对年度、月度客情预报。 ⑤每日递送"客情预测表""贵宾接待通知单""次日抵店客人名单""房价及预订情况分析表""客源比例分析表"。 为了便于协调，减少工作冲突，提高工作效率，酒店可考虑取消"预订处"，或将其划归销售部管理。
问讯处	销售部应将团队客人活动的日程安排等有关信息通知问讯处，以便回答客人的询问。
大厅服务处	从销售部了解离店团队的发出行李时间及离店时间。
电话总机	①了解团队客人需要提供的叫醒服务时间。 ②了解团队活动的日程安排。

4）前厅部与财务部

为了防止出现各种漏账、逃账等现象，确保酒店的经济利益，前厅部应加强与财务部（包括前台收款）之间的信息沟通（表9-8）。

表 9-8　前厅部与财务部的沟通内容

前厅部门	（与财务部）沟通内容
接待处	①就给予散客的信用限额与财务部进行沟通。 ②根据酒店政策，收取预付款。 ③递送抵店散客的账单、登记表。 ④递交压印好的信用卡签购单。 ⑤递送已抵店的团队客人的总账单与分账单。 ⑥递送"客房/房价变更通知单"。 ⑦每日递送"预期离店客人名单""在店客人名单""在店贵宾/团队表""客房营业日报表""营业情况对照表"。 ⑧就过了离店时间后退房的客人的超时房费收取问题进行沟通。 ⑨客房营业收入的夜核核对工作。

续表

前厅部门	（与财务部）沟通内容
预订处	①就订金（预付款）的收取问题进行沟通。 ②就订房客人的信用限额问题进行沟通。 ③每日递送"客情预测表""贵宾接待通知单"。
问讯处	递送邮票售卖记录，交财务部审查。
大厅服务处	①递送已结账客人的离店单。 ②如已结账的客人再次发生费用，收银处与大厅服务处应及时沟通，以便大厅服务人员采取恰当的方法，提醒客人付账。 ③递送"服务费收入日报表"。
电话总机	①递交"长途电话收费单"与"长途电话营业日报表"。 ②已结账的客人挂长途时再次收费的沟通。

5）前厅部与餐饮部

餐饮是酒店营业收入的 2 大主要来源之一，前厅部必须重视与餐饮部的信息沟通，以加强管理，提高效益。比如，前厅部要向餐饮部提供客人的信用信息，以便餐厅决定是否可以接受客人签单；向餐饮部提供住店客人信息，以便餐厅经理能够合理排班，预测营业收入（如上早班的餐厅经理可能需要了解有多少住店客人，以便决定需要安排多少人上早班）。另一方面，餐饮部要将住店客人的消费信息及时、准确地提供给前台收银，以便记入客人的总账单。

前厅部与餐饮部的沟通还包括以下几方面的内容（表 9-9）。

表 9-9　前厅部与餐饮部的沟通内容

前厅部门	（与餐饮部）沟通内容
接待处	①书面通知餐饮部客房的布置要求，如在客房内放置水果、点心等。 ②发放团队用餐通知单。 ③每日递送"在店贵宾/团队表""在店客人名单""预期离店客人名单"。
预订处	①每月递送"客情预报表"。 ②每日递送"客情预测表""贵宾接待通知单"。 ③书面通知订房客人的用餐要求及房内布置要求。
问讯处	①每日从餐饮部的宴会预订组取得"宴会/会议活动安排表"。 ②向客人散发餐饮活动的宣传资料。 ③随时掌握餐饮部各营业点的服务内容、服务时间及收费标准的变动情况。

续表

前厅部门	(与餐饮部)沟通内容
大厅服务处	更新每日宴会/会议、饮食推广活动的布告牌。
电话总机	随时掌握餐饮部各营业点的服务内容、服务时间及收费标准的变动情况。

9.3.2 信息沟通的主要障碍及纠正方法

前厅部与其他部门之间能否进行有效的沟通,不仅仅反映了管理者是否了解沟通的方法,也反映了管理者对团体协作精神是否具有足够的认识。因此,要时刻提防和避免阻碍信息沟通的障碍。

1)阻碍信息沟通的障碍

在酒店,阻碍信息沟通的障碍主要有下述内容。
①个人主义严重,互相拆台。
②彼此缺乏尊重与体谅。
③本位主义,缺少团队意识和集体主义精神。
④感情、意气用事。

2)克服及纠正的方法

①抓紧对管理人员及服务人员进行有效的在职培训,使之充分了解"团结协作"的重要性,掌握进行有效沟通的方式方法;还应使员工在不断精通本职工作的同时,加强对酒店整体经营管理知识和各部门工作内容的了解。
②在日常工作中,注意检查部门内部与部门之间信息沟通的执行和反馈情况,不断总结、完善各个环节,对于沟通良好的部门和个人及时予以表扬,反之,则予以批评。
③组织集体活动,增进员工之间的相互了解,消除隔阂,加强团结。

9.4 前厅部文档管理

文档管理是前厅管理工作的重要组成部分,可以使前厅管理工作按照轻重缓急,有条不紊地进行。为了保证文档管理工作的顺利进行,前厅部必须建立一个健全的文档管理制度。

9.4.1 文档管理的原则

1)专人负责

文档管理工作要有专人负责。可以由部门(或班组)负责人亲自进行文档管理,也可以由前厅部文员或细心、责任心强，具有一定工作经验的员工负责。

2）有章可循

前厅经理应明文规定文档管理制度，包括下述内容。

①明确哪些文件、表格应该存档。

②存放的顺序（字母、日期等，或先按日期，后按字母）。

③存放的时间。

④销毁时的批准程序与方法。

9.4.2　文档管理的步骤

1）分类

按照文档的特性，应先将其分为下述 3 种类别。

①待处理类：指尚未处理、正等待处理的文件、表格。如已填写好的定房单、需答复的文件以及客满时订房客人的等候名单等。

②临时类：指短期内需要经过处理，然后再经过整理、归类的文件、表格。如客人的订房资料、报价信函、在店客人档案卡（登记表）等。

③永久存放类：指需要长期保存，供查阅用的文件、表格。如各种合同的副本、客历档案、已抵店客人的订房资料、取消预订、未抵店客人的订房资料、婉拒房的致歉信以及各类已使用过的表格等。

2）归类存放

对于不同类型的文档，应采用不同的方法，存放于不同的地方。

（1）待处理类

对于待处理类文档，首先应按轻重缓急，将文件、表格分成急办、日常事务两类，然后分别放在文件篮、文件夹中。

（2）临时类

应分门别类地整理好，然后存放在档案柜的专用抽屉内。存放顺序：

①订房资料：对于近期的订房资料，先按抵店日期，后按字母顺序存放。远期的订房资料，一般先按抵店月份，后按字母顺序存放。

②报价信函：按字母顺序存放。

③在店客人档案（登记表）：按字母顺序存放。

（3）永久存放类

可存放在贴有标签的活页夹内，也可存放在专用的柜子内。还可以打成包，在包外标明名称，存放在专门的房间内。另外，对于某些重要资料，应存放在特别安全的地方，以防火灾或其他人为原因所造成的损失。

存放顺序如下所述。

①订房资料：按已抵店、取消、致歉、未抵店、团队归类，再按抵店日期，最后按字母顺序。

②已使用的表格：按日期顺序。

③客历档案及合同副本等:按字母顺序。

3)制作索引

文档归类存放前,负责整理文档的人员应在文档的右上角写上索引字码。如按姓名字母顺序排列的文档应写上客人姓的前2个字母(如Li、Ro等);如按日期排列的文档,则应写上客人抵店的日期(如15/3,2/12等),以方便查找。此外,还应建立一个文档索引本,里面应标明文档的种类、内容、存放地点、起止日期、销毁的时间等。

> 信息是酒店服务和管理的依据,是影响服务质量和管理水平的重要因素,而总台是酒店的信息中心,必须做好信息的收集、加工和传递工作。
> 总台信息工作的主要内容包括:客情的预测和传递;各种经营报表的制作;与客房部、销售部、总经理室等经营部门和管理部门以及前厅部内部如预订处、问讯处等的信息沟通。

思考题

1.如何设计前厅部的管理表格? 前厅部常用表格有哪些?

2.前厅部为什么要加强与酒店其他部门的信息沟通? 沟通的主要内容有哪些?

3.分析前厅部与其他部门信息沟通的主要障碍和纠正方法。

【案例分析】

无人、无行李房应该如何处理

华亭宾馆针对无人、无行李房的处理,规定总台每天在19:00将所有应离未离的报表打出来后,由大堂经理到房间核对后再做统一处理。而我们规定只要发现无人、无行李,必须及时报客房中心,由客房中心通知总台,以确保处理的及时性。这样的操作不仅给电话员增大工作量,也给前台带来很多工作量。可在 15:00 和 19:00 2 个时段,按我店现有的办法进行处理,同时可考虑针对无人、无行李房减免权限的要求,从根本上减少内部员工电话数量,以保证正常的服务沟通。

　　针对上述无人、无行李房的处理,谈谈你的观点。

【补充与提高】

前厅部各部门所需客人信息及其来源

前厅部门	所需客人信息内容	使用信息的目的	信息来源
接待处	1.预抵店散客名单及预定单 2.预抵店团体/会议接待通知单 3.预抵 VIP 接待通知单 4.客史档案 5.商务合约优惠房价备忘 6.黑名单	1.准备并接待预定散客 2.准备并接待团体/会议 3.准备并接待 VIP 4.提供针对性服务 5.协议房价 6.婉拒不受欢迎的客人	1.预订处 2.销售部 3.预订处 4.大堂副理 5.财务部 6.大堂副理
预订处	1.团体/会议预订单 2.客史档案 3.商务合约优惠房价备忘 4.黑名单 5.订而未到名单 6.提前或延期离店通知单	1.预分房 2.提供针对性服务 3.协议房价 4.婉拒不受欢迎的客人 5.再次预订促进销售 6.促进客房销售	1.销售部 2.大堂副理 3.财务部 4.大堂副理 5.接待处 6.接待处
问讯处	1.预抵店客人名单 2.住店客人名单 3.离店客人名单 4.换房通知单 5.入住宾馆的保密要求	1.处理未到店客人邮件 2.处理在店客人邮件及留言 3.处理离店客人邮件 4.处理换房客人邮件及留言 5.为住店提供保密服务	1.预订处 2.接待处 3.接待处 4.接待处 5.接待处
前厅收银处	1.预抵店客人名单 2.VIP 名单 3.团体名单 4.商务合约优惠房价备忘 5.换房通知单	1.预订保证金的处理 2.确定付款方式及优惠政策 3.核对公司账户 4.确定优惠政策 5.变更账户及相关费用	1.预订处 2.接待处 3.接待处 4.财务部 5.接待处

续表

前厅部门	所需客人信息内容	使用信息的目的	信息来源
礼宾部	1.预抵店客人名单 2.离店客人名单 3.团体名单 4.VIP 名单 5.预订客人的用车及其他礼宾要求	1.做好行李进店服务 2.做好行李出店服务 3.做好团体行李进出店服务 4.做好 VIP 接待服务 5.做好预订客人的接待服务	1.预订处 2.接待处 3.接待处 4.接待处 5.预订处
电话总机	1.住店客人名单 2.预订店客人名单 3.已退房客人名单 4.客人的保密要求	1.电话转接 2.留言控制 3.电话收费 4.为住客保密	1.接待处 2.预订处 3.接待处 4.接待处

酒店经理人对"经理的困惑"的答复

Re:房务总监辞职之后

区雪娇　广州南沙大酒店　客房部副经理

首先需要冷静分析为什么前厅部跟客房部会出现沟通问题,房务总监突然离职是其中一个因素,但房务总监也只是一个统筹和协调前厅部与客房部工作的一个中间枢纽,在沟通内容和方式已成固定形式的情况下,总监的离职并不会影响2个部门的日常工作。因此,应当先分析2个部门现有的沟通是否足够清晰和及时? 为什么两个部门之间的 C/I 和 C/O 信息传递不及时? 为什么酒店系统中未显示该房是 OOO 房以致前厅可为客人办理入住? 这些问题的本质是属于沟通问题、操作问题还是配套系统的问题,我认为值得深入思考和分析。

针对不同的问题,可以参考以下相应的解决方法:

1.房务总监的空缺会影响工作的统筹和协调,可以通过外招或内部提升来解决;

2.前厅部与客房部之间的沟通内容不足,我们可以采取每周开房口例会的方法,让部门之间进行有效的沟通,不仅能够及时同步各部门所掌握的信息、存在的问题,还可以在会上提出自己的意见,然后再一起协商解决方案;

3.前厅部与客房部的员工进行交叉培训,这样不仅能够使双方员工掌握多种技能,还能让大家互相了解对方工作中的困难,学会换位思考,避免大家只懂得站在自己的利益上考虑,这样才能从根本上减少矛盾的发生;

4.明确前厅部与客房部之间需要及时同步的信息,并落实每一项信息的同步都有特定岗位的员工负责,责任到人;

5.利用软件系统提升2个部门之间信息传递效率和准确率,如房态信息必须及时录入管理系统,对客服务信息通过任务系统传达,避免口头传达的误差和不及时性;

6.保证员工受到足够的培训以按照标准操作软件系统,避免操作不当导致的信息错误问题。

前厅部与客房部是酒店中关联性最强、沟通协作最多的2个部门,两者的信息对称、沟通及时有效才能够为客人提供更佳的服务体验。

面对面观看广州南沙大酒店客房部副经理区雪娇谈:房务总监辞职之后
方式一　请登录:刘伟酒店网—院校服务—视频—房务总监辞职之后
方式二　扫描二维码

二维码　面对面观看广州南沙大酒店客房部
副经理区雪娇谈:房务总监辞职之后

第10章
宾客关系管理

大堂副理:酒店处理宾客关系的核心岗位

　　使每一位客人满意,是每一家酒店努力的方向和工作目标,建立良好的宾客关系则是实现这一目标的重要途径之一。

　　酒店通常通过设立大堂副理(Assistant Manager)和宾客关系主任(Guest Relation Officer)等岗位来建立、发展和改善与住店客人及来访客人的关系,努力使每一位不满意的客人转变为满意的客人,使客人对酒店留下良好的印象。

　　要建立良好的宾客关系,还要求酒店各级员工正确认识客人,掌握客人对酒店产品的需求心理以及与客人的沟通技巧,同时,还要掌握接待投诉客人,处理客人投诉的方法和艺术。

通过本章的学习,读者应该:
- 了解大堂副理的岗位职责与素质要求。
- 掌握客人对酒店产品的需求心理及与客人的沟通技巧。
- 正确认识客人投诉。
- 掌握处理客人投诉的方法和艺术。
- 认识建立客历档案的必要性和主要内容。

关键词:宾客关系;大堂副理;客历档案;客人投诉

Keywords:Guest Relation;A.M.;Guest History Card;Complaints

经理的困惑

——针对低素质的客人，我们还必须秉承

"客人是上帝、客人永远是对的"这个理念吗？

我们行业一直提倡"客人是上帝、客人永远是对的"的理念，可是经营过程中我们会遇到形形色色的客人，有些客人的素质低到你想象不到的程度，请问针对这类客人我们还必须秉承上面这个理念吗？有没有什么好的办法去应对这些客人？

10.1 大堂副理

走进富丽堂皇的酒店大堂，您会在其一侧注意到一张典雅、精美的桌子，上面摆放着鲜花，旁边坐着一位能讲一口流利英语的、和颜悦色的酒店"官员"，他/她，就是酒店的大堂副理。

大堂副理的主要职责是代表酒店总经理接待每一位在酒店遇到困难而需要帮助的客人，并在自己的职权范围内予以解决，包括回答客人问讯、解决客人的疑难、处理客人投诉等。因此，大堂副理是沟通酒店和客人之间的桥梁，是客人的益友，是酒店建立良好宾客关系的重要环节。

在我国，三星级以上酒店一般都设有大堂副理。大堂副理可以是主管级，也可以是部门副经理级，以体现这一职位的重要性和权威性。对大堂副理的管理模式通常有 2 种：一是隶属于前厅部，二是由总经理办公室直接管理，大堂副理向总经理办公室主任或直接向总经理汇报。以上 2 种模式各有其合理性和利弊。从工作性质（属于对客服务项目）和工作岗位的位置（位于前厅大堂）来讲，应属于前厅部，而从职责范围来讲，涉及酒店各个部门，为了便于协调管理和有效地开展工作，则应由总经理办公室直接管理。还有的酒店将大堂副理划归质监部，由质监部经理（或总监）负责，直接处理出现在各部门的服务质量问题和客人投诉问题，以增强其权威性。具体而言，各酒店应根据自身的实际情况来决定。

无论采用哪种管理模式和体制，都要明确大堂副理管理的岗位职责和管理权限，否则，他将很难开展工作（在一些涉外酒店，大堂副理已沦为酒店的"翻译"，当出现客人投诉或客人与酒店发生冲突时，他只是被请去充当"翻译"的角色），或者与其他部门经理、主管的权力发生冲突，影响协调和团结。

10.1.1 大堂副理的岗位说明书

大堂副理岗位说明书见表 10-1。

表 10-1　大堂副理

直接上级：前厅经理/总经理
直接下级：宾客关系主任

岗位职责
1.代表饭店管理机构处理客人投诉，解决客人的疑难问题，及时将客人意见服务质量方面的问题向总经理汇报，并提出改进意见。
2.作为饭店管理机构的代表检查各部门员工的纪律、着装、仪容仪表及工作状况。
3.回答宾客的一切询问，并向宾客提供一切必要的协助和服务。
4.维护大堂秩序，确保宾客的人身和财产安全以及酒店员工和酒店财产的安全。
5.抽查饭店各部门的清洁卫生工作及设备设施的维护保养水准。
6.负责协调处理宾客的疾病和死亡事故。
7.征求宾客意见，沟通酒店与宾客间的情感，维护酒店的声誉。
8.处理员工和客人的争吵事件。
9.保证宴会活动的正常接待。
10.确保大堂秩序良好，无衣冠不整、行为不端者。
11.每日参加部门经理例会，通报客人投诉情况、员工违纪等，并提出相关建议。
12.协助前厅部经理指导并检查前台、预订、总机、门童和礼宾部的工作，做好前厅部的日常管理。
13.协助前厅部员工处理好日常接待中出现的各种问题（如超额预订问题、客人丢失保险箱钥匙问题、签账超额而无法付款的客人、逃账事件以及其他账务等方面的问题）。
14.沟通前厅部与各部门之间的关系。
15.完整、详细地记录在值班期间所发生和处理的任何事项，将一些特殊的、重要的及具有普遍性的内容整理成文，交前厅部经理阅后呈总经理批示。
16.协助保安部调查异常事物和不受欢迎的客人。
17.认真做好每日的工作日志，对重大事件认真记录存档。
18.代表总经理做好日常的贵宾接待工作，完成总经理临时委托的各项工作。

素质要求
1.受过良好的教育，大专以上学历。
2.在多年酒店前台岗位工作经验，熟悉客房、前厅工作，略懂餐饮、工程和财务知识。
3.有良好的外部形象，风度优雅。
4.能应付各类突发事件，遇事沉着，头脑冷静，随机处理。
5.个性开朗，乐于且善于与人打交道，有高超的人际沟通技巧。能妥善处理好与客人、各部门之间的关系，有较强的写作及口头的表达能力。
6.口齿清楚，语言得体。
7.外语流利，能用一门以上外语（其中一门是英语）与客人沟通。
8.见识广，知识面宽。了解公关、心理学、礼仪、旅游等知识，掌握计算机使用知识。掌握所在城市的历史，游乐场所地点，购物及饮食场所；了解主要国家的风土人情。
9.对国家及饭店的政策规定有着充分的了解。
10.具有高度的工作和服务热忱。
11.彬彬有礼、不卑不亢。

10.1.2　大堂副理工作"五忌"

1) 一忌：总是刻板呆坐在工作台

大堂副理大多数时间应在大堂迎来送往招呼来来去去的客人，随机地回答客人的一些问询，不放过能与客人交往的任何机会。一方面方便了客人，使饭店的服务具有人情味，增加了大堂副理的亲和力。另一方面可以收集到更多宾客对饭店的意见和建议，以利于发现饭店服务与管理中存在的问题与不足，及时发现隐患苗头，抢在客人投诉之前进行事前控制。

2) 二忌：在客人面前称饭店其他部门的员工为"他们"

在客人心目中，饭店是一个整体，不论是哪个部门出现问题，都会认为就是饭店的责任，而大堂副理是代表饭店开展工作的，故切忌在客人面前称别的部门员工为他们。

3) 三忌：在处理投诉时不注意时间、场合、地点

有的大堂副理在处理宾客投诉时往往只重视了及时性原则，而忽略了处理问题的灵活性和艺术性。例如客人在午休、进餐、发怒时，或在发廊、宴会厅等公共场所，在这些时间和场合去处理投诉，效果往往不佳，还可能引起客人反感。

4) 四忌：缺乏自信，在客人面前表现出过分的谦卑

确切地说，大堂副理是代表饭店总经理在处理客人的投诉和进行相关的接待，其一言一行代表着饭店的形象，应表现出充分的自信，彬彬有礼，热情好客，不卑不亢，谦恭而非卑微。过分的谦卑是缺乏自信的表现，往往会被客人看不起，对饭店失去信心。

5) 五忌：不熟悉酒店业务和相关知识

大堂副理应熟悉酒店业务知识和相关知识，如前台和客房服务程序、送餐服务、收银程序及相关规定、酒店折扣情况、信用卡知识、洗涤知识、基本法律法规、民航票务知识等等，否则会影响到处理投诉的准确性和及时性，同时也将失去客人对酒店的信赖。

【链接】

一位大堂副理的心得

我个人认为大堂副理是一个很锻炼人的工作岗位，也能考查一个人的综合能力，如：应变能力、谈话技巧、果断性、灵活性、坚持原则等等。说得通俗些，大堂副理是客人的一个"出气筒"，客人对酒店内的任何事情不满，都有可能发泄在大堂副理身上，这也是大堂副理的工作性质所决定的。

作为大堂值班经理应该具备抗批评、抗被粗鲁言语指责的承受能力,同时还要做到认真向客人解释、道歉。要做到不卑不亢,耐心劝导,体现大堂副理的良好风貌。

我在工作中的难点是人情关系不好处理。

工作的兴奋点是为客排忧解难,解决问题,通过自己的努力而使需要帮助的客人得到帮助。在这项工作中我个人得到的是我逐步走向成熟,经过多年的工作使自己看待问题更理智、更客观、更全面,不掺杂个人感情色彩。对于我,失去的是由于自己的疏忽,而导致事情无法挽回的局面或造成损失的遗憾。我对大堂副理的领悟是:有喜有忧,有惊有险,有付出有收获,有成功的喜悦,有失败的苦涩。

总而言之,大堂副理是一项有挑战的工作,可以说是我生命中的一部分,我热爱这项工作。

说到工作顺心不顺心,作为大堂副理往往最不顺心就是最顺心的前奏,而不顺心的结果又是最顺心。当客人为一件不愉快的事情或我们员工的失误和未能准确捕捉客人的意图而不开心,但经过自己的工作,客人满意了,员工得到教训和培训了,饭店因自己的工作在经济和名誉上未受损失,这时就是最开心的时候。

10.1.3　大堂副理如何赢得酒店其他部门员工的支持

在酒店经营中,大堂副理应能高效地发挥处理宾客投诉的功能,不仅和客人达成共识,同时赢得酒店其他员工的尊重与信任,从而获得内部支持。为此,大堂副理要有以下认识。

1)将宾客投诉当作自我成长的机会

酒店赋予大堂副理处理宾客投诉的权力,但力量大小会因人而异,尊重与信任需要靠大堂副理自己的行动赢得。不要将处理宾客投诉当成一件麻烦事或希望被投诉部门能不找自己最好,采用一种躲避和推卸的态度,而应该积极面对。

对于大堂副理而言,每一次处理宾客投诉都是提高自己危机公关、逻辑思维、语言组织与酒店相关服务规范知识储备能力的时机,更是用自己的行动赢得同事们尊重与信任的一次绝佳机会。

2)大堂副理是问题的处理者与协调者,而绝非批评者

酒店各部门在遇到宾客投诉时,是希望得到大堂副理的帮助,而绝不是想得到批评。无论酒店赋予大堂副理的权力大小如何,大堂副理在处理宾客投诉时必须依靠各部门的配合与支持,投诉事件发生时被投诉的部门正处于紧张的状态,此时大堂副理如以批评者的身份参与,势必会强化紧张的氛围,被投诉者因害怕被处罚会故意回避、隐瞒事实真相。因此大堂副理只需提出投诉处理方案,让被投诉的部门了解宾客投诉的主要内容以及服务中的过失即可,尽量不要指责,以协调者和帮助者的身份参与,告诉被投诉部门,自己是来帮大家解决问题的,而不是以管理者的身份进行内部批评的,如此才会减少员工的惊恐与排斥心理,密切配合大堂副理处理投诉事件。

3）维护宾客、酒店、员工的共同利益

发生宾客投诉时,客人往往会将事实夸大,所以一定要倾听宾客与被投诉部门双方的声音,了解真实情况,哪些是酒店责任,哪些是宾客情绪化的反应,这不仅是尊重客人,更是尊重酒店、尊重员工的做法。如是客人无理取闹,一定要用委婉的方法保护酒店与员工的利益,不可听信一面之词,客人要求什么就答应什么,否则将有损酒店利益,还会让员工蒙受不白之屈,挫伤工作积极性,更会降低大堂副理在员工心目中的可信度,使日后处理宾客投诉事件因曾经有失公平而增添阻力。

4）勇于承担责任

在宾客投诉事件中,客人往往会投诉某个部门或某个员工的服务产品或服务态度,此时大堂副理千万不要将错误推卸给某个部门或是某个员工（因为在客人看来这是酒店的错误）,如果说"他是某部门的员工,我们一定会加强部门的管理",客人立即会反驳:"那个部门难道就不是你们酒店的吗?"应在了解实际情况后将错误勇敢地承担下来,并表示理解与歉意,如:"因为我们的原因,给您带来不便,我们深感歉意"。这不仅是宾客的内心需求,更是决定宾客投诉是否能有效处理的先决条件,只有这样才能快速与宾客拉近心理距离,最大限度地获得宾客的理解与认同。同时员工会因为大堂副理的大度与包容产生发自内心的尊重,并积极配合,让处理宾客投诉的通道变得畅通无阻。

5）树立大局观,通过与部门沟通获取内部支持

在投诉事件处理的过程中,大堂副理一定要从客人与酒店整体的利益出发,树立大局观,掌控对投诉处理的方向、节奏与尺度,在争取客人满意的同时,维护酒店整体利益。当需要相关部门包括被投诉部门为酒店的整体利益作出牺牲与让步时,不宜以命令的方式强硬要求部门,应以主动沟通的方式让员工了解客人需求点与酒店的要求,必要时让员工清楚个人冲动会造成的后果,以理服人,引导员工以大局为重。即使员工当时不理解,也应在投诉处理后及时与员工有效沟通,争取到相关部门的认同和积极配合。

6）大堂副理是投诉情况的汇报者而非责任的划定者

一般而言,酒店赋予大堂副理的权力仅限于现场处理宾客投诉事件,合理、迅速地与客人达成共识,维护客人与酒店整体利益,并将情况向管理层汇报,如实陈述宾客的投诉情况、调查了解事实真相和处理的方法与结果,而对于是非认定、责任划分、整改措施,大堂副理无权,更无法代替领导站在酒店整体的高度作出判断,千万不要越俎代庖,也不要在管理层认定责任之前私下谈论。

酒店内部的支持是大堂副理在处理宾客投诉事件中的重要力量来源,大堂副理只有在尊重客人、尊重员工的基础上才能真正赢得信任与支持,从而让宾客投诉事件得到圆满解决。

10.2 宾客关系主任

10.2.1 宾客关系主任

宾客关系主任,又称"G.R.O."(Guest Relation Officer)(图 10-1)是一些大型豪华酒店设立的专门用来建立和维护良好的宾客关系的岗位。宾客关系主任直接向大堂副理或值班经理(Duty Manager)负责。他/她要与客人建立良好的关系,协助大堂副理欢迎贵宾以及安排团体临时性的特别要求。

10.2.2 宾客关系主任的职责

①协助大堂副理执行和完成大堂副理的所有工作,在大堂副理缺席的情况下,行使大堂副理的职权。

图 10-1 5 位笑容可掬的宾客关系主任
——厦门会展中心酒店一道亮丽的风景

②保留 VIP 房(VIP Room Blocking)。

③检查 VIP 房(VIP Room Inspection)。

④迎接 VIP 客人(Greeting and Welcoming VIPs)。

⑤陪同并帮助 VIP 客人办理入住手续(Escorting and Registering VIPs)。

⑥负责带领有关客人参观酒店。

⑦向客人致礼貌电话(Courtesy Calls)。

⑧离店前向客人致电,受理客人的推迟离店请求(Departure Calls and Late Check-Out Requests)。

⑨帮客人预订下一个酒店(Onward Room Reservation)。

⑩办理快捷离店(Handling Express Departures)。

⑪带领客人参观酒店(Conducting Showrooms)。

⑫处理客人投诉(Handling Guest Complaints)。

⑬接受客人表扬(Accepting Guest Compliments)。

⑭监督对客服务质量(Performance Monitor)。

⑮征求客人意见(Soliciting Guest's Comments)。发展酒店与宾客的良好关系,并征求意

见,作好记录,作为日报或周报的内容之一。

⑯留意酒店公共场所的秩序。

⑰在总台督导并协助为客人办入住手续。

⑱完成大堂副理指派的其他任务。

除了上述职责以外,宾客关系主任还要负责客历档案的建立、完善和管理工作。凡是通过主动拜访、客人告知、员工反映等途径获得的客人喜好、习惯、忌讳等资料信息,都要整理成文字,输入电脑保存起来。宾客关系主任必须记住其中任何一位客人的信息,在每天查阅预订客人名单和已入住客人名单时,要做到一看到熟悉的客人名字,相关资料就及时反馈,然后按照该客人的客历记录,安排相关事宜,为客人提供个性化服务。

【经典案例】

一次完善的服务补救

今年年初,笔者随团赴泰国旅游考察,在曼谷下榻 Hilton 旗下的 Conrad 酒店,期间亲历了一个服务失误补救案例,领略到优质服务的魅力。

笔者在曼谷当地有一位合作多年的老客户,得知我来泰国高兴异常,于是双方约定次日早晨9:30在酒店大堂见面。由于第二天团队还有其他活动,当晚导游便同我一齐到总台交代服务员:"小姐,明天我们团早晨8:30出发,这位王先生住××房,上午要离团单独活动,请把他的房间保留到9:20,客人届时自己到总台结账退房。"在得到总台的确认后,我们放心地上楼休息了。

第二天早晨,我取出专门为老客户准备的一份礼品,用酒店的手提袋装好放在床头柜旁,下楼和导游约定与客户会面结束后直接到午餐地点跟团员们会合,随后就到餐厅用早餐。餐毕回到房间时却发现那袋礼品不见了!我赶忙到总台询问,原来总台通知查房时忘了交代我这间房9:20才退,楼层服务员发现我的房间还有一袋物品,以为是团员忘带了,就让行李员取走直接装上了大巴!

我一听就急了,我只约定了中午与团队会合的地点,并没有留导游和司机的电话号码,加之出国旅游没有随身携带通信工具,根本无法与团员取得联系,这可怎么办!

(点评:工作疏忽大意、想当然以及沟通不到位,是导致服务失误的重要原因。那位通知团队退房的总台员工如果能再仔细一点,或是行李员在把"遗忘"的手提袋装上大巴前能再和客人或导游沟通确认一下的话,就不会出现这样的失误了。)

正在一筹莫展的时候,一位身穿深色西服的酒店经理走上前来:"王先生,我叫JIM,是酒店宾客服务高级经理,您遇到的问题由我全权负责。我已经知道了您不愉快的经历,非常对不起,因为我们的失误,给您带来了诸多不便,我们愿意全力补救。我们已经安排酒店销售部和旅行社联系,争取尽快找到导游和司机,确认他们的方位。"

(点评:出现服务失误引起客人投诉后,员工把问题逐级上交的现象在很多酒店屡见不鲜。而各级管理人员接手处理时。客人往往都不得不再复述一遍自己的经历。员工逐级的上报和客人一遍一遍地复述，不但影响效率，延误时机，更加重了客人的不满和怨气。而 JIM 在很快了解了整个事情的经过后，第一时间出现在客人面前，表示全权负责并直接切入主题，无疑给了客人很好的印象和几分安定。另外，很多时候面对客人的抱怨和投诉，酒店方除了道歉外总喜欢解释，诸如之所以会出现问题，是因为这样或那样的原因造成的，等等。其实，客人最需要的是解决问题而不是解释原因。导致问题发生的原因并不是客人关注的焦点，没有行动只是一个劲地道歉根本于事无补。JIM 在道歉后主动表示了愿意全力补救的积极态度并已经有了第一步实际行动——尽快寻找到导游和司机，很好地舒缓了客人的焦虑情绪。）

不一会儿，JIM 的手机响了，是大巴司机打来的，团队正在前往景点的路上，约 15 分钟后到，停留半小时。JIM 随即对我说："王先生，我们已经找到司机了，从酒店到那一处景点大约需要半小时，我们马上派车去取，您可以先在这里等您的客户；如果您不放心，我们的车也可以送您一起去，9:30 您的客户来时，我会在大堂恭候，并负责接待他们。另外不管您随不随车去，我们都将为您和您的客户免费提供一间会客室以及饮料茶点。"

因为同行团友很多人用酒店的手提袋装物品，我担心司机不容易找到我那个装有礼品的袋子，就表示要随车前去领取。于是，我找出客户名片，准备给他打电话说明情况。JIM 在旁见状马上说："您可以用我的手机打，如果您不介意的话可以把名片给我，我来帮帮您拨。"我正愁不了解如何拨打泰国的号码，听 JIM 这么一说，欣然把名片递给他。JIM 一看名片的地址，立即告诉我："王先生，这幢写字楼离那处景点很近，您看这样行不行，您和客户商量一下，不用麻烦他过来了，待会儿您取到礼品后我们直接送您到他的办公室，更节省时间。"对于这样的安排，我当然没有异议。接下来我跟老客户通了电话，说定改由我去他们公司拜访。

（点评：不吝惜酒店的资源，派车、手机、会客室、饮料、茶点等，设身处地为客人着想，周到细致地提供多种方案供客人选择，随时灵活应变，真诚地为客人解决问题，全力做好服务补救，JIM 显示了很好的职业素养。）

不一会，一位制服整洁笔挺颇有绅士风度的中年司机开着一辆一尘不染、崭新锃亮的奔驰车停在我面前。这位司机一上来，就递上一瓶冰镇的果汁让我消渴，随即用车载电话联系到旅游大巴司机，问清了对方车号和准确的停车位置后对我说："王先生，我们半小时之内就能赶到，您放心。"一路上，他还非常热情地介绍沿途的风景、建筑，不知不觉就到了目的地。停车场非常大，停靠了几十部大小车辆。他把车停好带着我很快就找到了那辆大巴，取回了礼品，又把我送到客户公司所在的写字楼入口，道别时他真诚地说："王先生，我们再次为今天的失误表示歉意，衷心地希望能得到您的原谅。现在是 9:25，祝您和客户洽谈愉快，期待您再次下榻我们的酒店。"此时已是满意加惊喜的我，在感动和赞叹之余，真不知该说什么好了……

（点评：一流员工的完美服务，为这次服务补救行动画上了一个圆满的句号。如何把服务失误和客人投诉真正当作我们的机会点，用心采取卓越的补救措施，解决客人的问题，感动客人进而建立良好的宾客关系，提高客人的满意度和忠诚度，值得每个酒店工作者深思。）

10.3　宾客关系主任日常工作流程

10.3.1　VIP 接待流程

1）抵店前的准备工作

①了解 VIP 客人姓名、职务、习惯及到店时间。

②在 VIP 到达之前检查 VIP 入住登记单情况。

③检查 VIP 房的分配情况和房间状况，确保 VIP 房的最佳状况。

④在 VIP 到达前 1 小时，检查鲜花、水果和欢迎信的派送情况，督促接待人员半小时前到位，提醒总经理提前 10 分钟到位，确保一切接待工作准确无误。

2）抵店时的接待工作

①VIP 进入大堂时，要用准确的客人职务或客人姓名来称呼和迎接客人。

②引领 VIP 客人进入预分的房间，查看客人的有效证件，确保入住单打印的内容准确无误，并礼貌地请客人在入住单上签字。

③向 VIP 客人介绍客房及酒店内设施、设备。

④征求 VIP 客人的意见，随时提供特殊的服务。

3）离店后的后续工作

①接待完 VIP 客人后，要及时把入住单交给前厅，准确无误地输入各种信息。

②做好 VIP 客人的接待记录，必要时及时向总经理报告 VIP 客人到店情况和接待情况。

③协助预订部建立、更改 VIP 客人的档案，准确记录客人的姓名、职务、入店时间、离店时间、首次或多次住店、特殊要求等情况，作为以后订房和服务的参考资料。

10.3.2　客人投诉的处理

客人投诉处理的基本流程：

1）接受宾客的投诉

①确认是否为住店客人，记录客人的姓名、房号、投诉部门和事项。

②听取宾客的投诉：头脑冷静、面带微笑、仔细倾听，对宾客遇到的不快表示理解，并致歉意。

③对客人的投诉，酒店无论是否有过错，都不要申辩，尤其是对火气正大或脾气暴躁的客人，先不要做解释，要先向客人道歉，表示安慰，让客人感到你是真心实意为他着想。

2）处理宾客的投诉

①对一些简单、易解决的投诉，要尽快解决，并征求客人的解决意见。

②对一些不易解决或对其他部门的投诉，首先要向客人道歉，并感谢客人的投诉，同时向有关经理汇报。

③查清事实并作处理，同时将处理结果通知客人本人，并征求客人对解决投诉的意见，以表示酒店对客人投诉的重视。

④处理完客人的投诉后，要再次向客人致歉，并感谢客人的投诉，使酒店在其心目中留下美好的印象，以消除客人的不快。

3）记录投诉

①详细记录投诉客人的姓名、房号或地址、电话、投诉时间、投诉事由和处理结果。

②将重大的投诉或重要客人的投诉整理成文，经前厅部经理阅后呈总经理批示。

10.3.3　为住店客人过生日

为了提高服务质量，为客人留下美好的印象和难忘的回忆，高星级酒店会为住店客人过生日，这项工作通常由酒店大堂副理与GRO 负责，服务流程如下（图 10-2）。

1）做好准备工作

①在客人生日审报单上签字。生日客人的查询，由前厅夜班负责，如有生日客人，填写客人生日申报单，然后交由大堂副理签字。

②将经签字的"客人生日审报单"一份交回前厅留存，另一份由前厅交餐饮部准备生日蛋糕。

图 10-2　GRO 代表酒店祝贺客人生日

③同时通知柜台员工，以备随时祝贺客人生日快乐。

④从办公室秘书处领取生日贺卡，请总经理签字后，准备送入客人房间。

2）祝贺客人生日

①与客人取得联系，在适当的时候持生日贺卡上楼，由送餐人员送上蛋糕，同时祝贺客人生日快乐。

②借此机会与客人做短暂交谈，征求客人的意见。

③将上述工作详细记录在记录本上。

【案例】

他乡遇知己

岁末，沈阳某大酒店大堂，2 位外国客人向大堂副理值台走来，年轻的大堂副理小齐立即起身，面带微笑，以敬语问候。让座后，2 位客人用英语讲述起他们心中的苦闷："我们从英国来，在这儿负责一项工程，大约要半年，我们不会讲中文，所以离开翻译就成了哑巴。圣诞将临，可我们感到十分孤独，有什么方法能让我们尽快解除这种陌生感？"

小齐微笑答道："感谢 2 位先生光临我们酒店，使小店增光添彩。当你们在街头散步时，也一定会使沈阳市的圣诞节更加充满浪漫情调。"熟练的英语、亲切的话语所表达的深厚情谊，使身处异国他乡的英国客人与齐副理的心贴近了，谈话变得十分活跃。于是外宾更加广泛地询问了当地的生活环境、城市景观和风土人情。小齐介绍道，这些年来，外国的圣诞节在中国特别是在宾馆、酒店内已被人们十分重视了。几天以后酒店要搞一次盛大的圣诞活动，希望他们 2 位能够积极参加，届时一定会使他们感受到与在国内过圣诞节同样的气氛和乐趣。外宾中有一位威廉姆斯先生听了，兴致勃勃地说："再过 2 天是圣诞夜，正好是我 55 岁生日，我能在和家乡一样欢乐热闹的圣诞节中度过我的 55 岁生日，将是十分荣幸的。"说者无心，听者有意。谈话结束之后，齐副理立即在备忘录上记下了威廉姆斯先生的生日。

12 月 24 日清晨，小齐购买了鲜花，并代表酒店在早就预备好的生日贺卡上填好英语贺词，请服务员将鲜花和生日贺卡送到威廉姆斯先生的房间里。威廉姆期先生见到生日贺礼，感到意外惊喜，激动不已，连声答道："谢谢，谢谢贵店对我的关心，我深深体会到这贺卡和鲜花之中蕴含着你们珍贵的情谊和良好的祝愿，我将永生难忘。我们在沈阳逗留期间将再也不会感到寂寞了。"

10.3.4　紧急事件处理流程

酒店是一个小世界，什么样的事情都有可能发生，在遇到下列几种特殊情况时，大堂副理应参照以下程序进行工作：

1) 房客生病或受伤

①房客若在居住期间生病或受伤，先以电话询问病情，然后再依病情和客人之要求，决定请医生来或是去医院治疗，严禁随便拿药给客人服用。

②若客人确实病情严重，或有特殊要求，可联系医院请求医生出诊。

- 请医生出诊应事先电话提供病人的详细情况。
- 情况紧急，可拨打电话 120，请急救中心出诊。
- 在紧急情况下，如心脏病等，白天可请医务室帮忙就诊。
- 病人若行走不便，可安排轮椅（存在行李房）或担架（客房加床用的折叠床即可）。

③在与医院联系后，要协助客人订好出租车，并告知司机医院的确切位置。在遇无出租

车的情况下,可联系酒店车队。

④客人需要住院治疗时,将客人之病情及房号等做记录,如有可能通知其在当地的亲友。

⑤保留房间:客人在住院期间若欲保留其房间,则通知客房部,若不需要保留房间,则征得客人同意后,帮助整理行李并寄存于行李房,衣服可存于客房服务中心。

⑥对于传染病房客,要劝其离店,并对房间及房内物品做彻底消毒,同时对楼道及有关区域进行消毒处理。

⑦要求药物:客人通常会要一些药物,此时应委婉告知客人,碍于规定,酒店无法提供,小擦伤等可用大堂副理药箱中之创可贴、纱布等。

2)房客自杀或死亡

①若发现此状况,而未能确定是否已死亡时,立即报保安部,并请医务室或特约医院叫救护车送往医院急救,将事件报告总经理并做记录。

②立即封锁现场及消息,并通知客房部、公关部等有关单位,由保安部经理判断是否报警处理。

③死亡。凡有房客死亡时,立即报保安部、总经理,再依下列情况处理。

● 自然死亡和病死:首先封锁消息,封闭该房门后电请医院派救护车运走,由保安部报告有关部门,再通知友人或家属直接到医院料理丧事;

● 谋杀:保持现场完整,报保安部,等候公安机关人员调查,再视情况处理;

● 自杀:先封锁消息和现场,电请医院派救护车运回急救。等运走后再由保安部通知有关部门。若急救无效,依"自然死亡"项处理。

3)火灾

①大堂副理接到火警通知后,先报消防中心,然后电话通知总机(总机按"接火警通知方案"程序通知有关人员),并记录通知时间,然后携带总钥匙和手电筒迅速赶到现场。

②若火灾发生在厨房,应通知工程部立即关闭所有煤气阀门,关掉所有电源,关闭受影响的一切通风装置。

③检查火警现场,并与保安部、工程部等有关部门的人员取得联系,在最高领导决策后,决定是否报"119"派消防车支援。

④根据现场情况,做好各部门协调工作,在最高领导决定后,组织客人撤离现场。

⑤当需要将客人安排到其他酒店时,大堂副理立即与其他酒店取得联系。

4)偷盗

①发生任何偷盗现象均需首先报酒店保安部。

②接到通知后,同保安人员赶到现场,若发生在房间,则同时通知客房部主管前往。

③请保安部通知监控室注意店内有关区域是否有可疑人物。

④查询客人被盗物品及是否曾有客来访的有关资料,并做记录,视客人要求,由客人决

定是否向公安机关报案。

⑤若客人有物品遗失,无论酒店有无责任赔偿,均应酌情给予关照。

⑥通常情况下,酒店不开据遗失证明,若客人信用卡遗失,可由大堂副理代为联络银行止付。

⑦一般要由客人自己报案,大堂副理派人联系,最好由保安部和大堂副理同时出面与客人交涉,外籍客人需报市公安局外管处;国内客人报案,可到当地派出所,也可报公安局。

⑧若住店客人在店外被盗,征得客人同意后,大堂副理可协助客人向事发地区公安机关报案。

5) 员工意外

员工发生意外,通常由员工所在部门的经理会同人事部经理处理,节假日由大堂副理代为处理,并做记录,次日转交以上 2 部门处理。

10.3.5　宾客征访

大堂征访是高星级酒店中大堂副理和 GRO 的主要工作之一。酒店征访宾客普遍采用大堂征访、电话征访、进房拜访 3 种方式,大堂征访相比电话征访具有调查效果显著的优点,与进房拜访相比,节省了拜访礼品的花费,效果相近;不过大堂征访宾客的时机很难把握,随机性很大。

大堂征访宾客前应作好充分准备工作,掌握当日离店团队、散客的重要信息,预测征访名单。宾客征访注重选人,旅行团导游长期接触酒店行业,反映的问题很专业;会议负责人与酒店各部门协调较多,反映的问题具有代表性;长住宾客,能够很好地对比酒店服务的变化;高房价散客、贵宾对服务细节很讲究,征访不仅体现酒店尊重的意愿,更能丰富客史。大堂副理在征访宾客时应合理控制征访类型的比例,保证普遍性与代表性。

大堂宾客征访可以选择些精致的小礼品赠送宾客,方便与宾客快速建立友谊。例如含有市区地图、景点介绍的城市旅游宣传册很受外地客人的喜欢,此外赠送印有酒店标识的饰品,如钥匙圈等小件生活用品,可以起到宣传酒店的作用;当天的报纸、茶水都是与休息等待结账宾客建立友谊的好"礼物"。

1) 问题的选择

询问宾客的问题,可以是酒店近期比较集中反映的问题:淋浴的水温是否够热? 卫生间喷淋的出水量是否够大? 床上棉织品是否柔软、舒适? 华语点播电视的反应速度? 电视遥控板操作是否较易掌握? 最希望阅览的新闻报纸是什么? 入住期间对服务较为不满的地方有哪些? 或是最感动的服务是什么? 好的与坏的方面都要兼顾,征访过程中令宾客感动的优质服务也要记录下来,倡导优质服务在酒店中的开展。

2) 征访程序

①建立友谊。可提供及时的服务(如拎行李)或酒店的产品介绍与宾客迅速建立友谊;

因人而异,也可推荐酒店近期的优惠促销活动,以便互相熟悉,增进了解,为征访时沟通提供便利,但交流时间应短些,方便切入正题。

②赠送礼品。赠送事前准备的小礼品,礼貌询问宾客,"是否可以打扰您很短的时间",加深与宾客之间良好的关系。

③说明目的。向宾客说明目的时应注意语言技巧,尽量取得宾客的好感。"大堂副理代表酒店总经理收集宾客的意见,改善酒店服务质量,希望您的配合。"

④填写表单。GRO双手递上《宾客意见调查表》、钢笔,请宾客填写。征访过程中配合《宾客意见调查表》使用,会使征访效果显著提升,故表单内容上的设计也非常重要,会直接影响到征访的质量。

⑤针对提问。宾客填写完毕,依据表单中不满之处细心询问原因,如宾客对服务很满意的,可将事前准备的问题礼貌提出。

⑥礼貌送行。宾客征访结束,大堂副理应礼貌送别宾客离店。

3)注意事项

征访过程中,GRO要善于观察宾客的细微之举,应注意宾客不耐烦的举动,及时停止引起宾客厌烦的问题。

此外 GRO 应注意时机与场合的把握:

- 忌宾客在总台结账时征访,造成收银员紧张,产生工作失误。
- 忌宾客热烈交谈中,打断宾客的谈话。
- 忌征访在大堂吧休息的宾客。
- 忌征访陪小孩玩耍的家长,给照看小孩的宾客带来不便。
- 征访过程中应把握好时间,避免影响宾客行程。
- 征访时宾客接听电话要礼貌退后、回避。

宾客征访过程中意见较强烈的应视为投诉,按照投诉规程进行处理,及时提供补救服务。宾客征访的内容记录在日志上,在报表中反馈管理层。每周、月末作好宾客意见的收集、整理,管理层应对服务质量分析中暴露较严重的问题立即纠正,宾客反映集中的问题,及时跟踪、落实改进。征访表单作为月底统计宾客满意率的依据,为酒店月度服务质量 QC 分析提供参考。

宾客征访常见形式的优、缺点比较如表 10-2 所示。

表 10-2　宾客征访常见形式的优、缺点比较

征访方式	征访对象	优　点	缺　点
大堂征访	结账散客	填写《宾客意见调查表》,面对面交流,较易发现问题	征访时机较难把握
电话征访(晚安电话)	入住 1 日以上的宾客	征访对象的选择上较灵活,需灵活把握进房电话的时机	电话中语言交流,沟通效果不理想,很容易流于形式
进房拜访	VIP 或重要客户	可以做好充分的征访准备,最好事前电话询问	准备拜访礼品的成本较高,容易影响宾客休息

10.4　客人投诉及其处理

前厅部管理人员经常遇到令人头疼的问题就是客人投诉。如何接待投诉客人,如何处理客人投诉,是每一个酒店前厅管理人员所关心的问题。

酒店工作的目标是使每一位客人满意,但事实上,无论是多么豪华、多高档次的酒店,无论酒店管理者在服务质量方面下了多大的功夫,总会有某些客人,在某个时间,对某件事、物或人表示不满,因此,投诉是不可避免的。这时,客人可能去找大堂副理投诉(接待投诉客人是大堂副理的主要职责之一),也可能直接向服务员发泄心中的不满,或找领班、主管甚至部门经理投诉。因此,无论是服务员还是前厅管理人员,在接待投诉客人和处理客人投诉方面都要训练有素。

前厅接待人员和管理人员应当明白,掌握接待投诉客人的要领和处理客人投诉的方法和技巧,正确处理客人投诉,不仅会使自己的工作变得轻松、愉快,而且对于提高酒店服务质量和管理水平,赢得回头客,具有重要意义。

10.4.1　投诉的产生

就前厅部及客房部而言,投诉(Complaint)的产生通常有下述几方面的原因。

1) 作为硬件的设施、设备出现故障

比如,空调不灵、电梯夹伤客人、卫生间水龙头损坏等。酒店的设施设备是为客人提供服务的基础,设施设备出故障,服务态度再好,也无法弥补。我国酒店与国际酒店相比,存在的突出问题之一就是设施设备保养不善(尤其是一些经营时间比较长,有"悠久"历史的老酒店),这不仅造成酒店经营成本的上升,而且,严重影响了酒店对客人的服务质量,常常引起客人投诉。

2) 客人对于作为软件的无形的服务不满

如服务员在服务态度、服务效率、服务时间等方面达不到酒店或客人的要求与期望。

3) 酒店管理不善

比如住客在房间受到骚扰、客人的隐私不被尊重、财物丢失等。

4) 客人对酒店的有关政策规定不了解或误解引起的

有时候,酒店方面并没什么过错,之所以投诉是因为他们对酒店有关政策规定不了解或误解造成的,在这种情况下,就要对客人耐心解释,并热情帮助客人解决问题。

上述问题,可以归结为两种类型:一是有形因素;二是无形因素。对于这两种因素,客人

投诉的倾向性和投诉的方式是不同的。美国马萨诸塞州立大学的罗伯特教授曾对美国东部主要城市6家酒店的1 314名客人做过调查,结果表明:对于有形因素,愿意当面向管理部门提意见的旅游者占59%,而对于无形因素,只占41%。这说明,顾客对于无形因素,一般不太愿意当面向管理部门提意见投诉。一方面是由于这种因素的"无形性"本身造成的,客人担心"说不清";另一方面,无形的因素通常都是服务方面的问题,而服务又涉及具体的"人",客人外出,一般不愿意轻易伤和气,不愿意"惹事",这是主要原因。

10.4.2　对客人投诉的认识

投诉是沟通酒店管理者和顾客之间的桥梁。对客人的投诉应该正确认识。投诉是坏事,也是好事,它可能会使被投诉的对象(有关部门或人员)感到不愉快,甚至受惩,接待投诉客人也不是一件令人愉快的事,对很多人来讲,是一种挑战。但投诉又是一个信号,告诉我们酒店服务和管理中存在的问题。形象地说,投诉的顾客就像一位医生,在免费为酒店提供诊断,以使酒店管理者能够对症下药,改进服务和设施,吸引更多的客人前来投宿。因此,管理阶层对于客人的投诉必须给予足够的重视。

具体而言,对酒店来说,客人投诉的意义表现在下述几个方面。

1) 可以帮助酒店管理者发现酒店服务与管理中存在的问题与不足

酒店的问题是客观存在的,但管理者不一定能发现。原因之一是,"不识庐山真面目,只缘身在此山中"。管理者在一个酒店一工作就是几年,甚至几十年,长期在一个环境工作,对本酒店的问题可能会视而不见,麻木不仁。而客人则不同,他们付了钱,期望得到与他们所付的钱相称的服务,他们也可能住过很多酒店,对某个酒店存在的问题,在他们眼里可能一目了然。原因之二是尽管酒店要求员工"管理者在和不在一个样",但事实上,很多员工并没有做到这一点。管理者在与不在截然两样。因此,管理者很难发现问题。而客人则不同,他们是酒店产品的直接消费者,对酒店服务中存在的问题有切身的体会和感受,因此,他们最容易发现问题,找到不足。

2) 为酒店方面提供了一个改善宾客关系的机会,使其能够将"不满意"的客人转变为"满意"的客人,从而有利于酒店的市场营销

研究表明,"使一位客人满意,就可招揽8位顾客上门,如因产品质量不好,惹恼了一位顾客,则会导致25位客人从此不再登门",因此,酒店要力求使每一位客人满意。客人有投诉,说明客人不满意,如果这位客人不投诉或投诉没有得到妥善解决,客人将不再入住该酒店,同时也将意味着失去25位潜在客人。在互联网时代,客人的不满瞬间就可通过微信等互联网新媒体传遍全世界,无疑,这对酒店是个巨大的损失。通过客人的投诉,酒店了解到客人的"不满意",从而为酒店提供了一次极好的机会,使其能够将"不满意"的客人转变为"满意"的客人,消除客人对酒店的不良印象,减少负面宣传。

3) 有利于酒店改善服务质量,提高管理水平

酒店可通过客人的投诉不断地发现问题、解决问题,进而改善服务质量,提高管理水平。

10.4.3　处理客人投诉的目标和原则

1) 处理客人投诉的目标

处理客人投诉的目标是：使"不满意"的客人转变为"满意"的客人，使"大事化小，小事化了"。

2) 处理客人投诉的原则

(1) 真心实意帮助客人解决问题

酒店服务人员及管理人员要明白，处理客人投诉时的任何拖沓或"没了下文"都会招致客人更强烈的不满。

(2) 不与客人争辩

即使是客人错了，也不能与客人争辩，不能与客人正面交锋，只能耐心地解释，取得客人的理解和谅解。

(3) 不因小失大

不因小失大，必要时把"对"让给客人。

(4) "双利益"原则

既要保护酒店的利益，也不能损害客人的利益。如果片面地追求酒店的利益，其结果必然损害客人的利益，最终结果是损害了酒店的长远利益。

(5) "理""礼"兼顾原则

处理客人投诉时，要既讲"理"，又讲"礼"。讲"理"，是为了让别人信服，而讲"礼"，则是让别人易于接受。

10.4.4　处理客人投诉的程序和方法

接待投诉客人，无论对服务人员还是管理人员，都是一个挑战。要使接待投诉客人的工作不再是那么困难，使你的工作变得轻松，同时又使客人满意，就必须掌握处理客人投诉的程序、方法和艺术。

1) 做好接待投诉客人的心理准备

为了正确、轻松地处理客人投诉，必须做好接待投诉客人的心理准备。首先要树立"客人总是对的"的信念。一般来说，客人来投诉，说明我们的服务和管理有问题，而且，不到万不得已或忍无可忍，客人是不愿前来当面投诉的。因此，首先要替客人着想，树立"客人总是对的"的信念，换位想一想：如果你是这位客人，在酒店遇到这种情况，你是什么感觉？更何况，在酒店业，乃至整个服务业，我们提倡在很多情况下，"即使客人错了，也要把'对'让给客人"。只有这样，才能减少与客人的对抗情绪。这是处理好客人投诉的第一步。

2）认真倾听客人投诉，并注意做好记录

对客人的投诉要认真听取，与客人保持眼神交流，注意不要流露任何带有情绪的面部表情。特别是勿随意打断客人的讲述或做胡乱解释。

在听取客人投诉时，还要注意做好记录，包括客人投诉的内容、客人的姓名、房号及投诉时间等，以示对客人投诉的重视，同时也是酒店处理客人投诉的原始依据。

3）正确领会投诉者的真实意图

在倾听客人投诉的同时，要迅速领会投诉者的真实意图。

一般来说，投诉客人有 3 种心态：

①求发泄。客人在酒店遇到令人气愤的事，不吐不快。

②求尊重。有时，即使酒店方面没有过错，客人为了显示自己的身份或与众不同或在同事面前"表现表现"，也会投诉。

③求补偿。有些客人无论酒店有无过错，或问题是大是小，都可能前来投诉，其真正的目的并不在于事实本身，不在于求发泄或求尊重，而在于求补偿，尽管他可能一再强调"并不是钱的问题"。

求发泄的客人火气较大，一般伴随粗鲁的举止，他们习惯于否定一切，例如说："你们的服务简直糟透了！"无论酒店哪类人员前去协调沟通都暂时难以安抚他们的情绪。此类宾客的说法显然有不客观、不恰当的地方，接待这类客人，正确的做法是先将其引领至人流量少的地方（如客房、商务洽谈室等），顺其心意安抚，"真抱歉，我们的服务工作是有做得不够好的地方"，等他们的怒气稍微缓和时，再详细沟通。

求尊重的客人往往表现为有较高的修养素质，尽管情绪也较为激动，但措辞相对缓和。除了谈论投诉事项的本身，他们会由此延伸出其他话题发表见解，高谈阔论中可显示其见多识广。"让你们总经理来见我""我住在某某酒店的时候"是这类客人的常用语。

前 2 类宾客因初期表现类似，因此刚受理投诉时可能难以判断。相对来说，求补偿的客人特征较明显，除了抱怨、批评外，他们会重复强调"我不是为了钱"，但对话中又经常提及自己的损失，且不时会反问酒店人员："你说这事该怎么办？"这就是要求赔偿的潜台词。

当然投诉宾客的类型并非是绝对的，但无论是哪一种，接受客人投诉时，首先要做到热情相待、耐心听取。不要与客人进行无谓的争辩或随意打断他们的话语，即便对方怒气冲天，甚至蛮不讲理。相反，要心平气和，逐步引导，充分尊重投诉者，使其感受到酒店十分重视他提出的问题，显示出酒店经理有教养、有风度，并有能力帮助客人处理好投诉的事情。若直截了当指出客人的错误，就如"火上浇油"，损害了宾客的"面子"，问题反而难以解决。如果客人投诉的真正目的在于求补偿，则要看看自己有无权利这样做，如果没有这样的授权，就要请上一级管理人员出面接待投诉客人。

4）对客人的不幸遭遇表示同情、理解和道歉

在听完客人的投诉后，要对客人的遭遇表示抱歉（即使客人反映的不完全是事实，或酒店并没有过错,但至少客人感觉不舒服、不愉快),同时,对客人的不幸遭遇表示同情和理解。这样,会使客人感觉受到尊重,自己来投诉并非无理取闹,同时也会使客人感到你和他站在一起,而不是站在他的对立面与他讲话,从而可以减少对抗情绪。

5)对客人反映的问题立即着手处理

客人投诉最终是为了解决问题,因此,对于客人的投诉应立即着手处理,必要时,要请上级管理人员亲自出面解决。处理客人投诉时,要注意站在客人的立场上,维护他们的尊严,把"错"留给酒店,巧妙地给对方下台阶的机会,客人最终会理解酒店的诚意。同时,要善于察言观色,适时地用征询、商量、建议性的口吻与宾客交谈。但也要注意,把"对"让给宾客并不等同于承诺所有。酒店经理应避免主观轻易地表态,单纯的"是"或"不是"容易使自己陷入被动局面。告诉客人你能做什么,如有可能提出可供选择的意见和办法,不可为安抚宾客而擅自做主或超越权限做出不合实际的许诺,损害饭店的利益和声誉。

在接待和处理客人投诉时,要注意以下几点:

(1)切不可在客人面前推卸责任

在接待和处理客人投诉时,一些员工自觉或不自觉地推卸责任,殊不知,这样给客人的印象更遭,使客人更加气愤,结果,旧的投诉未解决,又引发了客人新的更为激烈的投诉,出现"投诉的'连环套'"。

【案例】

一日,甲、乙两位服务员分别打扫 A、B 段客房,A 段某房的客人从外面回来,发现床单没有换,于是找到乙服务员。问道:

"服务员,为什么不给我换床单?"

"这不是我打扫的房间,不关我的事,你去找甲服务员说!",说完,转身就走了。

剩下气呼呼的客人站在走廊……

最后,当然是客人找部门经理投诉了!

案例中,客人开始是对服务质量不满意,继而对服务态度不满意,导致出现投诉的"连环套"和投诉的一步步升级(当然,由于语言、态度等其他方式的对客人投诉的处理不当,也会导致客人投诉的进一步升级,"小事"也会变成大事,对此,房务部服务和管理人员应当切实加以注意!)。

服务员应该记住,客人投诉时,他所关心的是尽快解决问题,他只知道这是酒店的问题,而并不关心这是谁的或哪个部门的问题,所以,接待投诉客人,首要的是先解决客人所反映的问题,而不是追究责任,更不能当着客人的面推卸责任!

(2)尽量给客人肯定的答复

再就是处理客人投诉时,要不要给自己留有余地的问题。一些酒店管理人员认为,为了避免在处理客人投诉时,使自己陷入被动,一定要给自己留有余地,不能把话说死。比如,不应说:"10 分钟可解决。"而应说:"我尽快帮您办"或"我尽最大努力帮您办好",殊不知,客人,尤其是日本及欧美客人,最反感的就是不把话说死,什么事情都没有个明确的时间概念,正如一位投诉客人所言"贻误时间,欧美和日本客人尤为恼火"。因此,处理客人投诉时,要尽可能明确告诉客人多长时间内解决问题,尽量少用"尽快""一会儿""等等再说"等时间概念模糊的字眼。如果确实有困难,也要向客人解释清楚,求得客人的谅解。

6) 对投诉的处理过程予以跟踪

接待投诉客人的人,并不一定是实际解决问题的人,因此客人的投诉是否最终得到了解决,仍然是个问号。事实上,很多客人的投诉并未得到解决,因此,必须对投诉的处理过程进行跟进,对处理结果予以关注。

7) 与客人进行再次沟通,询问客人对投诉的处理结果是否满意,同时感谢客人

有时候,客人反映的问题虽然解决了,但并没有解决好,或是这个问题解决了,却又引发了另一个问题。比如,客人投诉空调不灵,结果,工程部把空调修好了,却又把客人的床单弄脏了。因此,必须再次与客人沟通,询问客人对投诉的处理结果是否满意。比如,可打电话告诉客人:"我们已通知维修部,对您的空调进行了维修,不知您是否满意?"。这种"额外的"关照并非多余,它会使客人感到酒店对其投诉非常重视,从而使客人对酒店留下良好的印象。与此同时,应再次感谢客人,感谢客人把问题反映给酒店,使酒店能够发现问题,并有机会改正错误。

这样,投诉才算得到真正圆满的解决。

10.4.5 处理客人投诉的艺术

为了妥善地处理客人投诉,达到使客人满意的目的,处理客人投诉时要讲究一定的艺术。

1) 降温法

投诉的最终解决只有在"心平气和"的状态下才能进行,因此,接待投诉客人时,首先要保持冷静、理智,同时要设法消除客人的怒气。比如,可请客人坐下慢慢谈,为客人送上一杯茶水。此时,以下几点要特别注意,否则不但不能消除客人的怒气,还可能使客人"气"上加"气",出现火上浇油的效果。

①先让客人把话说完,切勿胡乱解释或随便打断客人的讲述。

②客人讲话时(或大声吵嚷时),你要表现出足够的耐心,决不能随客人情绪的波动而波动,不得失态。即使是遇到一些故意挑剔,无理取闹者,也不应与之大声争辩,或仗"理"欺人,而要耐心听取其意见,以柔克刚,使事态不致扩大或影响他人。

③讲话时要注意语音、语调、语气及音量的大小。

④接待投诉客人时,要慎用"微笑",否则,会使客人产生"出了问题,你还'幸灾乐祸'!"的错觉。

2) 移步法

投诉应尽量避免在大庭广众之下处理,要根据当时的具体环境和情况,尽量请客人移步至比较安静,无人干扰的环境,并创造良好的气氛与客人协商解决。避免在公共场所与客人正面交锋,影响其他客人,或使酒店及投诉客人都下不了台。

3) 交友法

向客人表达诚意,同时,适时寻找客人感兴趣的、共同的话题,与客人"套近乎"、交友,解除客人的戒备和敌意,引起客人的好感,从而在投诉的处理过程中赢得主动,或为投诉的处理创造良好的环境。

4) 快速反应法

对投诉的处理应该迅速、果断,这反映了酒店对投诉和客人的态度以及对投诉的重视程度,能提高客人的满意度。相反,在处理客人投诉时的任何拖沓,都会使客人更加反感,甚至"肝火上升",即使投诉解决了,也不能使客人满意。客人反映的问题解决得越快,越能表现出饭店的诚意和对客人投诉的重视,也越能体现饭店的服务质量,取得客人的谅解,换来客人的满意。否则,即使问题解决了,客人也不会满意。

5) 语言艺术法

处理客人投诉时,免不了要与客人沟通,与投诉客人沟通时,特别要注意语言艺术。特别要注意运用礼貌的语言、诚恳的语言以及幽默的语言,另外还要注意避免无意中伤害客人或容易引起客人误解的语言。

6) 充分沟通法

要区别不同情况,把将要采取的措施告诉客人,并征得其同意,告诉他们解决问题需要的时间。对一些较为复杂的问题,在弄清真相前,不能急于表达处理意见;对一时不能处理的事,要注意让客人知道事情的进展情况,避免误会以为酒店将他的投诉搁置不理。

7) 博取同情法

对客人动之以情,晓之以理,让客人理解问题的出现并非酒店的主观意愿,而且酒店也愿意承担一定的责任或全部责任,必要时告诉客人,赔偿责任将由当事服务员全部负责,以体现酒店对投诉的重视,同时博取客人的同情。在这种情况下,很多客人会放弃当初的赔偿要求。

8) 多项选择法

给客人多种选择方案。在解决客人投诉中所反映的问题时,往往有多种方案,为了表示对客人的尊重,应征求客人的意见,请客人选择,这也是处理客人投诉的艺术之一。

10.4.6　如何面对"找碴儿"的客人

酒店员工在与客人的冲突中,始终处于"不利"的地位,或者说是"不占优势"的地位。那些故意来"找碴儿"的客人,对这一点了解得非常清楚。他们知道,无论他们说了什么,或做了什么,只要服务员稍稍有一点"出格"的言行,他们就可以去向经理投诉,而且,那些被投诉的服务员,肯定是要挨批、受罚的。这些客人知道,哪怕是他们先骂了服务员十句,只要服务员回了一句,他们也可以把自己说成"受害者",而大闹一场。对于这种"不平等",那些"找碴儿"的客人知道得很清楚,而有些服务员却往往由于一时的冲动,而把它"忽略"了。一些服务员之所以在客人面前"吃亏",就是因为他们忽略了自己与客人之间的这种"不平等"。

作为服务人员,要进行自我保护,就必须面对现实,承认在与客人的冲突中,自己始终是处在不利的、不占优势的地位的。在客人面前,决不能有"你厉害,我比你还厉害"的想法。只有不让冲突发生,发生了也决不让它"升级",才是最佳的选择。面对那些带有挑衅性的、故意来"找碴儿"的客人,服务员只有用正确的想法,来控制自己的情绪和言行,才能使自己立于"不败之地"。

【小贴士】

立于不败之地

你是客人,我是服务员。此时此地,我是不可能与你平起平坐的。如果你骂我一句,我也骂你一句,虽然是"一比一",到头来,吃亏的还是我。这个道理,我是不会忘记的。

我知道你是故意来"找碴儿"的。你的办法是激怒我,等待我的还击,你就有了大闹一场的借口,就能赢得"观众"的同情。我要让你的如意算盘落空,所以我决不还击!

你无理而又无礼,这是你的问题,不是我的问题。我犯不着因为你的问题而生气。不管你是谁,只要你还是客人,我就仍然把你当作客人来接待。能把礼貌待客坚持到底,我就立于不败之地!

10.4.7　投诉的统计分析

投诉处理完以后,有关人员,尤其是管理人员,还应对该投诉的产生及其处理过程进行反思,分析一下该投诉的产生是偶然的还是必然的? 应该采取哪些措施,制订哪些制度,才能防止它再次出现? 另外,对这次投诉的处理是否得当? 有没有其他更好的处理方法? 只有这样,才能不断改进服务质量,提高管理水平,并真正掌握处理客人投诉的方法和艺术。

客人投诉有助于酒店发现其服务和管理中存在的问题,是酒店提高服务质量和管理水平的杠杆,因此,前台和客房管理人员应十分重视客人投诉,加强对客人投诉工作的管理,做好客人投诉的记录等基础工作,并定期(月、季或年)对客人的投诉进行统计分析,从中发现客人投诉的规律,采取相应的措施或制订有关制度,以便从根本上解决问题,从而不断提高服务质量和管理水平(表10-3)。

表 10-3　客人投诉情况分析表

项目	月份	一	二	…	十二	小计	宾客分类			合计	情况分析
表扬	酒店印象						散客	内宾			
	前厅服务										
	客房服务										
	餐厅服务						团队				
	康乐服务										
	商品部										
	商务中心						长住	外宾			
	食品										
	遗失物品寻回										
投诉	商品部服务						散客	内宾			
	商务中心										
	康乐服务										
	前厅服务										
	餐厅服务										
	餐厅食品						团队				
	客房卫生										
	客房服务										
	客房用品										
	客房设备										
	电视						长住	外宾			
	空调										
	洗衣										
	供水										
	电梯										
	维修服务										
	遗失物品										
	……										
建议											

10.5　客历档案的建立

酒店前厅接待人员在接到客人的客房预订要求时,也许想知道:

- 该客人以前住过本店吗?
- 如果来过,是什么时候来的? 来过几次?
- 他(她)对酒店重要吗?
- 是一位好客人还是一位有着不良客史不宜再接待的客人?
- 客人有哪些爱好、习惯,喜欢哪个房间?

前厅销售人员也许需要一份客人的通讯录,以便:

- 在圣诞节和新年给客人寄贺年卡;
- 使很久没来住店的客人产生住店欲望;
- 将酒店新的娱乐项目和节日菜单寄给可能产生兴趣的客人;
- 给多次住店的客人寄送感谢信。

你也许是这样一家酒店:饱受市场竞争之苦,成立了营销部,招聘了高素质的营销人员,而他们面对市场的汪洋大海,一筹莫展,像一群迷失方向的羊,不知道自己的客人是谁? 客人在哪里? 怎么样与他们取得联系?

如果是这样的话,酒店就应该立即建立客历档案。

10.5.1　建立客历档案的意义

建立客历档案是酒店了解客人、掌握客人的需求特点,从而为客人提供针对性服务的重要途径。对于那些力图搞好市场营销,努力使工作卓有成效,并千方百计使自己的一切活动都针对每个客人个性的酒店经理和工作人员来说,客历档案是一个珍贵的工具。建立客历档案对提高酒店服务质量,改善酒店经营管理水平具有重要意义。

1)有利于为客人提供"个性化"服务,增加人情味

服务的标准化、规范化,是保障酒店服务质量的基础,而"个性化"服务则是服务质量的灵魂,要提高服务质量,必须为客人提供更加富有人情味的、突破标准与规范的"个性化"服务(Customerized Service),这是服务质量的最高境界,是酒店服务的发展趋势。

2)有利于搞好市场营销,争取回头客

在《世界经理人文摘》上登载着这样一个"胡萝卜汁的故事":

"几年前,我和香港 Regent 酒店的总经理 Rudy Greiner 一起用餐时,他问我最喜欢喝什么饮料,我说最喜欢胡萝卜汁。大约 6 个月以后,我再次在 Regent 酒店做客。在房间的冰箱里,我发现了一大杯胡萝卜汁。十年来不管什么时候住进 Regent 酒店,他们都为我备有胡萝

卜汁。最近一次旅行中,飞机还没在启德机场降落,我就想到酒店里等着我的那杯胡萝卜汁,顿时满嘴口水。十年间尽管酒店的房价涨了 3 倍多,我还是住这个酒店,就是因为他们为我准备了胡萝卜汁。"

这位客人之所以每次住 Regent 酒店都能享受到"一大杯胡萝卜汁"的待遇,就是因为酒店掌握了该客人的需求资料,建立了客历档案,是客历档案赢得了客人,争取了回头客。

客历档案的建立,不仅能使酒店根据客人需求,为客人提供有针对性的、更加细致入微的服务,而且有助于酒店平时做好促销工作。比如,通过客历档案,了解客人的出生年月、通讯地址,与客人保持联系,向客人邮寄酒店的宣传资料、生日贺卡等。

3) 有助于提高酒店经营决策的科学性

任何一家酒店,都应该有自己的目标市场,通过最大限度地满足目标市场的需要来赢得客人,获取利润,提高经济效益。客历档案的建立有助于酒店了解"谁是我们的客人?"、"我们客人的需求是什么?"和"如何才能满足客人的需求?",因此,能够提高酒店经营决策的科学性。

10.5.2　客历档案的内容

客历档案应包括以下几方面的内容:

1) 常规档案

包括客人姓名、性别、年龄、出生日期、婚姻状况以及通讯地址、电话号码、公司名称、头衔等,收集这些资料有助于了解目标市场的基本情况,了解"谁是我们的客人?"。

2) 预订档案

包括客人的订房方式、介绍人、订房的季节、月份和日期以及订房的类型等,掌握这些资料有助于酒店选择销售渠道,做好促销工作。

3) 消费档案

包括包价类别、客人租用的房间、支付的房价、餐费以及在商品、娱乐等其他项目上的消费;客人的信用、账号;喜欢何种房间和酒店的哪些设施等,从而了解客人的消费水平、支付能力以及消费倾向、信用情况等。

4) 习俗、爱好档案

这是客历档案中最重要的内容,包括客人旅行的目的、爱好、生活习惯;宗教信仰和禁忌;住店期间要求的额外服务。了解这些资料有助于为客人提供有针对性的"个性化"服务。

5) 反馈意见档案

包括客人在住店期间的意见、建议;表扬和赞誉;投诉及处理结果等。

根据以上内容,可以设计客历档案卡如下(表10-4)。

表 10-4　客历档案卡(参考式样)

姓 名：				性别：			国籍：		
出生日期及地点：							身份证号：		
护照签发日期与地点：							护照号：		
职业：							头衔：		
工作单位：									
单位地址：							电话：		
家庭地址：							电话：		
其他：									
住店序号	住宿期间	房号	房租	消费累计	习俗爱好特殊要求	表扬、投诉及处理	预订信息(渠道、方式、介绍人)	信用及账号	备注

10.5.3　客历档案的建立

客历档案的建立必须得到酒店管理人员的重视和支持,并将其纳入有关部门和人员的岗位职责之中,使之经常化、制度化、规范化。

1) 建立重要客人数据库系统

数据库系统重点要收集记录顾客特别是忠诚度较高的回头客的个人基本信息、消费习惯、偏好、频次、每次消费的金额、特殊要求以及满足程度等,同时要在对顾客的消费频次或金额等信息进行分析的基础上,建立最重要的忠诚客人、次重要的忠诚客人、一般客人3个子数据库系统(图10-3)。

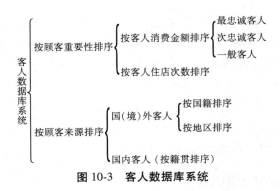

图 10-3　客人数据库系统

- 最忠诚客人：一般是指对饭店利润贡献最大的 10% 的回头客
- 次忠诚客人：一般是指对饭店利润贡献较大的 20% 的回头客
- 一般客人

对于前 2 类忠诚度较高的回头客的资料要尽量收集详备，并且经常对其消费频次和金额进行分析，对于消费频次下降明显的顾客，要引起高度重视，及时研究提升或挽救忠诚度的措施。

除了按消费金额和住店次数进行分类以外，酒店还可按顾客来源对客人进行分类，以提高针对性服务和营销。

首先，可将客人分为国外客人和国内客人，接着再按照地区、国籍和籍贯进行细分（图 10-3）。

2) 宾客信息的收集

客历档案的有关资料主要来自于客人的"订房单""住宿登记表""账单""投诉及处理结果记录""宾客意见书"及其他平时观察和收集的有关资料。因此，收集客人信息不只是总台的事情，而且也是酒店所有部门的义务。各部门员工在对客服务过程中，要注意收集客人的需求信息，录入客人档案，以便为客人提供个性化服务。

10.5.4　客历档案的应用

1) 客历档案在酒店服务中的应用

收集到的信息要马上运用到当次对该客人的接待服务过程中。因此，酒店在收集和管理客人信息时，应该提倡部门联动，即：当酒店的一名员工发现客人的潜在需求后，信息立即在相关部门得到传递，员工们快速反应，全力以赴，关怀备至，使客人无论在酒店任何地方、任何时间，都可以感受到员工们对他的关心、关注与关爱，使客人感动。

【案例】

<h2 style="text-align:center">你们应该被评为十星级！</h2>

10 月的一天，2 位美国老人入住烟台金海湾酒店，看到老人颤巍巍的样子，立即引起了

员工们的注意。前厅部信息中心主管小胡在拜访 2 位老人时，老太太无意中提到现在天气变冷了，她和丈夫没有冬天的衣服。小胡离开房间后，立即把这一信息反馈给部门李经理，建议送 2 件羽绒坎肩给这对外国夫妇。李经理同意了，酒店领导马上批准了这一要求。随后，李经理、小胡和物资部人员一起外出买了 2 件既暖和又漂亮的羽绒坎肩。当李经理和小胡把羽绒坎肩送到老太太手中时，她感到非常意外，甚至都不敢相信这是送给他们的。在得到肯定的答复后，她兴奋地边拍手边感动地说："我住过很多酒店，还从来没有酒店能送衣服给我们，真是太意外了！你们的酒店应该被评为十星级。"

2）客历档案在酒店营销中的应用

以下几种关系营销法对强化顾客忠诚度是行之有效的：

（1）重要关系客户联谊会

即逢大的节庆（如春节、中秋）或饭店新品推介活动，邀请客户进行联谊活动，沟通信息，联络感情，增进友谊，让客户感到饭店对他的格外重视。

（2）常客积分奖励制

即对于达到一定消费频次或金额的顾客，将其升级为相应等级的贵宾客户（如白金客户、金卡客户、银卡客户等），饭店给予相应的消费折扣，或直接奖励住宿或用餐，给予其他特殊优待等。如北京王府饭店规定：凡住店 20 次以上的客人，即收入"王府常客名录"，下榻客房，有专为他个人准备的信纸、信封、火柴和浴衣，上面均印有他烫金的名字。浴衣归他专用，他离开"王府"，浴衣收藏保管起来，再住"王府"，取出来仍由他穿，让顾客有一种非同寻常的尊崇感。

（3）贵宾级接待服务

即当重要客人来饭店住宿或用餐，由总经理或分管领导亲自出面接待、拜访、敬酒甚至宴请，当得知其生日时，由饭店赠送生日蛋糕和贺卡等，这样会使客人感到非常荣耀。

10.6　与客人的沟通技巧

【案例】

丽思·卡尔顿酒店:禁止对客人说"行"或"可以"！

世界顶级酒店集团丽思·卡尔顿（Ritz-Carlton）对员工提出了 20 条服务准则，其中第 14 条准则是：告诫员工与客户以及同事沟通时注意措辞得当。例如：应该说"请接受我的道歉"而非"对不起"；"愿意为您效劳"而非"可以"。为此，前总裁舒尔策曾宣布过一条著名禁令，禁止说"行"或"可以"。

由此可见,在酒店服务中,沟通是何等重要!

要与客人建立良好的宾客关系,就要对客人有个正确的认识,正确理解酒店员工与客人的关系,掌握客人的心理和与客人的沟通技巧。

10.6.1　正确认识客人

要与客人进行良好的沟通,首先要正确认识客人,了解"客人是什么"和"客人不是什么"?

1) 客人是什么

(1) 客人是服务的对象

在酒店的客我交往中,双方扮演着不同的"社会角色"。服务人员是"服务的提供者",而客人则是"服务的接受者",是"服务的对象"。前厅部员工在工作中始终都不能忘记这一点,不能把客人从"服务的对象"变成别的什么对象。所有与"提供服务"不相容的事情,都是不应该做的。特别是无论如何也不能去"气"自己的客人。道理很简单:客人来到酒店,是来"花钱买享受",而不是来"花钱买气受"的。

(2) 客人是最要面子的人

常见客人到酒店的前台或餐厅,说的第一句话就是:"叫你们老总(经理)来。"来干什么?来给客人一个"面子",给了客人面子,其他事情(如价格、结账单)就都好办多了。一次,一位酒店老总在酒店广场巡视,看见一个常客——张老板从轿车里出来,正在给他带来的商家介绍说,这里是当地有名的酒店,他在这个酒店里很有面子。并说他无论走到哪里,服务人员都认识他,对他恭恭敬敬。他还说:"不信你们跟我看看。"那位常客满面春风带着他的客户走到大厅门前,门童早已拉开大门,笑容满面地招呼他:"张老板上午好!请进!"张老板还未到服务台,前厅的几位服务员就异口同声地问候:"张老板好!"张老板说:"来了几个朋友,开 2 个套房。"服务员很快办理好了入住手续,并请张老板签字入住。当他从电梯到客房楼梯时,客房服务员已为他们打开房间,在门口迎接张老板一行的到来……事后张老板感谢酒店给了他"面子",使他的生意做得十分顺利。在我们服务中常说的一句话:"把面子给客人。"这是因为迎合了客人"求尊重"的心理。

(3) 客人是具有优越感的人

在酒店里,我们所做的一切都是为了客人,客人的要求,只要不是无理的,我们都要满足他们。一次,一房客叫来服务员,说他来了 2 位客人,要 2 包茶叶和 2 个一次性纸杯,房间备有 2 个盖杯,可客人就是不用。服务员按客人的要求将茶叶和 2 个一次性纸杯拿过去时,这位客人说又来了 2 位客人,再要 2 袋茶叶和 2 个一次性纸杯,服务员又立刻返回去拿。这位客人对他的朋友说:"听说这里的服务员态度很好,我非得考验考验她们。"对此类客人,只要要求不过分,都应该尽量满足,这体现了一个态度问题。

(4) 客人是具有情绪化的自由人

一位客人在餐厅喝多了,跟跟跄跄地走在廊道里,一位男服务生走上前问候并想搀扶他,这位客人恼羞成怒,大声训斥服务员说看不起他。明明喝多了,但客人非说半斤八两白酒不算什么,明明是摔倒了,但那位客人还大声嚷嚷"没事儿,没事儿"!事后还是服务员搀扶他走进了房间,并帮他脱掉鞋和外衣,盖好被子,关好房门才离开。服务人员要学会宽容客人,理解客人。

（5）客人是追求享受的人

我们应该在一定的范围内满足客人的精神和物质享受,并不断开发新产品来满足他们更新更高程度的享受。

（6）客人是绅士和淑女

谈及曾否遇到过特别粗鲁的客人时,丽思·卡尔顿酒店的一位经理曾对酒店的培训生讲道:"如果你善待他们,他们自然也会善待你。切记,你们要以绅士和淑女的态度为绅士和淑女们提供优质服务。"

2）客人不是什么

（1）客人不是评头论足的对象

任何时候,都不要对客人评头论足,这是极不礼貌的行为。请听一下一位客人的经历和反应。

"当我走进这家酒店的餐厅时,一位服务员颇有礼貌地走过来领我就座,并送给我一份菜单。正当我看菜单时,我听到了那位服务员与另一位服务员的对话:'你看刚才走的那个老头,都快骨瘦如柴了还舍不得吃,抠抠缩缩的……''昨天那一位可倒好,胖成那样儿,还生怕少吃一口,几个盘子全叫他给舔干净了!'听了他们的议论,我什么胃口也没有了。他们虽然没有议论我,可是等我走了以后,谁知道他们会怎样议论我?我顿时觉得,他们对我的礼貌是假的!……"

（2）客人不是比高低、争输赢的对象

不要为鸡毛蒜皮的小事与客人比高低、争输赢,因为即使你"赢"了,你却得罪了客人,使客人对你和你的酒店不满意,实际上你还是输了。

（3）客人不是"说理"的对象

在与客人的交往中,服务人员应该做的只有一件事,那就是为客人提供服务。所以,除非"说理"已经成为服务的一个必要的组成部分,作为服务人员,是不应该去对客人"说理"的。尤其是当客人不满意时,不要为自己或酒店辩解,而是立即向客人道歉,并尽快帮客人解决问题。如果把服务停下来,把本该用来为客人服务的时间,用去对客人"说理",其结果肯定是"吃力不讨好"。

（4）客人不是"教训"和"改造"的对象

酒店的客人中,"什么样的人都有",思想境界低、虚荣心强、举止不文雅的人大有人在。但服务人员的职责是为客人提供服务,而不是"教训"或"改造"客人。如果需要教育客人,也只能以"为客人提供服务"的特殊方式进行。

【经典案例】

某日,有几位客人在客房里吃西瓜,桌面上、地毯上吐得到处是瓜子。一位客房服务员看到这个情况,就连忙拿了 2 个盘子,走过去对客人说:"真对不起,不知道您几位在吃西瓜,我早应该送 2 个盘子过来。"说着就去收拾桌面上和地毯上的瓜子。客人见这位服务员不仅没有指责他们,还这样热情周到地为他们提供服务,都觉得很不好意思,连忙作自我批评:"真是对不起,给你添麻烦! 我们自己来收拾吧。"最后,这位服务员对客人说:"请各位不要客气,有什么事,尽管找我!"

这位服务员就不是用训斥的方式,而是用"为客人提供服务的方式"教育了客人。

10.6.2　掌握与客人的沟通技巧

1) 重视沟通语言的使用

沟通缺失或沟通不当,是影响酒店总台及其他服务部门服务质量的重要因素。主动、规范的沟通语言,是提高酒店总台接待质量及酒店服务质量的重要途径。下面这一案例很好地说明了这一点。

【经典案例】

平均每个月我有 8 次机会面对前台接待员,但仍有很多前台接待员只集中精神在他们面前的电脑工作:记录客人资料及制作房卡等,这一来便忽略了与客人之间的接触及服务行业的核心宗旨:殷勤好客的服务态度接待客人。但同时也有大部分酒店管理者明白酒店服务其实就是一种与客人沟通的学问及技巧,他们培训及指导所有接触客人的员工如何成为主人。从"主人"的角度来看,服务员应主动与客人沟通,服务员应先开口与客人打招呼。我所遇见过的"主人"他们都会主动与我打招呼,然后再说"请问先生贵姓",而不会直接说"住宿登记吗?"

很多时候,当我在前台登记完毕后,我会发觉自己变成房间号码。譬如"305 号房需要多几包咖啡"或者"701 号房需要多几条浴巾"。作为"主人"而言,他们会很有礼貌地回答客人及确保完成所有要求。譬如说"甘乃迪先生,我们会马上把毛巾送到您的房间,感谢您致电客房部。"在我入住无数最佳的酒店当中,十次中肯定有一次房间内会有一些问题,然后维修工人到来,毫无表情地看着我说"排水沟塞了吗?"然后我便点一下头说"是的,排水沟塞了"。对话就此结束……

——Doug Kennedy

2) 重视对客人的"心理服务"

酒店为客人提供"双重服务",即:"功能服务"和"心理服务"。功能服务满足消费者的实际需要,而心理服务就是除了满足消费者的实际需要以外,还要能使消费者得到一种"经历"。从某种意义上讲,客人就是花钱"买经历"的消费者。客人在酒店的经历,其中一个重要的组成部分,就是他们在这里所经历的人际交往,特别是他们与酒店服务人员之间的交往。这种交往,常常对客人能否产生轻松愉快的心情,能否带走美好的回忆,起着决定性的作用。所以,作为前厅服务员,只要能让客人经历轻松愉快的人际交往,就是为客人提供了优质的"心理服务",就是生产了优质的"经历产品"。

总而言之,酒店员工如果只会对客人微笑,而不能为客人解决实际问题,当然不行,但如果只能为客人解决实际问题,而不懂得要有人情味儿,也不可能赢得客人的满意。

3)对客人不仅要斯文和彬彬有礼,而且要做到"谦恭""殷勤"

斯文和彬彬有礼,只能防止和避免客人"不满意",而只有"谦恭"和"殷勤"才能真正赢得客人的"满意"。所谓"殷勤",就是对待客人要热情周到,笑脸相迎,问寒问暖;而要做到"谦恭",就不仅意味着不能去和客人"比高低、争输赢",而且要有意识地把"出风头的机会"全都让给客人。如果说酒店是一座"舞台",服务员就应自觉地去让客人"唱主角",而自己则"唱配角"。

4)对待客人,要"善解人意"

要给客人以亲切感,除了要做"感情上的富有者"以外,还必须"善解人意",即能够通过察言观色,正确判断客人的处境和心情,并能根据客人的处境和心情,对客人做出适当的语言和行为反应。

【案例】

"先生,您不太舒服吗?"

为了营造温馨的氛围,使客人来到总台就像回到家一样温暖、亲切,我们还将亲情服务融入日常工作当中。客人来到总台时,我们尽可能多地和他们交谈,从中得到有益于我们服务的信息,例如客人的喜好、口味等等。有一个很冷的晚上,一位南京来的客人登记住宿,无精打采,而且不停地擦鼻涕,我便问:"先生,您不太舒服吗?"那位客人无奈地说:"火车上冻得要死,车又晚点,药都没处买。"我于是给他安排了一间供暖好的房间,并告诉他要多喝些热水。把那位客人安排好后,我便打了免费送药的电话,半小时后药就送来了。当我把感冒药送到客人手中时,他激动地说:"你们的服务真是做到家了。就是我自己的亲人,也只能做到这份儿上了,太谢谢你了。"

5)"反"话"正"说,不得对客人说"NO"

将反话正说,就是要讲究语言艺术,特别是掌握说"不"的艺术,要尽可能用"肯定"的语气,去表示"否定"的意思。比如,可以用"您可以到那边去吸烟",代替"您不能在这里吸烟";"请稍等,您的房间马上就收拾好",代替"对不起,您的房间还没有收拾好"。在必须说"NO"时,也要多向客人解释,避免用钢铁般生硬冰冷的"NO"字一口回绝客人。

【案例】

希尔顿酒店如何对客人说"No"

希尔顿不允许员工对客人说"NO"。当客人问："有房间吗？"，如果没有怎么说？

"对不起，我们最后的 2 间保留房已经卖出去了，很抱歉。"

作为五星级的希尔顿酒店，如果只说这句话，那他只说了一半。还有一半怎么说呢？他应该说："我给您推荐 2 家酒店，档次跟我们差不多，而且价格还低 20 元，要不要帮您看看？"客人听到这话，能不要吗？接待员马上连线其他酒店的客房预订中心，直到把客人送上车。这种出乎意料的服务一下就会赢得客人的好感，激起客人下次一定要住希尔顿的欲望。

6）否定自己，而不要否定客人

在与客人的沟通中出现障碍时，要善于首先否定自己，而不要去否定客人。比如，应该说："如果我有什么地方没有说清楚，我可以再说一遍。"，而不应该说："如果您有什么地方没有听清楚，我可以再说一遍。"

7）投其所好，避其所忌

客人有什么愿意表现出来的长处，要帮他表现出来；反之，如果客人有什么不愿意让别人知道的短处，则要帮他遮盖或隐藏起来。比如，当客人在酒店"出洋相"时，要尽量帮客人遮盖或淡化之，决不能嘲笑客人。

8）不能因为与客人熟，而使用过分随意的语言

做酒店工作久了，就会有许多客人成为自己的朋友。于是见面的问候不再是"您好"，而是"哇！是你呀！"彼此之间的服务也由"格式"化，变成"朋友"化了。这会导致沟通失误，甚至造成严重后果。

【案例】

你死了，还有你的家人……

年底，某日深夜 1 点多，有一常客略带醉意来总台结往日挂账。为安全起见，这个时间收银的柜台账目已上交财务。客人应在白天由财会人员结账。服务员往日与这位常客很熟，加之台前又没有什么事情可做，于是服务的"格式"化就变成了熟人之间的随意化了，缺失了原来的敬重、分寸。对话由浅入深地讲开了，

"你们怎么规矩这么多？给你们送钱还不要，要是我死了，是不是就不用结账了？！……"

"没关系，你死了，还有你的家人，怎么也赖不了账的。"

客人一时来火，"快过年了，你还说这话……"边说边操起柜台上的东西砸了过去打在服务员的头上，并扬言一定不放过她，要修理她，要她付出代价……

从上面的事件中可以看出,客人可以把你当"熟人"调侃,随便套近乎,可作为服务员却不行,在工作中,酒店员工不能因为与客人熟而导致礼貌用语的缺失。

本章小结

➤ 建立良好的宾客关系是酒店经营成功的保障和前提,现代饭店必须重视宾客关系。

➤ 饭店大堂副理以及宾客关系主任等岗位的设立,主要目的就是解决住店客人在酒店遇到的各种问题,建立良好的宾客关系。

➤ 大堂副理的职责和定位问题是一个需要认真研究的问题。在实际操作中,大堂副理在各酒店扮演的角色各不相同。有的具有管理职能,有的只起协调作用(在客人与部门之间进行协调),还有的仅仅扮演翻译的角色;有的相当于部门经理的级别(这种情况比较少),有的则享有主管的级别(这种情况比较普遍);有的有权干预酒店各部门对客服务问题,有的则只能指导前厅部的工作。大堂副理权限过大,可能造成双重领导,引发各种矛盾。权限过小,则形同虚设,发挥不了大堂副理应有的作用……酒店应根据自身的实际情况,对大堂副理进行合理的定位,使其既能较好地发挥自身的职能,又不会引起管理的混乱。

➤ 宾客关系主任隶属于大堂副理领导,通常是在四星级以上大型、高档酒店才有必要设立。

➤ 正确处理客人投诉是建立良好宾客关系的重要环节,总台服务和管理人员要学会处理客人投诉的方法和技巧。

➤ 为了满足客人的个性化需求,酒店应建立客历档案,将每位住店客人的需求特点记录下来,以便下次客人光顾时,为客人提供个性化服务,这也是改善宾客关系的重要组成部分,是现代酒店经营管理的发展趋势。

思考题

1.简述大堂副理的岗位职责与素质要求。

2.如何建立良好的宾客关系?

3.论客人投诉及其处理的方法和艺术。

4.为什么要建立客历档案?客历档案主要包括哪些内容?

【案例分析】

北大教授暴怒了!

——北大教授在郑州万达文华酒店之奇葩经历

唐方方

（北京大学国家发展研究院及 BiMBA 商学院经济学、金融学、营销学教授,博士生导师）

　　我的博士生毕业后去郑州、开封工作好几年了,一直邀请我们去当地调研。由于工作忙,拖到今年 9 月 1 日才终于成行。从北京来往郑州的高铁班次很多,但车票却很紧张,提前了好几天订票,竟然余票不多。不过我国的基础设施建设好,不到三个小时,高铁就到了郑州东站,感觉还没坐够似的。在郑州三天,我们与当地研究人员座谈、讨论,去郑州东区 CBD 实地考察后深感震惊,远远超出了我们的期望,其手笔之大,极大地拉伸、展开了郑州的经济建设格局,李克强总理当年任职河南时的远见卓识,凸显一斑。

　　在河南的学生们非常热情,为我们安排的是郑州金水区的“超五星”万达文华酒店行政豪华间。后来我询问同学们才知道其每晚房价为 1 388 元,这个价钱已经大大超过郑州东区 CBD 中心的万豪酒店同类房型,而后者的楼层更高、视野、环境更好。这个文华酒店(Wanda Vista)根本和著名的“文华东方(Mandarin Oriental)”酒店集团没半毛钱关系,不知道怎么能注册这个名字的。不过已经为时晚矣,在我们离开郑州之前的 9 月 3 号晚上,发生在这个万达文华的经历让我们忍无可忍,最后我们决定把在该酒店的奇葩遭遇报警处理。

　　9 月 3 号晚上 9 点左右,我们打开行李箱取换洗衣服时,发现了从来没有见过的咄咄怪事:里面的干净换洗衣服居然每一件都湿了一大块,其中一双袜子更是完全湿透了! 仔细检查箱子,才发现箱子盖上有几块白色像是白灰浆落上去的污渍,箱子表面有多处磨痕,磨痕和白灰浆融在一起,箱子内部的衬条一边完好,但另一边被损坏了一块,把衣物拿出来,能够清晰地看到里面有两条水渍痕。但在上午十一点我们出去时,这个箱子是完好的、干净的,而且临出门时专门把拉链全部拉好,完全封闭。箱子是今年三月底刚买的,全新、小巧,只用过两次,质量很好。从北京到郑州一路都是随身携带,没有离开过视线,一直到酒店入住,9 月 3 日上午出门之前都是干干净净的。

　　我立即打电话请当晚值班的大堂经理吕某下来查看,他来到房间时,我按照律师学生的要求,先对他申明我需要全程录音录像,他很爽快说没有问题。吕经理的第一反应是行李间的屋顶是否漏水,我说不可能,就算渗漏,也不会把里面的衣服打湿。因为这个箱子是防水的,何况屋顶根本没有渗漏,站在行李台一摸上面的墙顶就知道了,都是干的。他说需要去拿仪器来查开门记录,然后他又去监控室看监控录像,直到大约十点,仍然没有他的讯息,我就去大堂找他。他不在,工作人员通过电话找到他,他告诉我,他初步查看了监控录像,只看到清洁工开门，以及我出门到电梯间垃圾箱处放过两次垃圾等简略情况。我在电话里告诉他，明天我们要离开郑州了，今晚就不用再反馈了，第二天上午早餐后，请他们给我一个答复，损失的箱子需要赔偿，我提醒他这是有全程录音、录像的。这位了不起的大堂经理先是告诉我，第二天上午他交班了，是别的同事接待我，他会汇报给"领导"，然后又非常蔑视地告诉我，你尽管录音、录像，"和我没关系"。这是我第一次听到一个酒店大堂经理告诉我，在酒店发生的事居然和他没关系！我只能回答他，这个箱子的损坏是在你们酒店发生的，你们不负责谁负责？当时我还以为这可能是个人行为问题，但是第二天发生的一切，则让我彻底瞠目结舌，终于明白什么是气粗之傲慢无礼，可以面对铁的事实瞪着眼睛想尽办法无耻地抵赖、狡辩、瞎说！一系列该豪华酒店相关管理人员的"卓越"表演，令人无法不疑问：这就是该企业的真实文化与行为吧？太屈才了，他们不该来做酒店管理这样枯燥的技术工作，应该直接投身演艺事业，他们拥有的才能更符合娱乐圈的要求。

9月4号上午十点多了，仍然没有酒店的工作人员和我联系，尽管这位吕经理说他会交接给下一班的人。我打电话给酒店所谓的"快捷服务"，明确要求接线生为我转接当天值班的副总经理，结果接电话的一位女士自称是大堂经理，居然说不知道我所说的事。我再次口头报上房间号(尽管他们的内部电话应该是会非常清楚的显示房间号码的)，请她查询电脑记录，告诉她昨天晚上的吕经理应该有留下记录。然后她请我去45楼的行政酒廊谈话。实在无聊荒唐，我哪里有时间去行政酒廊消磨？我告诉她，请她带上当天值班的最高层面管理人员直接来我房间查看现场，这是我在电话里反复强调的。结果这位大堂经理很快下来了，一个小女生，带着一位高大的保安，看来是有备而来的，不过好像是准备来战斗而不是来解决问题的。我询问她管理人员呢，她倒是反应很快，说她先来查看一下。同样，我郑重告诉她，我们需要全程录像，然后她就在我学生的录像镜头下，把昨晚吕经理找的各种借口、理由与可能性又重述了一遍。我把那双干净的、折叠好的、被弄湿透了的袜子拿给她请她摸一下，明确请她回答是否是湿的？她没有办法再抵赖了，只能回答是。而这时已经过了一个晚上。其他的衣服潮湿的程度不一，但同样无法否认。然后她竟然说"是不是你们放进去的衣服就是湿的？"无语了，请问你会带着一箱湿衣服出门吗？何况每件衣服都是局部湿一块。她又像吕经理一样，要马上把这些衣物送去烘干，当然又被我立即回绝，这不是要破坏现场吗？弄湿这些衣物的是什么水还不知道呢！这些都有录像为证。这位工作人员没话说了，只有去请管理人员，更荒唐的两位人物马上就要现身了。

经过这番铺排与浪费口舌(我们中午就需要离开，下午三点的高铁)，前厅部经理徐女士隆重登场了，递了一张名片，还带着一位男性，号称"曲"(音)某的当天"总值班"，当然身后少不了那位高大保安。同样是告知她们全程录像，我问徐经理，事件的整个经过你了解吗？她回答"了解。介于这种情况我们建议你报警！"这是上午十点二十分。那好吧，事情发生在酒店，就由你们来报警吧。然后，徐经理要求查看箱子现场，和前面几个一样，没有任何的歉意，而是找各种理由推脱，诸如是以前导致的等。箱子的磨痕和白灰浆是融合在一起的，如此显眼,完全是新产生的,还能找这个理由抵赖,够厚颜无耻的。同样是告知他们全程录像,同样是又要求他们每一个人亲手摸一下衣物、尤其是那双袜子,在镜头面前反复询问这位徐经理和"曲"某,是否是湿的? 两个人无法抵赖都清楚地回答是湿的。

上午十点四十三分左右,警员(016×××)带着协警到来,查看了环境和行李箱损坏的情况,就带着我们去监控室看监控录像。徐经理又让人送来门锁开启的打印记录。我和学生、协警在一起查看几个重要时间节点的监控录像,徐经理带着警员出门不知去哪里了。监控录像即使快进,也不可能在这么短暂的时间内看多少,过一会儿,警员与徐经理回来了,又告诉我们这个打印的门锁记录上时间是有误的,差二十分钟左右。然后警员问,你们要协商处理吗? 我扭头问这位徐经理和"曲"某,你们要协商处理吗? 他们面无表情不回答,那就很简单了,走法律程序,报案。徐经理告诉我们回房间等候警方来做笔录。

一个小插曲也很有意思:在监控室去电梯间路上,墙上有管理层名字与图片,徐经理阻止我拍照,太有意思了? 这是什么组织啊? 在常规的高端连锁酒店入住时,房间办公桌面上一般都会有一封签署有总经理名字的欢迎函,网页上也有管理层的信息。"曲"某告诉我们说这个万达文华酒店的网页上没有总经理的信息(其实迈点网上就有其总经理的任命新闻和大幅照片)。太有意思了,反正我们凭记忆也记下来了,为什么需要这么神秘呢? 这是开门迎客的酒店吗? 好一个独特的万达文华!

回到房间后,我们等了很长时间,没有任何人来,也没有接到任何通知。直到十二点多,已经饥肠辘辘,我电话问这位徐经理,她才说警员们已经离开了,如果要报案、做笔录的话需要去中队。她又询问我们是几点钟的高铁。徐经理是要我们回房间等吗? (又一疑问:徐经理为什么让我们回房间空等?)学生们当即陪同我们退房下楼,准备跟随酒店的车带领我们的车去中队所在地。在等车时,徐经理突然又态度极其亲切,要"借一步说话",当然没有什么需要借一步的,直接说就是,结果她说"你们出来玩,别因为这个扫兴,何况你们没有丢失什么财物,报案也不会处理的,"这真是太有趣了,是你徐经理在两个小时前建议我们报案的(有录像为证!),现在又不想我们去报案,你是想玩哪一出啊? 我们明确回答她:第一,我们不是来玩的;第二,我们要报案,我们要讨个说法。这位徐经理就又开始和我们狡辩了,说箱子上的磨痕是以前产生的等等。面对如此确凿的铁证,这位前厅部经理居然还能再找各种理由抵赖、耍赖,难道真的是我们无理取闹吗? 自己往自己的箱子里灌水把干净衣物弄湿,而且还要顺手把自己崭新的箱子内胆扯坏一块、把漂亮的外壳弄伤,还不过瘾,再泼上一些白灰浆污渍以作箱子的外观装饰? 两个小时前让我们报警的是你徐经理,现在"借一步说话"暗示我们不要去报警的也是你徐经理,这是让人无法理解的。这到底是上演的哪一出? 想糊弄我们做什么? 我一生也算见识过一些人和事,但像这个万达文华管理人员的颠三倒四、自作聪明,还真的是头一遭开眼。而这奇葩景观,居然还没完。

徐经理的戏份结束了,她没有跟车去中队,总值班"曲"某和另一位年青员工开着奥迪A6领着我们的大众汽车驶向金水区文化路中队的所在地去做笔录报案。到中队值班室的有"曲"某这两位，还有两位我以前的学生，值班室里另外还有两位可能也是来有事的，值班的警员写到：入住万达文华酒店，行李箱被划破……，"曲"某迫不及待地跳出来说"只看到箱子上有白灰，没有看到划破"，还要警员去拍照取证，做记录的警员实在看不下去了，说"人家的箱子在你们酒店的房间里被划破，你们还要找人家扯皮，都是服务行业，要理解一下嘛"（警员原话），这位"曲"某才闭嘴，走出去打电话，估计和酒店报告此事，看来后面还有"高人"在遥控指挥。

值班警员告诉我们，这个记录是永久保存的，想查随时可查。值班警员还告诉我们，他们会认真地查看监控等，如果有结果了，酒店就赔偿。有意思的是警员们并没有让我们留下联系方式，不过我们相信，只要有结果，他们一定是能找得到我们的。

笔录完成，我们上车，意想不到的一幕却发生了：那位一直没有说话的酒店年青员工，悄悄一个人走到我们窗前，诚恳地说了一句"抱歉！"作为一个普通人，他也看不下去了，这是事情发生到现在，我们听到的第一句赔礼的话。遗憾的是，这个斯文的年青员工私下表达出来的个人歉意，并不代表他所在的酒店。但非常欣慰的是，终于，在离开郑州之前，我见到了一个普通人的善良和诚实，我看到了他胸牌的名字"杨"某，我说谢谢你，杨先生，谢谢你表达出了一个普通人就算是对另一个街头路人的关心。这时候距离坐高铁的时间已经很近了。在回去的路上我还在回味他的那句道歉，那句话是平淡而温暖的话。公道自在人心，那是一杆秤！

我的三个学生送行到高铁站，反复道歉，说作为土生土长的郑州本地人，都实在觉得不好意思，我回答他们很简单：这和你们是真没关系！不仅和你们没关系，和郑州、河南也没关系，这是万达文华的事！一个如此昂贵、自称"超五星"的酒店，发生这样的事，正如上午前来查看现场的警官（016×××号）都被这些经理们逗乐了，说快捷酒店也不能这样啊！恰好相反，我们非常感谢同学们的盛情接待和安排，与河南的科研人员们的交流和讨论非常愉快、收获很大，对于郑州的快速发展非常赞叹，远远超出我们行前的期望。只是在离开前，这个万达文华管理人员们的精彩表演也让我们体验到了超出想象的另一类领教，大开眼界。

这就是我在郑州万达文华酒店的奇葩经历，值得记入商业案例。9月3号晚上，我以为只是吕某的个人风格，一位值班大堂经理告诉住店客人"和我没关系"。9月4日上午酒店管理人员面对铁证如山，居然可以一直抵赖到做笔录的警员都实在听不下去了，这是五星级酒店的服务吗？这还能让住店客人有基本的安全感吗？不需要给宾客一个说法和道歉吗？这已经不是一个赔偿的问题了，这是需要一个公道！

豪华的硬件、装饰之下，却是金玉其外、败絮其中。用老百姓的话说，这是"马屎皮面光、里头一包糠"。这样的酒店再摆阔，又有何价值？

ps：杨先生：如果万达文华为难您，请告诉我，我的联系方式在北京大学国家发展研究院官方网站上可查到。愿意邀请你工作的好酒店有的是。

郑州万达文华酒店客房内，办公桌上显著摆放着《礼记》中、英文各一本，很是讽刺。

【案例分析】

1.请对上述案例以及万达文华酒店管理人员的处理方式加以评述。

2.如果你遇到这样的案例,你将如何处理?

【补充与提高】

一位日本游客眼中的
中、日两国酒店大堂副理的差异

在实行星级制度之前,中国的酒店里还没有大堂副理的职位。大约在 20 世纪 90 年代初,大堂副理开始纷纷在中国的酒店里出现。日本虽然没有对酒店实行星级管理制度,但在日本的酒店里同样有大堂副理一职。然而,中日两国大堂副理的地位似乎略有不同,中国的大堂副理通常属于酒店前台部门的一个重要职位,并不直接对酒店的总经理负责,而日本的大堂副理基本上都属于酒店的总经理直接任命的一名酒店的高级管理人员。

中日两国大堂副理的差异更多的是体现在职责的履行上。根据我的观察,好像日本的大堂副理职责履行得更为积极彻底,而中国在这方面似乎还有待改进,或者,从另一个角度说,有些中国的酒店并没有完全执行大堂副理制度。

比如,大堂副理 24 小时值班制度,在日本是一条必须严格执行的制度。但在中国,对于有些酒店来说,这似乎只是一条写在纸上的规定。去年年底的时候,我曾在大理的 M 酒店住过,这是一家四星级酒店,酒店的服务指南上清楚地用中、英、日 3 种语言告诉所有的住店客人,他们的大堂副理一周 7 天、一天 24 小时随时向客人提供热情周到的服务。然而当我在早上 6 点多钟致电大堂副理让他们找个行李生给我搬一下行李时,却是无论如何都找不到人。

M 酒店的情形似乎并非偶然。事实上,这种找不到大堂副理的情形在我的中国之行中多次遇到,比如丽江的 GF 酒店、承德的 LL 酒店、西安的 GX 酒店、深圳的 YA 酒店、北京的 GJ 饭店、锡林浩特的 XM 酒店等。就我的个人经验而言,我在中国入住酒店的时候,大多数情况下,酒店大堂副理的大班台后面都是空空如也,不知道他们是否是处理别的客人的问题去了。需要说明的是,这些酒店基本都是三星或以上的星级酒店,而不是一般的酒店。

这种情形的普遍性反映了中国酒店管理上的缺漏。在大堂副理经常离岗的情况下,必定有为数不少的客人的需求没法得到满足和关照,因此,要客人对这样的酒店满意可能会是一件比较难的事情。

另一方面,根据我的观察,除了离岗之外,有些大堂副理的表现也有尚待改进之处。大堂副理作为与客人面对面接触的酒店高级管理人员,直接代表酒店的形象,虽然不必像一般的服务生那样谦卑和谨慎,但是友善、热忱和自信还是应该的,特别重要的是,应该要有一种姿态,愿意随时为客人提供热情周到的服务。然而,有时候我会发现中国酒店里大堂副理的位置上坐着的人士正神秘地对着电话在小声地讲着什么,忽然大声地爆发出一阵笑声,后又恢复神秘状,整个过程旁若无人,让人莫名惊诧。有的时候,这些人干脆就拿着大堂副理位置上的电话长谈,让客人半小时都没有办法接通大堂副理的电话。或者,就是一副很酷的表情,丝毫不流露一丁点儿善意的微笑,端坐在大班台后,让人望而却步。

这种大堂副理对客人的反应缺乏热忱的情形,我去年秋天在内蒙古锡林浩特的 XM 酒店曾经遭遇过。这是一家三星级的涉外酒店,我在里面住了两宿之后,打算次日通过地面交通前往承德,但实在是不知道该如何从这个草原深处的城镇经哪条线路前往,于是拿着地图去找大堂副理,希望从那里得到一些信息。但是,这位大堂副理除了对向我们推荐出租车感兴趣之外,对我们所关注的其他问题,表现得兴趣索然,胡乱指点一通了事。

酒店经理人对"经理的困惑"的答复

Re:针对低素质的客人,我们还必须秉承"客人是上帝、客人永远是对的"这个理念吗?

刘艳姣　广州碧水湾温泉度假村　房务总监

作为酒店从业人员,我们无法选择客户,而只能客户选择我们。无论客户素质高低,只要进入酒店,就是我们要尊重的贵宾,我们要秉承"顾客第一,服务至上"的原则为客人提供温馨周到体贴关怀的亲情服务。举个例子,在广州有一家酒店,见到客人丢在地上的垃圾会主动地捡起,很多扔垃圾的客人看到自己扔在地上的垃圾被服务员捡起来,觉得非常不好意思,就不会再随地乱扔垃圾了。这样无形之中也提升了客户素质。要相信,我们酒店好的行为与理念可以影响到客户的行为。

面对面观看广州从化碧水湾温泉度假村房务总监刘艳姣谈:针对低素质的客人,我们还必须秉承"客人是上帝、客人永远是对的"这个理念吗?

方式一　请登录:刘伟酒店网—院校服务—视频—针对低素质的客人,我们还必须秉承"客人是上帝、客人永远是对的"这个理念吗?

方式二　扫描二维码

二维码　面对面观看广州从化碧水湾温泉度假村房务总监刘艳姣谈:针对低素质的客人,我们还必须秉承"客人是上帝、客人永远是对的"这个理念吗?

第 11 章
房价管理

　　在酒店营销因素组合中,价格是一个重要因素,是酒店主要的竞争手段之一。价格是否合理对产品和服务的销路及其在市场上的竞争地位、对酒店的营销形象以及营业收入和利润都会产生极大的影响,国际酒店业发展的经验表明,酒店经营是否成功、经济效果如何,在很大程度上取决于价格决策的正确与否。

通过本章的学习,读者应该:
- 掌握客房商品的定价目标。
- 了解影响客房定价的因素。
- 掌握客房定价法与价格策略。
- 熟悉客房商品的价格体系。

关键词:客房定价;价格策略
Keywords: Pricing; Strategy

经理的困惑

——如何在不降低平均房价的基础上，提高开房率？

最近，我们酒店附近又新开了一家四星级酒店，这意味着酒店的竞争将日趋激励，大家都感到了丝丝寒意，而在此时，酒店总经理又提出要在不降低平均房价的基础上，提高开房率，作为前厅经理的我，该从何入手呢？

11.1　影响客房定价的因素

11.1.1　客房价格的构成

客房商品的价格是由客房商品的成本和利润构成的。如图 11-1 所示，客房商品的成本项目包括建筑投资及由此而产生的利息、客房设备、修缮费、物资用品、土地资源使用费、客房人员工资福利、经营管理费、保险费以及营业税等，利润包括所得税和客房利润。

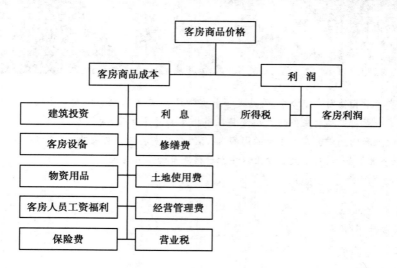

图 11-1　客房价格的构成

11.1.2　影响客房定价的因素

1) 定价目标

定价目标是指导客房商品定价的首要因素。客房商品定价应围绕定价目标进行。

2) 成本水平

成本水平是影响客房商品定价的基本要素,客房商品定价时,必须考虑客房商品的成本水平,一般而言,价格应确定在成本之上,否则,将导致亏损,长期下去,酒店将难以生存。

3) 供求关系

当供过于求时,将不得不考虑降低价格;当供不应求时,则可以考虑提高价格;而当供求平衡时,当前的市场价格即为合理的价格。供求关系是不断变化的,平衡是暂时的,而不平衡则是绝对的,因此,客房商品的价格应随供求关系的变化,不断地加以调整。

4) 竞争对手的价格

竞争对手的价格是酒店制订房价时的重要参考依据。制订房价时,应首先了解本地区同等级的其他酒店的房价。一般来说,新的房价应略低于同档次其他酒店的房价,这样的房价才具有竞争力。但是,酒店也不能一味地靠低价格取胜,因为有些客人会把到某一价格较高的酒店住宿看成是表明自己身份和地位的象征,价格过低,会失去对这部分客人的吸引力。另外也会使客人怀疑本酒店的服务质量,长期实施低价格,也会影响酒店的市场形象,而一旦调高价格,就会引起客人的不满,从而失去竞争力。此外,一个值得注意的现象是,价格过低会使酒店员工产生这样的认识:低档价格只能配之以低档服务。从而自觉或不自觉地降低服务质量标准,导致服务质量的下降,如服务态度变坏、卫生状况变差等。

5) 酒店的地理位置

酒店的地理位置是影响房价的又一重要因素。一位著名的国际酒店管理专家曾经说过:"酒店的经营成功有 3 个因素:第一是地理位置;第二是地理位置;第三还是地理位置。"足以说明地理位置对酒店经营的重要性。一般而言,位于市中心、离机场、车站比较近,交通便利的酒店,其房价可适当提高一些,而位于市郊或其他地理位置不好的酒店则应相应地降低房价,以提高竞争力。

6) 旅游业的季节性

季节性强是旅游业的一大特点。旅游业的季节性直接影响到酒店经营的季节性。在淡、旺季,由于客房供给和需求往往不能达到平衡,所以,必须发挥价格的调节作用来刺激客人需求。

酒店在淡、旺季价格调整的幅度,取决于酒店所在城市或地区旅游业在淡季"淡"的程度和在旺季"旺"的程度。不少国家酒店的房价在淡、旺季之间的升降幅度达 10% ~ 50%。广交会期间,广州市酒店业的房价往往要提高 100% 以上。

7) 酒店服务质量

在定价时,除考虑作为酒店硬件的设施设备的豪华程度以外,还应考虑其服务质量的高低。美国酒店大王希尔顿说过:"酒店出售的东西只有一个,这就是服务。卖劣质服务的酒店就是劣质酒店;卖好服务的酒店就是好酒店!"这句话充分说明酒店服务的重要性。因此,在进行客房定价时,也必须考虑酒店的服务质量,即:员工的礼貌礼节、服务态度、服务技巧、服务效率和服务项目等。

8) 有关部门和组织的价格政策

客房定价还要受政府主管部门及行业协会等组织和机构对酒店价格政策的制约。如为了维护广交会客人的利益,广州市物价局对广州市所有星级酒店在广交会期间的最高房费作了限制,曾规定五星级、四星级、三星级和二星级酒店标准间的最高房费分别不超过 2 400 元,1 500 元,1 000 元和 550 元。

9) 客人的消费心理

客人的消费心理也是进行客房定价时应该考虑的因素之一,尤其要考虑"价格门槛",即顾客对一种商品愿意接受的价格上限和下限。在一定生活水平的基础上(通常指较高的生活水平),对于某一产品,人们不但会在其价格过高时不愿意购买,在消费者认为价格过低时,也不会购买,因为此时他们会怀疑产品的质量有问题。

11.2　客房定价目标

客房的定价目标通常有以下几种类型:

11.2.1　追求利润最大化

追求利润最大化应该是客房商品最基本的定价目标。但利润最大化分为短期利润最大化和长期利润最大化,追求短期利润最大化和长期利润最大化会使酒店管理者在不同的时期,确定不同的价格水平。酒店管理者应以长期利润最大化为追求目标,而不应鼠目寸光,采用杀鸡取卵的定价方法。

以利润最大化为目标进行定价,需要确定需求函数和成本函数,这在理论上可行,但在实践中比较困难,因为对客房商品的需求量受除价格以外其他很多不确定(或很难确定)因素的影响,在实践中很难说清需求量的变化是由哪一个因素引起的,或每一个因素对其影响程度是多少。但有一点需要明确,那就是:高房价并不能保证实现利润最大化,而低房价也不一定意味着客房利润的减少。因为高房价尽管会使单位客房的利润率提高,但却会导致客人对客房需求量的减少;而低房价尽管会降低单位客房实现的利润率,但却会使客人对客房的需求量增加,从而使利润额增加。因此,客房价格不能过高,也不能过低,只有"适当的"价格,才能实现客房利润的最大化。而这一"适当的"价格的确定,需要大量的市场调研,分析酒店在不同历史时期房价的变化对客房需求量的影响程度,掌握价格弹性和市场需求规律。

11.2.2　提高市场占有率

提高市场占有率意味着客房销售量的增加、酒店客房及其他设施设备的利用率的提高、经营成本的降低,以及酒店市场竞争力的提高,是很多企业追求的目标。就价格因素而言,要提高市场占有率就意味着要采取低价策略。而采用低价策略,酒店决策者应考虑到下述事实。

①有时,降低价格并不一定能够增加客源,提高市场占有率。因为客源的增加,除了受价格影响以外,还受包括酒店所在地旅游资源、交通、季节、政治、经济等其他诸多因素的影响,从而导致价格对客源的影响微忽甚微,出现"价格降了一大截,而客源增加没几个"的现象。

②低价可能有损酒店形象,影响服务质量。

③低价促销可能引来同行竞争者的报复,导致价格战,结果两败俱伤,也使提高市场占有率的计划落空。

一般而言,酒店以低价争取客源,提高市场占有份额,只有在以下情况下才适用:

- 客房出租率不高。
- 客房商品的需求弹性很大,旅游者对客房价格很敏感,低价会刺激客源的急速增加。
- 低价不会导致严重损害酒店形象。
- 酒店有雄厚的实力,可以应付可能出现的来自竞争对手的报复行为,即价格战。

11.2.3　应付或防止竞争

价格无疑是竞争的手段,但有竞争力的价格绝不仅仅意味着低水平价格。有竞争力的价格可以有 3 种不同的形式,如下所述。

1) 与竞争者客房同价

在少数卖主控制市场的情况下,当企业的产品与竞争者的类似产品之间没有明显差别,消费者对产品的市场价格水平非常清楚时,偏偏采取与竞争者同价的办法,实际上是跟随行业带头人定价的办法。一些档次相同的酒店,在其客房等方面如果没有明显的特色,市场格局又比较稳定,顾客也比较成熟时,适宜于采取这种定价策略。

2)高于竞争者的客房价格

如果酒店的客房在硬件设施和软件服务方面,明显高于竞争对手,则应确定较高的房价,以体现优质优价的原则,强调客房商品的优良品质。

3)低于竞争者的客房价格

如前所述,在一定条件下,采用低价竞争,可以扩大市场份额,提高市场占有率,同时,也可以排挤竞争者进入自己占据已久的市场或进入自己尚未进入的市场。

11.2.4 实现预期投资收益率

投资收益率是酒店投资者所关心的一项重要指标,因此,实现预期的投资收益率也是酒店经营者的定价目标之一。

11.3 客房定价法与价格策略

11.3.1 几种常用的客房定价法

1)随行就市法

就是将同档次竞争对手的客房价格作为定价的依据,从而制订出本酒店客房价格的一种定价方法。

2)千分之一法

千分之一法是根据客房造价来确定房间出租价格的一种方法,即将每间客房的出租价格确定为客房平均造价的千分之一。

例如,某酒店拥有客房800间,总造价为8 000万美元,若每间客房布局统一,则平均每间客房的造价为10万美元,按照千分之一规律,房价应为10万美元/1 000=100美元。按照酒店业的一般规律,平均每间客房造价在10万美元的酒店,应为四星级以上之豪华酒店,显然对于这样的酒店,房费确定在100美元/夜左右是比较合理的。

千分之一法是人们在长期的酒店建设和经营管理的实践中总结出来的一般规律,可以用来指导酒店(尤其是新建酒店)客房的定价,判断酒店现行客房价格的合理程度。

由于按照千分之一法制定房价,通常都是根据酒店建设的总投资和客房总数来计算每间客房的平均房价的,因此,其科学性和合理性就要受到以下两个条件的制约。

①酒店客房的类型、面积、设施设备的豪华程度等基本相同。

②酒店客房、餐饮及娱乐设施等规模和投资比例适当。即酒店的餐饮和娱乐设施主要用来满足住店客人的需求。如果酒店的餐饮和娱乐设施的目标市场是针对社会大众，则酒店在餐饮和娱乐设施方面的投资比例将大大增加，客房方面的投资比例则相应缩小，这样按照总投资额和客房数计算的平均房价会被增大，这时，按照千分之一法制订的房价显然是不合理的。

另外，由于千分之一法只考虑了酒店客房的成本因素，而没有考虑供求关系及市场竞争状况，因此，据此制订的客房价格只能做参考，酒店经营管理人员应在根据千分之一法制订的房价之基础上，结合当时当地的市场供求关系及竞争状况加以调整，这样的房价才具有合理性、科学性和竞争性。

3) 收益管理定价法

饭店业传统的定价方法有目标利润法、随行就市法、千分之一法、折扣定价法等，这些定价方法的依据是利润、成本和竞争对手的价格等。而收益管理采用的差异定价方法是一种新的更有效的方法，它可以依据不同的客人、未来时期客人对酒店的预订情况以及酒店客房的储备情况，在不同的季节、不同的时间以及一天中不同的时段，随时调整和改变客房价格，以期实现酒店收益的最大化。

市场细分是趋势。这种方法中，对不同的客人采用不同的价格标准，不仅能获得更多的收入，而且能使更多的客人满意。

除了上述定价法以外，还有客房面积定价法、赫伯特定价法等，其中客房面积定价法是通过确定客房预算总收入来计算单位面积的客房应取得的收入，进而确定每间客房应取得的收入进行定价的一种方法。

赫伯特定价法是在 20 世纪 50 年代由美国酒店和汽车旅馆协会主席罗伊·赫伯特主持发明的。它是以目标收益率为定价的出发点，在已确定计划期各项成本费用及酒店利润指标的前提下，通过计算客房部应承担的营业收入指标，进而确定房价的一种客房定价法。由于这 2 种方法都是从企业自身出发，以酒店未来期望收益值为出发点，而甚少考虑市场竞争的因素，因此，实用价值不大，在此不作详细的分析和介绍。

11.3.2 价格策略

为了在激烈的竞争中处于有利地位，酒店可选用以下几种价格策略。

1) 高牌价高折扣策略

高牌价可以维护与酒店星级相适应的高档次市场形象，而高折扣政策（包括对散客）则有利于提高酒店的竞争力。这种策略可以在不损害酒店形象的前提下，提高酒店客房的利用率和竞争力。

2)"随行就市"的价格策略

大部分酒店都采用这种随行就市的价格策略,即:客房的价格根据淡旺季的不同、时段的不同、客房预订情况的不同、开房率的不同等而变化,以期最大限度地提高酒店客房的利用率和经济效益。这种定价策略的缺点是会影响酒店在消费者心目中的形象。

3)"相对稳定"的价格策略

一些酒店为了取信于旅游消费者,维护酒店/度假村在消费者心目中的良好形象,在一段时间内,会采取相对稳定的价格策略,即使客房供不应求,也不随意调高价格。这种定价策略的缺点是:可能会使酒店在短期内丧失很多潜在的获取利润的市场机会。但对企业的长期发展有利。同样,有些酒店即使在市场竞争激烈的情况下,也不轻易下调房价,目的也是为了维护其高档次的市场形象。当然,"相对稳定"并非绝对不变,最终要不要上浮或下调价格,还要看客房供不应求的程度或市场竞争激烈的程度,以及这种供不应求(或供过于求)是暂时的还是长期的。在供不应求(或供过于求)的状况长期存在或供不应求(或供过于求)的程度很高的情况下,如果一味地为了"稳定价格"而保持价格不变则是不可取的,会使企业长期蒙受损失或失去竞争力。

4)中低价策略

即对外公布的牌价,始终保持同档次酒店中的中、低价水平(不打折或打折幅度很小),给人以稳定、实惠的价格形象,以此来吸引客人,取得竞争优势。

11.4 房价体系与平均房价

11.4.1 客房价格体系

酒店的房价依其接待对象、时间等的不同,分为多种类型,它们一起构成酒店客房的价格体系。

1)门市价

门市价(Rack Rate)又称为"客房牌价",即在酒店价目表上明码公布的各类客房的现行价格。该价格不含任何服务费或折扣等因素。

2)协议价

协议价(Contracted Rate)是酒店与旅行社、航空公司等在某个时间段签订的协议房价。

3) 公司价

公司价(Corporate Rate)又称为"商务合同价",是酒店与有关公司或机构签订房价合同,并按合同规定向对方客人以优惠价格出租客房,以求双方长期合作。房价优惠的幅度视对方能够提供的客源量及客人在酒店的消费水平而定。

4) 团队价

团队价(Group Rate)主要是针对旅行社的团队客人制订的折扣价格,其目的是与旅行社建立长期良好的业务关系,确保酒店长期、稳定的客源,提高客房利用率。团队价格可根据旅行社的重要性和所能组织客源的多少以及酒店淡、旺季客房利用率的不同加以确定。为了吸引团队客人,很多酒店给予团队客人的优惠价往往低于酒店标准价的 50%。

5) 小包价

小包价(Package Rate)是酒店为客人提供的一揽子报价,除了房费以外,还可能包括餐费、交通费、游览费(或其中的某几个项目)等,以方便客人。

6) 折扣价

折扣价(Discount Rate)是酒店向常客(Regular Guest)或长住客(Long Staying Guest)或其他有特殊身份的客人提供的优惠房价。

7) 淡季价

淡季价(Slack Season Rate)是指在营业淡季,为了刺激需求,提高客房利用率,而为普通客人提供的折扣价。通常是在标准价的基础上,下浮一定的百分比。

8) 旺季价

旺季价(Busy Season Rate)是指在营业旺季,为了最大限度地提高酒店的经济效益,而将房价在标准价的基础上,上浮一定的百分比。

9) 白天租用价

在下列情况下,酒店可按白天租用价(Day Use Rate)向客人收取房费:
① 客人凌晨抵店入住。
② 客人离店超过了酒店规定的时间。
③ 入住与退房发生在同一天(钟点房)。
白天租用价,大部分酒店按半天房费收取,也有些酒店按小时收取。

10) 免费

由于种种原因,酒店有时需要为某些特殊客人提供免费(Complimentary)房。免费房的使用,通常只有总经理才有权批准。

11.4.2　平均房价

酒店专业术语中,"平均房价"有下述几个概念,要注意区分。

1) ADR

ADR(Average Daily Rate), 是指已出租客房的平均房价。

$$ADR = \frac{计划期客房总收入}{计划期客房出租总间天数} = \frac{计划期日平均客房总收入}{计划期日平均出租客房数}$$

2) RevPar

RevPar(Revenue Per-available Room)是指一定时期内,酒店每个可用房间平均所取得的收益。是反映客房的赢利能力和酒店经营状况的一个非常重要的指标。

$$RevPar = \frac{计划期日平均客房总收入}{酒店可用房间数} = \frac{计划期客房总收入}{计划期天数 \times 酒店可用房间数}$$

〔酒店可用房间数=酒店客房总数−酒店自用房(House Use)−正在装修的房间−坏房(OOS)−其他占用房〕

3) ADR 与 RevPar 的关系

ADR 与 RevPar 存在某种内在联系,它们之间的关系是:

$$RevPar = ADR \times 客房出租率$$

➤ 客房价格的制订是前厅管理的一项重要内容,直接关系到酒店的开房率和酒店的经营效益,前厅管理人员要根据当地酒店业市场竞争状况以及酒店客房经营成本,制订有竞争力的客房价格。

➤ 酒店常用的客房定价法包括:随行就市法、千分之一法、收益管理定价法、客房面积定价法以及赫伯特定价法。其中随行就市法是按照同档次竞争对手的客房价格作为定价依据,是最具有竞争力和最实用的定价方法,其他几种定价法都是以"我"为主的定价法,包括本酒店的客房造价、经营成本、客房大小以及酒店的经营指标等,因而不一定符合市场的竞争状况,不一定具有市场竞争力,只能作为客房定价的参考。不过收益管理定价法则不同,它是近年来定价的新趋势。

➤ 酒店的定价目标包括:追求利润最大化、提高市场占有率、应付或防止竞争、实现酒店预期投资收益率等,制订房价时要根据酒店的定价目标采取一定的价格策略。如高牌价、高折扣策略;"随行就市"的价格策略;相对稳定的价格策略等。

> 酒店应该针对不同的客人和客户群体,确定自身的价格体系和
> 价格政策,包括商务合同价、旅游团队价、折扣价、小包价以及淡
> 季价和旺季价等。

思考题

1. 解释下列概念:

　理想平均房价;千分之一法;收益管理定价法

2. 客房价格有哪几种类型?

3. 影响客房定价的因素有哪些?

【案例分析】

网上拍卖:7 天连锁抛出酒店全新价格制订体系

"把定价的权力交给消费者,交给透明的市场供求关系。"当经济型酒店在某大型运动会期间房价普遍飙升之际,7 天连锁酒店集团 CEO 郑南雁抛出了一套全新的价格制订体系。7 天酒店在运动会期间房间竞拍活动(1 个房间 1 晚的入住机会),全部以 100 元的底价,投入线上竞拍。这项国内前所未有的拍卖活动,将给运动会期间酒店市场掀起波澜。作为华南地区经济型酒店老大,7 天酒店的这次拍卖活动摆明了就是赔本赚吆喝,其背后的根本目的在于借运动会之机扩大影响,打开北方市场。

运动会期间的房价定多高才合理? 面对这个问题,郑南雁遇到尴尬的两难选择:定价过高,会让会员感到不满,定价过低,7 天又将错过借运动会大赚一笔的机会。郑南雁表示北京市场只占 7 天集团总分店数的 10%,而 8 月份又只占全年业绩的 1/12,因此他对于全年的业绩并不担心。除了经济因素,他显然有更深一层的考虑,他的真正目的是要扩大品牌的影响力。郑南雁坦言,作为一个 2005 年才诞生的经济型酒店新兵,7 天在北方市场的影响力还很有限。而利用此次竞拍的机会,会让人们对于 7 天的关注度延续 5~6 个月,"这本身就是一个品牌营销的战略"。

问题:您如何看待 7 天连锁的客房价格制订体系?

【补充与提高】

上调房价要读懂顾客的心理
——酒店上调房价的艺术

一旦产生了入住率超过了85%以上,我们就要适当地调整房间的价格来降低过热入住率带来的不利因素,通过直观的涨价带来的是顾客的不满和抱怨,那么,我们究竟该如何驾驭房价平稳过渡呢?

首先,上调房价要读懂顾客的心理,在酒店消费的顾客对10%左右价格上调并不是很在意,甚至没有什么特别的抵触心理,只要找到一个哪怕是牵强的理由就可以使顾客很委婉地接受(专业的酒店管理人士通常能给客人一个很合乎人性的解释),但是很少有客人对超过20%上调幅度的价格没有意见,所以,上调价格叫"偷着涨"。

其次,上调价格最理想的方式是避免一次过大幅度的上调,可以采用多阶层的调整,每次调整可以通过旅游旺季或者入住率比较高的季节作为调整的时期,从而能给顾客以水到渠成的预料,预料中的事儿毕竟是有心理承受能力的,这叫"节节高"。

再次,古人做生意要一个幌子,在房价上调的操作上也要有个幌子,这个幌子就是相应地增加部分服务内容或者在不足为道的内容给予优惠。比如:夜床的巧克力调整为同价饰品等,从而有种质不同价不同,量不同价不同的错觉,这叫"溜墙角"。

最后,需要特别值得研究的就是价格变动背后的筹划,相关协议客户的协议价格调整、网络订房的价格调整、旅行社价格的调整等等,遵从以散客调整为主还是以协议客户调整为主?有哪些利弊?价格调整绝不是总经理会上发布后就完事大吉了,发布前的多次研讨是必不可少,酒店各部门负责人都需要根据对于房价上调而带来的影响做出详细的预测并提出有效的解决方案,一套详细周密的操作方案能避免不必要的麻烦。房价上调的目的就是在减少入住率的同时保持现有酒店收入不变,在这个大前提下所制订的方案才是有效的、合理的、科学的、可行的,抛弃这些因素所作出的调整都是徒劳无功。

(冯少辉)

酒店经理人对"经理的困惑"的答复

Re:如何在不降低平均房价的基础上,提高开房率?

许雁醒　浙江海德华美达酒店　前厅部经理

附近新开了高星级酒店意味着这个地区将日益繁华,会有越来越多的宾客在该地区入住酒店,客源也会随之增加。一个成熟的酒店具有优良的管理体系,有稳定的客源基础,有着深厚的酒店文化,相对新酒店来说知名度和美誉度都很高,这些都是优势。面对这样的问题,首先要做好 SWOT 分析,学习对手优秀的地方,多让部署参与经营讨论,集思广益,做到别人有的自己都有,别人没有的自己也有,不断超出客人的期望值,提升自我是最强的竞争力。

刘羿　AmyLIU　济南毕诺克电子科技有限公司　酒店集团收益管理系统创始人

这是一个很尖锐的问题。极具复杂性和现实意义。在这里仅抽丝剥茧地从几个方面进行阐述:

①裸价卖房会加剧同质化竞争,但如果考虑包价、套餐等多种价格组合结构可以一定程度上回避价格战。

②老酒店的优势是客户资源,而维护并深度挖掘现有客户,扬长避短地从各方面增加本酒店的竞争力,赢得客户从认可到信任再到依赖,是酒店长期努力的方向。

③在这里不得不提人员,酒店的人员流动特别是销售人员的流动会潜移默化地使得很多客户成为孤儿客户,所以,总经理要帮助市场销售部不断地拓宽营销思路,提高专业水平才能最终完成愿景。

面对面观看酒店集团收益管理系统创始人刘羿谈:如何在不降低平均房价的基础上提高开房率?

方式 1　请登录:刘伟酒店网—院校服务—视频—如何在不降低平均房价的基础上提高开房率?

方式 2　扫描二维码

二维码　面对面观看酒店集团收益管理系统创始人刘羿谈:
如何在不降低平均房价的基础上提高开房率?

第 12 章
收益管理

移动互联网时代的酒店收益管理

收益管理最早出现于航空业,后被引入酒店业。近年来,在国际酒店业中得到了越来越广泛的应用,成为酒店竞争的重要手段,也成为未来酒店业经营管理非常重要的发展趋势,因而受到国内外酒店经营管理人员前所未有的重视。

通过本章的学习,读者应该:
- 了解收益管理的概念。
- 掌握收益管理的功能和内容。
- 学会收益管理的实施方法。

关键词:收益管理

Keywords:Revenue Management

经理的困惑

——所有类型的酒店都应该实施"收益管理"吗?

　　近几年,"收益管理"是个炙手可热的词汇,很多酒店都开始实施收益管理,但说真的,对于收益管理,我还不十分了解。是否所有酒店都应该实施收益管理呢? 比如,开房率高、效益好的酒店有必要实施吗? 淡旺季不明显的城市商务酒店需要实施收益管理吗? 效益不好的酒店有必要实施收益管理吗(实施收益管理毕竟需要一定的投入,而对于效益不好的酒店,增加投入是非常困难的)?

12.1　收益管理的原理与实施方法

　　"收益管理不仅为我们增加了数百万美元的收入,同时也教育我们如何更为有效地管理,(酒店)最高层必须对酒店施行收益管理,CEO 则需要 100% 地支持这项工作,而全体员工必须了解其功能。"

——Marriott 国际酒店集团董事长兼 CEO:Willard Marriott, Jr.

12.1.1　收益管理

　　当你在美国乘坐飞机时,有时会发现你邻座的票价比你贵了一倍;当你租车自己开时,也可能发现别人租同样的车,是你的一半;当你下榻旅馆时,或许会发现隔壁旅客住同样房间,房价比你的便宜了许多。这是怎么回事呢? 其中很大的原因是收益管理系统在后面运作的结果。

　　收益管理理论最早起源于美国航空业。在 1978 年《解除航空公司管制法》颁布以前,美国政府制订了统一的国内票价,根据飞行的距离来衡量航空业的平均成本,所有航空公司的航班只要是飞行距离相同,都必须执行相同的票价。1978 年以后,伴随着价格管制的解除,收益管理应运而生。当时出现了一家新的航空公司——人民捷运公司,推出了低价机票。一些大航空公司,如美洲和联合航空公司为了与人民捷运公司竞争,将一部分座位以低价出售,但同时将剩余的座位仍然以高价出售。通过这种方式他们既吸引了人捷公司那些价格敏感型的顾客,同时又没有失去高价顾客,结果大量人捷的顾客转投大航空公司,人捷最终破产。人捷公司前主席 Donald Burr 认为,人捷公司破产的主要原因是缺乏收益管理系统。

　　收益管理的核心是通过制订一套灵活的且符合市场竞争规律的价格体系,再结合现代化的微观市场预测及价格优化手段对企业资源进行动态调控,使得企业在实现长期目标的同时,又在每一具体营运时刻充分利用市场出现的机遇来获取最大收益。概括而言,收益管理目标是使企业产品能在最佳的时刻,以最好的价格,通过最优渠道,出售给最合适的顾客。

　　酒店业最先开发使用收益管理系统的是万豪国际酒店集团(Mariott International Hotels)。由于收益管理系统的开发使用,不仅帮助酒店经营管理者们迅速、准确地做出各种决策,同时也使酒店的总收益获得提高。因此,近年来美国许多中高档酒店如假日酒店、希尔顿酒店、凯悦酒店、韦斯汀酒店等酒店集团,均先后开发了各自的收益管理系统。据报道,自从收益管理系统建立以来,凯悦摄政俱乐部客房的预订率上升了20%,各个预订中心平均房价也有所上调。希尔顿酒店公司已经创造了空前收入的记录。

12.1.2　收益管理"5 要素"("5 个适当")

　　简单地说,收益管理就是:在适当的时候,把适当的产品和服务,以适当的价格,通过适当的销售渠道,提供给适当的顾客,即:收益管理的"5 个适当"。这也是收益管理的"5 要素"。

　　收益管理的英文原来叫 Yield Management(产出管理),现在叫 Revenue Management(收益管理),也叫 Revenue Optimization(收益最大化管理)或 Profit Optimization(利润最大化管理)。其名称的变化体现了收益管理的内涵和外延的扩大。不管叫什么名,收益管理的实质是通过数据挖掘和对数据的分析,在不同时间,根据市场供求关系的不同,以及消费者行为规律和市场竞争环境的变化等而采取的一种定价和分销策略,它通过对产品和服务、市场、价格和营销渠道等的细分,实行差异化管理和优化组合,是在适当的时候把适当的产品和服务,以适当的价格,通过适当对销售渠道,提供给适当的市场(顾客)的经营管理的过程。这个过程简称"5 个适当"(图 12-1)。这 5 个适当也体现了收益管理的主要工作内容和要素。

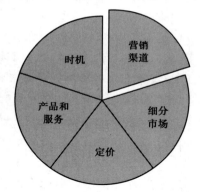

图 12-1　收益管理"5 要素"
("5 个适当")

12.1.3　收益管理的核心内容

　　一般来说,不同的酒店由于其各自的市场定位、顾客来源、管理理念及控制机制的不同,其开发使用的收益管理系统也各有差异。但是,这些收益管理系统均具有 2 大共同功能:需求预测和优化调控。这也是收益管理的核心内容。

　　需求预测功能准确地预测未来旅客需求及客户供给的情况,使得管理者们对今后的市场变化有个较为清晰的认识。该功能在分析酒店有关以往客房预订的历史资料以及当前旅客预订的情况基础上,正确估计出未来每天的旅客需求和空房的供给。其中包括每天不同时段可能有多少旅客会来预订房间、他们是什么样的旅客、要住什么样的房间、待多长时间,以及每天各个时段有多少空房可供预订等。鉴于旅客需求的季节性和时段性,收益管理系统往往进行长期、中期和短期的预测。长期预测的时间通常为 3~9 个月,中期预测为 7 天至 3 个月,短期预测为当天多个时段至以后的 7 天。由于许多旅客是当天临时登记入住的,有的收益管理系统每间隔几个小时就会进行一次短期预测,以保证预测的准确性。

优化调控功能是制订最佳房价并推荐最佳空房分配的方案,以供管理者们决策参考。这些最佳房价与最佳空房分配方案的制订,是在以持续增长的酒店总收益为目标,并依据旅客需求与客房供给的预测以及考虑其竞争对手情况下,通过建立和分析复杂的数学模型而获得的。其中最佳房价包括每天各个时段不同房间的价格,最佳空房分配方案则是动态地调控每日不同时段各种空房供给的配额。

12.1.4 收益管理的实施过程和工作循环

收益管理的实施过程和工作循环如图 12-2 所示。

12.1.5 收益管理的总体思路

收益管理的基本原理就是通过对市场的细分,对不同目的的顾客在不同时刻的需求进行定量预测,然后通过优化方法来确定动态的控制,最终使得总收益达到最大化,并保持公司的持续增长。当然对不同的酒店和酒店集团,由于各自的市场定位、顾客来源、管理理念、控制机制的不同,其价格和收益管理的方法及其作用也不尽相同。

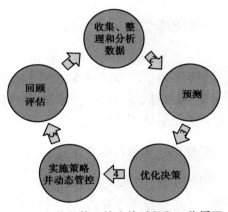

图 12-2 收益管理的实施过程和工作循环

但总体而言,酒店业的价格和收益管理系统可通过下列几个方面来发挥作用:

1) 顾客分类及需求预测

不同的顾客对酒店的要求往往不同。尽管每个酒店有自己的市场定位,但顾客的性质、来源渠道以及消费特点仍有许多不同之处。收益管理的一个重要功能就是通过科学的方法对不同的顾客进行分类,并得出各种行为模式的统计特性,然后再对每一类顾客的未来需求进行精确的预测,包括预订的迟早、入住的长短、实际入住和预订的差异,提前离店和推迟离店的概率等。有了这些精确的预测,再根据各种客人对价格的敏感度等,酒店就能很好地控制资源,提高收益。

2) 优化控制

有了精确的需求预测,还必须有一套相应的价格和收益控制体系才能灵活有效地利用酒店资源,使得收益或利润最大化。根据不同的预售和价格控制系统,酒店业普遍采用的优化方法主要包括线性规划、动态规划、边际收益控制、风险最小化等。这些方法最终转换成可操作的控制机制,如最短最长控制(Min_Max),完全长度控制(Full Pattern)等。

3）节假日价格需求控制

节假日以及特殊事件日往往是酒店获利的最佳时机,许多酒店在此期间一般能达到很高的入住率。但高入住率并非就是高利润率。要使得收益和利润最大化,还必须有一套完善的节假日需求预测及控制方法。

4）动态价格设定

酒店的定价及其管理是调节一家酒店盈利能力的最直接的杠杆。常见的以成本为基础的定价方法虽简便易行,但往往缺乏竞争的灵活性,且不能反映市场需求的动态变化。而建立在收益管理基础上的一些定价方法,如实时竞标定价（Bid Price）,浮动定价（Dynamic Pricing）、竞争定价等则通过对市场的细分和有效的控制使得价格杠杆的功能发挥到极致。

5）超额预订控制

由于预售和实际入住往往存在一定的差异,因此如何预测及控制这种差异从而保证实际入住率是酒店经常要解决的一个问题。尤其是在高峰季节,这一问题特别突出。对酒店而言,既要保证尽可能高的入住率,又要避免超售而使得客人无房的尴尬,因此一种精确的超售控制是保证酒店在最大收益条件下使得客户服务损失变得最小的一个重要工具。

6）团体和销售代理管理

团体销售几乎是每一酒店都有的业务,且多数情况下有一定的折扣。但如何定量地对这项业务进行分析并有效地控制折扣程度,则是收益管理的重要部分。相应地,对代理销售及批发代理等,也都可通过抽象的模式来进行优化控制。

7）酒店附设资源管理

许多星级酒店常有许多附设资源,如餐厅、会议室等。收益管理系统的拓展就是进行所谓的"全收益"管理,即不仅仅对客房的收益进行预测和控制,还对整个酒店的收益进行预测和优化,以期达到最大效益。

8）经营状况比较和 WHAT IF 分析

酒店经营状况的及时反馈和历史分析是保证酒店正确决策的重要途径。而收益管理系统由于同时兼有大量的历史数据以及未来需求的预测,因此它可以是一个很好的战略和战术的决策武器。另外通过 WHAT IF 分析,即通过比较不同控制模式所得到的实际收益和理论最大收益之间的差值,酒店管理层就能随时判断经营管理的状态。

9）结合顾客价值的收益管理

如何确定每一顾客的价值并通过相应的收益控制来区别对待是酒店收益管理的一个新的方向。

12.2　"收益管理法"在酒店的应用

负责收益管理的饭店经理,会把每天预期平均房间需求做成图表,"确定在哪个价格点上上调或下调,以鼓励或阻止需求。"

12.2.1　酒店实施收益管理的意义

《华尔街杂志》认为在目前出现的商业策略中,收益管理是排在第一位的,显然,那些忽视应用收益管理使收益和利润最大化的企业将失去竞争力。特别是面对日益激烈的竞争环境和越来越复杂的产品组合,收益管理在许多情况下已成为一种不可或缺的决策工具。

1)收益管理的实施给美国酒店业带来什么好处

根据对美国一些常年进行收益管理的酒店的统计,价格和收益管理现已成为最大的利润增长手段。美国酒店业实行收益管理策略 20 多年的经验表明,在其他条件不变的情况下(不增加客房数量,也不追加促销和广告费用),在酒店系统地实施收益管理的策略,酒店的营业收入将提高 3%～7%,利润率提高 50%～100%,并有效提高市场占有率。市场占有率的提高意味着酒店在有限的市场蛋糕中抢到的份额越来越大,市场地位越来越高,生存和发展的状态越来越好。更重要的是,由于很多酒店都实施收益管理,自觉按照市场规律进行投资、调价和营销,有效减少了盲目投资、盲目涨价或降价,不但提高了整个行业的形象和盈利水平,也提升了酒店顾客的满意程度。

以迪士尼乐园酒店为例。迪士尼在美国共有 38 间酒店或度假村,共 34 308 间客房。如年平均客房出租率为 55%(与国内很多酒店相似),年出租房间总数是 6 887 331,如平均房价因定价和销售策略不合理减少 5 美元,整个集团的酒店收入一年将减少 34 436 655 美元,折合人民币 218 672 759 元! 可见,区区 5 美元经过数次放大,得到的数字是很大的。由于酒店成本结构和边际效用的特点,从价格增加的收入将大部分转化为利润,所以,这个例子中 5 美元平均房价的增加,会使该集团的利润大幅度增加。由此不难理解迪士尼酒店为什么要请收益管理高手来负责定价和分销。当然,迪士尼乐园的门票也同样需要收益管理。从迪士尼乐园酒店的例子我们也看到,收益管理对规模越大的酒店和酒店集团,影响越大!

2)定价与收益优化对企业营运利润的巨大影响

追求收入和利润的最大化,显然是任何一家以盈利为目的的企业的目标和存在的原因。那么,如何才能最有效地帮助企业提高利润呢? 是提价、减少成本和费用、薄利多销,还是什么? 美国著名的麦肯锡咨询公司与 1992 年对美国标准普尔数据库提供的 2 463 家上市公司经营数据进行分析,得出这样的结论:"价格每提高 1%,将使营运利润平均提高 11.1%。而变动成本、销售量和固定成本每改进 1%,将使运营利润分别提高 7.8%、3.3% 和 2.3%。"可见,对大多数公司来说,更好的定价管理是增加利润的最快和最有效的方法。

实际上,美国航空公司的数据表明,使用收益管理系统做定价和收益优化,帮助该行业提升利润8%~9%。

12.2.2 "收益管理法"的组织架构模式

酒店收益管理经理以前是向酒店市场销售总监报告,而现在,众多收益管理经理或总监直接向总经理报告。

在收益管理人才有限的情况下,一些国际酒店集团通过设立区域收益管理中心来实施集中式的收益管理。在这种体系下,一个收益经理需要管理多家酒店,这在很大程度上需要依赖相关的自动化收益系统才能确保利用正确的信息和数据进行高效准确的决策分析。

有两种建立集中式收益管理体系的方法。一种方法就是把酒店集团总部的收益管理团队成员分配到不同的地区中,每个地区都有一个总监来监督业绩,来自总部收益管理中心的每个团队成员将作为收益经理管理3~6个酒店,但他们不在所负责区域的酒店内部办公。另一种方法就是按照功能来部署各区域的收益管理团队,由3~5人组成的团队将负责10~15家酒店的管理,其中,一个收益管理分析师负责收集数据和分析所属区域所有酒店的情况,一个专职人员负责各个酒店预测,而另一负责人则主持每周的收益会议。

以上两种方法各有优劣。第二种功能部署方法可让团队成员专注于1个或2个任务,有助于提高日常工作效率,而第一种以酒店为核心的部署方法则可让收益管理专家清楚地了解酒店的整体运营情况。从酒店总经理以及业主的反馈来看,第一种以酒店为核心的部署方法更容易实施,因为它的权责更明确并可节省沟通成本。

中国本土连锁酒店正尝试从总部建立类似的体系,但是在人才资源上面临挑战。中国顶尖的本土酒店集团已经开始在总部建立自己的收益管理团队,有专门负责酒店收益管理的收益总监,很多大型酒店都有收益经理,负责其收益管理工作。

酒店实施收益管理,还有一种解决方案就是将收益管理工作外包给可信赖的合作伙伴。

12.2.3 收益管理经理应具备的素质和条件

收益经理需要具备哪些条件?随着酒店业的挑战不断增加,收益经理的职责也经历了从分析师到决策者的巨大转变。收益经理不仅需要掌握一定的技术技能,比如熟练使用各种工具,更需要具备较强的战略思维和决策能力。一个优秀的收益经理会经常与市场销售总监和总经理共同探讨酒店的市场定位(比如细分市场的结构)以及如何达成目标等话题。收益经理还需要根据目标制定定价策略和房量控制策略,而软技能对于收益经理更为重要,比如沟通力、协作力和领导力。一个优秀的收益经理既是领导者,也是变革推动者。收益管理经理需要与酒店的很多部门,比如销售市场部、预订部、前台和财务部,紧密合作,确保正确的战略得到正确的执行。

12.2.4 "收益管理法"的实施

以往,酒店业都将客房利用率的高低看作成功的标志。衡量酒店经营成功与否的另一个指标是已出租客房的平均房价(ADR)。收益管理根据酒店历史的销售资料,通过科学的预测,将 2 项指标联系在一起,找到客房出租率与平均房价的最佳结合点①。

收益管理意味着在任何特定的时间段内,按照客房需求量来调整客房价格。也就是说,如果客房马上就要订满了,在这种情况下还要对房价进行打折,就毫无意义了。相反,如果有天晚上客房肯定住不满,那么,将房间以折扣价出租,总比空着要好。根据收益管理理论,假日酒店宁愿接受一个房价稍低但连住数日的预订,而不愿接受一个房价稍高,但只住一晚的预订,因为他们认为这样做使房间空置的风险要小一些。

在实践中,酒店客满与低出租率之间有很多种情况,都需要做出定价决策。此外,每天或每季度要做的超额预订决策也可以被纳入收益管理系统之中。在一些酒店的员工利用人工方式管理本酒店的收益管理系统的同时,越来越多的酒店开始采用计算机程序进行收益管理,它们利用对本酒店客房需求的历史资料预测未来需求情况,并根据需求量在不同时期的变化情况,不断调整客房价格水平。另外,越来越多的中央预订系统将收益管理的内容纳入其计算机程序之中。

酒店在供不应求时,如何销售能使客房的收益最大,酒店在供大于求时,如何销售才能使客房的收益最大? 这是收益管理法的精髓。"收益管理法"在日常工作中的实施,即做好存房管理和订房管理。存房管理,指前台管理人员为各个细分市场的顾客合理安排一定数量的客房;订房管理,指预订部的管理人员根据不同时期客房需求量,确定不同的房价。

①在客房需求量高时,可以采取下述措施。

a.限制低价客房数量,停售低价房和收益差的包价。

b.只接受超过最短住宿期的顾客的预订。

c.只接受愿意支付高价的团体的预订。

②在客房需求量低时,则可采取下述措施。

a.招徕要求低价的团体顾客。

b.向散客提供特殊促销价。

c.向当地市场推出少量廉价包价活动。

由此可见,收益管理的关键是对客房需求情况进行准确的预测,并根据预测情况,确定具有竞争力的,能够保证酒店最大收益的客房价格。

实施"收益管理法"的酒店,在营业高峰时期,会有几天时间,房务总监和前台经理,俨然像在前线作战的指挥,亲自控制订房数和停售类型,这些天的最终销售结果,会使他们兴奋或沮丧。令他们兴奋的是,运用"收益管理法"得当,不但使房价卖得很高,而且使出租率达到 99% 以上;使他们沮丧的是,有时由于信息和情报的错误,加大了房价控制的力度,推掉了一些较低房价的顾客,但实际抵达的顾客比预期的少,没有完成预期的出租率。

"收益管理法"是一项管理难度较高的方法,在国际酒店行业,使用这个方法的水平,往往是评估房务总监是否有经验的标准。

---

① 有关收益管理的内容,见埃瑞克·澳肯(Eric Orkin)所写的"依靠收益管理,提高收入水平"(《康奈尔饭店与餐馆管理》季刊,1988·2,P52-58)一文。

【链接】

上调房价要读懂顾客的心理
——酒店上调房价的艺术

一旦入住率超过了85%以上,我们就要适当地调整房间的价格来降低过热入住率带来的不利因素。通过直观的涨价带来的是顾客的不满和抱怨,那么,我们究竟该如何驾驭房价平稳过渡呢?

首先,上调房价要读懂顾客的心理,在酒店消费的顾客对10%左右价格上调并不是很在意,甚至没有什么特别的抵触心理,只要找到一个哪怕是牵强的理由就可以使顾客很委婉地接受(专业的酒店管理人士通常能给客人一个很合乎人性的解释),但是很少客人对超过20%上调幅度的价格没有意见,所以,上调价格叫"偷着涨"。

其次,上调价格最理想的方式是避免一次性过大幅度的上调,可以采用多阶层的调整,每次调整可以通过旅游旺季或者入住率比较高的季节作为调整的时期,从而能给顾客以水到渠成的预料,预料中的事儿毕竟是可以有心理承受能力的,这叫"节节高"。

再次,古人做生意要一个幌子,在房价上调的操作上也要有个幌子,这个幌子就是相应地增加部分服务内容或者在不足为道的内容给予优惠。比如将夜床的巧克力调整为同价饰品,从而有种质不同价不同,量不同价不同的错觉,这叫"溜墙角"。

最后,特别值得研究的就是价格变动背后的筹划,相关协议客户的协议价格调整、网络订房的价格调整、旅行社价格的调整等,遵从以散客调整为主还是以协议客户调整为主?有哪些利弊?价格调整绝不是总经理会上发布后就完事大吉了,发布前的多次研讨必不可少,酒店各部门负责人都需要根据对于房价上调而带来的影响做出详细的预测并提出有效的解决方案,一套详细周密的操作方案能避免不必要的麻烦。

房价上调的目的就是在减少入住率的同时保持现有酒店收入不变,在这个大前提下所制订的方案才是有效的、合理的、科学的、可行的,抛弃这些因素所作出的调整都是徒劳无功。

(冯少辉)

12.3 收益管理法对传统酒店定价机制的冲击

收益管理的实施,究竟能帮酒店做些什么呢?有了收益系统之后,酒店定价、分销和管理决策发生了什么变化,如何颠覆酒店业传统的做法呢?

1)收益管理系统的出现,使得定价决策从人脑决定变成"电脑+人脑"

客房的价格是升还是降,升多少,降多少,先由收益管理系统进行数据分析,通过模型来模拟、优化,提出建议,然后管理团队进行审核,拍板决定。

2) 酒店对外报价的频率显著增多

实施收益管理策略后,酒店的对外价变化的频率高了很多,不再是每年或每个季度调一次,而有可能几个星期、一个星期、几天调整一次。在供不应求的特殊时期,散客价甚至会一天调整两三次(香港的酒店业称之为"海鲜价",这是个比喻的说法,鱼虾从海里捞出来,越新鲜越值钱,摆卖到最后死掉了,要打烊了,就不值钱了,就要降价甩卖),完全取决于市场供需情况、同一商圈竞争对手的价格以及酒店的收益目标等。

3) 收益管理的实施,使得酒店的价格越来越差异化、多样化

酒店会员的价格与非会员的价格不一样;只住店的团队的房价与既住店又有餐饮、会议和宴会等消费的团队的房价可能不一样;提前 3 个月预订的价格与提前 3 天的不一样;支付条款不一样,价格也可不一样。如果客人预订时马上同意付清所有房费,而且同意不管因为什么原因不能去酒店住宿,都不收回付款,价格就比住店之后才付款优惠 10% ~ 15%,这就是预付价和现付价的差别。

4) 先来先得的古老原则受到挑战

实施收益管理之后,在供不应求的时候,先来的客人不一定能得到客房,要"满足住店的条件"才能获得。例如,他们要住够酒店规定的 3 天,而且,要在餐饮或宴会上有一定金额的消费。对价格的管理,已经成了预设目标的管理。

5) 对酒店的优惠价格附设限制条件

酒店的优惠价格是有限制条件的,只有在规定的时间,到规定的渠道,预订规定的产品和服务,并且在规定的时间来消费,以及符合其他有关条件,才能获得。这些限制条件用收益管理的术语来说,称为"价格门槛",目的是把不符合条件的需求排斥在外,避免本来定高价的客人跑来定低价,出现"价格稀释"的现象,使酒店遭受损失。

6) 依据客人的住店天数长短来定价

万豪的收益管理系统最突出的优点是能根据酒店住店的天数来定价,把重点放在优化整体收益和利润,努力提高住店时间长的客人的比例。住店天数越长,价格越优惠。因为住店天数越长的客人带来的总收入和利润越高。与只住一天的客人相比,酒店可收取住数天的客人几天的房费,而不需要天天更换房间的易耗品、毛巾和床单等,节约成本费用,也不需要每天都如同做走房一样彻底清洁房间,从而节约了劳动力。此外,住店时间长的客人还常常到酒店的餐厅、酒吧、康乐中心等去消费。为了鼓励住店天数长的客人来消费,万豪还设计了根据住店时间长短给予折扣的促销价,甚至专门设计了 Courtyard、Residence Inn 这类以长住客为目标用户的品牌酒店。

7）酒店的每笔团队业务必须经过收益管理系统的测算后决定是否接受

酒店的每笔团队业务必须经过收益管理系统的测算，并获得收益管理人员的批准。收益管理系统会提前对未来几个月，甚至1~2年每天的客房出租率、平均房价、收入等进行预测，甚至把每天的公共散客、会员散客、公司协议客、会议团队、旅行团、促销散客、政府散客等各个细分市场的组合数量和单价都算好，新增加的业务，如团队或长住客的预订是否可以接受，必须经过收益系统的分析，或叫业务置换分析，把有关数据输入计算机，计算机会算出如果接受了这个团队或长住客的预订，酒店的客房、餐饮、展会、娱乐等各种收入和整体收入将发生什么变化，收入和利润是增加了，还是减少了，或者是不增加也不减少，最低报价应该是多少……

8）严格按照客房类型来定价和销售，减少免费升档

实施收益管理的酒店，会尽量减少超售低价、低档次的房型，然后免费升档到高价、高档次的房型。它们会通过收益管理系统的分析和优化，适当调整不同房型之间的价差，用价格作为杠杆，并采取升档销售的措施，尽量多卖高价、高档房型，提高高价、高档房型的销售量和占比，从而提升整体的平均房价、收入和利润。

9）采取超额预订的办法，在旺季增加满房天的数量，从而提高客房出租率、平均房价、收入和利润

旺季的满房天的平均房价通常比淡季和非满房天的高50%~100%，所以，在旺季满房天多卖一间房，等于淡季和非满房天多卖半间或一间，而且旺季是有需求的，是比较容易成交的。淡季即使价格很低也不容易成交，因为需求太低了。

10）高度重视预测工作，习惯往前看，优化明天的结果

实施收益管理的酒店高度重视预测工作，习惯往前看，往前使劲，优化明天的结果。不实施收益管理的酒店不重视预测，习惯往后看，被动地坐等明天的结果。诸葛亮草船借箭的故事大家都听说过。诸葛亮借箭之所以成功，是因为他准确预测到什么时候会刮东风。酒店产品和服务的销售也需要准确地预测客人希望得到什么样的产品和服务，愿意支付什么样的价格。收益管理可以说是对未来风险的管理和控制，通过各种努力把价格过低或过高、出租率过低、空房太多、取消预订太多、客房之外的餐饮和会议等收入太低等风险降到最低。实施收益管理的酒店把预测当作一项重要的日常工作来做，每天都有专人在预测今天能净增多少预订量和收入，下个星期、本月、下个月、本季度各细分市场、销售渠道分别能增加多少预订量，取消多少预订量，各自的平均房价是多少，酒店客房出租率和收入等在每天、每周、每月、每季度结束时，实际发生值是多少，酒店的市场占有率是多少，竞争对手在做什么，市场上有什么新情况和动向，我们应该采取什么措施等。他们还会根据预测的收入、利润和销售量情况，及时调整物品采购计划、营销和广告宣传的投放预算以及员工的排班等。不懂收益管理的酒店，预测工作做得不够多，也不够好。这些酒店常把过多的精力放在对已经发生的事情的分析和解释上，如上个月完成情况如何，为什么等等，而这些分析和解释常常是自圆其说和自我保护，是马后炮，对优化未来的收益帮助不大，甚至有害。

12.4　互联网时代的酒店收益管理法

互联网为酒店实施收益管理提供了技术平台,使得酒店收益管理发生了革命性的变化,特别是移动互联网的应运而生和迅速普及,不仅方便了酒店和旅游消费者,同时,也将很多传统酒店推向了收益管理舞台。

互联网时代,酒店收益管理出现了以下几种新的模式:"顾客定价""神秘酒店""酒店团购"和"今夜酒店特价"。

12.4.1　实施"顾客定价"

顾客定价(Name Your Own Price)是 Priceline 发明的,指的是让酒店将可以接受的最低售价放到系统中(不展示),然后让顾客来提条件和出价,如果酒店满足顾客的条件,而且顾客出价高于酒店能接受的最低价,则促成这单交易,在交易完成前顾客都不能知道酒店的详情信息,也不能确保自己能买到想要的酒店——这样就把"不差钱"并且对酒店品牌有要求的顾客给区隔了出去,保护了酒店正常销售。举例来说,我可以跑去 Priceline 上选择 Name Your Own Price 模式,选择城市(例如 LA-Hollywood)和星级(例如"四星"),Priceline 会告诉我这种酒店在这个区域一般要卖多少钱(例如"$309"),然后叫我输入一个我觉得可以接受的价格(例如"$80"),然后 Priceline 就会让我填信用卡,一旦我填完而它真能给我一间满足我条件(Hollywood 地区的四星级酒店,$80)的酒店房间,它会直接从我卡上扣钱,帮我把酒店给订了,再告诉我具体我订的是哪家。

12.4.2　加入"神秘酒店"

神秘酒店模式与反向定价模式类似,用户可以根据区域和星级等信息查找筛选酒店,酒店列表中不会显示酒店名称,而仅仅展示星级、商圈等基本信息。只有在付款确认预定后,顾客才能得知自己预定的是哪家店,具体在哪。这样也可以在提供特价的同时,保护酒店正常销售渠道不受影响。

这 2 个模式相同点都是"付款前,顾客不知道自己具体会订到什么酒店",要长期运营下去必然就会要求"顾客对于自己订到的酒店基本满意",否则生意就长久不了。在美国,生意比在中国好做很多。首先,商业社会信任度高,星级的评定相对规范,酒店集团多而服务业标准化,看到星级和价格基本上就能得到和预期偏差不大的服务。其次,大家都开车,所以对于地理位置要求并不是那么严格,你告诉我酒店在方圆 5 英里就好,我开车过去很方便。在中国,这 2 点并不成立。一是酒店星级评定和服务标准化方面不完善,订一个"三星级"酒店,可能看到一个富丽堂皇的大酒店,也可能走进一家还不如如家、汉庭的破房子里。二是大家都非常依赖公共交通(打车也不一定方便),这就使得"地理位置"变得比美国更关键。隐藏具体地址信息很难让人放心,而暴露地址信息又让顾客很容易猜出来这是哪家酒店,没法保护正常渠道的销售。

12.4.3　参与"酒店团购"

"团购模式"是由美国网站 Groupon 创立的,它吸引大量美国消费者是依靠其强大的线下商家运营团队和它针对美国人消费心理特性设计的各类上线的商家服务。Groupon 在美国本土的成功更多源于其引导了一种具有个性的创新消费体验。"团购模式"在我国还是一种新生事物,中国式团购模式还停留在低价促销和人气提升等初级阶段,其要求的先付款后消费的服务模式,使团购网站的信誉成为其核心竞争力,以此吸引消费者对网站产生忠诚度和黏性,再用庞大数量的消费者去和商家讨价获得盈利。

团购用户一般对价格比较敏感,团购最大优势在于价格优势。这种模式下的产品价格可比正常价低 30%～80%不等,有时甚至低于 1 折。

酒店团购是团购模式在酒店行业的应用。很多团购网站专门开辟了旅游和酒店频道,专推旅游线路、景区门票、机票和度假村及酒店客房产品等。另外,一些专业在线旅游网站也借鉴团购模式,加入了团购大军,成为团购市场"新势力",携程、驴妈妈、去哪儿等一批知名旅游网站都纷纷"下海",成立了团购频道(图 12-3)。

**图 12-3　携程等一批知名旅游网站都纷纷"下海",
开展旅游酒店团购业务**

无疑,酒店团购以其独有的方式逐渐成为酒店新的分销渠道,通过加入酒店团购网站,开展团购业务,可以合理地平衡淡旺季的消费市场,减少酒店设施的空置率,从而成为酒店收益管理的新模式。

12.4.4　"今夜酒店特价"

"今夜酒店特价"(Last Minute)是指酒店在每天晚上某个时间段(通常为晚上 6 点)以后,将其尚未售出的酒店客房以低价在互联网专业平台上出售(图 12-4)。具体操作模式是:每天晚上 6 点,酒店会检查自己的空房数量,如果空房数量太多,估计肯定卖不光,就放一些到"今夜酒店特价"平台上,以平时 2~7 折的价格售卖。比如一家四星级酒店,平时房价 599 元,今天晚上发现空房太多,就以 250 元的价格提供 10 间房给"今夜酒店特价","今夜酒店特价"加 19 元利润,以 269 元出售。用户打开 iPhone 或者 Android 手机,打开"今夜酒店特价"APP,就能用 269 元订到四星级的房间,省了 330 元。酒店清空了自己本来会要浪费掉的库存,多赚了 200 元(假设洗床单被套换牙刷牙膏的成本高达 50 元)。而"今夜酒店特价"也得到了 19 元利润,三赢合作(图 12-5)。

图 12-4　酒店在每天晚上某个时间段 (通常为晚上 6 点)以后,将其尚未售出的 酒店客房以低价在互联网专业平台上出售

"一家四星级酒店,房价599元。今晚发现空房太多,就以250元的价格提供10间房给今夜酒店特价,让他们以269元来卖。用户省了330元,酒店得到了250元,而今夜酒店特价也赚到了19元,三赢。"
　　　　　　　　　　　　——《商界评论》

图 12-5　"今夜酒店特价"

整个销售过程中,"今夜酒店特价"一方面通过超低折扣价格吸引注重性价比的顾客,销售掉过剩的库存;另一方面,则用渠道(只能通过智能手机 APP 预订)、时间(只能在晚上 6 点以后预订)和商品(大部分酒店只能预定一晚)来增加限制,降低自身对于"不差钱"的顾客的吸引力,保护酒店的正常销售不受影响。通过这样"卖点"和"门槛"的组合,"今夜酒店特价"很本分地将自己定位在辅助性的尾货销售渠道上,从而帮助酒店实现收益管理。

"Last Minute"的风行不无道理。要知道,酒店业的平均出租率为 65%,这意味着每 3 间客房就有 1 间空置。如果不算出租率高的经济型酒店,星级酒店的出租率更低,平均每 2 间房就会空置1间。对酒店而言,空置的房间就像是服装店积压的库存,空耗成本却没有收益。更糟的是,酒店的库存是房间的使用时间,今天卖不掉就意味着作废。另一方面,酒店运营的固定成本高,边际成本很低——多服务一个客人,并不需要多付地租、多做装修、多请服务生,从这个角度看,只要售价高于酒店的成本,就能增加酒店的总利润,对其而言就是划算的生意。"今夜酒店特价"便瞅准了这个市场空隙。对于酒店而言,它们只需要在当天空房很多时将这部分剩余库存通过这个APP渠道低价销售,而并不会损害其他正常时间和渠道的售房利润。

12.5 酒店收益管理的应用现状与前景展望

12.5.1 国外酒店的收益管理现状

在酒店业,由于收益管理系统对公司决策和创利的巨大影响,世界许多著名酒店集团,特别是欧美的主要酒店集团管理层对收益管理高度重视,先后建立了专门的收益管理部门,并配置了能进行大量数据分析和实时优化处理的计算机系统。这些系统和酒店的前台系统、预售系统以及数据库相连,对酒店管理提供了多功能、快速的决策辅助,使得酒店从被动式的管理变为主动式控制,从而在市场竞争中获得先机。

在万豪成功实施收益管理,显著提高经营管理水平和市场地位之后,欧美的其他大型酒店集团,如希尔顿、雅高、喜达屋、凯悦等都纷纷学习和使用了收益管理的策略,很多单体独立酒店也引入了收益管理。在欧美的酒店业,收益管理得到比较好的普及。

当今,欧美发达国家的酒店和酒店管理公司基本上都采用了收益管理的技术,收益管理工作已经融入酒店营运的每天的工作,如同清洁卫生工作一样,成为一项基础的、重要的日常工作。规模较大、档次较高(如奢华酒店)、市场竞争比较激烈、营业收入较高、比较重要的酒店,通常每家配备一位专职的收益管理经理或总监。而规模较小、档次较低(如经济型)、市场竞争没那么激烈的酒店,为了节省成本费用,通常不设专职的收益管理人员,而是一个收益管理人员负责一个地区几家酒店的收益管理工作,实行区域化的收益管理(Cluster Revenue Management)。

由于收益管理能有效帮助酒店增加收入和利润,并扩大市场占有率,收益管理已经成为国际酒店在激烈的竞争中取胜的法宝和秘密武器。很多国际集团已经要求总经理、总监、部门经理等必须通过收益管理的培训,并获得证书才能上岗或提升职位。毕竟企业的生产、经营和销售的所有活动的最终目的是要实现收入、利润和市场占有率的最大化,各部门、各级管理人员必须围绕这个目标开展工作,只有很好地理解、参与和支持,才能充分发挥收益管理的各项措施的作用。

12.5.2　中国酒店业的收益管理现状与应用前景

收益管理系统在我国酒店的应用可谓凤毛麟角(主要集中在国外酒店集团管理的酒店),然而开发应用的主要条件已基本成熟。随着计算机的日益普及,国内许多四星级、五星级宾馆酒店或酒店集团,已先后建立并逐渐完善了各自的信息管理系统,而收益管理系统正是以信息管理系统为基础的。

由于收益管理系统需要大量的投入(主要是购买和开发收益管理系统),因此,酒店业收益管理不可一哄而上,应从酒店集团以及四星、五星等高星级、大规模酒店开始,以后逐步推广到中小型酒店。但这并不意味着中小型以及中低档酒店与收益管理无缘。对于单体中小型及中低档酒店而言,虽然采用计算机收益管理系统的条件还不成熟,但利用收益管理理念,通过人工的方法进行酒店收益管理还是可行的,也是必要的,这取决于酒店前厅及销售管理人员的经验和素质。

中国收益管理人才短缺的局面将持续多年。酒店也正努力培养自己的收益管理人才,更多相关培训和人才培养计划已经由酒店总部或各区域酒店的总经理牵头展开。

> 酒店收益管理主要指努力使酒店客房产品在最佳的时刻,以最好的价格,通过最优渠道,出售给最合适的顾客,从而取得最佳的经济效益的一系列管理方法。国际酒店集团以及很多现代化大型酒店都非常重视酒店收益管理工作,将其视为酒店管理的重要内容之一。

> "收益管理法"在房务管理中,主要是做好存房管理和订房管理。存房管理,指前台管理人员为各个细分市场的顾客合理安排一定数量的客房;订房管理,指预订部的管理人员根据不同时期客房需求量,确定不同的房价。

> 从发展的现状和趋势而言,收益管理已经从一种管理思想转化为一种先进的计算机管理系统,好的酒店计算机管理系统有收益管理的内容。通过实施收益管理,可以使酒店客房资源得到最有效的利用。

> 收益管理也会带来管理问题。比如会给一些客人造成混乱的印象,继而引起他们的不满,因为针对同一服务,客人却得出不同的价钱——仅仅因为预订时间的不同。顾客对机票价格的变化可能已习以为常,但酒店价格如此变化可能引起他们的不满。针对这一情况,酒店应该对员工进行认真的培训,以确保收益管理系统能够在不冒犯客人的前提下得到有效的实施。

思考题

1.什么是收益管理?

2.如何进行收益管理?

【案例分析】

为了提高客房总收入,某酒店在实施收益管理方面进行了以下实践:

1.关键时间

每晚8:00~10:30是售房最紧张、最关键的时间段,过了这个时段房间就不容易卖出去了。因此,前厅总监甚至总经理要经常亲自站到前台,督导员工卖房,及时对客房销售中出现的情况进行决策,尽可能把每一间房都卖出去。

2.批零倒挂

团队相当于批发,散客相当于零售,通常的价格是团队低于散客的,团队规模越大,价格越低,有时甚至低得非常之多。这种做法也对,也不全对。酒店的平均房价做不上去跟这个思路关系很大。为什么不尝试反其道而行之? 即在团队价格体系中把大团队的价格提高,把中、小团队的价格降低。形成这样一个逐级上升的价格:免费房、长包房、超级VIP、小型团队、中型团队、大型团队、VIP、协议单位散客、散客。酒店里同时有几个中、小型团队(旅游或会议)比只有一个大型团队收入要高得多。此做法曾被许多同行争议,但我们认为是有效的。

3.动态房价

航空公司机票价格折扣是离起飞时间越近,折扣点越低。受此启发,我们也可以把房价从刚性变成柔性。当天入住率达到85%以上后,房价可略微上升,到95%时,坚决不打折。这样促使散客尽可能早地预订房间,甚至请朋友提前来拿房间。

4.适时提价

当年入住率基本保持在90%左右时,就可以考虑提价了。提多少合适? 视酒店市场而定。重庆酒店的房价较低,四星级酒店320元左右,五星级400元左右。很多酒店的做法是只提10~20元,不痛不痒的。我们认为这还不如不提,要提价就要提20%以上。但首先要考虑价值相符,价格可以提,但要让客人觉得价值提升得更多。虽然提了价,但和享受到的服务相比更合算。

以上做法是否适当? 请逐一分析点评。

【补充与提高】

寻找酒店业的 AlphaGo

这几天人机围棋大战引发坊间热议,谷歌的 AlphaGo 连续击败世界顶尖职业围棋高手李世石。由于围棋的复杂性,几年前在职业棋手间的共识是短期内电脑无法战胜职业棋手。

谷歌 AlphaGo 算法包括两部分:一部分是谷歌将历史上所有的棋局数据都拿来给机器做训练,这是一个基于深度神经网络的增强学习的算法;另一部分是利用蒙特卡洛随机算法,让计算机之间对战,机器能不断提升自身的水平。

神经网络算法是一个具有学习能力的系统,可以发展知识,以致超过设计者原有的知识水平。通常,它的学习训练方式可分为两种,一种是有监督或称有导师的学习,这时利用给定的样本标准进行分类或模仿;另一种是无监督学习或称无导师学习,这时,只规定学习方式或某些规则,具体的学习内容随系统所处环境(即输入信号情况)而异,系统可以自动发现环境特征和规律性,具有更近似人脑的功能。

神经网络还有泛化能力。泛化能力指对没有训练过的样本,有很好的预测能力和控制能力。特别当存在一些有噪声的样本,网络具备很好的预测能力。

酒店收益管理程序的原理和 AlphaGo 相同,对酒店历史数据进行分析,在分析的基础上给出预测。并根据当前的市场环境和外部数据调整预测,给出最佳的市场细分组合、最佳的动态价格的建议,实现酒店收益最大化。很多收益管理软件还有人机结合功能,在必要的时候,人工干预机器预测,提高预测精准率。同时,计算机也在人工干预下不断学习、优化自己的功能。

另一个数学计算制胜的经典案例发生在二战时期,美军发动"王八计划"在诺曼底强行登陆,作战部队在加莱滩头遭到德军炮弹如同外科手术般的精准狙击。加之希特勒宣称研制出了导弹,美军统帅部陷入了深深的忧虑,害怕德军真的掌握了导弹技术,部队将面临重大伤亡,甚至导致诺曼底登陆夭折。科学在这个关键时刻发挥了关键作用。几个数学家研究了德军弹着点并结合泊松分布(描述单位时间内随机事件发生的次数)分析出德军根本没有导弹技术,之前的命中只是运气好。美军司令据此下达登陆命令,成功登陆。数学知识缩短了战争进程,避免了至少几百万军人和平民的无谓牺牲。

酒店是个传统行业,但我们的思想要与时俱进。在推行收益管理软件的过程中,往往会遇到以下阻力:

1. 计算机不如人脑,人比计算机更了解市场人做出的决定往往主观性较强,说好听点是基于经验,说白了就是猜。同样是预测,计算机首先是将历史数据分门归类进行分析,然后用回归、神经网络、蚁群算法、遗传算法、免疫算法等方法,给出最合理的预测、组合和价格建议。围棋棋盘有 361 个交叉点,其变化是天文数字,历史上有千古无同局的说法。AlphaGo 在面对李世石时从容应对,在耗时很少的情况下,轻松击败李世石。

2.收益管理在市场低谷期没有用武之地

人在市场需求处在低谷时,往往武断地凭感觉给出一个促销价,这个价格是否合理无人知晓,也无从验证。计算机无论在旺季和淡季,都不断根据获取的内外部数据进行运算,找出价格和销量的内在联系,给出最佳的价格建议。在淡季打折时,计算机计算的是酒店收益最大化,而不是客房率最大化,确保利润不被稀释,不过度打折。同时,计算机还兼顾和竞争酒店的价格均衡。

3.上传数据不安全,酒店数据不能外泄

马云说,在真正的大数据时代,人类将有 3 笔财富:第一,钱包里有多少钱;第二,有多少信用;第三,拥有多少数据,数据跟别人交换的频率有多大。不分享数据,你永远无法了解整个市场的全貌,永远无法知道自己的优势是什么、劣势是什么、市场上还有哪些机会。把数据交给比我们专业、聪明的人去分析,拿到数据加工后的结果,我们会变得更聪明。

(胡质键)

酒店经理人对"经理的困惑"的答复

Re:所有类型的酒店都应该实施"收益管理"吗?

刘羿(Amy Liu)　酒店集团收益管理系统创始人　济南毕诺克电子科技有限公司经理

这个问题的答案是肯定的。借此机会澄清几个有关收益管理的误区:

收益管理是属于管理范畴的一套系统知识。是近年来随着市场竞争的加剧演变而来的经营管理方法。它不仅适用于各类型酒店,更适用于各种市场供需环境下。回答一下问题中提到的几种情况:

1.开房率高、效益好的酒店有必要实施吗?

答:收益管理的知识告诉我们,仅满足于酒店自身经营数据是不够的,要把自身数据与竞争酒店数据放在一起分析,才能得出酒店所占市场份额的多少,才更有说服力。

2.淡旺季不明显的城市商务酒店需要实施收益管理吗?

答:这个问题的重点在于价格。利用价格调动实现淡旺季的收益增长是收益管理知识体系中的一种手段,而不代表全部。收益管理是脉搏,实时反映着经营状况的健康与否,通过定期诊断和分析,制订保健或治疗措施的方法多种多样,不能仅靠调价这一种方法。

3.效益不好的酒店有必要实施收益管理吗?

答:如何分析酒店效益不好的原因?其根本还是通过收益管理的思路去分析、去找原因。收益管理涉及数据分析,所以,有条件的酒店可以购买相关工具。但是,在没有工具的现实情况下,更要把重点放在找原因、找方法、尝试新思路等综合收益管理的应用上。

面对面观看酒店集团收益管理系统创始人刘奕经理谈:所有类型的酒店都应该实施"收益管理"吗?

方式一　请登录:刘伟酒店网—院校服务—视频—所有类型的酒店都应该实施"收益管理"吗?

方式二　扫描二维码

二维码　面对面观看酒店集团收益管理系统创始人刘奕经理谈:
所有类型的酒店都应该实施"收益管理"吗?

第13章
酒店前厅经营管理的发展趋势

（图为广州美豪丽致珠江新城酒店开业时，工作人员
向客人展示自助登记机的使用方法）

　　以"时尚、复古"为特色的美豪酒店集团开始采用顾客自助登记入住服务，酒店客人不用在总台等候办理入住手续，只需在大堂一侧使用自己的身份证和银行卡就可自助办理入住，既保护了客人隐私，又加快了客人办理入住登记的速度，减轻了总台员工的工作负担，随着"00后""90后"客人越来越占主导地位，以及住客的年轻化，这一自助模式将得到越来越多年轻人的欢迎。

　　随着社会的发展和科学技术的进步，21世纪酒店前厅部服务和管理模式将发生一些重大的变化，及时准确地预测和把握这些变化趋势，对于指导并搞好酒店前厅部的经营管理工作具有重要意义。

通过本章学习，读者应该：
- 把握21世纪前厅部服务的发展趋势。
- 了解21世纪前厅部经营管理的发展趋势。

关键词：前厅服务；经营管理；发展趋势
Keywords：Front Office Servivices；Front Office Management；Development Trends

经理的困惑
——酒店要不要与网络订房公司合作？

　　进入 21 世纪，网络订房似乎已经成为一种发展趋势，除了携程、e 龙等知名公司以外，社会上还有上百家网络订房公司为社会公众提供订房服务，这一方面为酒店提供了一种预订渠道，增加了酒店的客源，但另一方面，这些公司又开出了非常苛刻的条件，有的甚至提出要 2~3 折的房价，极大地压低了酒店的利润空间，而有些订了房又不来，无疑增加了管理的难度，但如果不接受这些网络中介订房，则酒店又少了一个预订渠道，影响了开房率，面对这种情况，酒店到底应该如何选择？

13.1　21 世纪前厅服务的发展趋势

13.1.1　一职多能，人尽其才

　　一职多能既可以精简机构，也可以培养人才。就前厅部而言，根据客人的活动规律，上午是客人退房较为集中的时段，收银员的工作较为繁忙，接待员则没有多少事干，而下午入住客人较多，办理住宿登记的前台接待人员较为繁忙，而办理结账退房手续的收银员则较为清闲。考虑到这一特点，大部分酒店的前台都会将接待与收银的工作合并，前台每一位职员都可为客人提供登记、问讯和结账服务。此外，总机接线员也将承担起多项职能。按下酒店房间电话机上客房服务中心的功能键，你会发现接听电话的是总机话务员，她会将接收到的信息及时传递给相关部门跟办。

　　对员工进行一职多能的培训，可让他们掌握更全面的业务技能，成为出色的服务从业员，为客人提供全方位的服务，能拥有这样的员工队伍，不仅为酒店节约了人力成本，更可提高酒店的整体服务水平。

13.1.2　"一站式"服务

　　前厅部任何一位员工都必须为有需要的客人提供服务及帮助，不会由于部门的不同而怠慢客人，客人只需要将其问题向一位员工提出就可得到解决，不会遇到将同一个问题向不同的员工复述或被推过来推过去的现象。

13.1.3 "一条龙"服务

越来越多的酒店将为客人提供一条龙服务:酒店代表在机场接到客人后会致电有关部门,接待组就会准备客人的入住资料、钥匙等,司机在快到达酒店时会再致电礼宾部,金钥匙或行李员会在门口迎候客人,客人一下车会称呼其姓名并带客人往接待处登记,取钥匙上房,整个过程一气呵成。为客人提供一条龙服务,要求部门和岗位之间有良好的沟通和衔接(图 13-1)。

图 13-1 苏州石湖金陵花园酒店:前厅员工去机场接客人,客人进入酒店之前,客房部员工已经准备好茶水和手巾在楼层迎候客人

13.1.4 **商务中心"异化"**

由于信息技术的飞速发展,越来越多的客人拥有自己的手机和电脑,也可以通过互联网直接订票,发送、接收电子邮件,对酒店商务中心的依赖程度将大大减少,酒店商务中心的职能将弱化,直至消失或使其职能发生转换。

随着时代的进步,移动通信已经普及,那么传统的商务中心将何去何从呢? 是否仍是像过去那样只提供单一目的的服务,就如客房电话那样,对酒店营业收入的贡献越来越小。对此,有的意见是将商务中心逐出大堂,放到地下室的角落,有的建议将之改作酒吧。但多数经营者认为商务中心仍要保留,但需跟上当今商务需求和社会发展的趋势。

喜达屋(Starwood)旗下的喜来登品牌酒店大堂的技术酒廊(Technology Lounge)首次亮相,这是互联网酒吧与商务中心的融合。酒廊既提供免费的无线宽带、电脑工作台、电视、报纸,也有餐饮服务。此外,万豪集团与联邦快递开张的数家酒店里仍向客人提供复印、打印、电脑出租和互联网接口等服务。所以宣布商务中心已走向"死亡"的说法还为时过早,但酒店经营者要用超前的眼光和思维去改造商务中心,让它不负众望,满足当今社会的需求。下面介绍国外酒店商务中心创新发展的一些动态。

万怡(Courtyard)酒店是万豪集团下的一个品牌。它把商务中心放在大堂,并在技术和特色上予以强化,坚决反对把商务中心迁到地下室去,认为这是个"馊主意"。万怡酒店将现在这种设在显眼公共部位的商务中心更名为"商务图书馆"(Business Library),向客人传递多样化的信息。客人需要酒店为他们提供便捷的技术支持,所有万怡酒店都提供 2 个设在大堂的电脑终端操作台,另有单独站立操作台专为客人打印航空公司的登机牌。在这里也能点一份三明治,喝喝啤酒。我们注意到,这是一个很重要的变化,它说明便携的小型手提电脑改变了人们的工作方式和生活方式,工作、社交与休闲的界限变得模糊,三者已经融混在一起,边工作、边社交、边休闲成为一种流行的现象。目前万怡品牌下已开张了 4 家"商务图书馆",效果都很好。客人们在这种全新概念的商务中心里会呆很长时间,而且会消费更多的食品和饮料,到夜间,尤为热闹。其中有一家的餐饮收入猛增 50%,这完全归功于"图书馆"在布局中的好位置。法国的万怡新概念"图书馆"亦已被客人接受,而在亚洲,根据亚洲人的习性,"图书馆"内还用立面玻璃作了一些小的分隔,为不同客人提供略为隐私一点的环境。

希尔顿集团在其传统的 192 家"大使套房"品牌下的酒店的传统商务中心也配备了最先进的技术设施,并更名为"商务联网中心"。新的设施传承商务中心的概念,新的布局设置了 2 个互联网高速接口的工作站、安全软件、复印、激光打印及其他办公设备。其中,安全打印技术能确保客人从客房里就能用他们自己的电脑或无线电子邮件设备直接打印保密文件,客人凭密码到商务中心提取文件。

比利时布鲁塞尔的雷兹多酒店集团也在酒店公共区域设立常规的商务中心。各酒店有大量的会务活动,酒店在会议区域提供相对应的广泛服务和附加服务,如私人助理和翻译服务等。集团总裁克特·里得说:现在的商务客人随身携带的设备大多很先进,因而他们不再需要酒店提供那些常用的基本附件,他们更多提出的是特殊的技术要求,因而雷兹多旗下的大部分酒店配设了"信息技术金钥匙"(IT concierge)这一特别的专职岗位。

而美国芝加哥的埃利西亚酒店和加州贝佛利山蒙太奇酒店则对商务酒店采取了革命性的措施。埃利西亚酒店已取消了正式的商务中心,把重点转向客房内的技术工具。他们认为客人携带的电子设备的水平在提高,专门的商务中心已没存在的必要。如果客人需要租借电脑和打印机,酒店直接送到客房,并免费教会客人如何使用。虽有以上这些先进的设施,但仍观察到有些客人还是需要酒店提供传统的复印、打印、发送传真的服务,这可称之为"服务驱动型酒店",埃利西亚酒店这些服务全部免费。

13.1.5　总台接待将发生一些重大变化

1)入住登记模式多元化

很多连锁酒店集团则采用了 DIY(Do It Yourself)的自助入住登记模式。它与现在电子机票在机场值机柜前自助提取登机牌是同样的。当客人到达酒店时,不需要去前台办理入住手续,而是到类似机场值机柜的一个信息处理终端机上去输入个人信息(主要是身份证和信用卡),可直接选择客房及所需要的服务,然后取出房卡,就可乘电梯直接去自己选定的客房下榻。这种 DIY 模式在美国特别多见,比在欧洲酒店中应用得普遍。DIY 入住方式的出现,是 IT 技术进步的必然趋势,是电子技术在酒店业应用趋于成熟的不可阻挡的潮流。在美国超过 100 多个凯悦酒店推出了酒店客人在入住时只需要在服务站上进行登记,并且通过无现金交易的触摸屏幕的菜单来选择客房服务类别。国内不少酒店和酒店集团也开始尝试这种登记模式。

除了采用这种在酒店大堂自助登记的模式以外,还有些酒店能够在酒店外或酒店客房内完成入住登记手续。

在北美,一些酒店集团开始在机场取行李的地方为客人办理入住手续。很多客人非常喜欢这种方式,反正等行李的 20 分钟也没事干,客人可以 Check-in 这些酒店,可以选择住哪个楼层,选择什么样的床,所有的相关事务都可以在这里处理完成,客人到酒店后只要提着箱子直接入住就行了。在美国迈阿密的一家酒店,客人的住宿登记工作在由机场开往酒店的专车上就可以完成了。

尊重隐私是迪拜七星级"帆船"酒店的制胜法宝,朱美拉广州大酒店也不例外,宾客开车过来后可以直接将车停放在地下停车场,然后乘坐专用电梯直接到房间,再由前台服务人员直接到房间里为客人办理入住手续。还有一些酒店,正在研究可以在家里 Check-in 所预订酒店的方式。

2)结账退房在客人用早餐时完成

假日酒店推出了早餐同时办理退房结账手续的服务项目,这样客人可以在餐厅里吃完早餐就马上离店,既提供了方便,又大大节省了客人的时间。

13.1.6 酒店门口设置出租车需求指示灯

更多的酒店将在其门口设置出租车需求指示灯,既方便了员工,也提升了酒店的档次。一般恶劣天气下,酒店门童或行李员跑到酒店外为客人叫出租车是常见的事。出租车指示灯的设置,为客人节省了时间,路面上来来往往的出租车司机看见酒店需要出租车,会很主动地把车开进来。酒店将根据实际情况,专门设置出租车等候站台,客人有秩序地在门口排队,门童只要按下泊车台内的按钮,大门外的出租车需求指示灯就会亮起,出租车看到就会开来,从而减少了门口叫车的麻烦。

13.2 21 世纪前厅部经营管理的发展趋势

进入 21 世纪,酒店前厅部的经营管理将发生下述变化。

13.2.1 "收益管理"普及化

收益管理能够使酒店的客房等资料得到最有效的利用,使酒店管理从经验管理上升为科学管理,从而较大程度地提高酒店的经济效益。因此,越来越多的酒店及酒店集团将日益重视并实施收益管理。正如 Marriott 国际酒店集团董事长兼 CEO Willard Marriott, Jr. 所言,"收益管理不仅为我们增加了数百万美元的收入,同时也教育我们如何更为有效地管理,(酒店)最高层必须对酒店施行收益管理,CEO 则需要 100% 地支持这项工作。"

从发展的现状和趋势而言,收益管理已经从一种管理思想转化为一种先进的计算机管理系统,好的酒店计算机管理系统都会有收益管理的内容。

13.2.2　定价策略灵活化,"今夜酒店特价"将成为新的发展趋势

与收益管理理念相适应,酒店的定价策略将更加灵活。前台接待人员将得到更大的授权,根据客人及酒店的实际情况,灵活定价。越来越多的酒店将没有固定的房价,而是根据当天的开房率来定价,以创造最大的利润(但也有些酒店为了维持其档次及其在消费者中的信誉,会保持其相对固定的价格水平,不会轻易降低价格或提高价格)。

与灵活化的价格策略相适应,"今夜酒店特价"将成为一种新的发展趋势。晚上 6 点还空闲着的酒店客房、9 点后的餐馆座位,这些是被业内人称之为"易腐"的产品。经常入住酒店的人都知道,预订的酒店通常会被保留到晚上 6 点,而 6 点之后仍未入住,则被视为预订失效。这也就意味着,酒店在这个时间段后将产生一定量的剩余"库存"。"今夜酒店特价"正是为这些"尾房"搭建一个销售平台。每晚 6 点,酒店会检查自己的空房数量,同时减去 6 点后到店的需求量,然后就可以将剩余的"库存"放在"今夜酒店特价"平台上,以平时 2~7 折的价格进行售卖。

13.2.3　酒店预订网络化

进入 21 世纪,酒店为了提高客房利用率和市场占有率,将利用包括价格在内的各种手段鼓励客人提前预订客房,客人将根据其提前预订期的长短,在房价上得到不同程度的优惠(提前期越长,优惠程度越大),而且,信息技术的发展也极大地方便了客人的预订,绝大部分客人在来酒店前将通过电话和互联网预订客房,没有预订而住店的"散客"(Walk-in Guest)将越来越少。其中网上客房预订将成为一种新的发展趋势。

目前有这样一种趋势,即低价、批发性质的客房预订正在主导网上销售。对于饭店来说,为了抵消这种趋势的不利影响,最主要的解决方法就是认真管理批发商列表。尽可能地向客人提供各种能够支持和区分不同产品和品牌的信息。通过这些方法,客人能够根据他们不同的喜好和要求区分各种不同的服务,而不再只是根据价格来决定,饭店必须重新考虑他们只为了增加入住率的简单想法,当饭店只是一个劲地涌向在线批发商以填满客房时,他们或许正在减少饭店的长期收益率,侵蚀自己的品牌价值。

保持对客房销售渠道的控制是一个复杂的挑战。现在有太多的第三方中介网站提供客房销售,从实际操作的角度来看,饭店业者常常不得不通过第三方,使用一些折扣销售来减少未预订客房的库存量,关键的问题是饭店业者必须战略性地管理这些销售渠道。

13.2.4　前厅服务"快捷化"

在一个各种信息变化更新更快的时代,客人希望有更多的私人时间和私人空间。入住和离店的快捷服务,将成为大部分客人的期盼,这也对前厅员工的服务技能提出了更高的要求。"三分钟开房"入住和"五分钟结账"离店将会在各酒店中逐渐形成工作规程,"快捷服

务"将成为前厅对客服务追求的目标（图13-2）。

假日酒店推出了早餐同时办理退房结账手续的服务项目，结账退房在客人用早餐时完成。这样客人可以在餐厅吃完早餐就马上离店，既提供了方便，又大大节省了客人的时间。

13.2.5　客房分配"自主化"

图13-2　在碧桂园翡翠湾凤凰酒店，只要是会员客人就可享受快速退房服务

客人可以在预订时或 Check-in 时，通过安放在总服务台的电脑终端显示器，查看各楼层的电脑平面图和客房使用情况来进行选择，根据自己的喜好自主"点房"，就像现在选择飞机座位或在电影院买票看电影一样简单。

13.2.6　大堂环境温馨化

越来越多的酒店将在大堂等公共场所以及楼层客房通过摆放鲜花等手段，努力营造温馨、芳香的环境氛围。不同的酒店将有自己特有的香味，像威斯汀的白茶花香，香格里拉的"芬芳香格里拉"芳香，令人心旷神怡。正如香格里拉集团一位运营总裁所说："我们希望客人在步入酒店的那一刻起，就能感受到香格里拉的温馨和舒适。为了实现这一目标，我们不会忽略任何一个细节。'芬芳香格里拉'为客人带来了更加愉悦的感官享受，令他们在香格里拉的体验更加难忘。"酒店的香味不宜过浓（特别是人造香精的使用），应达到若有似无的效果，能让顾客注意到，闻起来很棒或者很清新就好。威斯汀酒店为了避免香味引起过敏反应，刻意不用花香或柑橘香，而采用淡雅的白茶花香。总之，调动感官的体验可以更好地塑造品牌，对品牌来说，消费者的记忆就是最宝贵的财富。

13.2.7　个性服务"规范化"

在以人为本社会，人性化、个性化服务是各行各业的普遍理念。酒店开展个性化、人性化服务通常是针对性地提供各种"物有所值"或"物超所值"的服务功能。这些"个性化服务"的实践，大多数酒店都是以"案例"形式加以归纳、汇集和总结，作为员工特别是新入职员工为客人提供"个性化"服务的参考和借鉴。

将个性服务的案例变为系统性的"个性服务工作手册"，也就完成了"个性服务"向"共性规范"的转变过程，这一系统工程的产生和完成，将对酒店的个性化服务普及和实施提供可持续运作的范本。

本章小结

➢ 21 世纪,前厅服务的发展趋势是:一职多能,人尽其才;代客人填写住宿登记表;为客人提供"一步到位服务"和"一条龙服务";总台接待方式也将发生一些革命性的变化,越来越多的酒店将从站式接待改为坐式接待,入住手续的办理也将从店内转向店外。

➢ 前厅经营管理的发展趋势是:机构精简;灵活定价;预订的网络化;实施收益管理。

思考题

1.什么是"一步到位"服务?

2.21 世纪酒店前厅部服务和管理的发展趋势有哪些?

【案例分析】

杭州黄龙饭店:全球第一家智慧饭店①

　　杭州黄龙饭店是一家有着 20 余年历史的酒店,杭州旅游集团耗资 10 亿元对其进行升级改造。改造后的黄龙饭店成为全球第一家智慧酒店,更重要的是在其改造实践中走出一条从智能系统到智慧酒店的创新之路,实现了内部管理、对客交互和顾客体验 3 个层面的智能化系统升级,成为名副其实的"聪明"酒店。

----

①　摘编自:郑世卿,杭州黄龙:中国最智慧的饭店,《饭店世界》,2011.3

何为智慧酒店？智慧酒店至少要在以下3个层面实现高度智能化。

1.顾客体验智能化

酒店首先是为顾客提供服务的载体，因此顾客体验的智能化是智慧酒店的第一要义。伴随信息科技的日新月异，顾客对酒店体验的智能化有着越来越高的要求。在十年前，客房的网线配备还不曾普及。而今再看，无线网络基本上成为高星级酒店的必备。顾客，尤其是高星级酒店的客人，对现代科技有着高出常人的接受能力和热爱程度。酒店设备如果不能与时俱进，顾客只能压抑自己的需求。一旦酒店能够提供这种需求，顾客对其消费的热情将得以充分释放。更有甚者，顾客体验具有消费的"棘轮效应"，简单地说就是"由俭入奢易，由奢入俭难"。一旦体验到最新的科技，次新的体验将不再具有吸引力。

黄龙饭店给顾客多重智能体验，第一次住店往往令客人耳目一新，再次住店则得心应手，对其智能体验欲罢不能。这就是黄龙饭店的核心竞争力：我所提供的体验是最高端的，是唯一的！

（1）客房智慧导航系统。所有入住黄龙饭店的客人都可以拿到一张独一无二的房卡，进电梯只需刷卡即到达所住楼层，出电梯后系统会自动感应客人的房卡信息，走廊内三道指示牌指引直至自己的房间。这轻松解决了客人在酒店里找不到房间的困境。

（2）VIP快速通道。VIP客人开车入车库的同时完成登记入住和房卡制作，非常便于保护高端客人的隐私。

（3）全世界第一套电视门禁系统。大多酒店门禁就是猫眼，黄龙饭店则有巨大改进。门铃一响，不必看猫眼，门外的图像会主动跳到电视屏幕上，方便客人判断以什么形象去开门。

（4）客房智能手机。每间客房配备一台智能手机，号码就是客房电话，可实现全球漫游、免费拨打、免费接听。这极大地方便了出差在外的客人，尤其是国外客人。

（5）互动服务电视系统。黄龙饭店将电视的功能用到极致，内设八国语言系统会自动选择以母语欢迎客人入住，自动弹出客人上次入住时常看的频道；能显示客人祖国气候及杭州气候；显示机场航班动态方便客人合理安排时间，甚至可以在酒店商务中心打印登机牌；为客人提供点餐服务；为客人提供杭州各类信息等等。

（6）苹果IPAD点菜系统。黄龙饭店是全球酒店业第一家采用IPAD用作点菜的酒店，并且自己研发出一套点菜系统I-MENU，所有菜品均可清晰显示，除了形象的画面，各种食物的成分也清楚标示，方便搭配。

诸多创新体验令客人目不暇接，流连忘返。新奇的体验、舒适的住宿，黄龙饭店用全方位的智能系统"俘虏"了一批又一批客人的芳心。系统化的智能体验客房完全超越数字客房的狭隘范畴，实现顾客体验的全面覆盖，为酒店在高端客源市场开辟出前景光明的蓝海之路。

2.对客交互智能化

现代酒店服务涉及的信息稍纵即逝，服务环节增多更会导致信息传递过程中的损失，进而直接导致服务失败。因此对客交互的智能化是提升服务品质的关键，但是很少有成功的案例。黄龙饭店则很好地破解了这一难题，利用智能系统实现对客交互的智能化，极大地提升服务品质。下面以酒店常见服务作为切入点阐述对客交互的智能化。

（1）客人识别。服务员见到客人要问好，但是存在的问题是酒店客房规模大，再好的服务员也难以记清楚每位客人的姓名，叫错了姓名更是尴尬。如果对客人不加区别地问好，客人也会因为不被尊重而心生反感。在黄龙饭店这种情况不会发生，因为每位客人都有一张独一无二的房卡,当客人走进黄龙饭店,这张房卡就会被感应,服务员就能收到相关信息,上前问好并提供服务。

(2)对客服务。客人住店期间有服务需求,这种信息在很多饭店往往经过多次传递而无法及时完成,甚至因此而招来投诉。在黄龙饭店这种情况不会发生,因为每个当班员工都配备一台 HTC 手机。客人将服务需求信息告知服务中心,服务中心立即将服务信息发给当班员工。如果员工有时间有能力完成则确认,有事难以抽身则可以转给其他员工。服务完成后员工会向服务中心确认完成,而服务中心则会征询客人意见。这样的一个服务过程不存在信息损耗,可以说实现了顾客——信息中心——职能部门之间的完美对接。

(3)点菜系统。客人用 IPAD 点菜,服务员则用 I-TOUCH 确认。客人的需求通过信息系统直接传到厨房间,厨师与服务员实现无缝对接。

(4)会议系统。会议自动签到系统无须与会的宾客一一签到就能统计已到和未到的人数,还能分析各类数据,并能将参会人员的具体信息汇总成报表,让每次会议的结果均可见可查。例如智能会议管理系统会自动统计客人在不同的展区停留的时间、每个展区参观的人次等,展会主办方就能轻松地分析出哪些产品更加有市场吸引力。

如此种种,基于智能系统的对客交互实现了服务的高效率,实现了传统人力所不能达到的新型服务,这也是黄龙酒店核心竞争力的重要方面。

3.内部管理智能化

管理智能化是提升管理绩效的有效手段,也是智慧酒店的重要方面。目前大多数酒店采用的智能化系统主要针对物流和资金流,用于成本控制,对于员工服务的考核管理仍主要靠逐级负责人考核的办法,其中人的主观因素占了很大比重。酒店经营得好则所有人都忙于接待服务,管理力度就下来了,长此以往就形成了"经营和管理不能兼得"的悖论。而服务是服务员对客人的不可储存的劳动,很难精准计件计量,忙起来就是一笔糊涂账。在黄龙饭店不会发生这种情况,员工的付出有着精确的统计,因此能真正有效地激励员工。

(1)员工管理。当班员工的制服内有专业专用标签,各个分区都有读写器,显示员工定位。员工通过随身携带的 HTC 手机接收任务并汇报完成情况,所有的服务都会在中央系统留下"痕迹",便于统计员工的工作量。

(2)资产管理。在贵重物品上粘贴专用标签,当资产非法移动,系统自动报警,这直接解决了酒店贵重物品的资产管理难题。

(3)流程管理。无论是客房服务还是餐饮服务,整个流程都是无纸化办公,所有的流程都经过中央系统,流程控制一目了然,信息通畅,管理高效。

正是由于采用智能化管理,酒店员工考核成为激励的有效工具,有凭有据的奖惩让员工心服,激励员工以更大的热情投入工作。

【补充与提高】

收益管理的"瓶颈":观念与协同管理

收益管理进入我国已十多年,本土酒店真正能落地运用并实现组织化、系统化和专业化的却少之又少。方法与工具必不可少,这是基础,但真正存在的"瓶颈"不在于此,而是观念与协同管理。大家都认同收益管理方法对酒店提升收益很有帮助,但要真正实施,总感觉很难;设立收益经理、购买工具甚至总经理亲自挂帅上阵,但协同管理却往往做不到。为什么呢? 这就是要构建酒店收益管理文化,让每一位员工都与收益同呼吸,共命运;部门之间的协作要形成高效的闭环,相互咬合,相互推进。协同管理的真正实现,才能为收益管理方法的实施提供应用环境和保障,而这又非一朝之功。方法和技术问题多年前已经解决,正逐步得以普及,未来不再是障碍;收益经理专业队伍也日渐成熟。目前,要解决的关键问题是酒店的收益文化和协同管理问题,这需要酒店团队的力量,而不是总经理或收益经理某个人。这正是收益经理不能落地的症结所在,我的个人观点,供大家参考!

酒店经理人对"经理的困惑"的答复

Re:"免查房"会成为酒店管理的一种趋势吗?

马宁宁　西安古都文化大酒店　行政管家

"退房不查房"是一种提升细节服务,吸引和培养忠诚顾客的促销方式,是对顾客的一种高度的信任和人性化的体现。我个人认为"退房不查房"只是一种形式,取决于我们怎么样运行,更取决于服务的对象,也就是环境和市场。

1.不查房的好处:

第一,充分让顾客体验到被信任和作为一种品质的服务,提高顾客的满意度。

第二,给顾客缩短了结账的时间,避免一些尴尬(例如:血渍等赔偿)。

第三,让顾客感到宾至如归。

第四,提高顾客的自觉度。

第五,减少员工的工作量。

2.查房的好处:

第一,如果客人有遗留物品,我们可以第一时间发现并交至客人手中。

第二,酒店避免损坏物品和消费品的跑单。

我个人观点是随着客人素质的不断提高,和现在市场的需求,退房不查房,让酒店付出稍许管理和物件损失成本,就能和顾客之间建立长期诚信关系,这是非常值得的。

王琳钧　广东河源巴伐利亚庄园酒店群　前厅部经理

结合我自己的工作经历,我觉得酒店免查房是一个很好的举措。它有以下一些益处:

1.免查房将提高客人体验的满意度

因为免查房将大大减少客人的退房时间,免去等候的困扰,现在的客人入住高星级酒店都追求高效、快捷,烦琐的程序很有可能会成为客人下次不再入住的原因;另外,免查房将会让客人感觉被信任,受尊重的心理将得到更好的满足。

2.免查房会提高员工对工作的满意度

查房的程序给前台及客房员工增加了很大的工作量,同时查房的时间很有可能导致客人对前台员工的投诉或埋怨,前台员工需要花更多的时间解释或与客房部就一个问题花费时间进行沟通,而不能很流畅地完成退房工作,客房部同事每次都需要很匆忙地放下手头工作去查房,免查房可以减去这些,让员工受到的干扰减少,从而更好地完成工作并有成就感。

很多酒店查房,无外乎就是关注客人是否消费了小冰箱里面的饮料及小食,还有是否对客房物品有带走或损坏等,其实能够作为一个五星级酒店的客人,他们既然能够付这样的房价,也一般不会做出如此事情来,前台员工退房时顺便问一句是否有以上消费明细,客人也基本都会告诉我们的,即便真的是带来一些损失,我们都知道它们的成本实在是很低廉的,也是我们能够接受的。

面对面观看西安古都文化大酒店行政管家马宁宁谈:"免查房"会成为酒店管理的一种趋势吗?

方式一　请登录:刘伟酒店网—院校服务—视频—"免查房"会成为酒店管理的一种趋势吗?

方式二　扫描二维码

二维码　面对面观看西安古都文化大酒店行政管家马宁宁谈:
"免查房"会成为酒店管理的一种趋势吗?

附 录

附录 1　前厅部常用术语英汉对照

1) 酒店各部门、各岗位名称英汉对照

人力资源部	Human Resources Division
人事部	Personnel Department
培训部	Training Department
督导部	Quality Inspection Department
财务部	Finance and Accounting Division
成本部	Cost-control Department
采购部	Purchasing Department
电脑部	E.D.P.
市场营销部	Sales & Marketing Division
销售部	Sales Department
公关部	Public Relation Department
预订部	Reservation Department
客务部	Rooms Division
前厅部	Front Office Department
管家部	Housekeeping Department
餐饮部	Food & Beverage Department
康乐部	Recreation and Entertainment Department

工程部	Engineering Department
保安部	Security Department
行政部	Rear-Service Department
商场部	Shopping Arcade
董事总经理	Managing Director
总经理	General Manager
副总经理	Deputy General Manager
驻店经理	Resident Manager
总经理行政助理	Executive Assistant Manager
总经理秘书	Executive Secretary
总经理室	Executive Office
机要秘书	Secretary
接待文员	Clerk
人力资源开发总监	Director of Human Resources
人事部经理	Personnel Manager
培训部经理	Training Manager
督导部经理	Quality Inspector
人事主任	Personnel Officer
培训主任	Training Officer
财务总监	Financial Controller
财务部经理	Chief Accountant
成本部经理	Cost Controller
采购部经理	Purchasing Manager
采购部主管	Purchasing Officer
电脑部经理	EDP Manager
总出纳	Chief Cashier
市场营销总监	Director of Sales and Marketing
销售部经理	Director of Sales
宴会销售经理	Banquet Sales Manager
销售经理	Sales Manager
宴会销售主任	Banquet Sales Officer
销售主任	Sales Officer

客务总监	Rooms Division Director
前厅部经理	Front Office Manager
前厅部副经理	Assistant Front Office Manager
大堂副理	Assistant Manager
礼宾主管	Chief Concierge
客务主任	Guest Relation Officer
接待主管	Chief Receptionist
接待员	Receptionist
车队主管	Chief Driver
出租车订车员	Taxi Service Clerk
行政管家	Executive Housekeeper
行政副管家	Assistant Executive Housekeeper
办公室文员	Order Taker
客房高级主管	Senior Supervisor
楼层主管	Floor Supervisor
楼层领班	Floor Captain
客房服务员	Room Attendant
洗衣房经理	Laundry Manager
餐饮总监	F & B Director
餐饮部经理	F & B Manager
西餐厅经理	Western Restaurant Manager
中餐厅经理	Chinese Restaurant Manager
咖啡厅经理	Coffee Shop Manager
餐饮部秘书	F & B Secretary
领班	Captain
迎宾员	Hostess
服务员	Waiter, waitress
传菜	Bus Boy, Bus Girl
行政总厨	Executive chef
中厨师长	Sous Chef (Chinese Kitchen)
西厨师长	Sous Chef (Western Kitchen)
西饼主管	Chief Baker
工程总监	Chief Engineer

| 工程部经理 | Engineering Manager |
| 值班工程师 | Duty Engineer |

保安部经理	Security Manager
保安部副经理	Assistant Security Manager
保安部主任	Security Officer
保安员	Security Guard

| 商场部经理 | Shop Manager |
| 商场营业员 | Shop Assistant |

2) 前厅部常用术语

A

Advanced Deposit	预付定金
Arrival Time	抵达时间
Air Conditioner	空调
Average Room Rate	平均房价

B

Baby Sitting Service	照看婴儿服务
Bath Tub	浴缸
Bath Room	卫生间
Bed-Side Table	床头柜
Bed-Side Lamp	床头灯
Bell Boy	行李员
Black Tea	红茶
Blanket	毛毯
Booking	预订
Brochure	小册子
Bulb	灯泡
Business Center	商务中心

C

Cancellation	取消预订
Captain	领班
Carpet	地毯
Cashier	收银员

Check-in	入住登记
Check-out	结账离店
Cloak Room	衣帽间
Clothes Hangers	衣架
Comb	梳子
Complain	投诉
Commercial Rate	商务房价
Confidential Stay	保密房（客人要求对其入住酒店进行保密）
Connecting Room	连通房
Confirmed Reservation	确认类预定
Cotton Cloth	棉布服装
Coupon	票证

D

Day Use	非全天用房
DDD（Domestic Direct Dial）	国内直拨电话
Departure Time	离店时间
Dining Room	餐厅
DND（Do Not Disturb）	请勿打扰
Double Room	双人房
Double-double Room	两张双人床的房间
Deluxe Suite	豪华套房
Double Locked（DL）	双锁房
Dry Cleaning	干洗
Desk Lamp	台灯
Due In	预计当日抵店客人/房间数量
Due Out	预计当日离店客人/房间数量

E

Electric Shaver	电动剃须刀
Executive Floor	行政（商务）楼层
Eiderdown	鸭绒被

F

| FIT | 散客 |

Front Office   前厅部

Front Desk   总台

Full House   房间客满

G

Group   团队

Guaranteed Reservation   保证类预定

Guest Folio   客人账单

Guest History Record   客历档案

H

Hair Dryer   吹风机

Hot Card   已报失或被盗的信用卡

House Credit Limit   赊账限额

House Use   酒店内部用房

I

IDD（International Direct Dial）   国际直拨电话

Iron   熨斗

Ironing Board   熨衣板

J

Jasmine Tea   茉莉花茶

Job Description   工作说明书

L

Laundry List   洗衣单

Late Check-out   逾时离店

Lobby   大堂

Log Book   工作日记

Long Staying Guest（LSG）   常住客

Lounge   休息室

M

MUR（Make Up Room）   请速打扫房

Message	留言

N

Night Audit	夜核
Night Table	床头柜
No Show	没有预先取消又无预期抵店的订房

O

Occupied (Occ.)	住客房
Out of Order (Ooo)	待维修房
Over-Booked	超额预订

P

Package	包价服务
Pick Up Service	接车服务
Pillow Case	枕套
Plug	插头
Presidential Suite	总统间
Pressing	熨烫

Q

Quilt	被子

R

Rack Rate	客房牌价
Razor	剃刀
Registration	住店登记
Room Forecast	住房预测
Rooming List	团体分房名单
Rollaway Bed	折叠床
Room Attendant	客房服务员
Room Status	房间状态
Room Change	换房
Rotary Floor Scrubber	洗地机

S

Service Directory	服务指南
Sheet	床单
Shirt	衬衫
Shoe Polishing	擦鞋服务
Shower Head	淋浴喷头
Shrinkable	缩水的
Silk Fabrics	丝绸织品
Skipper	逃账者
Skirts	裙子
Sleep Out	外宿客人
Slippers	拖鞋
Single Room	单人间
Socket	插座
Soiled Linen	脏布草
Sprinkler	花洒
Stain	污迹
Stationery Folder	文具夹
Sui	西服
Supervisor	主管
Sweater	毛衣
Switch	开关

T

Tap	水龙头
Tariff	房价单
Tea Table	茶几
Twin Room	双张单人床的双人房
Transformer	变压器
Triple Room	三人房

U

Upgrade	客房升级（将较高级的客房安排给客人入住）
Upsell	上销客房（将较高级的客房推荐给客人）

V

Vacant Dirty	未清扫的空房
Vacuums	吸尘器
VIP（Very Important Person）	贵宾

W

Wake-up Call	叫醒电话
Wall Lamp	壁灯
Woolen Fabrics	毛料织品

3）前厅部日常用具和表格英汉对照

Registration Card	住宿登记表
Fidelio Reports	Fidelio 报表
VIP Amenities Form	VIP 接待表
Express Departure	快捷结账
Early Check in Card	提前入住卡
Meal Voucher-Breakfast/Lunch/Dinner	餐券
Room Change Form	换房单
Rebate Vouche	折扣券
Cashier's Envelope	收银信封
Guest Questionnaire	征求客人意见表
Text Message（Computer Message）with Envelope	带信封的留言
Reservation Forms	预订单
Limousine Request	车辆申用单
Voice Text Message-In Room	声音留言
Front Office Receipt	前台收据
Registration Card Folder	住宿登记表文件夹

附录 2　前厅部:岗位说明书(部分岗位)

(FRONT OFFICE:JOB DESCRIPTIONS)

以下内容参见:《酒店前厅管理》(《现代饭店前厅部运营与管理》)附录 2、3、4、5

表 1

工作说明书:前厅部秘书

Front Office Secretary

JOB TITLE: Front Office Secretary		DEPARTMENT: Front Office	
DIVISION: Front Office	JOB CODE:		JOB GRADE:
REPORTS DIRECTLY TO: Front Office Manager			
REPORTS FUNCTIONALLY TO:			
SUPERVISES:			
JOB SUMMARY/PURPOSE: Perform all duties of a secretarial nature as well as to assist in receiving and processing reservations when necessary.			
OTHER RELATIONSHIPS:			
KEY AREAS: 1. Typing of correspondence. 2. Prepare memorandum. 3. Dictation of minutes. 4. Receiving and screening all telephone calls. 5. Receiving personal callers. 6. Stock control. 7. Coordinating diary of events. 8. Receiving and handling mail. 9. Practice office hygiene. 10. Maintain records. 11. Sorting and storing of guest comments and spare keys. 12. Comply with all Shangri-La policies and procedures. 13. Perform any other duty as required by the Front Office Manager or other Management Staff.			

续表

PREPARED BY:	APPROVED BY:	
Front Office Manager	**Executive Assistant Manager**	
(Name & Signature)	(Name & Signature)	Date:
UPDATED BY:	**APPROVED BY:**	
(Name & Signature)	(Name & Signature)	Date:

KEY AREAS & RESPONSIBILITIES	ACTIVITIES:
1. Typing of Correspondence Types reports, letters, memorandum, forms and all other correspondence including those of a confidential nature for the Front Office Manager and maintain files for the same.	a. Finish and distribute all typing task the day they are received. b. Send out confidential correspondence and memos in sealed envelopes. c. Keep files in alphabetical order of every department in the hotel. d. Update the PABX telephone extension list on periodic basis. e. Reply to all correspondence under the instruction of the Front Office Manager.
2. Prepare memoranda Post all important memoranda on the bulletin board for the information of all Front Office personnel. Notify the personnel of applicable periodical meetings.	a. Update all memos posted on the bulletin board. b. Type announcements and post on the board. c. Arrange all postings according to subject ie. work schedules, memos, announcements, etc.
3. Dictation & Minutes Take down and transcribe dictation and minutes of Front Office Meetings.	a. Attend weekly Front Office Meetings to take down minutes. b. Type and distribute the minutes to all Front Office Section Heads and Management Staff.
4. Receiving & Screening all telephone calls Answer and place telephone calls and arrange appointments for the Front Office Manager and remind him of the same.	a. Greet and identify the office when answering and making phone calls b. Have writing material at hand before answering all calls. c. Enter all appointments made in the Front Office Manager's diary. d. Review the Manager's diary every day before leaving (end of work day) and remind him of appointments.

KEY AREAS & RESPONSIBILITIES	ACTIVITIES:
5. Receiving Personal Callers Receive and screen office visitors and set-up appointments.	a. Attend to all visitors that come to the office. b. Ask the name of the visitor and announce this to the Front Office Manager before escorting them into the office. c. Get all visitors to leave message if Front Office Manager is not in.
6. Stock Control Maintain adequate stocks of office supplies and initiate requisitions for approval from the Front Office Manager.	a. Conduct an inventory of office supplies on a weekly basis. b. Prepare requisitions forms and submit to the Front Office Manager a day before requisition day.
7. Coordinating Diary of Events Keeps the Front Office Manager informed of VIPs, groups other important arrivals for the day of hotel events and other matters which concern him.	a. Read VIP list for the previous night, daily, taking note for all incoming VIP room assignments and arrival time. b. Check daily the Group Information Sheet files of the Front Office Manager. c. Review daily the function sheets for the day.
8. Receiving & Handling Mail Open, read, sort and record incoming Front Office mail and forward to personnel concerned.	a. Stamp with "date stamp" mail received. b. Forward all urgent mail and correspondence immediately to Front Office Manager.
9. Practice Office Hygiene Check the cleanliness of work area equipment and the Front Office Manager's office.	a. Schedule cleaning of the office daily. b. Cover the typewriter/PC before leaving the office.
10. Maintain Records Maintain a sick leave record of the Front Office employees.	a. Coordinate with all Section Heads to maintain a record for all applicable employees.
11. Sorting & Storing of Guest Comments & Spare Keys Collect guests' comments periodically. Control spare keys.	a. Collect guests' comments from the Front Office Guests' Comments Box. b. Keep an updated record of spare keys inventory (Front Office Department).
12. Comply with the hotel policies & procedures	
13. Perform any other duty as required by the Front Office Manager or other Management Staff.	

表 2

工作说明书:金钥匙
Concierge

JOB TITLE: Concierge		**DEPARTMENT**: Front Office
DIVISION: Front Office	**JOB CODE**:	**JOB GRADE**:

REPORTS DIRECTLY TO:

Chief Concierge

REPORTS FUNCTIONALLY TO:

Front Office Manager

SUPERVISES:

Baggage Master, Baggage Assistant and Doorman.

JOB SUMMARY/PURPOSE:

The Concierge supervises the Baggage Master, baggage Assistant, Doorman and Car Jockeys to ensure that they provide guest with efficient and courteous service. He is also responsible for coordinating all guest' request.

OTHER RELATIONSHIPS:

KEY AREAS:

1. Controls activities of baggage staff.
2. Hygiene and safety.
3. Maintain performance standards.
4. Co-ordination of all guest request.
5. Stand in as Chef Concierge during his absence.
6. Comply with Shangri-La's Policies & Porecedures.
7. Perform any other duties as required by the Chef Concierge or other management staff.

PREPARED BY: (Name & Signature)	**APPROVED BY**: (Name & Signature)	Date:
UPDATED BY: (Name & Signature)	**APPROVED BY**: (Name & Signature)	Date:

KEY AREAS & RESPONSIBILITIES	ACTIVITIES:
1. Close working relations.	a. To work closely with all hotel staff to provide the guest friendly, courteous and efficient personal services at all times.
2. Knowing the facts and Whereabouts of the country.	a. Must be knowledgeable in government procedures on passport/visa application/extension/renewal and health requirements.
3. Knowing the hotel facts and operating facilities.	a. Must be absolutely familiar with room amenities, furniture layout and rate structure. b. Must be able to handle computer terminals at the Front Office.
4. Proper supervision on baggage staff and replenishing of stationery.	a. Supervises the baggage staff to ensure that they provide efficient and courteous service to the guests. b. Keep adequate supply of forms and stationery used.
5. Fire and safety procedures.	a. To be fully aware of fire fighting procedures.
6. Ensures smooth operations and minimize complaints.	a. Ensures that guest receive the most cordial attention whenever they approach the desk for information or any other services. b. Ensures that incoming guest mails, parcels, messages or faxes are delivered promptly to the guest.
7. Maintenance of the counter.	a. To keep his counter neat, tidy and presentable at all times.
8. Comply with Hotel Policies & Procedures.	
9. Perform any other duties as required by the Chef Concierge or other management staff.	a. Any other duties that may be assigned from time to time by the management.

表 3

工作说明书:宾客关系主任
Guest Relation Officer

JOB TITTLE: Guest Relation Officer		**DEPARTMENT**: Front Office
DIVISION: Front Office	**JOB CODE**:	**JOB GRADE**:

REPORTS DIRECTLY TO:

Assistant Front Office Manager/Duty Manager

REPORTS FUNCTIONALLY TO:

Front Office Manager

SUPERVISES: Front Desk Agent

JOB SUMMARY/PURPOSE:

Responsible for all duties performed by the Front Desk Agents. Supervises the agents for effective and efficient operations.

OTHER RELATIONSHIPS:

KEY AREAS:

1. Daily shift briefings.

2. Guest Satisfaction.

3. Handling Complaints.

4. Leadership.

5. Assist Duty Manager.

6. On-the-job training.

7. Assigning task.

8. Health, Safety and Hygiene.

9. Comply with Shangri-La's Policies and Procedures.

10. Perform any other task as required by the Front Office Manager, Assistant Front Office Manager, Duty Manager or any other Management staff.

PREPARED BY: **Front Office Manager** (Name & Signature)	**APPROVED BY**: **Executive Assistant Manager** (Name & Signature)	Date:
UPDATED BY: (Name & Signature)	**APPROVED BY**: (Name & Signature)	Date:

KEY AREAS & RESPONSIBILITIES	ACTIVITIES:
1. Daily shift duties i. Events and function held at the hotel.	Reads the event list daily and ensures that all front desk assistants are aware of daily happenings.
ii. House Status summary.	a. Highlights the occupancy percentage and maximum occupancy for the day. b. Highlights the number of arrivals, both definate and tentative. c. Highlights the number of departures and peak periods. d. Highlights group arrivals or departures for the day.
iii. General Information.	a. informs of any latest information/promotions. b. mention of any VIP guest arrivals.
2. Guest Satisfaction i. Exceeds guest satisfaction and maximizes return guests.	a. Pay prompt attention to guests from their arrival through their departure. b. Escorts VIPs, long staying guests, regular guest and guests who require assistance to their allocated rooms. c. Constantly communicates with each guests and reports any complaints to the Management.
ii. Anticipates guests needs and expectation.	a. Update guests needs and requests in the Guest History file. b. Plans for unexpected arrivals. c. Advises management of regular guests so that sales-personnel or management will meet the guest in person. d. Assist guests to reconfirm onwards flight and informs guest of the status.
3. Handling Complaints i. Handles guest complaints and enquiries promptly.	a. Listen and records guest's complaints. b. Contacts the relevant department for follow up action. c. Reports guest complaints in log book. d. Informs Duty Managers to follow up the case if necessary. e. Thoroughly briefs next shift Front Desk on any outstanding tasks which require follow-up.
4. Leadership i. Maintains service standards.	a. Clearly describes standards. b. Constantly compares performance to standards. c. Ensure that front desk assistants are well groomed at all times. d. Ensures that all discipline is maintained at all times during working hours. e. Provide security and privacy of guest by keeping all guest information confidential. f. Ensures that all phone calls are promptly answered and all queries attended to.

续表

KEY AREAS & RESPONSIBILITIES	ACTIVITIES:
5. Assist Duty Manager	a. Follow up on the cleanliness of the lobby. b. Have a proper display of hotel brochures and tariffs and promotional pamphlets. c. In case of emergency, page for the Duty Manager. d. All guests complaints should be handled in a friendly and diplomatic manner and whenever necessary the Duty Manager should be called to assist.
6. On-The-Job Training	a. Ensures that all front desk assistants are confident to carry out their duties. b. Trains and re-train staff constantly.
7. Assigning Task i. Ensures adequate staffing available during all shifts.	a. Ensures punctuality of staff on duty. b. Assigns cashiering and reception duties to agents at the start of their shift.
ii. Dedicate certain specific task to individuals.	a. Processing room change. b. Printing of downtime reports. c. Updating guest profile. d. Blocking of rooms.
8. Health, Safety and Hygiene i. Abides by the grooming standards.	a. Checks on daily basis the grooming standards of oneself. b. Constantly petrol the Front Office area to ensure that it is clean and free of debris. c. Reports to housekeeping for areas which requires cleaning. d. Contacts engineering department to fix lights and fixtures in the lobby. e. Follow up to ensure task are completed.
9. Complies with Shangri-La Policies and Procedures	
10. Perform any other duties as required by the Front Office Manager, Assistant Front Office Manager, Duty Manager or any other management staff.	

表 4

工作描述:商务中心文员

Business Centre Agent

JOB TITTLE: Business Centre Agent	DEPARTMENT: Front office	
DIVISION: Front Office	JOB CODE:	JOB GRADE:
REPORTS DIRECTLY TO: Business Centre Manager, Business Centre Supervisor		
REPORTS FUNCTIONALLY TO: Assistant Front Office Manager, Duty Manager		
SUPERVISES:		
JOB SUMMARY/PURPOSE: To be well versed in all office procedures, transmit, faxes, type letters/documents, gives information and provides any other clerical or office related services to guests.		
OTHER RELATIONSHIPS:		
KEY AREAS: 1. Handles guests request and needs. 2. Operates office machines. 3. Familiar with different computer programmes. 4. Handles document and parcels. 5. Take reservations for Conference Rooms and arrange for refreshment. 6. Booking overseas calls. 7. Handles payment. 8. Arranges for printing of name cards, letterheads, etc. 9. Equipment rental. 10. Cleanliness.		
PREPARED BY: **Front Office Manager** (Name & Signature)	APPROVED BY: **Executive Assistant Manager** (Name & Signature)	Date: 1st, February
UPDATED BY: (Name & Signature)	APPROVED BY: (Name & Signature)	Date:

续表

KEY AREAS & RESPONSIBILITIES	ACTIVITIES
1. Handles guests requests and needs	a. Attends and anticipates guests needs and requests efficiently and promptly.

2. Operates office machines	a. Must be able to operate all office machines
	   i. fax machine
	   ii. photocopy machine
	   iii. binding machine
	   iv. personal computers

3. Familiar with different computer programmes	a. Must be well versed with different types of computer programmes.
4. Handles documents and parcels of	a. Upon request, assists guest with the handling documents and parcels.
5. Reservation of Conference Room and arrangement of refreshments	a. To assist guests in taking reservations of Conference Rooms. b. Arranges for refreshments to be served by Room Service where necessary.
6. Booking Overseas Calls	a. Assists guests in making overseas calls upon request.
7. Handles payment	a. Handles all modes of payment with care. b. Ensures all bills are posted to the right guest folios.
8. Printing of name cards, letterheads	a. Upon guest's request, assists guests with printing of name cards, letterheads, etc.
9. Equipment rental	a. Assists guest with rental of office equipment. b. Well versed with rental charges.
10. Cleanliness	a. Ensures the Business Centre is kept clean and all equipment arranged neatly.

附录3　前厅部:"政策与程序"

(POLICY & PROCEDURES)

表1

政策与程序:部门电话接听规范

Telephone Phase

POLICY & PROCEDURES			
			PPFO/37
SUBJECT:	**Telephone Phase**		
INT:	FOM	**REV**:	**APR**:EAM
EFFECTIVE DATE:			
DISTRIBUTION:	**GM/EAM**		
PURPOSE:	To ensure standardization on telephone answering procedures for our customers externally and internally.		
PROCEDURES:	1. general greetings for outside calls should be used with the following sequence: Ni hao (×× fandian) ×× Hotel May I help you? 2. At the hotel's individual department calls being transferred should be answered with the following sequence: —Ni hao —Department name in Chinese —Department name in English —May I help you? 3. If the guest then asks to speak to someone, always ask for their name by saying: "May I ask who is calling please?" 4. Should a call be transferred to an individual, please use the following greeting: "Good morning/afternoon/etc.. This is ___name___, may I help you?" 5. To transfer a call to an individual or a department, the following sequence should be used: "One moment ___guests name___, I will transfer you to ___×××___." 6. To place a caller on hold, the following sequence should be used: "I'm sorry ___callers name___, ___receivers name___ is. Would you like to wait or could I take a message?" 7. ___Ending a call___, use the following: "Thank you for calling ___callers name___, goodbye."		

表 2

政策与程序:火灾的处理
Fire Procedures

POLICY & PROCEDURES			
			PPFO/04
SUBJECT:	**Fire Procedures**		
INT:	**FOM**	**REV:**	**APR: EAM**
EFFECTIVE DATE:			
DISTRIBUTION:	**GM/EAM**		
PURPOSE:	To ensure safety of our customers externally and internally.		
PROCEDURES:	1. Duty Managers should be totally familiar with the procedures listed in the Fire Manual. 2. The Duty manager should arrange for a Security Officer to meet the fire brigade on their arrival at the side of the hotel so that they may be immediately directed to the Fire Command Center. 3. On hearing the Fire Alarm, the Duty Manager should ensure that staff are assigned to lifts on ground floor to prevent guests/staff from trying to use them. 4. The Duty Manager and other Front Office staff should be prepared to answer guest queries regarding the fire alarm. They should be calm, factual and available to guests who may have inquiries or special needs. 5. The Duty Manager should read the Fire Safety Manual regularly to acquaint himself with the procedures and the role he has to play in case of an emergency.		

表 3

政策与程序：VIP 客人的接待程序
VIP Guests

POLICY & PROCEDURES			PPFO/07
SUBJECT：	VIP Guests		
INT：	FOM	REV：	APR：EAM
EFFECTIVE DATE：			
DISTRIBUTION：	GM/EAM		
PURPOSE：	To ensure arrangements are made with detailed requirements and set up are in order.		
PROCEDURES：	1. The VIP guest list is checked for arrivals first thing in the morning. 2. Any special request or arrangement should be reviewed at the Operations Meeting. 3. When the room allocated is posted as ready by Housekeeping, the Guest Relations Officer must check to see that everything is in order. The following must be inspected： 　i. Room has been made up to the standard set by Hotel, Shenyang. 　ii. VIP set up i.e., flowers, fruits, bar set-up, personalized stationery and any other special request are attached to. 4. If items requested are missing, or not up to the standard approved, immediate follow -up is required. 5. If there is a serious problem with the room such as no air-conditioning then Front Desk, Housekeeping/Engineering must be advised immediately. 6. An alternative room must be allocated and the relevant department must be informed to move the various items requested. 7. Work order is to be issued to rectify the room so that sale of the room can be made as soon as possible. 8. VIP guests are not required to register at reception. They are to be received by the Guest Relations Officer who escorts them into the rooms. 9. In the room, the Duty Manager shall show the guest his/her room. The following shall be explained/shown to the guest： 　i. Operation of lights. 　ii. Air-conditioning. 　iii. Where the TV and radio switches are. 　iv. The view which the guest has (open the curtains and show the view). 　v. The location of the bottle opener, hair dryer and clothes-line. 　vi. The use of the shower and bath i.e., hot and cold water control. 　vii. The directory of services on the writing desk. Request guest to contact the Duty Manager if he/she needs special attention. 　viii. Where the private bar is located (if applicable). 10. Assure them that the VIP guest will be met on arrival by the Guest Relation Officer who will have the key. 11. If a VIP guest requests a late check-out, discretion on the arrangement must be applied base on room availability. If the room is required for check out after 1 800 hours, approval must be granted by the General Manager or Executive Assistant Manager or Front Officer Manager.		

表4

政策与程序:现金预付
Cash Advances

POLICY & PROCEDURES			
			PPFO/09
SUBJECT:	**Cash Advances**		
INT:	**FOM**	**REV**:	**APR**: **EAM**
EFFECTIVE DATE:			
DISTRIBUTION:	**GM/EAM**		
PURPOSE:	To enhance cash advance facilities within limited point of control with this service availability for the guest.		
PROCEDURES:	1. Cash advance are made only to registered guests upon request. It is only a service to them and these cash payments may be made for items such as postage, taxi fares and other miscellaneous transactions. It is not meant to be outright loan. 2. All cash advances to a guest should be restricted to US $100.00 during the period of his stay, with the approval of the Duty Manager. These cash advances must be recorded in the paid out voucher with the; guest's signature. 3. Any cash advances between US $101.00 to US $200.00 must be duly approved by either the Front Office Manager or Assistant Front Office Manager. 4. Any cash advances exceeding US $200.00 must be duly approved by General manager, Executive Assistant Manager, Financial Controller and Assistant Financial Controller. 5. Cash advances to guest must be posted immediately to the respective guest's accounts.		

表 5

政策与程序:有争议的客人收费项目

Disputed Guest Charges

POLICY & PROCEDURES			
			PPFO/12
SUBJECT:	**Disputed Guest Charges**		
INT:	**FOM**	**REV**:	**APR**: **EAM**
EFFECTIVE DATE:			
DISTRIBUTION:	**GM/EAM**		
PURPOSE:	To be able to handle disputes with discretionary measure and maintain control of rebates within guest satisfaction.		
PROCEDURES:	1. Duty Manager will often be called to the cashier's desk to sort out problems with guests who dispute charges. 2. The most common problems being disputed charges are long distance telephone charges, mini-bar bill, room rate or the method of payment. 3. It is the responsibility of the Duty Manager to make a complete investigation of each use. Assess the operational aspect of the dispute before any rebate is done. 4. Discretion is required in every case but effort should be made not to grant rebates except to bona fide cases.		

表6

政策与程序：客房的双锁
Double Locking of Guest's Room

POLICY & PROCEDURES			
			PPFO/13
SUBJECT：	**Double Locking of Guest's Room**		
INT：	**FOM**	**REV**：	**APR**：**EAM**
EFFECTIVE DATE：			
DISTRIBUTION：	**GM/EAM**		
PURPOSE：	To ensure safety and security on guest properties and also to control on guest credit status.		

PROCEDURES：	1. Guest's room may be double locked for the following reasons：
	
	     i. guest is out of town and continues to use his room to store his personal belongings until his return.
	
	     ii. guest who has ignored repeated requests to reduce his account, or produce identification for credit purposes.
	
	     iii. guest is suspected to be a potential skipper.
	
	 2. If a guest requests to double lock his room a memo should be issued by the Front Office Department.
	
	 3. If a guest room is double locked because of a credit matter, it is important to handle the matter tactfully with the Credit Manager.		

表 7

政策与程序:客人对他的房间不满意

Guest Dissatisfaction With His/Her Room

POLICY & PROCEDURES			PPFO/18
SUBJECT:	**Guest Dissatisfaction With His/Her Room**		
INT:	FOM	**REV**:	**APR**: EAM
EFFECTIVE DATE:			
DISTRIBUTION:	**GM/EAM**		
PURPOSE:	To ensure guest satisfaction as well as turning complaints to compliments.		
PROCEDURES:	1. Approach the guest and determine the nature of the problem. 2. Listen to the guest's complaint without interrupting. 3. Show honest concern and empathy. 4. Rectify the situation as soon as possible e.g., if the guest is dissatisfied with the room he should be shown another room of the same category and a room change done according to the guest's request. 5. Thank the guest for bringing the problem to the management's attention and apologise for any inconvenience caused. 6. Inform the department head concerned.		

表 8

政策与程序：客人无法结账时
Guest Unable to Settle Room Bill

POLICY & PROCEDURES			
			PPFO/19
SUBJECT：	**Guest Unable to Settle Room Bill**		
INT：	**FOM**	**REV：**	**APR：EAM**
EFFECTIVE DATE：			
DISTRIBUTION：	**GM/EAM**		
PURPOSE：	To have control on guest account and ensure tight credit check on procedures.		
PROCEDURES：	1. If the guest cannot pay his/her bill, the Duty Manager and the Credit Manager should request the guest to discuss the matter in the Credit Manager's Office. 2. The Duty Manager and the Credit Manager should listen first to the guest's explanation without interrupting. 3. If the guest is sincere, he/she should be given an opportunity to find alternative means of payment e.g., calling a friend. 4. If the guest is unable to arrange alternative means of payment, request for his/her identity card or passport. Record the guest's particulars and contact number in the log book. 5. The guest must be made to acknowledge the debt by signing on the bill and an indemnity form. 6. Forward the bill to the Credit Manager the next day for her follow-up. 7. If the guest is unable to produce any proper form of identification the Duty Manager should call the Police.		

表9

政策与程序:钥匙权限

Key Permits

POLICY & PROCEDURES			PPFO/21
SUBJECT:	**Key Permits**		
INT:	FOM	REV:	APR:EAM
EFFECTIVE DATE:			
DISTRIBUTION:	GM/EAM		
PURPOSE:	To enhance security on guest's properties and ensure tight control on guest room access.		
PROCEDURES:	1. It is not unusual for guests to send a person to collect papers or other belongings from his/her room. 2. **Under No Circumstances** is any person allowed to enter a guest's room unless he has written authority from the guests in question. 3. Any infringement of this rule should be immediately reported to management and action taken to detain the person who does so without authorization. Security should be immediately informed. 4. Even when written authority is given by the guests, the Duty Manager or a Security Officer should accompany the person entering the guest room to ensure that only those articles which the guests has authorized are removed. 5. The full particulars and signature of the person authorized by the guest must be obtained. He must acknowledge receipt of the items taken from the room.		

表 10

政策与程序：工作日志
Log Book

POLICY & PROCEDURES			
			PPFO/22
SUBJECT：	**Log Book**		
INT：	**FOM**	**REV：**	**APR：EAM**
EFFECTIVE DATE：			
DISTRIBUTION：	**GM/EAM**		
PURPOSE：	To maintain factual records on incidents, complaints and any other operational areas that require immediate attention.		
PROCEDURES：	1. The Duty Manager's Log Book is a record of all incidents and occurrences of a special nature which need to be brought to the attention of management. 2. The Log Book must be handled over to the Duty Manager on duty and any matters which are pending from the previous shift should be brought to his attention for action where necessary. 3. References should be made in the Log Book on accidents, loss, damage and/or theft, death, medical assistance on emergency situation. 4. A Log Book should always contain **FACTS**. The Log Book is not to be used to report personal grievances of the Duty Manager or any other employee. 5. The Log Book must be presented to the Front Office Manager before the Operations Meeting.		

表 11

政策与程序:失物处理
Lost Property

POLICY & PROCEDURES			
			PPFO/23
SUBJECT:	**Lost Property（loss & Found）**		
INT:	**FOM**	**REV**:	**APR**: **EAM**
EFFECTIVE DATE:			
DISTRIBUTION:	**GM/EAM**		
PURPOSE:	To have items recorded or trace to ensure that items are safekept and return to rightful owners.		
PROCEDURES:	1. The Lost & Found Department is administered by the Housekeeping Department. 2. All articles left in the guest rooms by departing guests, or left in the bars, the restaurants or public areas should be immediately forwarded to the Housekeeping Office where they are tagged and recorded in the Lost & Found Book. 3. Items which the guest will obviously return for a short period may be kept by the Duty Manager for a day but the Housekeeping Office should always be notified. 4. Perishable items are stored for only three days before disposal. 5. Non-valuable items e.g., books, clothing, etc., are held for three months. 6. Valuable items e.g., cameras, jewellery, cash are held for six months. 7. Credit cards and travelers cheques found in the hotel are handled to the Duty Manager of safe keeping. Efforts must be made to contact the guest. 8. If they are not claimed within twenty-four hours, they should be mutilated and forwarded to the issuing company. 9. Sufficient identification and a signature of receipt are required before the return of any lost and found items to the guest.		

表 12

政策与程序:向客人退款

Refund of Credit Balance to Guest

POLICY & PROCEDURES			
			PPFO/29
SUBJECT:	**Refund of Credit Balance to Guest**		
INT:	**FOM**	**REV:**	**APR: EAM**
EFFECTIVE DATE:			
DISTRIBUTION:	**GM/EAM**		
PURPOSE:	To ensure control on the refunds and effect the process to the rightful guests.		
PROCEDURES:	1. To refund of any credit balance (personal accounts only) to a guest must only be effected at the time of the guest's departure and upon his request only. 2. All other refunds of credit balances (prepayment by voucher, cheque, etc.) must only be effected through the accounts departments and not to be made by the Front Desk Agents. 3. All refunds of credit balances (personal accounts only) to guests must be supported by paid out voucher and duly approved by the Front Office Manager, Assistant Front Office Manager and/or the Duty Manger. 4. When effecting a credit balance refund the signature of the guest receiving the credit balance must tally with the signature on the registration.		

表 13

政策与程序：遇到逃账者时
Skippers/Walkouts

POLICY & PROCEDURES			PPFO/32
SUBJECT:	Skippers/Walkouts		
INT:	FOM	**REV**:	**APR**: EAM
EFFECTIVE DATE:			
DISTRIBUTION:	GM/EAM		
PURPOSE:	To prevent occurrence and minimize risk on undesirable characters.		
PROCEDURES:	1. A skipper/walkout is a guest who leaves without paying his bill. 2. Adequate procedures have been established to ensure that guests do not depart without settling their accounts. However, some undesirable characters still manage to check into the hotel and succeed in leaving without paying their bills. 3. To reduce the risk of such incidents, the following procedures should be strictly adhered to: i. No guest should be allowed to check into the hotel without baggage unless a deposit is paid. 4. On having been advised of skipper/walkout it is also possible that account instruction, vouchers or credit standing, have been overlooked. 5. If, after checking the account and the room, the Duty Manager is convinced that the guest has lift without settling his accounts, the Credit Manager and Credit Manager and Front Office Manager must be informed.		

表 14

政策与程序:丢失保险箱钥匙时

Missing Safe Deposit Key

POLICY & PROCEDURES			
			PPFO/35
SUBJECT:	**Missing Safe Deposit Key**		
INT:	**FOM**	**REV:**	**APR: EAM**
EFFECTIVE DATE:			
DISTRIBUTION:	**GM/EAM**		
PURPOSE:	To maintain control on the usage and losses of the keys.		
PROCEDURES:	1. The Front Desk/Agent will have to reconcile all keys at 0200 hours. 2. Any discrepancy must be reported to the Duty Manager immediately. 3. A copy of the report should be forwarded to the Security Manager for his necessary follow-up. 4. If a guest reports his key missing, the Security Manager, Front Office Manager and Chief Engineer should be contacted and coordinate with Engineering to change the lock cylinder.		

Date	Room No.	Guest Name	Front Desk /Assistant	Time Recorded	Remark

表 15

政策与程序:额外钥匙的发放

Issuing of Extra Key

POLICY & PROCEDURES			**PPFO/36**
SUBJECT:	**Issuing of Extra Key**		
INT:	**FOM**	**REV**:	**APR**: **EAM**
EFFECTIVE DATE:			
DISTRIBUTION:	**GM/EAM**		
PURPOSE:	To have control on key issuance for guest safety and security.		
PROCEDURES:	1. As rule we do not issue spare keys to guests. However, if a guest insists, Front Desk will issue the guest a spare key with the Front Desk with the approval of Duty Manager. 2. A record must also be maintained in the Fidelio System. 3. The Front Desk Agents on night shift will have to take an inventory of the spare keys. 4. Any discrepancies must be investigated and followed up immediately.		

附录4 前厅部岗位培训任务分析表

（FRONT OFFICE：ON-THE-JOB TRAINING TASK ANALYSIS FORM）

（参看《附录》文件夹）

表1

行李员：车辆预订
Limousine Bookings

DEPARTMENT：Front Office		JOB TITLE：Concierge/Baggage Agent	
TASK NO：15	TASK：Limousine Bookings		
EQUIPMENT REQUIRED：Record Books & Telephone			
WHAT TO DO	**HOW TO DO IT**	**WHY**	
Procedure upon receiving order from reservations staff.	Receive order forms from reservations with signature of acknowledgement from the concierge.	To avoid miscommunication from both parties.	
Confirmation with reservations and concierge.	Reservations will give us a copy for our booking regerences.	To reconfirm and check references.	
Confirmation with concierge and transport company.	Call linousine company to give details such as name of guest, arrival flight, Expected time of arrival and date arrive. Get name of person whom the booking was given to and reconfirm order.	To avoid misunderstanding from both parties.	
Procedure after order is done.	After order is done transportation driver will produce order form to the concierge for billing.	In order to bill the guest, order form from limousine company is needed.	
Billing procedure.	Upon receiving order form from driver, fill in a misc transport voucher with guest name, room number and transport charges.	Particulars needed for billing guest.	
	Hand over misc transport voucher to cashiers for billing.	In order to bill to guest room.	
Filling procedure.	File copy of the order form for future references in the limousine file.	In case of any extra charges billed to accounts.	
PREPARED BY		**APPROVED BY**	
DESIGNATION	**SIGNATURE/DATE**	**DESIGNATION**	**SIGNATURE/DATE**

表 2

总台接待员：如何回答客人问讯与介绍酒店设施
Handling Guest Enquiries and Introducing Facilities

DEPARTMENT: Front Office		JOB TITLE: Front Desk Agents	
TASK NO: 08	TASK: Handling Guest Enquiries And Introducing Facilities		
EQUIPMENT REQUIRED:			
WHAT TO DO	**HOW TO DO IT**	**WHY**	
Product Knowledge.	Know the number of outlets. Be aware of the operational hours. Be aware of all other facilities that are available. Knowledge of types of rooms and their rates. Never guess, be sure.	To sell the hotel. Provide accurate information.	
Follow up.	For enquiries which you are unable to provide information. Tell the guest that you will check on it and will get back as soon as possible. Check with concierge.	Guest will appreciate. Will have answers or provide alternatives.	
PREPARED BY		APPROVED BY	
DESIGNATION	SIGNATURE/DATE	DESIGNATION	SIGNATURE/DATE

表3

总台接待员：如何更新客人资料
Updating of Guest Information

DEPARTMENT: Front Office		JOB TITLE: Front Desk Agents	
TASK NO: 08	TASK: Updating of Guest Information		
EQUIPMENT REQUIRED:			

WHAT TO DO	HOW TO DO IT	WHY
Guest information.	Obtain all information from guest registration and key into the computer. e. g. business source/rate type.	To have complete details for guest history. o obtain statistic data.
Any extra information.	Any information provided by the guest or by a staff from other department can be valuable.	To serve guest better by Anticipating guests' needs.
	Key in guest profile.	

PREPARED BY		APPROVED BY	
DESIGNATION	SIGNATURE/DATE	DESIGNATION	SIGNATURE/DATE

表 4

总台接待员：如何使用沟通日志
Maintaining Communication Log Book

DEPARTMENT：Front Office		JOB TITLE：Front Desk Agents	
TASK NO：20	**TASK**：Maintaining Communication Log Book		
EQUIPMENT REQUIRED：			
WHAT TO DO	**HOW TO DO IT**		**WHY**
Reading communication log book.	To read communication log book once you come on duty.		Important information.
Follow up.	Just right down things that are needed to be done. e. g. to requisite foreign currency forms or to follow up with a guest complaint.		So that action can be taken.
Standard location.	Agree to place the communication log book at a designated position.		Convenient and easier access.
Acknowledgment.	After reading the communication log book, initial at the bottom.		To be able to tell at a glance how many have read.
	After completing a follow-up, indicate that it has been done. By writing the work done.		
PREPARED BY		**APPROVED BY**	
DESIGNATION	**SIGNATURE/DATE**	**DESIGNATION**	**SIGNATURE/DATE**

表5

宾客关系主任:如何保留 VIP 房

VIP Room Blocking

DEPARTMENT: Front Office		JOB TITLE: Guest Relations Officer	
TASK NO: 01	TASK: VIP Room Blocking		
EQUIPMENT REQUIRED: VIP Arrival List, Terminal			
WHAT TO DO	**HOW TO DO IT**		**WHY**
Check room forecast for following days.	Shift F4.		In case of full-house situation VIPs are given priority for upgrade.
Review VIP List.	Check: —Whether guest is new or repeat. —Room type. —Arrival date and time. —Transportation arrangements. —Special requests and amenities.		Ensure guest expectations are met.
Blocking VIP rooms.	—Block for early arrival. —Take note on VIP guest and party. —Print reports for Housekeeping, Room Service and Concierge.		—To ensure rooms on same floor are blocked. —In order that Housekeeping and Food and Beverage prepare for arrival.
Preparation process.	—Type room numbers on Welcome Folder and Registration cards. —Collect vacant room keys.		—It reflects efficiency.
PREPARED BY		**APPROVED BY**	
DESIGNATION	**SIGNATURE/DATE**	**DESIGNATION**	**SIGNATURE/DATE**

表 6

宾客关系主任：如何检查 VIP 房

VIP Room Inspection

DEPARTMENT：Front Office		JOB TITLE：Guest Relations Officer	
TASK NO：02	**TASK：VIP Room Inspection**		
EQUIPMENT REQUIRED：Room Keys，Newspapers，VIP Arrival List			
WHAT TO DO	**HOW TO DO IT**		**WHY**
Note specific requirements for each arrival.	—Check from Arrival list for specific requests and amenities. —Collect newspapers from Concierge Desk.		To make sure relevant departments have followed up on requests.
Ring the doorbell twice and wait 5 seconds.			To ensure room is vacant.
Switch on Master Light.	—Insert key card into slot.		To ensure that room facilities are in working order.
Check that guest amenities are working and in good condition.	—DND sign. —Wardrobe. —Safe-should be left open with instructions inside. —Minibar/coffee and tea facilities must be clean；glasses and coffee cups should be clear of water stains and chip free.		
N. B. If faults in VIP rooms could not be rectified in time for VIP arrivals, another must be blocked and respective departments to be informed.	—TV/radio and remote control-check through each channel for transmission as well as volume control in bathroom. —Hairdryer-test on and off. —Stationery folder and Guest Directory. —All switches by bedside. —Telephone-make sure the line is working and Voicemail card is in place. —Air-conditioning and temperature control（set at 22-23 deg.）during Summer. —Bathroom-ensure bathtub, toilet bowl and seat, sink and mirrors are clean and dry；towels and amenities should be well stocked and according to standard.		
PREPARED BY		**APPROVED BY**	
DESIGNATION	**SIGNATURE/DATE**	**DESIGNATION**	**SIGNATURE/DATE**

表7

宾客关系主任:如何迎接 VIP 客人

Greeting and Welcoming VIPs

DEPARTMENT: Front Office		JOB TITLE: Guest Relations Officer	
TASK NO: 03	TASK: Greeting and Welcoming VIPs		
EQUIPMENT REQUIRED: Welcome Folder, Hand Bouquet (if required)			
WHAT TO DO	**HOW TO DO IT**		**WHY**
Coordinate with airport reps and Concierge.	—Verify time of arrival of guest. —Obtain car registration and type of transportation. —If Traders Club guest, inform pursers of arrival.		To ensure that guest is met up from the driveway.
Standby in the lobby 15 minutes prior to notice given by Concierge.	—Have VIP folders in hand.		To welcome guest promptly and appropriately on arrival.
Ensure Baggage Agents are on hand to deal with guest's luggage.			To provide efficient service.
Greet guest upon arrival in the driveway.	—Smile and retain eye contact and shake hands firmly. —Address appropriately by name and welcome guest to the hotel. If new guest: "Welcome to the Traders Hotel, Shenyang, Mr..." If return: "Welcome back to the Traders Hotel, Shenyang, Mr..." (If required, present bouquet) —Introduce yourself.		
PREPARED BY		**APPROVED BY**	
DESIGNATION	**SIGNATURE/DATE**	**DESIGNATION**	**SIGNATURE/DATE**

表 8

宾客关系主任:如何致电 VIP 客人
Courtesy Calls

DEPARTMENT: Front Office		JOB TITLE: Guest Relations Officer	
TASK NO: 05	TASK: Courtesy Calls		
EQUIPMENT REQUIRED: Long-Stay File			

WHAT TO DO	HOW TO DO IT	WHY
Review Long-Stay file.	—Check length of stay of guest and departure date. —Check if guest is new or repeat. —Check for any grievances or complaints.	
Telephone guest.	—Introduce yourself politely and ensure that you are calling at a reasonable time (8:00 am—10:00 pm) —Tell guest why you are calling. —Ask about guest's stay and any suggestions for improvement. —Verify departure date/time and transport arrangements. —If late check-out is required, input into system. —If any complaints, clarify the situation and take action. —Keep the conversation short and simple but direct.	—To allow the guest the opportunity to voice opinions and comments. —To be able to follow up on any guest request. —To confirm satisfaction of guest. —To show concern for the comfort of the guest.
Wish guest a pleasant stay.	—Thank guest for his/her time. —Offer any assistance either from yourself or Purser.	—To reassure guest that someone will be able to provide assistance when necessary.
If necessary, update any new requests In Guest Profile.	—Input information in "Remarks" in Guest Profile.	—For future reference.

PREPARED BY		APPROVED BY	
DESIGNATION	SIGNATURE/DATE	DESIGNATION	SIGNATURE/DATE

表9

宾客关系主任:如何致电确认 VIP 客人的离店时间

Departure Calls and Late Check-Out Requests

DEPARTMENT: Front Office		JOB TITLE: Guest Relations Officer	
TASK NO: 06	TASK: Departure Calls and Late Check-Out Requests		
EQUIPMENT REQUIRED: VIP Departure List			
WHAT TO DO	**HOW TO DO IT**		**WHY**
Review Departure report.	—Call or leave message for guest without departure time (leave standard departure message). —If late check-out requested, check that room is not blocked and occupancy is low to grant late check-out until 15:00 hrs FOC; late check-out until 18:00 hrs, explain to guest of half-day charge with exception of Golden Circle guest; late check-out after 18:00 hrs will incur full-day charge. —Late check-out request during high occupancy to refer to Duty Managers. —Input information into system under "Departure Time" and "Instructions/Special Fields"		—To verify Check-out time. —To expedite Check-out process.
Coordinate with Concierge.	—Confirm transportation arrangements.		
PREPARED BY		**APPROVED BY**	
DESIGNATION	**SIGNATURE/DATE**	**DESIGNATION**	**SIGNATURE/DATE**

表 10

宾客关系主任:如何办理快捷离店
Handling Express Departures

DEPARTMENT: Front Office		JOB TITLE: Guest Relations Officer	
TASK NO: 08	TASK: Handling Express Departures		
EQUIPMENT REQUIRED: Express Departure Card			
WHAT TO DO	**HOW TO DO IT**		**WHY**
Check and verify details of Express Departure card.	—Check against the system e.g. address signature, credit card number and expire date. —Initial on Departure card once it has been checked. For future departures: —Retrieve registration card and check for credit card details and authorization. —Attach Express Departure card in the Front Desk communication logbook for FDOs' follow up.		—To ensure that all details are correct.
PREPARED BY		APPROVED BY	
DESIGNATION	SIGNATURE/DATE	DESIGNATION	SIGNATURE/DATE

表 11

宾客关系主任:如何带客人看房

Conducting Showroom

DEPARTMENT: Front Office		JOB TITLE: Guest Relations Officer	
TASK NO: 09	TASK: Conducting Showroom		
EQUIPMENT REQUIRED:			
WHAT TO DO	**HOW TO DO IT**		**WHY**
Prepare for planned showroom.	—Confirm name and number of persons and company. —Confirm time. —Contact person and number. —Check area to cover.		—To have an appropriate plan of action.
Obtain relevant details.	Collect: —Showroom keys. —Sales kit e.g. brochures and tariffs. —Business cards.		
Inspect showroom one hour before.	—Ensure room is clean and presentable.		
Lead the group or persons.	—Introduce yourself and present sales kit. —Exchange business cards at the Beginning of showroom. —If showing a group, stay in front. —Converse pleasantly, e.g. hotel background etc.. —Explain facilities and services of the hotel. —Ask for any questions and respond appropriately.		
PREPARED BY		**APPROVED BY**	
DESIGNATION	**SIGNATURE/DATE**	**DESIGNATION**	**SIGNATURE/DATE**

表 12

商务楼层主管:如何打印客人抵达报告和入住登记表

Printing Arrival Reports and Registration Cards

DEPARTMENT: Front Office		JOB TITLE: Purser	
TASK NO: 01	TASK: Printing Arrival Reports and Registration Cards		
EQUIPMENT REQUIRED: Fidelio system, printer, registration card, paper			
WHAT TO DO	HOW TO DO IT		WHY
Load the correct type of paper into the printer.	Use A4 for reports. For registration cards, remove any other paper in the printer, then feed the registration card into the printer. Check for paper alignment and ensure that it is at the right side up.		To ensure that correct information is printed on the appropriate paper type and that the information is printed neatly.
Select report from Fidelio system.	Log into the Fidelio Front Office module and select Options and Report, followed by the specific report required.		To ensure that the correct report is printed.
PREPARED BY		APPROVED BY	
DESIGNATION	SIGNATURE/DATE	DESIGNATION	SIGNATURE/DATE

表 13

商务楼层主管:如何为预期抵达客人准备房间

Preparing Room for Guest Arrival

DEPARTMENT:Front Office		JOB TITLE:Purser	
TASK NO:02	TASK:Preparing Room for Guest Arrival		
EQUIPMENT REQUIRED:VIP Arrival List,Terminal			
WHAT TO DO	**HOW TO DO IT**		**WHY**
Check room forecast for following days.	Shift F4.		In case of full-house situation TC guest are given priority for upgrade.
Review TC arrival.	Check: —Whether guest is new or repeat. —Room type. —Arrival date and time. —Transportation arrangements. —Special requests and amenities.		Ensure guest expectations are met.
Blocking TC rooms.	—Block for early arrival. —Take note on VIP guest and party. —Print reports for Housekeeping, Room Service and Concierge.		—To ensure rooms on same floor are blocked. —In order that Housekeeping and Food and Beverage prepare for arrival.
Preparation process.	—Type room numbers on Welcome folder and Registration cards. —Collect vacant room keys.		—It reflects efficiency.
PREPARED BY		**APPROVED BY**	
DESIGNATION	**SIGNATURE/DATE**	**DESIGNATION**	**SIGNATURE/DATE**

表 14

商务楼层主管:如何监控房态
Monitoring Room Status

DEPARTMENT: Front Office	JOB TITLE: Purser

TASK NO: 03	TASK: Monitoring Room Status

EQUIPMENT REQUIRED: Fidelio workstation

WHAT TO DO	HOW TO DO IT	WHY
Organize registration cards with vacant clean status.	Separate all registration cards according to room status.	For ease in monitoring room status.
	File registration cards with vacant clean status by alphabetical order in the bucket.	To avoid mixing these registration cards with those of other room status. These rooms are ready for sale.
Monitor rooms with vacant dirty status.	Put all rooms with vacant dirty status together according to the expected arrival times with a paper clip.	For easy monitoring and follow-up.
	Label the top most registration card with "VD" to indicate that the registration cards have rooms with vacant dirty status.	To identify the room status as vacant dirty.
	Constantly monitor these rooms by checking the room status in Fidelio.	Room status is continuously changing as maid will immediately update the status whenever they clean the rooms.
	When the status changes from dirty to clean, remove the registration card from the group and file it by alphabetical order in the bucket.	To indicate that the room is ready for check-in.
Monitor rooms with back to back status.	Put all rooms with back-to-back status together with a paper clip and label the top most registration card with "BB" to indicate that the registration cards have rooms back-to-back status.	To group these registration cards together for easy monitoring as well as to identify the room status as back-to-back.

续表

WHAT TO DO	HOW TO DO IT	WHY
	Constantly monitor these rooms by checking the room status in Fidelio.	Room status is continuously changing as maid will immediately updating the status whenever they clean the rooms.
	When the status changes from occupied to vacant, remove the registration card from the group and keep it together with the registration cards which have their room status as vacant dirty.	To indicate monitor new status of the room.
	See above procedure for monitoring rooms with vacant dirty status.	

PREPARED BY		APPROVED BY	
DESIGNATION	SIGNATURE/DATE	DESIGNATION	SIGNATURE/DATE

表 15

商务楼层主管：如何进行房间检查
Room Inspection

DEPARTMENT：Front Office		JOB TITLE：Purser	
TASK NO：04	TASK：Traders Club Room Inspection		
EQUIPMENT REQUIRED：Room keys，Newspapers，VIP arrival list			
WHAT TO DO	**HOW TO DO IT**		**WHY**
Note specific requirements for each arrival.	—Check from Arrival list for specific requests and amenities. —Collect newspapers from Concierge Desk.		To make sure relevant departments have followed up on requests.
Ring the doorbell twice and wait 5 seconds.			To ensure room is vacant.
Switch on Master Light.	—Insert key card into slot.		To ensure that room facilities are in working order.
Check that guest amenities are working and in good condition.	—DND sign. —Wardrobe. —Safe-should be left open with instructions inside. —Minibar/coffee and tea facilities-must be clean；glasses and coffee cups should be clear of water stains and chip free.		
N.B. If faults in VIP rooms could not be rectified in time for VIP arrivals，another must be blocked and respective departments to be informed.	—TV/radio and remote control-check through each channel for transmission as well as volume control in bathroom. —Hairdryer-test on and off. —Stationery folder and Guest Directory. —All switches by bedside. —Telephone-make sure the line is working and Voicemail card is in place. —Air-conditioning and temperature control (set at 22-23 deg.) during summer. —Bathroom-ensure bathtub，toilet bowl and seat，sink and mirrors are clean and dry；towels and amenities should be well stocked and according to standard.		
PREPARED BY		**APPROVED BY**	
DESIGNATION	**SIGNATURE/DATE**	**DESIGNATION**	**SIGNATURE/DATE**

表 16

商务楼层主管:如何迎接客人
Greeting and Welcoming Guests

DEPARTMENT: Front Office		JOB TITLE: Purser	
TASK NO: 05	TASK: Greeting and Welcoming Guests		
EQUIPMENT REQUIRED: Fidelio workstation			

WHAT TO DO	HOW TO DO IT	WHY
Use standard greetings for the guests.	As the guests approach the reception counter, acknowledge their presence by greeting them at least three meters away from the counter. Say, "Good morning/ afternoon/evening, Mr. ×× [if name of guest is known, otherwise use, Sir or Madam]."	To give a positive impression of the hotel as well as to acknowledge the importance of the guest in the hotel; to raise the self esteem of guests by addressing them by their names.
	Establish and keep eye contact with the guest and smile genuinely.	To show that you are genuinely waiting to serve the guest.
	Stand upright with an attentive body posture.	A good body posture indicates good grooming and confidence.
Welcome guests to the hotel.	Say, "Welcome to Traders Hotel, Shenyang." If guest is a return guest, say, "Welcome back to Traders Hotel Shenyang."	To make guests feel at home as well as to proudly announce the name of the hotel.
	Offer assistance and identify guest's name. Use, "May I have your last name, please?"	To retrieve reservation from Fidelio.
If guest should be kept waiting, thank them for waiting.	Use, "Thank you for waiting, Mr./Ms. ××."	To acknowledge that the guest has been waiting and that their patience is appreciated.

PREPARED BY		APPROVED BY	
DESIGNATION	SIGNATURE/DATE	DESIGNATION	SIGNATURE/DATE

表 17

商务楼层主管:如何接待问讯客人、介绍服务设施
Handling Guest Inquiries and Introducing Facilities

DEPARTMENT: Front Office		JOB TITLE: Purser	
TASK NO: 07	TASK: Handling Guest Inquiries and Introducing Facilities		
EQUIPMENT REQUIRED:			
WHAT TO DO	**HOW TO DO IT**		**WHY**
Product Knowledge.	Know the number of outlets. Be aware of the operational hours. Be aware of all other facilities that are available. Knowledge of types of rooms and their rates. Never guess, be sure.		To sell the hotel. Provide accurate information.
Follow up.	For inquiries which you are unable to provide information. Tell the guest that you will check on it and will get back as soon as possible. Check with concierge.		Guest will appreciate. Will have answers or provide alternatives.
PREPARED BY		**APPROVED BY**	
DESIGNATION	**SIGNATURE/DATE**	**DESIGNATION**	**SIGNATURE/DATE**

表 18

商务楼层主管:换房程序
Room Change Procedure

DEPARTMENT: Front Office		JOB TITLE: Purser
TASK NO: 09	TASK: Room Change Procedure	
EQUIPMENT REQUIRED:		

WHAT TO DO	HOW TO DO IT	WHY
Assign a new room.	Use the F3 screen in Fidelio and look for a alternative room.	To prepare for the change.
	Be sure that the room would meet the expectations of guest if room change is initiated by guest.	Guest satisfaction.
Raise the room change form.	Fill all details on the form: e.g. Old room number New room number Name of guest Reason for change FDA signature Baggage Agent's initial Time	To process the room change and to inform departments concerned.
Check with guest time of room change and inquire if guest would be in room.	Call the guest and ask when the guest would liken to process the room change.	Guest comes first.
	Check if guest would be in during the check.	For security reasons.
	Fill in the time the guest would like to have the room change.	To prepare the bellman.
Monitor the time for room change.	Place the form on a designated spot at the reception desk.	For easy monitoring.
Process the room change.	Leave a guest locator.	To ensure that guest receive all their calls, even when the room change is in process.
	Tear the first copy and attach it with the registration card.	

WHAT TO DO	HOW TO DO IT	WHY
	Give all the other 3 copies to the Baggage Agent.	
	If guest is in room send the bellman with the new room key up to the guest.	
	If guest is not in room, another person would escort the baggage agent as a witness.	
	Upon completion of room change, baggage agent would initial on the room change from and return old room key to reception.	
	Cancel guest locator.	
Distributing the room change form.	There are 4 copies: 1st copy-reception 2nd copy-concierge 3rd copy-housekeeping 4th copy-telephone	For record purposes.
Follow-up.	Call the guest immediately after room change to check guest satisfaction.	Guest satisfaction is very important.
Change the room number in the computer and registration card.	Retrieve guest folio and key in the new room number.	To avoid any confusion during billing.
	Cancel the old number on the registration card and write the new number.	

PREPARED BY		APPROVED BY	
DESIGNATION	SIGNATURE/DATE	DESIGNATION	SIGNATURE/DATE

表 19

商务楼层主管:楼层物品保管与申领
Maintaining Inventory and Requisitions

DEPARTMENT: Front Office		JOB TITLE: Purser	
TASK NO: 12	TASK: Maintaining Inventory and Requisitions		
EQUIPMENT REQUIRED:			

WHAT TO DO	HOW TO DO IT	WHY
To make a note in the communication log book.	To write down the things that are running low in supply.	To make requisition easier.
Monitoring the par stock.	To check supplies against the standard par stock.	To ensure that there is always enough supply available.
Raising the requisition form.	Make sure that this is done in a timely manner.	To hand requisition form on the appointed day of the week?
	Look up in the communication log book.	
	Run through existing stock and requisite enough supply to maintain par stock.	
	Get authorization from department head.	
Handing of requisition form to purchasing.	To hand the form to a purchasing personnel for signature.	Acknowledgment.
Filling a copy of the requisition form.	File it systematically in the requisition folder.	Record purposes.

PREPARED BY		APPROVED BY	
DESIGNATION	SIGNATURE/DATE	DESIGNATION	SIGNATURE/DATE

表 20

商务楼层主管:掌握客人离店信息

Departure Messages

DEPARTMENT: Front Office		JOB TITLE: Purser	
TASK NO: 13	TASK: Departure Messages		
EQUIPMENT REQUIRED:			

WHAT TO DO	HOW TO DO IT	WHY
Print departure report for the following day.	Key in the following day's date in the system and print the report.	To monitor tomorrow's departure.
Highlight room number which have no time of departure.	Using a colour highlighter, highlight name and room number which shows no time of departure.	For easy reference.
Check with concierge.	Call concierge and inquire if any last minute transportation arrangements have been made. If yes, update in system.	To ensure update.
Key in the standard departure message.	Go into the message module and only key in the name and room number.	
Deliver message.	Hand the message to the baggage agent immediately.	To avoid any delays.

PREPARED BY		APPROVED BY	
DESIGNATION	SIGNATURE/DATE	DESIGNATION	SIGNATURE/DATE

表 21

商务楼层主管：如何提供叫醒服务

Handling Wake-Up Calls Requests

DEPARTMENT: Front Office		JOB TITLE: Purser	
TASK NO: 14	TASK: Handling Wake-Up Calls Requests		
EQUIPMENT REQUIRED:			
WHAT TO DO	**HOW TO DO IT**		**WHY**
Verify both room number and guest name.	Always check one information against the other information. e. g. If guest calls you and asks for a wake-up call for room number 804. Check with the computer by keying in the room number and verify name of guest.		To ensure that the right guest receives the wake-up call.
Write down details.	Take a piece of paper and write down the exact details. e.g. date, time.		During busy periods, relying completely on memory may not be feasible.
Restate details.	Reconfirm with guest both time and date. Say, "Mr. Tan, you would like to have your wake-up call tomorrow at 6:30 a.m., is that right?"		To check if all facts are right.
To call operator.	Call the operator immediately and inform operator the details clearly.		Delaying to call operator might lead to forgetting the task.
	Ask operator to repeat the details.		To ensure that operator has heard your correctly.
	Thank the operator and inquire name of the operator.		A sense of responsibility.
PREPARED BY		**APPROVED BY**	
DESIGNATION	**SIGNATURE/DATE**	**DESIGNATION**	**SIGNATURE/DATE**

表 22

商务楼层主管：当客人要求推迟离店时
Handling Late Check-Out Requests

DEPARTMENT：Front Office		JOB TITLE：Purser	
TASK NO：16	TASK：Handling Late Check-Out Requests		
EQUIPMENT REQUIRED：			

WHAT TO DO	HOW TO DO IT	WHY
Receive late check-out request from guest.	Ask the guest name and room number.	So guest is aware of the usual check-out time.
	Advise guest of usual check-out time.	
	Inform guest that you are checking.	
	Check with computer if room is block for today's arrival.	To ensure that room is available.
	If room is not blocked and occupancy is low grant late check-out until 1,500 hrs. (If in doubt consult supervisor.)	
	Late check-out request till 1,800 hrs, explain to guest the half day charge.	
	Late check-out after 1,800 hrs will incur a full day charge.	
	Late check-out request during high occupancy refer to Duty Manager.	May not be possible if rooms are not available.
	Upon confirming late check-out, take registration card from bucket and write down under remarks until what time late check-out is given at. And if it is complimentary or chargeable.	Updating information to avoid any mistakes.
		To remind cashier to post the half day charge.
	Also key this information in the computer in remarks of guest folio.	Double assurance for cashiers.

PREPARED BY		APPROVED BY	
DESIGNATION	SIGNATURE/DATE	DESIGNATION	SIGNATURE/DATE

表 23

商务楼层主管:处理失物招领程序

Lost and Found Procedure

DEPARTMENT: Front Office		JOB TITLE: Purser	
TASK NO: 17	TASK: Lost and Found Procedure		
EQUIPMENT REQUIRED:			

WHAT TO DO	HOW TO DO IT	WHY
When guests is inquiring about lost items.	Have eye contact with guest.	To ensure that the correct item is given or found.
	Listen carefully and note down details. a. When did they lost the item. b. Location of the item. c. Description of the item.	
Check with lost and found department.	Call housekeeping department if item is not valuable. e.g. money jewelry.	
	Check with concierge.	Temporarily storage.
	For valuable check with Duty.	
	If there is an item, check with the description given by guest, before giving the item to the guest.	To confirm that item belongs to the right guest.
	Fill up a lost and found form and get guest signature. Give a copy to Housekeeping.	To ensure that guest acknowledge receiving item.
	If item is not found apologize to the guest and inform guest, we will follow-up.	Record purposes. To follow up with security.
	Take down guest details. e. g. name, address, telephone No.	To keep guest inform.
	Inform guest that we will call, if we find out the item.	Show concern.
When faced with a lost and found item.	Collect the item form the founder and thank the person.	Appreciate honesty.

	Raise a lost and found form and fill all details:
	e.g. Name of founder
	     Location
	     Date/Time	

	Deliver the item to housekeeping or give it to the Duty Manager if it is a valuable item.	For safe keeping.

PREPARED BY		APPROVED BY	
DESIGNATION	SIGNATURE/DATE	DESIGNATION	SIGNATURE/DATE

表 24

商务楼层主管：如何做好交接班记录

Maintaining Communication Log Book

DEPARTMENT：Front Office		JOB TITLE：Purser	
TASK NO：18	TASK：Maintaining Communication Log Book		
EQUIPMENT REQUIRED：			

WHAT TO DO	HOW TO DO IT	WHY
Reading communication log book.	To read communication log book once you come on duty.	Important information.
Follow up.	Just right down things that are needed to be done. e. g. to requisite foreign currency forms or to follow up with a guest complaint.	So that action can be taken.
Standard location.	Agree to place the communication log book at a designated position.	Convenient and easier access.
Acknowledgment.	After reading the communication log book, initial at the bottom.	To be able to tell at a glance how many have read.
	After completing a follow-up, indicate that it has been done. By writing the work done.	

PREPARED BY		APPROVED BY	
DESIGNATION	SIGNATURE/DATE	DESIGNATION	SIGNATURE/DATE

表 25

商务楼层主管：如何接受预订

Taking Reservations

DEPARTMENT：Front Office		JOB TITLE：Purser
TASK NO：19	**TASK**：Taking Reservations	
EQUIPMENT REQUIRED：		

WHAT TO DO	HOW TO DO IT	WHY
Receive reservation.	Take reservation form （White） and record all information in duplicated copies.	For record purposes.
Greet and obtain name of caller and company.	Inquire date/day/month.	To ensure that rooms are available.
	Number of nights.	
	Check in the system the room availability.	
	If rooms are not available, offer to put guest on waitlist.	
	If available, determine the room type.	
Upselling.	Determine number of pax.	To determine room type and rate.
	Recommend the highest grade of room, followed by lower grades.	
Determine guest name.	Ask surname, followed by first name.	To ensure that name is correct.
Ask for address and contact number.	Inquire politely and explain to guest the importance.	For references.
Check for special arrangement.	Ask guest for arrival/departure details.	
	Offer limousine service and advice for any change of flight details.	
Determine billing arrangement.	Ask guest politely if it is on his account and of he would like to guarantee the reservation. Explain that accommodation will be charged if no cancellation is received.	

WHAT TO DO	HOW TO DO IT	WHY
	If yes, ask for billing instruction; for credit card payments, take down credit card number.	
	If no guaranteed, inform guest that room is hold until 1,800 hrs and arrival after 18:00 hrs will be subjected to availability.	
	For company account, ask for guarantee letter to be sent prior to guest arrival.	For billing purposes.
Repeat.	Repeat all the details and confirm with caller.	To ensure accuracy.
Thank the caller.	Thank the caller for calling.	Show appreciation.
Deliver.	Hand the reservation form to the department for updating in the system.	To maintain record.
	NOTE: If reservation department is not operating and reservation is for that particular day, then create the reservation in the system or refer to Duty Manager immediately.	

PREPARED BY		APPROVED BY	
DESIGNATION	SIGNATURE/DATE	DESIGNATION	SIGNATURE/DATE

表 26

商务楼层主管:如何办理快捷离店
Handling Express Departures

DEPARTMENT: Front Office		JOB TITLE: Purser	
TASK NO: 21	TASK: Handling Express Departures		
EQUIPMENT REQUIRED:			

WHAT TO DO	HOW TO DO IT	WHY
Check and verify details of express departure.	Check express departure card against the system. e.g. Address 　　　Signature	To ensure that all details are correct.
	Initial on the express departure card, once it has been checked.	To ensure that it has been checked.
	Retrieve registration card and check for credit card details and authorization.	To ensure payment.
Attach express departure card with the communication log book.	Using a stapler, attach it on the correct page according to the date for follow-up.	Follow-up.
	When following-up on the actual day of departure, follow procedures of settlement.	
	Copies of credit card slips and folio would be handed together to accounts.	For billing purposes.
	A copy of the registration card is attached to the folio, for accounts.	Guest signature needed to authorize payment.

PREPARED BY		APPROVED BY	
DESIGNATION	SIGNATURE/DATE	DESIGNATION	SIGNATURE/DATE

表 27

商务楼层贴身管家：迎客服务
Butler Welcome Service

DEPARTMENT：Front Office		JOB TITLE：Purser
TASK NO：22	**TASK：Butler Welcome Service**	
EQUIPMENT REQUIRED：		

WHAT TO DO	HOW TO DO IT	WHY
Check for new arrivals.	Obtain arrival list with arrival time and guest name.	Be aware of arrival time, ensure correct service sequence and greet guest by name.
Prepare welcome tray.	Complete tray by： Placing tray mat on tray. Take cold/hot towel and place in holder. Place one coaster on tray. Place Vase with Flower on tray. Collect Welcome Drink from Traders Club Lounge Bar.	To cover tray. To refresh guest after traveling. For presentation.
Proceed to guest room with tray.	Ring Bell or knock 3 times and announce "Butler Service".	
When guest answers the door.	Introduce yourself by： "Welcome to our Traders Club Mr./ Mrs. _____. My name is _____ and I am your Butler. Where may I place your refreshment?"	To welcome the guest. To introduce yourself.
Place drink in requested area.	Place coaster onto surface. Place drink on top of coaster. Offer guest the cold/hot towel. Pick up used towel and place on tray.	Avoid stains on surface.
Explain to the guest the service you offer.	"May I unpack your luggage?" Will you have any items for pressing or laundry?" We will be pleased to press one of your suits free of charge. "We offer morning tea/coffee service with daily newspaper what time will be convenient for you Mr./Mrs. _____.	If "Yes" please see different Task Break down. If "Yes" take the items, fill out laundry list and place items into bag. Log into Butler's Log Book.
Leave the room.	Pick up laundry. Remove tray. Greet guest with： "Have a pleasant stay with us, please call me for any assistance you may require."	Send to laundry. Make the guest feel comfortable.

PREPARED BY		APPROVED BY	
DESIGNATION	**SIGNATURE/DATE**	**DESIGNATION**	**SIGNATURE/DATE**

表 28

商务楼层贴身管家：为客人开箱整理衣物
Unpacking of Guest Luggage

DEPARTMENT：Front Office		JOB TITLE：Butler	
TASK NO：23	TASK：Unpacking of Guest Luggage		
EQUIPMENT REQUIRED：			
WHAT TO DO	**HOW TO DO IT**		**WHY**
Place suitcase on top of luggage bench.	Open suitcase.		Ensure nothing can fall out when opening.
	Hang trousers, skirts, jackets onto hangers.		Put into wardrobe.
	Remove shirts and blouses and ask guest if he/she wishes to place on hangers or leave folded.		Ask guest if pressing is required. Place as guest requires.
	Place socks and underwear neatly into drawers.		
	Remove shoes and place on wardrobe floor.		
	Take the toiletries and place in the bathroom on top of the counter.		
	After completion, close the suitcase and position neatly on the luggage rack.		
PREPARED BY		**APPROVED BY**	
DESIGNATION	**SIGNATURE/DATE**	**DESIGNATION**	**SIGNATURE/DATE**

表 29

商务楼层主管:留言和传真的传送
Message/Fax Directory

DEPARTMENT: Front Office	JOB TITLE: Purser

TASK NO: 24	TASK: Message/Fax Directory

EQUIPMENT REQUIRED:

WHAT TO DO	HOW TO DO IT	WHY
Expedite Messages and faxes for Club guest.	Faxes received at any machine in the Hotel shall be refaxed to the Club extension. Messages are entered into the computer system and the message light turned on. Hard copies are sent via the Bell staff to the Club Purser. Hand written messages left at the Front Desk are also sent to the Club Purser.	A Club guest is most often a business traveler. Timely receipt of messages and faxes are of critical importance.
Deliver to Room.	Faxes are placed into a sealed envelope. Purser to take all messages and place them in a designated area in the room.	A business traveler often has many documents in the room. The area where messages are place, should be conspicuous.

PREPARED BY		APPROVED BY	
DESIGNATION	**SIGNATURE/DATE**	**DESIGNATION**	**SIGNATURE/DATE**

表 30

商务楼层主管：早餐与鸡尾酒服务
Breakfast & Cocktails

DEPARTMENT：Front Office		JOB TITLE：Purser	
TASK NO：25	TASK：Club-Breadfast & Cocktails		
EQUIPMENT REQUIRED：			

WHAT TO DO	HOW TO DO IT	WHY
1. Breakfast operation： 0700 hrs-1,000 hrs Table set up and buffet area preparation.	—Should have table set up the night before the breadfast operations in accordance to F & B standards and breadfast buffet area should be co-ordinated with the Food & Beverage/chefs.	—Ensure guest expectations are met.
2. Hot & Cold Beverages preparation and service.	—Beverages are readily available and extend servings to Traders Club guest.	—Efficiency of service.
3. Table clearing and settings.	—Ensure that all used cutleaves and glasses are cleared and replaced accordingly.	—For turn-around of a new guest.
4. Cocktail operations： 1,730 hrs-2,000 hrs drinks, cocktail and camapies availability.	—Co-ordinate preparations and ensure sufficient drinks availability and camapies.	—Ensure guest expectations are met.

PREPARED BY		APPROVED BY	
DESIGNATION	SIGNATURE/DATE	DESIGNATION	SIGNATURE/DATE

表 31

话务员:如何接受客人的电话投诉

Telephone Complaints

DEPARTMENT: Front Office		JOB TITLE: Telephone Operator	
TASK NO: 18	TASK: Telephone Complaints		
EQUIPMENT REQUIRED: Record Book			
WHAT TO DO	**HOW TO DO IT**		**WHY**
Acknowledge.	—Note the guest room number or extension number.		Keeps the extn user informed.
Prioritize.	Priority must be given to any occupied guest room complaint.		Guest services must not be interrupted.
Investigate.	The complaint should be investigated and all faults, if any, must be identified within half an hour of the complaint being raised.		To confirm the telephone fault.
Report.	Telephone complaints must be reported to the Fault/Control immediately or 9:00 am. daily.		To have the complaint attended to within the same day.
Record.	Note all telephone complaints in the Telephone Complaints Record Book.		For reference.
Advise.	Apologize and advise the guest. Inform the guest/admin. user that the fault will be attended to. If the guest is not able to wait, inform the GRO or the Duty Manager of the situation.		Guest must be inform of the situation. For a possible room change if occupancy permits.
Follow-up.	Ensure that the complaint is rectified. Note: Upon arrival of the technician... Arrange for the security to accompany the technician to the guest room until the fault is rectified.		Assure the guest the security of his belongings.
PREPARED BY		APPROVED BY	
DESIGNATION	SIGNATURE/DATE	DESIGNATION	SIGNATURE/DATE

表 32

话务员:当客人需要医生时

Request for Doctor

DEPARTMENT: Front Office		JOB TITLE: Telephone Operator
TASK NO: 20	**TASK: Request for Doctor**	
EQUIPMENT REQUIRED: Telephone and Log Book		

WHAT TO DO	HOW TO DO IT	WHY
Prompt Attention.	—Listen to all requests for the doctor —Note the guest name and the room number.	To obtain correct information. To treat all requests for the doctor with top priority and urgency.
Assure the guest.	Let the guest know that you will be calling the doctor immediately. (After office hours.) —Inform the guest that you have to page for the doctor on call and may take a while for the doctor to respond.	To keep the guest informed.
Call doctor's clinic. (During office hours)	—Identify yourself. —Furnish information. —Note the doctor's name. —Note the date and time. —Connect the doctor to the guest.	To advise the doctor of the guest request. The doctor will speak directly to the guest.
Page for the Doctor. (after office hours)	Page for the doctor on call. Set a DND on the guest room number. Keep the operators informed of the request for the doctor. Inform the Duty Manager and the GRO informed of the guest request for follow-up on the guest. Log on details of the situation for FOM acknowledgment.	A doctor will be on call after the clinic' consultation hours.
Doctor's response to the call.	Inform the guest of the doctor's response. Connect the doctor to the guest. Check with the guest if the doctor will be doing a house call on the guest.	
Report.	Log in report in detail of the situation.	

WHAT TO DO	HOW TO DO IT	WHY
Follow up with guest.	Ask the guest if the doctor would be coming.	
Report.	Log in the request Note： —The guest name. —The room number. —Time of the request. —Time of the paging. —Time the doctor responded. —Name of the Duty Manager informed.	For Acknowledgment.

PREPARED BY		APPROVED BY	
DESIGNATION	SIGNATURE/DATE	DESIGNATION	SIGNATURE/DATE

表 33

话务员：如何进行话费结算

Manual Billing

DEPARTMENT：Front Office		JOB TITLE：Telephone Operator	
TASK NO：24	TASK：Manual Billing		
EQUIPMENT REQUIRED：Calculator			

WHAT TO DO	HOW TO DO IT	WHY
IDD calculation.	—Duration divided by block of 1 minute =number of blocks × rate ×10% surcharge =amount × 3% =total	Guest must be informed.
STD calculations.	Duration divided by block of 10 units =total number of blocks × rates =total × surcharge =total ×3% =total	
Overseas. Operator assisted call through. Telecom. (Station Call)	Duration × rate=total × surcharge=total × 3%=total	
Overseas. Operator assisted call through. Telecom(Person to Person)	Duration × rate=total + 2 minutes personal fee =total × surcharge =total × 3% GST =total Second attempt cancellation fee depending on country.	
STD operator assisted call through Telecom. (Station)	Duration × rate block of 3 minutes =total × surcharge =total × 3% GST =total	
STD operator assisted call through Telecom. (Person to Person)	Duration × rate block of 3 minutes =total + 70 cents personal fee =total × surcharge =total × 3% GST =total	
Ship call through Telecom.	Duration × _____ rate per minute =total × surcharge =total × 3% GST =total Cancellation fee _____ × surcharge =total × 3% GST =total	
PREPARED BY		APPROVED BY	
DESIGNATION	SIGNATURE/DATE	DESIGNATION	SIGNATURE/DATE

表 34

话务员：工作日志报告

Logging Report

DEPARTMENT：Front Office		JOB TITLE：Telephone Operator	
TASK NO：31	TASK：Logging Report		
EQUIPMENT REQUIRED：			
WHAT TO DO	**HOW TO DO IT**		**WHY**
Logging report-monitor.	Monitor that reports are printed smoothly.		System captures all IDD/STD and guest's local calls. Records Minibar charges. Records Message Light status.
Guest IDD/STD/LOCAL Call report.	All calls made from the guest room will be printed out to account for. IDD and STD calls made from administration extension will be printed and accounted for. Report will indicate claimed messages for both Voice Text message. Report reads as... < < voice message light-Room number. Not Off （Text avail）> > indicates that the guest has retrieved his voice message. Report reads as... < < Text message Light-Room no. voice Avail >> indicates that the guest has retrieved his Text messages.		Reports the type of message the e guest has retrieved.
PREPARED BY		**APPROVED BY**	
DESIGNATION	**SIGNATURE/DATE**	**DESIGNATION**	**SIGNATURE/DATE**

表 35

话务员:如何做好话务日志
Logging Report-monitor

DEPARTMENT: Front Office		JOB TITLE: Telephone Operator	
TASK NO: 31	TASK: Logging Report-monitor		
EQUIPMENT REQUIRED:			

WHAT TO DO	HOW TO DO IT	WHY
Logging report-monitor.	Monitor that reports are printed smoothly.	System captures all IDD/STD and guest's local calls. Records Minibar charges. Records Message Light status.
Guest IDD/STD/LOCAL Call report.	All calls made from the guest room will be printed out to account for. IDD and STD calls made from administration extension will be printed and accounted for. Report will indicate claimed messages for both Voice Text message. Report reads as... << voice message light-Room number. Not Off (Text avail) >> indicates that the guest has retrieved his voice message. Report reads as... << Text message Light-Room no. voice Avail >> indicates that the guest has retrieved his Text messages.	Reports the type of message the e guest has retrieved.

PREPARED BY		APPROVED BY	
DESIGNATION	SIGNATURE/DATE	DESIGNATION	SIGNATURE/DATE

表 36

话务员:如何处理骚扰电话

Handling Nuisance Calls

DEPARTMENT: Front Office		JOB TITLE: Telephone Operator	
TASK NO: 32	**TASK: Handling Nuisance Calls**		
EQUIPMENT REQUIRED: Switchboard			
WHAT TO DO	**HOW TO DO IT**		**WHY**
Acknowledge.	—Answer within 3 rings. —Smile. —Greeting.		—Prompt Service.
Listen.	—Don't interrupt.		
Explain.	—Explain to the caller that you would appreciate that he could stop calling.		Be tactful.
Redirect the call.	—If the call gets persistent. a. Inform the Assistant Manager or the security to handle the call. b. Inform the respective person the nature of the call.		
Conclude the call.	Be firm but polite and end the call.		
PREPARED BY		APPROVED BY	
DESIGNATION	SIGNATURE/DATE	DESIGNATION	SIGNATURE/DATE

附录5 前厅部新员工培训检查表

FRONT OFFICE NEW EMPLOYEE TRAINING CHECKLIST

Name of Employee

员工姓名：＿＿＿＿＿＿

Position

职位：＿＿＿＿＿＿

Date Joined

入职日期：＿＿＿＿＿＿

This checklist is designed for the new hired employees and trainees whose training period lasts for 3 months or more.

该新员工培训检查表是为新员工和实习生在3个月或更长工作时间而设计的。

The participant has to go through this entire program within 3 months, to confirm the probation period in the position and successfully complete the training. It is the responsibility of the department head to ensure that the participant is proficient in all the tasks by continuous assessment during the course of the program. 参与者要在3个月内完成所有的项目，它将作为确认参与者是否能够通过试用期或者是否成功完成所有的培训项目有力证明。部门经理要确保参与者在培训的过程中都精通这些题目。

Content/Goal 内容/目标	Date 日期	Duration 培训时长	Trainer's Name 培训员姓名	Proficiency Pass(P)/ Fail(F) 熟练程度	Retrain, if necessary		Trainer's Signature 培训员签字
					Date 日期	Proficiency: Pass（P）/ 通过（P） Fail（F） 失败（F）	
Orientation **入职培训**							
Orientation Day 1 入职培训第一天							
Orientation Day 2 入职培训第二天							
Orientation Day 3 入职培训第三天							

Content/Goal 内容/目标	Date 日期	Duration 培训 时长	Trainer's Name 培训员 姓名	Proficiency Pass(P)/ Fail(F) 熟练程度	Retrain, if necessary		Trainer's Signature 培训员 签字
					Date 日期	Proficiency： Pass（P）/ 通过(P) Fail（F） 失败(F)	
Corporate Culture Related Training Program 与企业文化相关的培训项目							
Basic Personal Hygiene 酒店个人卫生							
Department Introduction **部门简介**							
Front Office Organization Chart 介绍前厅部组织结构图							
Employees' Right Concepts about Guests 员工对客人应持的正确理念介绍							
Showing Around All Sections of Front Office 前厅部参观							
Introduction to Front Desk Layout 简介前台的布局							
Basic Hotel Product Knowledge 酒店产品基本知识介绍							
Introduction to Cost Control 简介如何节约成本							
Job Descriptions 工作职责描述							
Importance of Teamwork 团队精神的重要性							

续表

Content/Goal 内容/目标	Date 日期	Duration 培训 时长	Trainer's Name 培训员 姓名	Proficiency Pass(P)/ Fail(F) 熟练程度	Retrain, if necessary		Trainer's Signature 培训员 签字
					Date 日期	Proficiency： Pass（P）/ 通过（P） Fail（F） 失败（F）	
Basic Telephone Skills **基本服务技巧-电话技能**							
How to answer incoming calls 如何接听电话							
How to place calls on hold 如何保持电话							
How to transfer calls 如何转接电话							
How to handle inquiries 如何处理问讯电话							
How to take down message 如何留言							
Basic Service Skills-Guest Contact Skills **基本服务技巧-与客人接触的技能**							
How to greet guest upon meeting them in the lobby 在大堂如何问候客人							
How to introduce hotel products and inform guests of daily specialty or promotional items 介绍酒店产品和每天的特殊促销项目							
How to guide guest to hotel outlets 带领客人去酒店的消费场所							
How to thank guests for business 感谢客人给我们带来生意							

Content/Goal 内容/目标	Date 日期	Duration 培训 时长	Trainer's Name 培训员 姓名	Proficiency Pass(P)/ Fail(F) 熟练程度	Retrain, if necessary		Trainer's Signature 培训员 签字
					Date 日期	Proficiency： Pass（P）/ 通过(P) Fail（F） 失败(F)	
Basic Service Skills-VIP Program **基本服务技巧-贵宾计划**							
Introduction to VIP Program 贵宾计划简介							
Levels of VIP Members 贵宾计划的级别							
VIP Member Detailed Information 贵宾成员的具体细节							
VIP Member Benefits 贵宾成员利益							
VIP Member Enrolment 如何吸引客人成为我们的贵宾 成员							
VIP Member Amenities 贵宾成员的备品							
How to update VIP Member Notice Board of own section 当天的贵宾成员到店名单							
Basic Service Skills-Frequent Flyer Program（FFP） **基本服务技巧-飞行里程计划**							
Introduction to FFP 介绍飞行里程计划							
Various types of FFP 不同种类的飞行里程							
Promotion Code of FFP 飞行里程的代码							

续表

Content/Goal 内容/目标	Date 日期	Duration 培训时长	Trainer's Name 培训员姓名	Proficiency Pass(P)/ Fail(F) 熟练程度	Retrain, if necessary		Trainer's Signature 培训员签字
					Date 日期	Proficiency: Pass (P)/ 通过(P) Fail (F) 失败(F)	
Conditions of FFP claiming 积累飞行里程的条件							
Relation between VIP & FFP 飞行里程计划和贵宾计划的关系							
Check FFP report 检查飞行里程计划的报告							
FFP List 与我们签订合同的航空公司表							
Names of Flight Companies 最常用的航空公司的名称							
How to add the FFP 如何累计飞行里程							
Basic Service Skills-Booking Room **基本服务技巧-房间预定**							
Types of rooms 房间类型							
Configuration of rooms 房间构造							
Room Rate 房间价格							
Reservation Function Keys 预定功能键的使用							
Key points of room booking 房间预定时的关键点							

Content/Goal 内容/目标	Date 日期	Duration 培训时长	Trainer's Name 培训员姓名	Proficiency Pass(P)/ Fail(F) 熟练程度	Retrain, if necessary		Trainer's Signature 培训员签字
					Date 日期	Proficiency: Pass (P)/ 通过(P) Fail (F) 失败(F)	
How to make reservation in computer 在电脑里如何给客人做预定							
Basic Service Skills-Identifying Passport **基本服务技巧-护照的识别**							
Introduce structure of passport 介绍护照的结构							
Types of Passport 介绍护照的种类							
Introduction to VISA 介绍签证							
Types of VISA 签证的种类							
What kind of information on（not of）Passport should be registered 什么样的信息可以告诉我们,此护照已经有效							
Basic Service Skills-Updating Profile **基本服务技巧-客史资料的更新**							
Introduction to Profile 介绍客史资料							
Types of Profile 客史资料的种类							
Format of Profile updating 客史资料更新的格式							

续表

Content/Goal 内容/目标	Date 日期	Duration 培训时长	Trainer's Name 培训员姓名	Proficiency Pass(P)/ Fail(F) 熟练程度	Retrain，if necessary		Trainer's Signature 培训员签字
					Date 日期	Proficiency：Pass（P）/ 通过（P） Fail（F） 失败（F）	
Guest Type Code 客人种类的数字代码							
How to save a profile 如何保留客史资料							
How to select another profile 如何选择其他的客史资料							
How to merge profile 如何合并客史资料							
How to recognize VIP & Non VIP profile 如何辨别贵宾会员和非贵宾会员客史							
How to recognize ORS number 如何辨别客史的 ORS 号码							
How to check guest's preference 如何查看客人的喜好							
How to check guest Remarks 如何看客人的 Remarks							
How to recognize Membership Status 如何辨别贵宾会员的会籍的状况							
How to recognize Profile No. 如何辨别客人的客史号码							
How to do Central Look Up 如何从系统中调出客人的客史记录							

Content/Goal 内容/目标	Date 日期	Duration 培训时长	Trainer's Name 培训员姓名	Proficiency Pass(P)/ Fail(F) 熟练程度	Retrain, if necessary		Trainer's Signature 培训员签字
					Date 日期	Proficiency: Pass（P）/ 通过(P) Fail（F） 失败(F)	
Basic Service Skills-Issuing Keys **基本服务技巧-钥匙的分发**							
Key issuing policy 给客人发放钥匙的规定							
How to fill in Key Authorization Form 如何填写钥匙授权书							
Confirm the departure date 与客人确认离店日期							
Basic Service Skills-FIDELIO **基本服务技能-FIDELIO**							
Introduction to Billing Instruction of FIDELIO system 介绍房间账单							
Different types of settlement 不同的结账方式							
Procedures on handling various types of settlement 不同结账方式的规定							
Basic EDC operation 基本的信用卡机器的操作							
Cash Flow policy 备用金的规定							
Cashier Function 跟做账有关的功能键							

续表

Content/Goal 内容/目标	Date 日期	Duration 培训 时长	Trainer's Name 培训员 姓名	Proficiency Pass(P)/ Fail(F) 熟练程度	Retrain, if necessary		Trainer's Signature 培训员 签字
					Date 日期	Proficiency： Pass（P）/ 通过（P） Fail（F） 失败（F）	
Close Cashier 如何管自己的账							
Check In function C/I 的功能键							
How to find guest's reservation in computer 如何查询客人的预订							
Checking Out Function C/O 的功能键							
Main Menu 主菜单							
Advance Bill 如何做预离账单							
Deposit refund 押金的返还							
Pay only 付款							
How to use manual voucher of credit card for upon settlement 如何在客人结账时使用手工单							
Posting function 入账功能键							
How to exchange money 如何兑换钱币							
"Walk In"guest Function Key 如何使用"散客"的功能键							

Content/Goal 内容/目标	Date 日期	Duration 培训 时长	Trainer's Name 培训员 姓名	Proficiency Pass(P)/ Fail(F) 熟练程度	Retrain, if necessary		Trainer's Signature 培训员 签字
					Date 日期	Proficiency： Pass（P）/ 通过（P） Fail（F） 失败（F）	
How to do "combine share" 如何做"combine share"							
How to print out guest folio 如何给客人打印账单							
How to change room 如何换房							
How to extend for guest 如何给客人延房							
How to chase a customer/guest from Due Out room 如何催欲离房间							
How to block rooms for VIP's arrival 如何给重要的客人封房间							
How to do routing bill 如何做"routing"分账							
How to leave trace 如何留"trace"							
How to key in "PTO" 如何输入"PTO"							
How to do cash advance 如何做现金垫款							
How to settle bill for apartment guest 如何给公寓客人结账							

续表

Content/Goal 内容/目标	Date 日期	Duration 培训 时长	Trainer's Name 培训员 姓名	Proficiency Pass(P)/ Fail(F) 熟练程度	Retrain, if necessary		Trainer's Signature 培训员 签字
					Date 日期	Proficiency： Pass（P）/ 通过（P） Fail（F） 失败（F）	
How to handle bill for non in-house guest 如何处理不在酒店入住客人的账单							
How to c/o guest by City Ledger 如何给结账客人挂账							
How to do rebate 如何给客人折扣							
How to do late charge 如何做托收							
How to post Rental Shop's bill 如何给外租店做客账							
How to key in Authorization and Card No. 如何输入授权号和信用卡号							
How to read House Status 如何查看房间状况							
How to check guest's room history 如何查看房间以往的记录							
How to settle bill for long staying guest 如何给长住客人结账							
How to assign room for group 如何给团队安排房间							
How to check out group 如何给团队结账							

Content/Goal 内容/目标	Date 日期	Duration 培训 时长	Trainer's Name 培训员 姓名	Proficiency Pass(P)/ Fail(F) 熟练程度	Retrain, if necessary		Trainer's Signature 培训员 签字
					Date 日期	Proficiency： Pass（P）/ 通过（P） Fail（F） 失败（F）	
How to make combine-share for joining in group member 如何给团队的客人做结合入住							
How to do "Break Share" 如何做分离入住							
Confirm room nights, room type, room rate, etc. with guest 如何与客人确认房间类型、入住间夜、房间价格等							
Basic Operation Training **基本的运作培训**							
SOP Review SOP 培训 standard operation procedures							
FIDELIO System Operation Training FIDELIO 系统的运作培训							
Service Scenario of Front Desk 前台的服务情景培训							
On-the-job training schedule 新员工的在岗培训							
How to key in local PSB & foreign PSB public security bureu 传送输入客人记录							
How to fill in invoice 如何填写发票							

续表

Content/Goal 内容/目标	Date 日期	Duration 培训 时长	Trainer's Name 培训员 姓名	Proficiency Pass(P)/ Fail(F) 熟练程度	Retrain, if necessary		
					Date 日期	Proficiency： Pass（P）/ 通过（P） Fail（F） 失败（F）	Trainer's Signature 培训员 签字
How to use Voice Mail System to verify the credit card 如何利用语音留言系统确认信用卡							
How to print out R/C 如何打印住宿登记表							
How to use Laser Printer 如何用激光打印机							
How to imprint credit card 如何压信用卡							
How to use function keys 如何使用功能键							
How to check L & F 如何查询失物招领							
How to make courtesy call 如何给客人打礼仪电话							
How to open safety box 如何开保险箱							
How to register guest upon C/I 如何给客人做登记							
How to fill in Temporary Receipt of Deposit 如何填临时收据							
How to handle walk-in guest 如何处理散客							

Content/Goal 内容/目标	Date 日期	Duration 培训 时长	Trainer's Name 培训员 姓名	Proficiency Pass(P)/ Fail(F) 熟练程度	Retrain, if necessary		Trainer's Signature 培训员 签字
					Date 日期	Proficiency: Pass (P)/ 通过(P) Fail (F) 失败(F)	
How to collect name card from guest 如何从客人那里拿到名片							
How to handle guest booking from Travel Agency 如何处理旅行社预订的房间							
How to read long staying contract 如何阅读长住客的合同							
How to fill in Payment Authorization Form 如何填写授权单							
How to fill in Cashier Remittance Envelop 如何填写现金收入信封							
How to get back Due Back 如何收取应付款							
How to print report 如何打印报告							
How to handle fire alarm 如何处理火警							
How to read group Resume 如何阅读团队信息							
How to handle guest complaint 如何处理客人投诉							
Taking ownership and responsibility 主人翁责任感							

续表

Content/Goal 内容/目标	Date 日期	Duration 培训 时长	Trainer's Name 培训员 姓名	Proficiency Pass(P)/ Fail(F) 熟练程度	Retrain, if necessary		Trainer's Signature 培训员 签字
					Date 日期	Proficiency: Pass（P）/ Fail（F） 通过（P） 失败（F）	
How to do Inventory 如何盘点							
How to save cost 如何节约成本							

Trainee's Comments　新员工意见 _____

_____

Department Trainer's Comments　部门培训经理意见 _____

_____

Department Head's Comments　部门经理意见 _____

_____

Confirmation Status：YES/NO　If NO, state the reason：_____
情况确认：　　　　　　是/ 否。　如果是否,请说明原因_____

_____

Trainee's Signature　　　　　　　Department Trainer's Signature
被培训者的签名　　　　　　　　　部门培训员的签名
Date　　　　　　　　　　　　　　Date
日期　　　　　　　　　　　　　　日期
Department Head's Signature
部门经理的签名
Date：
日期：
Note：To be returned to Human Resources Department upon completion of training.

备注：请在培训完成后,将该表返回人力资源部。

附录6　前厅部员工工作考核表

前厅部员工工作考核表

姓名		年　龄		等级划分	优秀:90分以上
部门		入职时间			良好:80分(不含80分)
岗位		本岗时间			好:70分(不含70分)
职级		本级时间			一般:60分(不含60分)
考核时段	201×年01月01日~201×年06月30日				较差:60分以下(不含60分)

分数项目	优秀 10~9	良好 9~8	好 8~7	一般 7~6	较差 6~0	自评	考评人 1	2	3	4	总评
工作守时与考勤	能保持很好的考勤记录,在考核期限内绝无迟到、早退或缺勤										
仪容仪表	服装整洁、规范,仪表端庄,精神饱满,举止优雅,注意个人仪态、微笑和个人的清洁卫生,并经常保持适当的修饰										
礼节礼貌	非常注意礼节礼貌,经常保持微笑,见到客人能主动问候并能使用礼貌用语和标准服务用语进行服务										

续表

| 分数
项目 | 优秀
10~9 | 良好
9~8 | 好
8~7 | 一般
7~6 | 较差
6~0 | 自评 | 考评人 | | | | 总评 |
							1	2	3	4	
工作质量效率业绩	工作高度负责,工作质量佳,极少出差错,工作业绩好,能超额完成工作指标,时效性强,能超期望值完成各项工作										
工作能力	有较强的计划、组织能力,对酒店与部门布置的工作能够合理安排;有较强的协调能力,处理各种问题能够坚持原则但又不失灵活;工作态度稳定、工作表现的习惯行为成熟;对酒店状况了解,在工作过程中积累的工作思路、方法多,创新意识强并能够解决实际问题										

分数\n项目	优秀\n10~9	良好\n9~8	好\n8~7	一般\n7~6	较差\n6~0	自评	考评人				总评
							1	2	3	4	
业务知识能力	知识面广,可胜任多种工作,对本职工作有充分认识,极少需要指导										
服务态度	对客主动热情、礼貌亲切、耐心周到、细致入微、为客人着想、乐于助人、服务准确及时										
团队意识	整体观念强、工作尽职尽责、能够严格执行各项规章制度、维护酒店与部门利益,对违反制度的行为能够坚决制止										
合作态度	团结协作意识强,积极主动配合他人工作,以大局为重,不计较个人得失,能接受他人正确意见,注意整体利益,具有与他人主动沟通的意识,能为工作事宜主动与他人沟通										

续表

分数 项目	优秀 10~9	良好 9~8	好 8~7	一般 7~6	较差 6~0	自评	考评人				总评
							1	2	3	4	
培训 学习	能够按时、按次参加酒店、部门组织的培训；能够认真掌握培训内容,并能按要求将培训内容运用到工作中										
道德 品质	热情敬业,乐于奉献,公而忘私,诚实守信、有正义感、宽人律己										

被考评人意见或建议：

被考评人签字：

考核评语:

　　　　是一位工作表现一贯卓越的非常好的员工;

　　　　是一位有能力去完成预期工作,表现良好的员工;

　　　　是一位工作表现较好,在若干方面具备长处,但需要通过改进收到更佳效果的员工;

　　　　是一位工作表现平平,需要继续努力,以求达到更佳工作表现的员工;

　　　　是一位需要改善工作表现,才能达到基本的工作要求的员工。

对被考评人的建议:

　　□　适合晋升

　　□　可重点培养

　　□　已熟悉现职,可考虑安排同级其他岗位工作

　　□　对现岗位尚未熟悉,仍需锻炼

　　□　不适合现职,需要调换岗位

　　□　已尽所能,但潜力不大,不能胜任工作,建议:A 降职　　B 辞退　　C 调岗

　　□　该员工在工作、培训中需要注意

　　　　　　　　　　　　　　　　　　　　　　　　　　　　　　考评人:

人力资源部核定:

　　　　　　　　　　　　　　　　　　　　　　　　　　　　　　盖章:

　　　　　　　　　　　　　　　　　　　　　　　　　　　　　　日期:

考核办法

一、日常考核占 20%

1.日常考核满分 100 分;

2.内容主要包括考核期内工作中的口头提醒与奖罚,每次口头提醒扣 5 分,每张奖励单根据金额不同视情况加 10~20 分,每张处罚单根据金额不同视情况扣 10~20 分;

3.考核形式以日常工作记录为依据,将记录进行统计整理,算出考核成绩。

二、培训考核占 20%

1.培训考核满分 100 分;

2.内容主要包括考核期内每次的培训成绩;

3.考核形式以培训考核试卷为依据,将成绩进行统计整理,算出考核成绩。

三、绩效考核占 60%

1.绩效考核满分 100 分;

2.内容主要以前厅部"员工工作考核表"为主;

3.考核形式采用员工自评、同事互评、领班经理考评的方法。

前 厅 部

20××年 06 月 16 日

参考文献

［1］刘伟.酒店管理［M］.北京：中国人民大学出版社,2014.

［2］刘伟.前厅与客房管理［M］.3版.北京：高等教育出版社,2012.

［3］刘伟.前厅管理［M］.2版.北京：高等教育出版社,2012.

［4］刘伟.客房管理［M］.2版.北京：高等教育出版社,2012.

［5］刘伟.现代饭店前厅运营与管理［M］.北京：中国旅游出版社,2009.

［6］刘伟.现代饭店房务运营与管理［M］.北京：中国旅游出版社,2009.

［7］刘伟.现代饭店前厅部服务与管理［M］.广州：广东旅游出版社,1998.

［8］Michael L. Kasavana, Richard M. Brooks.前厅部的运转与管理［M］.6版.包伟英,译.中国旅游出版社,2002.

［9］国家旅游局人教司.饭店客房部的运行与管理［M］.旅游教育出版社,1991.

［10］Georgina Tucker,等.旅游饭店客房管理［M］.杭州：浙江摄影出版社,1992.

［11］余炳炎.现代饭店房务管理［M］.上海：上海人民出版社,1998.11.

［12］胡质健.收益管理的前世、今生和未来(1),迈点网,2015.3.18.

［13］冯少辉."酒店客房如何实现平稳提价"［J］.酒店培训与服务,2010(6).

［14］全明.重房情景及预防方法［J］.饭店世界,2011(5).

［15］James A. Bardi. Hotel Front Office Management［M］. 3rd ed. New York：John Wiley & Sons, Inc., 2003.

［16］Tom Powers. Introduction to Management in the Hospitality Industry［M］. New York：John Wiley & Son Inc., 2010.

［17］Michael L. Kasavana, Richard M. Brooks. Managing Front Office Operations［M］. 7th ed. Orlando：Educational Institute of the American Hotel & Lodging Association, 2005.